다산경학사상 연구

다산경학사상 연구 ①

이을호 지음 · 다산학연구원 편

간행사

　선생이 1998년 88세를 일기로 서세하신 후, 2000년 11월 <이을호 전서> 9책 24권이 출판되었고, 2010년 탄생 100주년을 기념하여 『현암 이을호 연구』가 간행되었다. 그리고 10여 년 사이에 몇 가지 학계의 여망을 수렴해야 할 필요성이 대두되었다. 초간본에서 빠트린 글들을 보완해야 할 필요성이 제기되었고, 현대의 독자들을 감안해서 원문 인용문 등도 쉽게 풀이하는 것이 좋겠다는 요청이 있었다. 그 가운데 가장 중요한 것은 선생의 저술들이 가지는 학술적 가치를 고려할 때 몇몇 주요 저술들을 단행본으로 손쉽게 접할 수 있도록 보완해달라는 것이었다. 이로 인해 <이을호 전서>를 <현암 이을호 전서>로 개명하고, 9책 24권 체제를 각권 27책 체제로 확대 개편하는 수정 증보판을 내놓게 되었다.

　일반적으로 선생을 가리켜 다산학 연구의 개척자라 하기도 하고, 현대 한국학의 태두라 하기도 하지만, 이는 그 일면을 지적하는 것일 뿐, 그 깊이와 내용을 올바로 판단한 것은 아니다. 선생의 학술적 탐구가 갖는 다양한 면모와 깊이는 전체적으로 고찰하기가 어렵기 때문이다.

선생의 학문 여정을 돌아볼 때 고보 시절에 이제마(李濟馬, 1838~1900)의 문인으로부터 『동의수세보원』을 익힘으로써, 인간의 근원에 대한 이해, 곧 그때까지 유행하고 있었던 주자의 성리설(性理說)로부터 고경(古經)의 성명론(性命論)으로 전환하는 계기가 되었다. 또한 경성약전을 졸업하고 중앙의 일간지에 「종합의학 수립의 전제」 등 여러 논설을 게재하고 『동양의학 논문집』 등의 창간을 주도하면서 '동서양 의학의 융합'을 주장하였던 것은 일제하에 허덕이고 있었던 민생을 구하고자 하였던 구세의식의 발로(發露)였다.

27세 때, 민족자강운동을 펴다가 일경에게 체포되어 영어의 몸으로서 『여유당전서』를 탐구하였던 것은 다산이 멸망하는 조선조의 운명을, 새로운 이념으로 광정(匡正)하고자 하였던 그 지혜를 배워서, 선생이 당면하였던 그 시대를 구하고자 한 것이었다. 광복과 함께 학교를 열었던 것은 평소에 꿈꾸었던 국가의 부흥을 교육입국을 통하여 현실에 실현시키고자 함이었다.

학술적으로 첫 업적이라고 할 수 있는 국역 『수은(睡隱) 간양록(看羊錄)』은 우리의 자존심으로서, 일제에 대응하고자 하였던 존엄의식의 발로였다. 마침내 다산의 경학연구로 학문적 토대를 쌓아, 육경사서(六經四書)에 대한 논문과 번역 등 『다산경학사상연구』를 비롯한 많은 저술을 남긴 것은 조선조 500년을 지배한 주자학의 굴레로부터, 학문적 자주성과 개방성으로서 새로운 시대의 올바른 문화를 열고자 하는 열망을 학술적 차원에서 이룬 것이었다.

선생의 학문은 난국의 시대에 국가의 앞날을 우려하여, 우리의 의식으로서 새로운 사상적 전환을 이룩하고, 한국학의 독자성을 밝혀, 현대문화의 새로운 방향을 제시한 것이라 할 수 있다. 선생의 학문은 깊고 원대한 이상에서 성장해 결실을 맺은 것임을 알 수 있으니, 그 학문세계를 쉽게 말할 수 없다는 소이가 바로 여기에 있다.

선생이 가신 지 어언 15년의 세월이 흘렀음에도 선생의 저술에 대한 기대가 학계에 여전한 것은 오롯이 선생의 가르침과 학술로 거둔 성과다. 문인으로서 한결같이 바라는 것은 선생의 학술이 그 빛을 더하고 남기신 글들이 더욱 널리 퍼지는 것이다. 이 새로운 전집의 간행을 계기로, 선생의 학문이 더욱 널리 알려지고, 그 자체의 독자성이 심도 있게 탐구되어 대한민국의 학술사에서 선생의 위상이 새롭게 정립된다면, 이것이야말로 이 전서의 상재(上梓)에 참여한 문인들의 둘도 없는 소망이다.

2013년 납월(臘月)
문인 오종일 삼가 씀

일러두기

○ 이 책은 1966년 을유문화사에서 <한국학연구총서> 19집으로
  간행된 것을 2000년에 발행한 <이을호 전서> 1권에 수록한
  내용이다.
○ 저자는 이 책의 인용문을 원문으로 표기하였으나, 교열 과정에
  서 모두 한글로 번역하고, 원문은 각주 또는 괄호에 넣었다.
○ 번역 과정에서 기간(既刊)된 다른 책의 번역을 참고하였다.
○ 저자가 인용한 원문은 그 출처를 표시하였고, 궐문의 경우에도
  이를 보완하였다.
○ 『여유당전서』의 원문은 1985년 여강출판사의 영인본이며, 해
  당 책의 권과 페이지도 함께 표시하였다.
○ 이 책에서 저자가 인용한 원문의 번역 및 교열자는 장복동이다.

서언

이제 이 자그마한 책자나마 세상에 내놓게 되니, 많은 사연들이
머리에 떠오른다. 이는 모두 나만이 깊이 간직해야 할 것들인지도
모르지만……

을미년(1955) 정월 초순, 눈 내리는 영암 잣 고개를 넘어 강진에
들렀던 일이 있다. 다산(茶山)도 신유년(1801) 동짓달에 이 고개를 넘
었을 것을 생각하면서……

그때에 귤동(橘洞) 다산초당(茶山草堂)에는 잡초만이 우거져 있었건
만, 십 년이면 강산도 변한다더니 이제는 아담한 기와집 한 채가 옛
자리에 건립되고, 강진 읍내에는 '다산다방(茶山茶房)'마저 생겨 요즈
음엔 귀양살이 아닌 '서울양반'들도 오가면서 들르곤 한다고 한다.
선생의 향리 묘소에는 오석(烏石)의 기념비가 세워지고, 그의 이름을
딴 '다산상(茶山賞)'의 훈장이 외인(外人)의 가슴에까지 채워지는 세
상이 되었으니 말이다.

정해년(1947) 겨울, 할 일 없이 다산역을 뒤적이던 시절만 해도

뉘라서 그의 역리(易理)를 대견하게 여겨주는가 싶지 않았고, 갑오년(1954)부터이던가 『중용자잠(中庸自箴)』의 강독을 위시로 한 대학생활이 시작되었는데 그때만 해도 다산의 경학(經學)을 거들떠보는 이는 그리 많지 않았던 것이다. 지금도 그렇기는 하지만……

이로부터 다산에 대한 나의 집념은 실로 성벽(性癖)의 단계를 지나 고질화하지 않았는지 스스로 느끼게 될 정도다. 다산 자신이 강진 적중(謫中) 보은산방(寶恩山房, 고성사高聲寺)에서 잠심완역(潛心玩易)할 때

> 눈으로 보는 것, 손으로 만지는 것, 입으로 읊는 것, 마음으로 생각하는 것, 붓으로 베껴 쓰는 것에서부터 밥상을 대하고, 화장실에 가고 손가락을 퉁기고 배를 어루만지는 것까지 하나라도 『주역』 아닌 것이 없다. [目之所眠, 手之所操, 脣之所吟, 心志之所思索, 筆墨之所鈔錄, 以至對飯, 登圊, 彈指, 捫腹, 無一而非周易.]

라 했듯이 '……하나같이 다산 아닌 것이 없었던 적'이 어느덧 10년이언만 그 성과가 겨우 여기에 이르고 보니 못내 부끄럽다.

절(節)이 지나고 연륜이 거듭함에 따라 만물은 생장하고 노숙해지는 것이 자연의 섭리라 한다면, 나는 오늘 한 절(節)을 매듭짓는 자리에 서 있음을 느낀다. 이로써 다산경학(茶山經學)의 종시(終始)가 된다면 바로 내 일은 여기서 끝나는 것이 아니라 이로부터 시작되는 것이 아닐 수 없다. 원리론(原理論)은 경학(經學)의 시점(始點)이지 결코 그의 종점(終點)이 아니기 때문이다.

다산경학은 다산실학의 기초학이요, 여기에 엮은 일편의 원리론은 또한 다산경학의 기초가 되는 자이다. 그러므로 이로써 나는 다

산학(茶山學)을 이해할 수 있는 초보적인 기초를 닦아본 셈이다. 흔히 다산학을 일러 산만하여 핵심이 없다[博而粗]고도 하지만 이는 일관된 한 줄기 맥락이 거하(巨河)를 이루고 있음을 모르기 때문이다. 일관된 수기치인(修己治人)의 원리, 이는 바로 다산학의 생명인 것이다.

정주학의 세계는 실로 집요하고도 완고함을 피부에 느낀다. 500년의 왕업도 흔한 일이 아닌데, 정주학의 1000년 권세는 너무도 아찔하다. 율곡이 비록 "성인이 다시 살아나도 이 말을 바꾸지는 못할 것"이라고 일시(一矢)를 던진 바 있으되 정주(程朱)의 유장(帷帳)은 건드리지 못했고, 백호(白湖)의 고문(古文)이 비록 반주(反朱)의 기치를 뚜렷이 하였다 하더라도 정주의 성새(城塞)를 무너뜨리지는 못했던 것이다. 여기에 다산학의 창업은 실로 간난의 형로가 아닐 수 없는 소이가 있다.

호한(浩瀚)한 다산문적(茶山文籍)을 뒤적이고 있을 양이면 때로는 다산은 일개 고증가(考證家)에 지나지 않기도 하고, 때로는 정법가(政法家)요 때로는 경제학자(經濟學者)다. 때로는 정주를 존숭하여 그의 여예(餘裔)인 양 보이기도 하는데, 때로는 육왕(陸王)에 가담하여 우리의 주관을 흐리게 하는 때도 있다. 이렇듯 겉으로 보이는 다산의 팔면상(八面相)에 우리가 현혹되어서는 안 된다. 이는 다산의 위장이요 그의 가상이다. 우리는 숨겨진 다산의 진면목을 찾아야 한다.

원리론에서 나는 다산을 통하여 정주(程朱)와의 대화를 시도하여 보았다. 정주와 맞선 다산의 태도는 결코 만만치 않다. 그는 비록 정주학의 시류 속에서 자랐지만 이제 그는 그의 세계를 찾았고, 그러기 위하여 정주학적 세계에서 벗어났음을 높이 평가해야 한다. 그것이 바로 본론에서 밝히고자 하는 다산의 수사학적(洙泗學的) 수기치인(修己治人)의 세계인 것이다.

그런 의미에서 이 소론(小論)이 다산학에의 문호가 된다면 어찌 나만의 행(幸)에 그치랴.

다산 연구에 깊이 관여한 지 어언 십수 년이 지난 오늘 나의 오늘의 즐거움이 결코 나만의 것이 아님을 나는 안다. 내가 오늘이 있게 해 준 스승들의 즐거움이 어찌 내게 뒤지랴!

용제(庸濟) 백낙준(白樂濬) 선생, 두계(斗溪) 이병도(李丙燾) 선생, 열암(洌巖) 박종홍(朴鍾鴻) 선생은 쉴 새 없이 격려해 주시고 지도해 주시었다. 나는 복도 많은가 보다. 이렇듯 많은 스승님들이 낙선구도(樂善求道)의 정을 내게 쏟아 주셨으니 ……．

아울러 나는 본출판(本出版)을 쾌락해 주신 한국학술정보(주) 채종준 대표를 비롯한 제씨(諸氏)의 후의에 대하여 깊이 감사를 드리지 않을 수 없다.

병오(丙午) 신춘(新春) 무등산하(無等山下) 현암학인(玄庵學人)

이을호(李乙浩) 지(識)

범례

1. 본 「원리론」편은 나의 다산 경학사상 연구의 제1부작이다. 말하자면 총론이다. 그러므로 사상의 체계화에 주력하였고, 문제의 지나친 분석은 삼갔다. 그러나 독립된 제 구실은 그대로 할 것이다.

2. 다음 제2부·제3부가 각론이 될 것이다. 제2부에서는 '육경사서(六經四書)'를 개별적으로 다루면서 말하자면『주역』·『상서』·『논어』·『중용』 등등의 다산경학적 의의를 밝히고, 제3부에서는 다산경학사상과 타학(他學)과의 연계를, 말하자면 불교·육왕학(陸王學)·천주교 등등과의 관계를 문제 삼을 것이다. 그러나 제2부·제3부는 아직 나의 학력(學歷)의 예정표에 지나지 않는다.

3. 본문을 지나치게 서술적으로 꾸민 것은 사학(斯學)에 서투른 나이 어린 대학생들을 위한 친절에서다. 선배님들께서는 지루하겠으나 과(過)히 꾸짖지 말아주시기를 바란다.

4. 인용문을 모두 주(註)로 돌린 것은 소론(所論)의 원전을 밝히는 데 그치고 논술을 줄거리를 곱게 다듬기 위해서다. 그러나 주의 인용문이 때에 따라 장황한 것은 다산사상을 원전을 통하여 더욱 깊이 알고자 하는 이들을 위해서였다.

5. 원문의 구독점이나 방점은 일견 무원칙한 듯이 보일 것이다. 그저 읽기 쉬울 정도로 띄어놓았으니 그럴 수밖에 없다.

6. 도판(圖板) 수폭(數幅)을 넣은 것은 본론과는 아무런 관련이 없고, 다산의 면모를 느껴보자는 데에 그 뜻이 있을 뿐이다.

현암 이을호 전서

다산경학사상 연구
목 차

제1편 서설

제2편 원리론 — 일명 수사학론

제 1 편

서설

제1절 다산학의 시대적 배경

1. 다산시대의 정세

다산(茶山) 정약용(丁若鏞, 1762~1836)이 살던 시대로 말하면 18세기 후반기로부터 19세기 전반기에 걸쳐서 이미 국내적으로는 누적된 폐습이 고질화되었고, 돌이켜 대외적 면에서는 싫건 좋건 간에 참신한 외래사조가 물결쳐 들어오고 있던 시절이었다. 전날 불폐(佛弊)의 혁정(革正)을 구실로 한 조선왕조의 창업이 비록 유교윤리의 토대 위에 세워졌다고 하더라도 그것도 다산시대에 이르러서는 이미 예절 따위는 형식적 말류(末流)에 빠지고 왕권은 그나마 관료들의 농간에 흔들리고 말았던 것이다.

이때의 국내적 정치현상은 사화나 당쟁의 얄궂은 악순환만이 거듭되었을 따름인데, 숙종 20년(1694) 이래 노론에 의하여 실각된 남인들은 영조(재위 1725~1776)의 탕평책에도 불구하고 얽히고설킨

당색은 가시지 않은 채 정조(재위 1777~1800) 때에 이르러 비로소 출세의 길이 트이게 되었던 것이니, 비록 시색(時色)의 그늘에서일망정 남인들에게는 이로써 한때 새로운 정치적 환경을 맞게 된 셈이다.

그런데 당화는 모름지기 사인계급(士人階級) 간의 일이기는 하지마는, 그로 말미암아 국정이 문란해지고, 국정이 문란해지면 따라서 철없는 민생들은 손발 붙일 곳조차 없게 되는 것이다. 그러나 근세 이왕조의 정치적 문란은 비단 당쟁에만 그 원인이 있는 것이 아니라, 임진·병자의 양대왜구(兩大外寇)를 치다꺼리하는 사이에 국가의 재정은 탕진되고 농사는 황폐화하여 국가의 경제적 기초가 무너진 탓이기도 한 것이다. 그리하여 은결(隱結)·환곡(還穀)·백골징포(白骨徵布) 등의 등살에 궁핍의 절정에 이른 농민들의 갈 길은 종교적 안식이 아니면 반정부적 민요(民擾)이었음이 당시의 실정이었다.

다산은 그의 강진 유배 때에 이미 홍경래난(1811)의 보에 접하였다. 홍경래난의 근인은 여하 간에 서북민의 쌓이고 쌓였던 울분이 터진 것이거니와 남도지방의 농민생활도 그의 많은 시문을 통하여[1] 절절히 밝힌 바 있듯이 결코 서북인의 그것에 덜하지 않았다. 그러므로 그는 당시의 농민생활이 민란 직전의 극한상황에 놓여 있음을 예리하게 관찰하고 있거니와,[2] 이러한 현상은 조금도 개선되지 않고 관헌(官憲)들의 탐학(貪虐)과 행패는 자심(滋甚)할 뿐 민중들의 울분은 오직 그들의 분화구만을 찾는 실정이었던 것이다. 아니나 다를까 이러한 민중들의 동요는 그가 예견했던 바와 같이 급기야 진주민란을

---

1) 洪以燮, 『丁若鏞의 政治經濟思想研究』(서울: 韓國研究圖書館, 1959), 205~215쪽.
2) 「兵典·應變條」, 『牧民心書』, Ⅴ~23, 44쪽(17-90). "……近年以來 賦役煩重 官吏肆虐 民不聊生 擧皆思亂 妖言妄說東唱西和 照法誅之 民無二生"

위시로 한 각 지방의 대소민요의 파동을 거쳐 갑오동란(1894)과 같은 일대 민족적 참화를 빚어내기에 이르렀던 것이다.

그러므로 갑오년에 얼추 1세기 앞선 다산시대로 말하면 정치적 문란과 경제적 피폐와 사회적 혼돈 상으로 보아서 아마도 동란의 전주적(前奏的) 양상을 띠고 있었다고나 할까. 이를 단적으로 말하면 관료 지배층의 부패는 걷잡을 길이 없고 농민들의 살을 깎는 듯한 수탈의 방법은 교묘를 극하여[3] 민중생활은 그야말로 도탄의 사경에 빠져 헤어날 길이 막막하였으니 날로 느는 것은 유이민(遊離民)뿐이었다. 이러한 시기에 제도민생(濟度民生)의 혁신적 광구책(匡救策)이 요구됨은 실로 당연한 추세라 하겠다.

이러한 국내적 불안은 조선조 봉건적 관료체제의 말기적 증상으로서, 이때에 소위 혁신을 주장하는 실학파들이 그들의 역사적 사명을 자각하고 감연히 당시의 집권층인 보수적 양반계급에 맞선 것은 실로 정치적 면에서나 사상적 면에서나 흥미로운 일이 아닐 수 없다.

이때에는 이미 연경을 거쳐서 서구문화가 국내에 침투하였으니, 이는 당시 입연사(入燕使)들의 왕래에 주로 힘입은 바가 큰 것이다. 그 중에 보만재(保晚齋) 서명응(徐命膺, ?~1787)·이계(耳溪) 홍양호(洪良浩, 1774~1820)·담헌(湛軒) 홍대용(洪大容, 1731~1783)·연암(燕巖) 박지원(朴趾源, 1737~1805)·아정(雅亭) 이덕무(李德懋, 1741~1793)·초정(楚亭) 박제가(朴齊家, 1750~1815)·혜풍(惠風) 유득공(柳得恭, 1748~?) 등은[4] 가장 이름이 높은 이들로서, 이들이 정사(正使) 혹은

---

3) 李丙燾, 『韓國史大觀(新修版)』(서울: 普文閣, 1956), 495쪽.

4) 李丙燾, 「成硏經齋與其學術述略」, 『稻葉博士還曆記念滿鮮史論叢』(서울: 稻葉博士還曆記念會, 1939), 729쪽.

수원(隨員)의 자격으로 연경에 다녀와서는 청조문물의 좋은 점을 국내에 소개하였던 것이다. 그러므로 이들을 따로 소위 북학파라 부른다.[5]

당시에 있어서의 숭명론자(崇明論者)들은 아직도 청조를 일러 호족이니 만족이니 하여 멸시하던 시기였던 만큼 이에 맞선 북학론자들의 선구적 역할이야말로 높이 평가하지 않을 수 없다. 이때에 연경재(研經齋) 성해응(成海應, 1760~1839)·석천(石泉) 신작(申綽, 1760~1828)·다산 정약용(1762~1836)과 같은 이들은 비록 입연(入燕)의 경험이 없다손 치더라도 북학론에 동조한 두드러진 학자들이었던 것이다. 북학론자들이 깊은 관심을 기울인 청조문화로 말하면 비단 그들의 문물제도의 면만이 아니라 실사구시(實事求是)의 고증학풍과 아울러 서구적 자연과학 사조까지를 의미하는 것이다. 이러한 신사조는 전통적 성리학풍의 아성에 육박하여 그들의 자가 반성을 촉구함과 동시에 주체적 자아각성의 기회를 마련해 주었다고 할 수 있다.

그러한 그들의 신학풍은 성리학의 공소한 관념론적 일면을 통렬히 비판하면서 경국제세(經國濟世)의 실용주의를 크게 앞세웠기 때문에 그들을 경제학파 또는 실학파라 부르기도 한다.[6] 이에는 비단 북학론자들만 끼어 있는 것이 아니라 우리들 자신의 문제에 보다 더 깊은 관심을 기울인 바 있는 반계(磻溪) 유형원(柳馨遠, 1622~1673)·성호(星湖) 이익(李瀷, 1681~1763)·다산 정약용 등을 주축으로 한 이여(爾餘)의 많은 학자들이 여기에 포함되는 것이다.[7] 그리하여 이

---

5) "陳良楚産也 悅周公仲尼之道 北學於中國" 『孟子』 「滕文公 上」에서 유래한 구인데 이것은 '중국을 배운다'라는 뜻으로 쓴 것이다.

6) 玄相允, 『朝鮮儒學史』(서울: 民衆書館, 1949), 320쪽.

7) 전게(前揭)의 북학파(北學派) 이외에 순암(順菴) 안정복(安鼎福, 1712~1791), 여헌(旅軒) 신경준(申景濬, 1712~1781), 완당(阮堂) 김정희(金正喜, 1786~1856), 존재(存齋) 위백규(魏伯珪, 1727~1798) 등의 이름을 들 수 있다.

들은 우리의 역사·지리·풍토·물산·법제 등에 관한 방대한 연구 업적을 다투어 내놓았다.

이에 부수하여 문제 삼아지는 것은 연경사들의 조심성 있는 신교 (信敎)에 의하여 국내에도 차츰 천주교—일명 서교—가 성행하기에 이르렀다는 사실이다. 천주교도가 임진왜란(1592~1598) 때 왜군들 틈에 끼어 우리나라에 들어온 사실이 있다고 하지만8) 이는 국내 전도의 실은 거두지 못했고, 그 후 지봉(芝峰) 이수광(李晬光, 1563~1628)의『지봉유설(芝峰類說)』에 의하여 천주교가 소개된 것을 비롯하여 교산(蛟山) 허균(許筠, 1568~1618)과 어우당(於于堂) 유몽인(柳夢寅, 1559~1623) 등과 같은 성실한 교리신봉파들을 낳기는 하였지만9) 교회의 창설까지는 이르지 못했던 것이다. 그러던 차에 다산의 자부(姉夫) 이승훈 (李承薰)이 그의 부친 이동욱(李東郁)의 수원(隨員)으로 연경에 들어가 (1783) 세례를 받고(1784) 돌아와서는 국내에 처음으로 교회를 창설하여 널리 전도에 힘을 썼으니 이때의 중심인물은 주로 남인 소장파들로 만천(蔓川) 이승훈(李承薰, 1756~1801)을 비롯하여 광암(曠菴) 이벽(李蘗, 1754~1785), 일명 덕조(德操, 1754~1786)·녹암(鹿菴) 권철신(權哲身, ?~1801)과 그의 아우 이암(移菴) 권일신(權日身, 1742~1791)·정헌(貞軒) 이가환(李家煥, 1742~1801)·손암(巽菴) 정약전(丁若銓)·아오스딩 정약종(丁若鍾, 1760~1801)·사암(俟菴) 정약용 등이었다. 그러나 애석하게도 신유교난(1801)을 만나 이가환·권철신은 옥사하고 정약종·이승훈은 참수를 당하고, 정약전은 흑산도로 귀양 가서 죽고 정약용은 강진으로 유배되어 18년의 고난을 겪게 되었던 것이다.

---

8) 柳洪烈,『韓國天主敎會史』(서울: 카톨릭출판사, 1962), 26쪽.
9) 성호(星湖) 이익(李瀷, 1682~1763)과 순암 안정복도 교리연구에 유공(有功)하다. 같은 책, 60~64쪽.

이 시대에 있어서의 민중들은 새 생활을 목마른 자가 물을 찾듯 갈구하였다. 그처럼 무시무시한 탄압에도 불구하고[10] 서양의 신종교가 민중들의 가슴에 깊이 파고든 것은 다름 아니라 현실생활에 지칠 대로 지친 그들의 마음이 이제 새로운 정신적 안정을 희구하고 있었기 때문이라고 보아야 한다.

이러한 시기에 정조와 같은 영주(英主)를 맞게 된 것은 당대의 문운(文運)을 위하여 다행한 일이었다. 그는 외래문화의 수용에 이해 깊은 태도를 보여주었을 뿐 아니라 규장각을 마련하여 각신(閣臣)들로 하여금 자유롭게 학문을 연구할 수 있는 길을 터 줌으로써 그들의 지식욕을 충족케 하였다. 이때는 이미 청조 건륭문화(乾隆文化)의 비약적 발전에서 오는 외적 자극과 정치적 혁신을 갈자(渴者)인 양 희구하던 남인 소장파들에 의하여 새로운 문운이 개척되던 시기이었기 때문이다. 그러므로 다산시대는 실로 국내적 정세로 보나 대외적 여건으로 보나 일대 전환이 요청되던 시기이었던 만큼 이에 대한 다산학의 문화사적 위치는 여러 가지 각도에서 우리의 주목을 끌게 하는 것이다.

2. 다산학의 계보

다산은 영조 38년에 탄생하고 성호 이익(1681~1763)은 동 39년에 졸하니 다산이 강보에 싸였을 때 성호는 이미 세상을 떠났던 것이다. 이렇듯 다산은 성호에게서 직접 수학하지는 못하였다 하더라도 그의 나이 16에 성호유고(星湖遺稿)를 얻어 보고 흔연히 학문에

---

10) 己亥敎難(1839)과 丙午敎難(1846)을 거처 대원군의 대탄압(1866)을 의미한다.

뜻을 두게 된 만큼[11] 성호학(星湖學)이 다산학에 깊은 영향을 미친 것은 두말할 것도 없다.

그러나 여기서 문제 삼고자 하는 것은 성호학파[12]의 한 사람으로 자라난 다산일망정 자기의 독자적 길을 어떻게 개척하였는가 함에 있다.

먼저 성호학은 경세치용의 학으로 규정되고 있으며[13], 성호는 특히 율곡 이이(1536~1584)의 지치주의적 실학과 반계 유형원(1622~1673)의 경국제세의 실학에 깊은 관심을 표명하고 있으므로[14] 다산이 받은바 영향도 바로 이러한 면이었음은 쉽사리 알 수 있다. 이러한 '율곡—반계—성호'의 경세학적 계보는 실천유학의 치국안민사상이 그의 저류를 흐르고 있다고 보아 크게 잘못은 없을 것이다.

율곡은 학자이면서 동시에 경세실천가였고[15], 반계는 그가 비록 일평생 처사로 초야에 파묻혔었지만[16] 경제학파의 시조로서[17] 성호의 경세학에 지대한 영향을 미치고 있음은 새삼스럽게 되새길 필요도 없을 것이다. 경세치용의 학풍은 조선조 실학을 특징 지워주는 몇 가지 요소 중에서도 가장 두드러진 요소의 하나임에는 틀림이 없다. 그러나 문제는 여기에서 끝나는 것이 아니다. 율곡과 반계는 비록 그들의 경세적 포부는 전래적 유학사상을 기반으로 하고 있다고

---

11) 「自撰墓誌銘(集中本)」, Ⅰ~16, 3쪽(2-633).

12) 李丙燾, 『韓國儒學史草稿』(서울: 서울대학교 문리과대학 국사연구실, 1959),「畿下南人學派與新學風」節 참조.

13) 韓㳓劤, 『李朝後期의 社會와 思想』(서울: 乙酉文化社, 1961), 154~155쪽.

14) 『星湖僿說』. "國朝以來 識務惟李栗谷 柳磻溪二公在"

15) 李丙燾, 『栗谷全書精選』(서울: 栗谷先生紀念事業會, 1958), 36쪽.

16) 李丙燾, 『磻溪隨錄』(서울: 東國文化社, 1958), 서문.

17) 玄相允, 『朝鮮儒學史』, 37쪽.

하더라도, 시대적으로 보아서 그들 사이에는 임진왜란과 병자호란이라는 민족수난의 2대 사건이 가로놓여 있고, 또 외래사조의 면에서 본다고 하더라도 율곡은 청조 이전의 사람이요 반계는 물론 이후의 사람인 것이다.

그러므로 율곡의 경세실학은 현실적 입장에서 볼 때 이상주의에 가깝고[18], 반계의 그것은 허다한 자체의 모순에 갈피를 잡지 못하는 당시의 사회를 구체적인 정책으로서 증구(拯救)하려는 데[19] 있었기 때문에 보다 더 현실적인 동시에, 그의 주저인 『반계수록(磻溪隨錄)』은 다산의 『목민심서(牧民心書)』와 함께 당시의 산 사회경제 사료의 쌍벽을 이루고 있었다는[20] 사실은 율곡과 반계의 시차를 보여주는 중요한 요소의 하나가 아닐 수 없다. 따라서 성호의 경세학은 율곡의 이상론과 반계의 현실론을 경위로 하여 이루어졌다고 할 수 있는데[21] 성호의 경세실학의 서통(緒統)을 율곡에게서 이끌어내려는 것은 지나치게 멀고 그의 서통을 반계에게서 더듬는 것이 훨씬 그의 성격을 두드러지게 천명하는 데 도움이 될 것으로 믿어진다.

그러므로 성호의 경세학은 반계에게서 서통을 끌어다가 다산에게 넘겨주었다는 설을[22] 상기할 필요가 있다. 율곡을 제외한 '반계—성

---

18) 李丙燾, 『栗谷全書精選』.

19) 千寬宇, 「磻溪柳馨遠研究」上, 『歷史學報』 제2집(서울: 首都文化社, 1952), 14쪽.

20) 같은 글, 15쪽.

21) 이를 공자학의 고사와 비교한다면 공자는 안민(安民)의 이상을 "修己以安百姓 堯舜其猶病諸"(『論語』, 「憲問」)라 하여 멀리 요순(堯舜)에게서 이끌어왔고, 현실적 전장제도(典章制度)는 주공(周公)의 예를 본보기로 삼았던 것과 비슷하다. 그러나 공자는 보다 더 주공을 사숙(私淑)하면서 "周監于二代 郁郁乎文哉, 吾從周"(『論語』, 「八佾」)라 하였으니, 이는 성호(星湖)가 비록 그의 이상은 율곡에게서 얻어왔다고 하더라도 반계의 경국제세학에 보다 박근(迫近)한 것과 비슷한 것이다.

22) 鄭寅普, 「茶山先生의 生涯와 業績」, 『薝園國學散藁』(서울: 文教社, 1955), 71쪽에 "……반계가 일조(一祖)요 성호가 이조(二祖)요 다산이 삼조(三祖)인데……"에 근거하고 있다.

호―다산'의 계보는 적어도 저술을 통한 학통의 면에서 '『수록(隨錄)』
―『새설(僿說)』―일표이서(一表二書)'라는 계통을 가지고 살펴본다면
거기에는 성리학적 색채는 전연 가미되어 있지 않음을 발견하게 될
것이다. 다산만 하더라도 율곡사상을 퇴계와 함께 오로지 성리학적
면에서 다루고 있음을 보더라도 율곡은 적어도 근세 경세학적 면에
서는 소외되고 있는 것으로 짐작할 수 있다.

이에 우리는 경세학적 면과 성리학적 부면과는 따로 구분할 필요
가 있다. 반계는 그의 저술이 온통 경국제민의 서(書) 아님이 없기
때문에[23] 성리학적 면에서는 그를 문제 삼을 필요가 없을는지 모르
나, 성호는 그가 주자를 존신(尊信)하면서[24] 퇴계를 사숙하였고, 다
산은 또한 그 뒤를 이어 육경사서를 연의(演義)하여 사학(斯學)에 일
가견을 세운 바 있기 때문에 이 부면의 문제는 따로 다루어져야 할
것이다. 왜냐하면 후자는 경전학적 부문이 되기 때문에 경세학적 문
제와는 그의 학통을 구분해서 보아야 하기 때문이다. 그러므로 율곡
은 오히려 이 경전학 부문에서 많은 문제를 제시하여 주고 있다. 따
라서 율곡은 적어도 다산에게 있어서는 경세실학자로서보다도 차라
리 경학자로서의 사상적 공적에 대하여 주목을 하고 있는 것이다[25].
따라서 '율곡―반계―성호'의 계보에서 율곡을 제외하고 이를 '반계
―성호―다산'의 계열로 개체(改替)한다면, 이에 다산이 성호에게서
얻은 바는 주로 성호의 경세치용의 학풍이요 경전학 면에 있어서의
'성호―다산'의 관계는 따로 검토해야 할 많은 문제를 내포하고 있

---

23) 玄相允, 같은 책, 329쪽.

24) 「星湖家狀」. "其心則學朱"

25) 퇴계를 존신(尊信)하는 남인학파의 일인인 다산이 노론들이 존신하는 율곡을 지지한다는 것은 적어
도 당시에 있어서는 가장 공정한 학자로서의 용단에 의한 것이다.

다. 다산은 그가 비록 퇴계를 사숙하는 남인에 소속되어 있다손 치더라도 학문적 면에 있어서는 율곡설에 좌단(左袒)함에 있어서 조금도 주저하지 않았을 뿐만 아니라 그가 사숙하던 성호의 존신주자(尊信朱子)의 입장에 대하여도 오히려 회의적이요 비판적이었던 것이다. 그러므로 '성호—다산'의 관계는 적어도 경학적 면에 있어서는 그의 동이점을 따로 따져보아야 할 것이다.

다산이 성호학의 터전 위에서 자라남에 따라 그의 지적 세계는 날로 넓어져 갔음을 우리는 알고 있다. 그러나 천지의 큼과 일월의 밝음을 안[26] 다산은 결코 정주학적 구심점 위에 머물러 있지 않았던 것이다. 그에 앞서 백호(白湖) 윤휴(尹鑴, 1617~1680) 같은 이는 그의 경전주해 때문에 사문난적(斯文亂賊)의 혹평을 들어가면서까지 주자학적 세계에서 초탈한 바 있거니와 다산도 그가 청조 고증학파들의 그것처럼 주자학에 사로잡히지 않은 점에 있어서는 아마도 백호에 뒤떨어지지는 않을 것이다.

다산경학은 사실상 그가 강진으로 귀양살이 온 후부터 차츰차츰 터가 잡혀 대성하기에 이르렀다. 그는 이때에 비로소 육경사서를 침잠구색(沈潛究索)할 기회를 얻게 되자 한위(漢魏) 이래 명청(明淸)에 이르기까지의 모든 선유들의 학설을 널리 참고하여 자기의 일가견을 세우게 되었음을 스스로 술회하고 있다.[27] 이때 이후에 그의 역학을 비롯한 육경사서가 정리되고 일표이서의 저작이 그의 말년의 업적으로 남게 된 것이다.[28] 그리하여 그는 한대의 훈고학은 물론이

---

26) 「上仲氏」, I~20, 22쪽(3-314). "吾輩能識天地之大 日月之明 皆此翁之力"

27) 「自撰墓誌銘(集中本)」 I~16, 12쪽(2-652). "鏞旣謫海上 念幼年志學二十年 沈淪世路 不復知先王大道 今得暇矣 遂欣然自慶 取六經四書沈潛究索 凡漢魏以來下逮明淸 其儒說之有補經典者 廣蒐博考以定訛謬 著其取舍 用備一家之言……"

거니와 송명이학도 고구(考究)하면서 청조고증학을 받아들여 그의 경전이해의 발판으로 삼았던 것이다. 그러나 청조고증학은 실사구시의 실증주의에 입각하여 경전의 오의(奧義)를 재검토하자는 데 목적이 있기 때문에 그들은 저절로 관념론적 송명이학과는 대척적 입장에 서지 않을 수 없었다.

이에 다산은 성호의 경세실용의 학을 경(經)으로 하여 그의 학적 세계를 넓혔고, 실사구시의 고증학을 위(緯)로 하여 그의 학적 태도를 바르게 다듬었다. 그러나 다산은 거기서 일보 앞으로 더 전진해야만 했던 것이니, 그러므로 해서 비로소 다산의 다산다운 세계가 전개되었다고 보아야 한다. 그리하여 다산은 제유(諸儒)의 설을 취사함에 있어서 결코 전래적인 정주학의 부연도 아니요 한유의 훈고학에 맹종하지도 않았다. 그는 한위 이래 명청에 이르기까지의 제설을 '널리 모으고 두루 고증하여 잘못된 점을 정함'[29]으로써 자기의 학구적 본분으로 삼았다. 이는 이미 그가 육경사서를 논술함에 있어서는 실로 폭이 좁은 송명의 정주학 테두리에서는 벗어났음을 의미한다. 이러한 비정주학적(非程朱學的) 태도는 청조고증학자들의 그것과 다를 바 없지마는 아직도 고루한 조선조의 주자학적 분위기가 가시지 않고 있던 당시에 다산의 이러한 자유로운 태도는 한결 의의가 있는 것이다. 왜냐하면 그가 사숙한 성호도 아직 완전히 주자학적인 세계에서는 벗어나지 못하고 있던 때이기 때문이다.[30]

실로 다산이 청조고증학에서 배운 것은 주로 그의 방법론일 따름

28) 『俟菴先生年譜』(서울: 文獻編纂委員會, 1962), 135~225쪽.

29) 주 11) 참조.

30) 「答李文達」, I~19, 7쪽(3-197). "盖星翁之學 一生尊信朱子 故諸經疾書 皆就朱子傳註 發揮而闡揚之……."

이었다. 그러므로 그는 그 방법론을 가지고서 청조고증학자들마저 따지고 들어갔을 뿐만 아니라 청조학자들이 도달한 한학(漢學)의 세계에도 그는 결코 집착하려 하지 않았다. 그러한 의미에서 한유(漢儒)들에 대한 다산의 견해를 살펴보자면, 한유의 경설은 '지루하게 서로 다투어서[支離相訟]'[31] 의리의 학으로서는 취할 것이 없었을 뿐 아니라 그들은 문자의 훈고에 지나친 관계로 인심도심설(人心道心說)이나 소체대체론(小體大體論)이나 인성(人性)이나 천도(天道) 따위의 철학적 분야에 있어서는 너무나도 까마득하다고 하였다.[32] 그러므로 한유인 정현(鄭玄, 127~200) 일파의 고주(古註)만을 옹호하면 '경전의 본뜻이 통하지 않은[經旨不通]'의 경지에 이르고 말 것을[33] 경계하였다. 왜냐하면 정현은 비록 경지의 본의를 해명하려고 한 것이지만 그도 또한 한대의 참위도록설(讖緯圖錄說)에 젖은 자이기 때문이다.[34] 그럼에도 불구하고 청유(淸儒)들은 정현·마융(馬融) 등을 한대 고훈의 기숙(耆宿)으로 여겼기 때문에 마정지학(馬鄭之學)이 청조고증학의 바탕이 되기는 하였지만, 다산은 이를 냉철하게 비판하여 청유의 참위학 따위는 결코 선진유들은 말한 바 없을 뿐 아니라 이는 2000년래 유가의 대부장(大蔀障)이 되어 왔다고[35] 말하였다. 그러므로 다산의 한 줄기 뜻은 오직 이와 같은 한유들의 대부장 속에서 벗

---

31) 『尙書古訓』卷1, Ⅱ~22, 7쪽(7-119). "漢儒說經 支離相訟 中無義理如此 然猶錄之者 哀眞經之亡也"

32) 『論語古今註』卷6, Ⅱ~12, 1~2쪽(5-450~451). "漢儒說經 皆就文字上 曰詁曰訓 其於人心道心之分 小體大體之別 如何而爲人性 如何而爲天道 皆漠然聽瑩 馬融以克己爲約身卽其驗也"

33) 「答申在中書」, Ⅰ~20, 11쪽(3-292). "老兄徵於時俗 不欲輕違古訓 自是儒者氣象 心所歎服 而此等處 亦欲塞聰明絶知慧 唯鄭註是護 則經旨不通 人心不服……"

34) 『論語古今註』卷10, Ⅱ~16, 32쪽(6-228). "鄭玄溺於讖緯 謬以曆數爲圖籙 堯舜之世 其有圖籙之說乎"

35) 『論語古今註』卷3, Ⅱ~9, 11쪽(5-223). "夏殷周忠質文 本是漢儒讖緯雜說 孔子之所不言 孟子之所不道 二千年來儒者蒙此大蔀 不知解脫 將何以議文質乎"

어나야 하는 그것이었다. 그리하여 그는 한유와 송유(宋儒)와의 장단을 비교하여 말하기를, "한유의 폐는 그들의 고고벽(考古癖) 때문에 참위사설을 온통 뒤섞어 놓은 데 있고, 후유(後儒) 곧 송명유(宋明儒)의 허물은 그들의 궁리벽(窮理癖) 때문에 제도문물을 다루는 데 있어서 엇나가는 일이 많다"36)고 한 것은 실로 다산다운 예리한 관찰이라고 하지 않을 수 없다. 이와 같은 한유와 송명유에 대한 다산의 냉철한 비판은 곧 그 자신의 학문적 방향을 암시해 주는 것이기도 하다. 사실상 다산경학은 지나친 고고벽(한유)과 지나친 궁리벽(송명유)을 경계하면서 선진공자교(先秦孔子敎)에로 직결하려는 노력의 성과로 이루어진 것이다.

이처럼 자유스러운 다산의 고증적 태도는 한송유뿐만 아니라 청유들을 따지는 데에도 그러하였다. 그는 청유의 선구자인 남뢰(南雷) 황종희(黃宗羲, 1610~1695)의 학이 지나치게 반송종한적(反宋從漢的)임을 비판하고 있다.37) 결국 한·송학의 시비를 가림으로써 그의 학문은 객관성을 갖게 된다. 그런데 황종희의 학은 한·송을 절충한다고 한 것이 도리어 종한(從漢)의 학이 되어버린 것이다. 다산경학은 요·순·주·공의 도를 밝힘에 있어서 지나치게 성리학적이거나 훈고학적이어서는 안 된다는 것이다. 그러기에 그는 청유들의 종한적 태도를 경계하면서 황남뢰(黃南雷)의 학을 따르려고 하지 않았다.38) 그러

---

36) 『論語古今註』, 卷1, Ⅱ~7, 30쪽(5-62). "漢儒註經以考古爲法而明辨不足 故讖緯邪說未免俱收 此學而不思之弊也 後儒說經以窮理爲主而考據或疏 故制度名物有時違舛 此思而不學之咎也"

37) 『梅氏書平』卷4, Ⅱ~32, 22쪽(8-345~346). "黃南雷方斥苟卿性惡之論 而曰人只有人心 不失此本心 便是允執厥中 嗚呼此何言也 淸儒之學長於考據 考據之法精於詁訓而略於義理 又積傷於理氣性情之說 凡理氣性情之說 欲一蕘以淸掃之 自以爲折衷漢宋而其實宗漢而已 宋未必盡非而其性命之理存而勿淪 漢未必盡是而迂僻之解信之不疑 其護短匿疵之論 倍嚴於俗儒之衛宋 此之流弊將不知性命爲何物 誠正爲何業 其害可勝言哉 宋之屈伸姑舍 堯舜周孔之道 果可以字句詁訓之學繼之承之乎 宋未必盡是而其欲體行於身與心則是矣 豈若漢儒治章句逃詁訓以冀博士之榮祿者"

나 남뢰와 함께 청유의 쌍벽으로 일컬은 고염무(顧炎武, 1613~1682)의 군현론(郡縣論)[39]을 채택하면서 그의 현명을 칭송하고 있다.[40] 뿐만 아니라 고씨의 고제자인 염약거(閻若璩, 1636~1704)에 대하여는 극구 칭양(稱揚)하면서 다산의 『매씨서평(梅氏書平)』—이는 그가 염씨를 알게 되기 20년 전의 저술이다—에서의 견해가 청유 송감(宋鑑)이 지은 『상서고증(尙書攷證)』에서의 소론과 마치 부계(符契)가 딱 들어맞는 것과 같은데 송씨(宋氏) 책 가운데 자주 인용된 염씨의 『고문소증(古文疏證)』의 이론이 분명하므로 그를 선배로 여겨 자기의 저서를 버려도 좋다는 말까지 하고 있다.[41] 그러나 반염학자(反閻學者)인 대가(大可) 모기령(毛奇齡, 1623~1716)의 학은 고루하여 자기로서도 그의 오류를 파헤친 바 적지 않다고 하였다.[42] 이상과 같이 사대청유 중에서 다산은 황·모를 따르지 않고 고·염 두 사람의 학에 동조한 듯이 보인다.

---

38) 洪以燮, 『丁若鏞의 政治經濟思想研究』 서문에 "속단할 수 없는 학적 논쟁에 있어 복잡다기한 정약용의 사상에는 양명학적인 것과 서학적인 것이 표면상 말살되어 있으나(사회적으로 금압되었으므로) 내저(內底)를 흐르고 있는 정신의 본체는 오히려 부정되는 그것에 접근하는 눈치를 보이고 있으며 이것의 기반은 유가의 사상을 외피(外皮)로 하는 한비(韓非)의 법(法), 관자(管子)의 재경(財經)의 원리였다. 이러한 데에서 정약용이 도달한 일점이 황종희의 『명이대방록(明夷待訪錄)』에 보이는 생각이 아니었던가 하게 된다."(iii쪽)라 하였는데, 이 점은 좀 더 신중한 검토 후에 결론을 얻어야 할 줄로 여겨진다. 다못 여기서는 다산이 황종희의 학을 그리 대견하게 여기지 않았던 것만을 밝히면서 아래에 그 예를 수삼(數三) 더 들겠다.
『梅氏書平』 卷4, Ⅱ~32, 17쪽(8-335). "後漢書無此文 不知南雷 何據而爲此說"
같은 책, 17쪽(8-336). "詳玩此段黃南雷亦於孔本梅本之原委曲折尙未瞭曉而……"
같은 책, 19쪽(8-339). "黃之讀史傳原不淸楚"
같은 책, 20쪽(8-341). "此段大誤 可以見學術頭腦有差區區 經義之得失有不足論也"

39) 「考績議」, Ⅰ~9, 33쪽(2-68). "……若夫太平之治 唯淸儒顧炎武郡縣論採而行之 斯可以成矣 不然皆攺然而已"

40) 「辭謗辭同副承旨疏」, Ⅰ~9, 44쪽(2-89). "其離奇辯博之文 卽不過稗家小品之支流餘裔也 外此則逆天慢神罪不容誅 故中國文人如錢謙益譚元春顧炎武張廷玉之徒 早已燭其虛僞劈其頭腦 而蒙然不知枉受迷惑……"

41) 「閻氏古文疏證百一抄」, 『梅氏書平』 卷4, Ⅱ~32, 14쪽(8-330).

42) 「跋風雅遺秉」, Ⅰ~14, 27쪽(2-506). "若漢魏叢書玉海之類 並宜博攷而不遺也 毛奇齡考據之博世所稱也 然余用是編執奇齡之孤陋 而破其謬說者甚多"

이렇듯 다산학은 한유니 송유니 청유니 할 것 없이 옳은 것을 취하고 잘못된 것을 버림으로써 오직 본래적 유교의 진원(眞源)으로 직통하려는 것이었다. 따라서 청조고증학이 지나치게 한학적인 데 비하여 다산의 고증학은 그의 본질적인 면에서 볼 때 선진적 고증학이라고나 할까. 그는 비록 한주(漢註)에서 고훈을 찾고 주전(朱傳)에서 의리를 구한다 하더라도 그의 시비곡직은 경전의 본질에 의하여 결정하여야 하는 것이기 때문에[43] 다산경학은 고금주를 통달한 선진적 고증학에 의하여 다루어진 자라 해야 할 것이다. 그러므로 종한적(從漢的) 청조 고증학과는 그의 질적 내용이 판이한 것이다. 그런 의미에서 다산경학은 성호의 존신주자의 세계에서도 선태(蟬蛻)한 경학[44]인 동시에 청유의 종한적 태도에서도 해탈한, 실로 진실한 의미로서의 요순주공의 학이라는 성격을 뚜렷이 하고 있는 자로서 이해하여야 할 것이다.

이처럼 다산경학이 상고적(尙古的) 성격을 뚜렷이 하였다고 하더라도 그는 북학파들이 강조한 근대적 과학 사조를 받아들임에 있어서도 적극적이었음을 상기할 필요가 있다. 북학파들의 기본이념은 두말할 것도 없이 실용주의적 과학사상에 있었음은 물론이다. 그러므로 다산은 가족주의의 테두리 안에서의 효제 중심의 유교윤리는

---

43) 「五學論」 2, Ⅰ~12, 20쪽(2-242). "今之學者 考漢注以求其詁訓 執朱傳以求其義理 而其是非得失又 必決之於經傳 則六經四書其原義本旨 有可以相因相發者 始於疑似而終於眞的 始於彷徨而終於直達 夫 然後體而行之 行而驗之……"

44) 반계—성호—다산의 계보는 경세학적인 면에서는 움직일 수 없는 것이 되어 있으나 경학적인 면에 있어서는 주자학을 사이에 두고 성호—다산의 계보는 다시 문제 삼아야 할 줄로 여겨진다. 왜냐하면 성호도 성리학 일변도의 당시의 학풍에 만족하지는 않았으나 성리학적 주자학의 구각에서 완전히 벗어나고 있지는 못하고 있다. 그러나 다산은 이에 구애하지 않고 독자적 자기세계를 개척하기에 이르렀기 때문이니 이것이 다름 아닌 수사학적(洙泗學的) 수기치인(修己治人)의 세계인 것이다. 그러므로 경학적인 면에서는 적어도 다산은 성호학파 아닌 다른 이름으로 그를 불러야 할 문제에 부딪치게 될 것이다(후론 참조).

어느 나라에서나 어느 시대에서나 예속(禮俗)의 기본이 되는 것이지만, 이용후생을 위한 백공기예(百工技藝)는 날로 새로운 발전을 추구하지 않으면 안 될 것이라고 말하였다.[45] 그러므로 만고불변의 도덕률과 날로 새로워야 하는 과학지식과는 엄연히 구별해야 한다. 다산이 이용감(利用監)[46]을 두어 북학의 법도를 논의하게 하여 부국강병을 도모해야 한다고 주장한 것은 이 까닭이다.

그럼에도 불구하고 우리나라의 현실은 당시에 있어서 어떠하였던가. 일찍이 백공기예를 중국에서 배워오기는 하였지만 그것은 이미 낡은 것이 된 지 오래요, 그들의 새로운 발전은 이미 백 년 전의 그것과 비교할 바가 못됨에도 불구하고 막연히 앉아서 이를 알고자 하지 않으니 게으름도 이만저만이 아니라고[47] 그는 한탄하고 있다. 이러한 다산의 사상적 자세는 그가 비록 언필칭 요순주공의 도를 말한다고 하더라도 그의 실용주의적 과학사상은 저 북학파들의 그것과 조금도 다른 바 없는 것이다.

당시에 있어서 일본은 중국을 배운 결과 이미 그들의 재주가 중국과 겨룰 수 있게 되었고 따라서 백성은 부유해지고 병력이 강화되는 실효를 거두었는데[48], 우리나라 형편은 그와는 달라서 그때의 벼슬아치들이 연경 삼천리를 베 짜듯 내왕하였으되 이용후생에 도움이

---

45) 「技藝論」 3, Ⅰ~11, 12쪽(2-225). "夫孝弟根於天性 明於聖賢之書 苟擴而充之 修而明之 斯禮義成俗 此固無待乎外 亦無藉乎後出者 若夫利用厚生之所須 百工技藝之能 不往求其後出之制 則未有能破蒙昧而興利澤者也 此謀國者所宜講也"

46) 『邦禮草本』 序, Ⅰ~12, 42쪽(2-357)·『經世遺表』引, Ⅴ~1, 4쪽(14-9). "開利用之監 議北學之法 以圖其富國强兵 斯不可易也"

47) 「技藝論」 1, Ⅰ~11, 11쪽(2-223). "我邦之有百工技藝 皆舊所學中國之法 數百年來截然不復有往學中國之計 而中國之新式妙制日增月衍 非復數百年以前之中國 我且漠然不相問 唯舊之是安 何其懶也"

48) 「技藝論」 3, Ⅰ~11, 11~12쪽(2-224~225). "日本往來江浙 唯務移百工纖巧 故琉球日本在海中絶域 而其技能與中國抗 民裕而兵强 鄰國莫敢侵擾 其已然之效如是也"

될 만한 것은 하나도 가져온 것이 없었으니[49] 딱한 사실이 아닐 수 없었다. 일본과 우리나라와의 비교에 있어서 다산의 이러한 관찰은 한 세기 하고도 반의 세월이 흘러간 오늘에 있어서도 실로 우리들의 폐부를 찌르는 듯한 탁견이라 하지 않을 수 없다.

이처럼 낙후된 우리의 현실을 주시하면서 다산은 이용후생을 위한 실용적 서구과학을 배움에 있어서도 결코 남에게 뒤떨어지지 않았다. 그는 그의 경학사상을 다룸에 있어서도 한송학자들의 미망을 일소하기 위하여 그의 풍부한 과학적 지식을 구사하였음은 물론이거니와 한편 한 과학인으로서도 그의 12년 수상인 『북학의(北學議)』의 저자 초정 박제가와의 공동협조 하에 종두술(種痘術)[50]을 연구 실시한 것을 비롯하여 홍이포(紅夷礮)[51]며 성곽[52]이며 기타 천문·지리·물리·의학 등 모든 분야에 걸쳐서 일가견을 갖추기에 이르렀던 것이다.

이제 우리는 끝으로 다산과 천주교의 관계를 겉으로나마 일별할 필요가 있다. 영세명 요한세자[53]로 알려진 다산은 일찍이 한강 상류 두미협[斗尾峽, 광주(廣州)] 서울행 배 안에서 그의 맏형 약현의 처남인 광암 이벽(1754~1786)을 만나 서교에 관한 책을 얻어 본 후 수년간 이에 마음을 쏟은 바 있다고 자백하고 있거니와[54] 그가 정조의 분부를 받고 교도 아님을 명백히 하기 위하여 금정찰방(金井察訪)으

---

49)「送李參判基讓使燕京序」, Ⅰ~13, 13쪽(2-393). "燕之距漢陽三千餘里 而冠蓋之往復徃去者 繹繹乎織於路矣 而所以利用厚生之物 曾未有得其一而歸傳之者 何人之恝然無澤物之志若是其極哉"

50)「種痘說」, Ⅰ~10, 11~13쪽(2-146~149).

51)「軍器論」2, Ⅰ~11, 10쪽(2-222).

52)「城說」, Ⅰ~10, 13쪽(2-150).

53) 柳洪烈, 같은 책, 148쪽.

54)「自撰墓誌銘(集中本)」, Ⅰ~16, 3쪽(2-633).

로 좌천된 시절에(1795) 많은 천주교도들을 회유함과 동시에 천주교 금압에 노력하였고 저 유명한 황사영백서(黃嗣永帛書)의 장본인을 그의 조카사위—약전의 사위—임에도 불구하고 역수(逆竪)[55]라 공언하는 따위의 반천주교적 언동을 감행한 것도 숨길 수 없는 사실이다. 그러므로 그는 비록 신유교옥(辛酉敎獄) 때 유형되었다손 치더라도 도리어 순교자 아닌 배교자로 취급됨은 그 까닭인 것이다.[56]

그러나 이제 다산과 천주교와의 관계로 말하면 이를 두 갈래로 나누어 보아야 할 것 같다. 하나는 순수한 신앙생활의 면에서 그가 얼마나 신심이 두터웠던가 하는 문제요, 또 하나는 그의 천주 교리에 대한 이해의 깊이와 영향의 농담 문제일 것이다. 전자에 대하여는 위에서 논급한 것과 같이 국금에 순응하기 위하여 어찌할 수 없이 배교자로서의 낙인이 찍힌 바 되었지만, 그러나 그가 교리이해의 면에 있어서는 유신론적 천주 교리에 접근하고 있음을 보게 된다.[57]

그가 중용사상[58] 중의 천명사상을 풀이함에 있어서 상제강림설(上帝降臨說)을 그대로 옮겨놓은 많은 구절들을 볼 때 다분히 기독 교리에 접근해 있음을 부인하기 어렵다.[59] 그리하여 다산은 정주학의 무신론적 주리론의 입장과는 서로 엇갈리는 유신론적 고대유교의 일면을 해명함에 있어서 특히 일신론적 천주사상을 수용하였다는 사실에 대하여는 긍정적인 결론을 얻게 되므로 이 점에 대하여는 신중

---

55) 「自撰墓誌銘(壙中本)」, Ⅰ~16, 1쪽(2-630). "逆竪黃嗣永就捕"

56) 柳洪烈, 같은 책, 230쪽.

57) 朱在用, 「先儒의 天主思想과 祭祀問題」(서울: 京鄕雜誌社, 1958), 259쪽.

58) 洪以燮, 「丁若鏞論」, 『思潮』, 1958, 145쪽.

59) Gregory Henderson, Chong Ta-San — A Study in Korea's Intellectual History, 『白性郁博士頌壽記念佛教學論文集』(서울: 白性郁博士頌壽記念佛教學論文集事業委員會, 1959), 281쪽.

한 검토가 있어야 할 것으로 믿어진다. 왜냐하면 다산은 그가 표면 상 천주교사상에 접근해 있다는 사실에 대하여는 아무런 시사도 준 바 없음에도 불구하고 그의 사상적 어느 일우(一隅)에서는 천주 교리 의 저류가 맥맥히 흐르고 있음을 느끼게 하는 점이 결코 한두 구절 에 그치지 않기 때문이다. 그러므로 다산은 상제천(上帝天)을 믿었던 사람으로 인정하면서 이 점을 주목하지 않을 수 없는 것이다.

제2절 수사학적 수기치인의 실학

1. 복고적 의의

영조시대 신문화 사조의 기반 위에서 성숙한 다산학이지만 그의 구성상 특색을 한마디로 말할 때 '수사학적(洙泗學的)'이라 하는 데 에는 그럴 만한 이유가 있는 것이다. 본시 수사학이란 단어는 유학 의 대명사로서 결코 새로운 것은 아니지만 이를 '본래적인 공자학' 이란 뜻으로 사용하는 점에는 새로운 의의를 찾아보고자 한다.

본시 수사수(洙泗水)[60] 기슭은 공자(기원전 551~479)가 낳고 묻힌 곳일 뿐만 아니라, 공자는 거기서 그의 제자들을 데리고 시서예악(詩 書禮樂)을 강론하였으니[61] 공자학은 여기서 연마되고 또 전수된 것 으로 여겨진다. 물론 공자학은 그의 일생을 통하여 꾸준히 조성되었 을 것이지만 그의 늙을 무렵에 있어서의 사상 강론은 실로 그의 학

---

60) 노(魯)나라 고지(故地)인 산동성에서 사수(泗水)라는 강물이 남으로 흐르고 있으며, 태산(泰山)에서 흘러내리는 이 물줄기의 상류 한 구비에 곡부(曲阜)라는 고읍(古邑)이 있으니 거기에 바로 공자의 묘당(廟堂)과 함께 묘지가 있다. 그의 동남쪽 몇 리 밖에 창평현(昌平縣) 추읍(陬邑)이 있는데 그곳 이 바로 공자의 출생지이다. 수수(洙水)는 사수(泗水)의 지류(支流)로서 이를 합하여 수사수(洙泗水) 니 사수강(泗洙江)이니 하는 단어가 생겨난 것이다.

61) 『史記』, 「孔子世家」. "孔子設敎洙泗之上 修詩書禮樂 弟子彌至"

의 난숙기(爛熟期)가 아니었을까.

그러므로 공자학을 또 달리 수사학이라 부르고 그의 직제자들을 일러 사상제자(泗上弟子)라 함도 결코 연유 없는 일이 아닌 것이다.

그런데 수사학으로서의 공자학이 후에는 맹자학과 합하여 '추로지학(鄒魯之學)'이라 불리게 되고 이에 훨씬 뒤인 한대에 이르러서는 경전주소학이 형성되고, 송대에 와서는 성리학적 도학으로 변모하였으니 이는 공자 몰후 적어도 2천 수백 년이라는 세월의 흐름을 계산에 넣고 이를 이해하지 않아서는 안 될 것이다. 그러나 막상 수사학이라는 표현으로 공자학을 살피게 된다면 이러한 시간적 간극을 무시하고 현재로부터 거슬러 올라가서 멀리 공자와 직결하는 셈이 된다.

성호도 그가 비록 낙민(洛閩)의 정주학을 따랐을망정 수사학에로의 경세학적 문호는 터놓았거니와[62] 다산은 그 문호를 뚫고 곧장 공자의 강당으로 들어간 것이니 여기에 다산경학의 새로운 입장이 있는 것이다.

경학사적 면에서 '수사학—한당학—송명학—청조학'의 대체적 시대구분이 허용된다면, 수사학은 가장 오랜 원초적 위치에 놓여 있다. 그러나 원초적 위치가 도리어 가장 생신(生新)한 의의를 풍겨주는 데에 다산경학의 복고적 정신이 깃들어 있는 것이다. 예컨대 다산의 성기호설(性嗜好說)은 성리설과의 대결에 있어서 가장 청신한 의의를 간직하고 있지만 이는 '수사[63]의 옛 모습'을 말한 것에 지나지 않는다고 다산은 말하고 있다. 송현(宋賢)들의 성리학이 비록 낙선구도(樂

---

62) 「鹿菴權哲身墓誌銘」, I~15, 33쪽(2-609). "星湖先生篤學力行 沿乎洛閩泝乎洙泗 開發聖門之扃奧 披示來學"

63) 『中庸自箴』, II~3, 3쪽(4-179). "孟子論性善之理 輒以嗜好明之(見告子盡心), 孔子引秉彝好德之詩以 證人性 舍嗜好而言性者 非洙泗之舊也"

善求道)의 뜻에서 나왔을망정 그것이 수사의 옛 뜻에 어긋나는 까닭에 그대로 따를 수 없다고 다산은 또 말한다.[64] 왜냐하면 송유의 성리학은 본시 '만수귀일(萬殊歸一) 무상묘법(無上妙法)'의 불학(佛學)에 젖어 있으므로 결코 수사의 구학이 아니기 때문이다.[65] 이쯤 되면 수사학은 적어도 다산에게 있어서는 만학의 척도요 경학의 귀감인 셈이다. 그러므로 다산경학은 오로지 위로 거슬러 올라가서 수사의 진원을 찾는 복고적 노력에 의하여 이루어진 자라 해야 마땅할 것이다.

옛것은 낡은 것이 아니라 참되고 순수한 데에 그 값이 있다. 원초적 순수성은 시대를 거듭할수록 오히려 껍질이 덮여져서 그 순수성을 잃기가 쉽다. 그처럼 낡아졌다면 순수한 옛 모습을 되찾으려 함은 그것이 바로 복고주의가 아닐까? 복고주의란 바로 본래적인 것을 도로 찾는 것을 의미하는 것에 지나지 않는다. 그러므로 다산은 그가 『상례사전(喪禮四箋)』 저술을 남기고서 이는 광란을 돌이키고 백천(百川)을 막아가면서 수사의 진원으로 돌아간 자라 하였다.[66] 따라서 다산의 경학은 그의 구심점을 송학이나 한학에서 옮겨다가 수사학에 두었음을 알 수 있다. 여기에 다산경학사상의 르네상스적 의의가 있을 것이다.

실로 '본래적 공자학'이란 뜻으로 쓰이는 수사학은 시대변천에 의한 잡학에 물들지 않은 경학을 의미한다. 유교의 경전학은 그것이

---

64) 『中庸講義』, Ⅱ~4 2쪽(4-240). "蓋末賢論性 多犯此病 雖其本意 亦出於樂善求道之苦心 而其與洙泗之舊論或相牴牾者 不敢盡從"

65) 『孟子要義』卷2, Ⅱ~6, 38쪽(4-567~568). "今乃以心性天三者 總謂之一理 則毛氏所謂理命之謂理 不是佛語 而孟子亦嘗曰盡其理者知其理也 知其理則知理矣 束萬殊而歸一 復成混沌 則凡天下之事不可思議不可分別 惟有棲心冥漠寂然不動 爲無上妙法而已 豈洙泗之舊哉"

66) 「示二子家誡」, Ⅰ~18 5쪽(3-112). "喪禮四箋 是吾篤信聖人之文字 自以爲回狂瀾而障百川 以反洙泗之眞源者"

비록 공자 자신의 직접적인 저술이나 산정(刪定)에 의한 자가 아니라고 하더라도 그의 이념이 수사학적 순수성을 간직하고 있다면 이를 또한 넓은 의미의 수사학적 범주 안에 넣어서 생각해야 할 것이다. 그것은 이미 한대의 오경박사 시대를 거치고 13경 시대[67]를 지나 사서육경으로 틀이 짜이기에 이르는 동안 많은 변천을 가져왔고 그것이 비록 공맹학파의 후학들의 손에 의하여 정리되었다고 하더라고 그것이 참으로 수사학적 정신에 합당하다면 이를 공자학과 직결할 수도 있는 것이다. 그러므로 13경만 하더라도 사실상 송 진송(眞宗) 때 비로소 체재가 갖추어진 것이지만 다산은 수사학의 진원을 거기서 찾아보려고 하였던 것이다.[68]

13경은 바로 육경사서의 선구적 위치에 있는 자로서 다산경학이 비록 후자인 육경사서를 기틀로 하고 있으나[69] 다산의 수사학적 태도는 원전에 충실하고자 하는데 있다. 다시 말하면 다산의 이러한 태도는 성경을 읽는 하나의 방법으로서 한유들처럼 좌전우석(左箋右釋)의 훈고주소(訓詁註疏)에 사로잡히지 않으려는 태도인 것이다. 그는 성현이 세상을 떠난 지 오래되자 성인의 시대는 멀어지고 말은 사라져 성인의 훈성(薰聲)이 가로막혀 있으니[70] 성경(聖經) 속으로 곧

67) 洪淳釬「中國古典研究」,『東洋文化』제1집(대구: 형설문화사, 1960), 3쪽 참조, "周易·尙書·毛詩·周禮·儀禮·禮記·春秋左傳·春秋公羊傳·春秋穀梁傳·論語·孝經·爾雅·孟子 등 十三經"

68) 「十三經策」, I～8, 16～17쪽(1-634～635). "臣伏念 經有十三冠冕群書 盖觀象設敎以達吉凶之情 誦詩讀禮以徵治亂之迹 三經之所以載道也, 節文儀則以窮天人之用 建邦設位以成一王之制 三禮之所以立敎也 發揮袞鉞以懼亂賊 則左氏公穀之羽翼春秋也, 開示宮墻辨析義利 則魯論鄒書之星日斯文也, 以至孝經之演釋要道 爾雅之博識形名 莫非聖賢之遺訓 學問之宗旨 是故傳道授統接洙泗之眞源者 必於是歸依"

69) 「自撰墓誌銘(集中本)」, I～16 18쪽(2-663). "六經四書以之修己"

70) 「孟子策」, I～8, 33쪽(1-668). "噫聖遠言湮薰聲俱歇 而其或有一班之可覯者 唯聖經耳" 여기서 聖經이라 함은 "孔子在時方修明聖經以紹繆異"(『唐書藝文志』), "聖學湮而復明"(『近思錄』), "古者大學敎人之法 聖經賢傳之指 粲然復明於世"(『大學章句』序)라 한 것을 보면 이는 유학경전(儒學經典)을 의미하고 있다.

장 들어갈 수 있는 길을 터야 한다는 것이다.

그러므로 다산은 자기 스스로 사상제자(泗上弟子)인 양 사상에서 직접 공자에게 묻기도 하고 대답도 하는 그런 태도를 취하려고 하였다. 이것이 바로 수사학적 태도인 것이니 이는 경의(經義)를 해명하기 위하여 취하여진 다산의 복고적 태도라 하지 않을 수 없다.

그러나 한·당·송·명·청에 이르는 2000여 년의 장강은 가시덤불로 덮여 있으니 이러한 '수사구로(洙泗舊路)'를 깨끗이 다듬기 위하여 입술이 타고 혀가 찢어지도록 지껄이지 않을 수 없는 애끓는 심사를 다산은 토로하고 있는 것이다.[71] 그러면 이렇듯 수사학의 진정한 모습을 가리고 있는 가시덤불은 무엇인가? 그것은 다름 아닌 성리학·훈고학·문장학·과거학 등 오학(五學)[72]이라고 다산은 주장하고 있다.[73] 성리학은 "……속은 텅 빈 고고한 마음으로 스스로 옳다고 거만을 떨고 있으니"[74] 함께 요순주공의 문에 들어갈 수 없고, 훈고학은 "……마음을 다스리고 성품을 다스리는 것은 생각조차 않고……세상을 바르게 하고 백성 잘 다스리기를 원치 않기"[75] 때문에 함께 손잡고 요순주공의 문에 들어갈 수 없고, 문장학은 "입으로는 육경(六經)을 이야기하고 손으로는 먼 옛적의 사건을 기록만 하고"[76] 있기 때문에 손잡고 요순주공의 문을 두들길 수 없고, 과거학은 "……시(豕) 자와 해(亥) 자도 분별하지 못하는 젖내 나는 어린애

---

71) 「與李汝弘」, I∼19, 35쪽(3-254). "此是洙泗舊路歲久榛莽 其入頭下手惟此一路 鏞又豈不焦脣敝舌 以冀其同享此樂乎"
72) 「五學論」 1∼5, I∼11 19∼24쪽(2-239∼249).
73) 「五學論」 5, I∼11, 24쪽(2-249). "五學昌而周公仲尼之道 榛榛然以莽 將誰能一之"
74) 같은 책, 20쪽(2-241).
75) 같은 책, 21쪽(2-243).
76) 같은 책, 22쪽(2-245).

가 나아가 장원(壯元)을 차지하니"77) 어찌 함께 요순주공의 문호를 찾을 수 있으며, 술수학은 "……학문이 아니라 혹술(惑術)이니"78) 어찌 그와 함께 요순주공의 문전으로 들어갈 수 있겠는가!

이처럼 성리·훈고·문장·과거·술수 등의 오학은 요순주공의 도를 가로막는 가시덤불이기 때문에 다산경학은 이 길을 트기 위하여 실로 천언만어(天言萬語)를 소비하였던 것이다. 그러면 다산이 함께 손을 잡고 들어가고 싶은 요순주공의 도는 어떠한 길일까? 그것이 다름 아닌 수사학적 수기치인의 실학인 것이니 수기치인이 바로 공자의 도79)요 중니(仲尼)의 학은 또한 요순에게서 원유(源由)했기 때문이다.80) 이리하여 수사학이라는 새로운 학문이 다산에 의하여 한 체계를 이룩하면서 형성되었던 것이다.

2. 수사학의 선구자들

수기치인의 이념으로 일관된 다산경학은 수사학적(洙泗學的) 공자학(孔子學) 바로 그것을 문제 삼고 있다. 그러나 공자의 사상강론(泗上講論)은 다름 아닌 요순(堯舜)의 도요 주공(周公)의 예일 따름이니 그러면 다산은 이들 인물을 어떻게 보았는가.

먼저 다산은 요순만큼 부지런한 분도 없거니와 요순만큼 알뜰한 분도 없다고 하였다. 노장(老莊)의 무위이치(無爲而治)가 어찌 요순에게 아랑곳이나 있는 말일까.81) '5년에 한 번씩 제후국을 순행하고,

---

77) 같은 책, 23쪽(2-247).
78) 같은 책, 23쪽(2-248).
79) 「爲盤山丁修七贈言」, 1-17, 40쪽(3-82). "孔子之道 修己治人而已"
80) 『中庸自箴』, Ⅱ~3, 8쪽(4-190). "仲尼之學源於堯舜故……仲尼以中庸立敎 源源本本起於堯舜 知此而後中庸二字之義 昭如日星"

해마다 제후에게 조회를 받으면서' 정사에 대해 묻고 실천여부를 살펴야 하니 바쁠 수밖에. 게다가 '산을 뚫어 물길을 내고 밭도랑과 봇도랑을 내어 물을 통하게 하는' 치산치수(治山治水)와 '가르침을 세우고 형벌을 밝히는' 문치(文治)와 '흉악한 자를 처형하고 간사한 자를 물리치는'의 무단(武斷)을 위하여 한시도 쉴 겨를이 없었던 요순이었으니 말이다.[82] 실로 요순은 제왕으로서 만세의 사표가 아닐 수 없다. 공자가 요순을 떠받드는 소이도 여기에 있었던 것이다.[83]

여기에서 요순의 역사적 실재 여부가 문제되는 것이 아니라 요순의 인격과 정신만이 문제될 따름이다. 요순은 오직 민중의 생활을 위하여 애를 태웠고 백성들의 안정을 위하여 부지런히 일을 하였다. 그러므로 요순의 학은 실용의 학이요 실천의 학인 것이다. 실용학의 본원이 바로 요순일진대[84] 이는 수사학의 본원이 다름 아닌 요순임을 의미한다.

한마디로 말하자면 요순은 경세실용학의 상징적 성왕이요 공자 자신이 하늘처럼 떠받들던[85] 그의 정신적 지표였기 때문에 우리는

---

81) 『邦禮草本』序, Ⅰ~12, 39쪽(2-352)・『經世遺表』引, Ⅴ~1, 1쪽(14-4). "世俗言唐虞之治者 曰堯與舜皆拱己玄然黙然 土端坐於茅茨之屋 而其德化之所漸被 若薰風之襲人 於是以熙熙爲淳淳 以皞皞爲蓮蓮 凡有施爲動作 輒引唐虞以折之 謂韓非商鞅之術刻覈精覈 實不可以平治末俗 特以堯舜賢而嬴秦惡 故不得不以疎而緩者爲是 密而急者爲非云爾 以余觀之奮發興作 使天下之人 騷騷擾擾勞勞役役 曾不能謀一息之安者 堯舜是已 以余觀之 綜密嚴酷使天下之人 夔夔遬遬瞿瞿悚悚曾不敢飾一毫之詐者 堯舜是已 天下莫勤於堯舜 誣之以無爲 天下莫密於堯舜 誣之以疏迂 使人主每欲有爲 必憶堯舜以自沮 此天下之所以日腐而不能新也 孔子謂舜無爲者 謂舜得賢聖至二十二人 將又何爲 其言洋溢抑揚有足以得風神於言外者 今人專執此一言 謂舜拱黙端坐一指不動 而天下 油油然化之 乃堯典皋陶謨皆浩然忘之 豈不鬱哉"

82) 『論語古今註』卷1, Ⅱ~7, 20쪽(5-42). "余觀奮發事功莫如堯舜 五載一巡比年受朝詢事考言 天下旣紛紛矣 重之以鑿山濬水潔畎澮疏瀹 立朝明刑制禮作樂誅凶退俊以至上下 草木鳥獸莫不擇人授任 計功責成 其用心用力可謂健矣 孔子親定典謨明知此事安得誣之 曰無爲哉"

83) 공자가 본 堯舜은 "博施於民而能濟衆"(『論語』, 「雍也」)하는 의욕과 "修己而安百姓"(『論語』, 「憲問」)하려는 이상을 간직한 帝王이었다.

84) 「鳳谷寺述志詩序」, Ⅰ~13, 3쪽(2-373). "所大懼者 吾輩皆詞章記誦之業也……必將本源混濁漸失開朗 終不得爲有用之學 而難與入於堯舜之域矣"

그의 이름을 문제 삼고 있는 것이다.

실로 다산의 목민정신도 요순에게서 발원하였고,[86] 고대 민주주의적 정치이념도 요순에게서 연유하였고,[87] 민본주의적 선양방벌(禪讓放伐)의 정권교체도 요순·탕무가 고도(古道)를 실천한 것에 지나지 않는다고 그는 말하고 있다.[88] 이는 유가의 민본사상의 싹을 요순에게서 이끌어 내리려는 수사학적 연원이기도 한 것이다.

다음 주공은 어떠한 인물인가. 문왕의 아들이요 무왕의 아우요 성왕의 숙부인 그는 주나라의 건국공훈(建國功勳)으로서 주나라의 전장제도를 확립한 인물로 지목되기는 하지만 그가 현존『주례』의 저자인지 아닌지의 여부에 대하여는 아직도 많은 의심을 남기고 있다. 그러나『주례』가 비록 주공의 직접적인 수기에 의한 저술이 아니라 손 치더라도 주공과 떼어서는 생각할 수 없는 긴요한 저작인 것이다.[89] 그러므로 공자는 꿈에서도 주공을 사모했고[90] 주례의 재현을

---

85) 『論語』, 「泰伯」. "大哉堯之爲君也 巍巍乎唯天爲大 唯堯則之"

86) 『牧民心書』序, Ⅰ~12, 42쪽(2-358)·『牧民心書』自序, Ⅴ~16, 1쪽(16-3). "昔舜紹堯咨十二 俾之牧民 文王立政乃立司牧 以爲牧夫 孟子之平陸 以芻牧喩牧民 養民之謂牧者 聖賢之遺義也"

87) 「原牧」, Ⅰ~10, 4~5쪽(2-132~133). "邃古之初民而已 豈有牧哉 民于于然聚居 有一夫與鄰鬨 莫之決有曳焉 善爲公言就而正之 四鄰咸服推而共尊之 名曰里正 於是數里之民以其鬨鬨 莫之決有曳焉 俊而多識就而正之 數里推而共尊之 名曰黨正 數黨之民以其黨鬨 莫之決有曳焉 賢而有德就而正之 數黨咸服 名之曰州長 於是數州之長推一人以爲長 名之曰國君 數國之君推一人以爲長 名之曰方伯 四方之伯推一人以爲宗 名之曰皇王 皇王之本起於里正 牧爲民有也 當是時里正從民望而制之法 上之黨正 黨正從民望而制之法 上之州長 州長上之國君 國君上之皇王 故其法皆便民" 이를 洪以燮은『丁若鏞의 政治經濟思想研究』(75쪽)에서 이는 민본주의 이념의 일단이라 하였다.

88) 「湯論」, Ⅰ~11, 24쪽(2-249~250). "湯放桀可乎 臣伐君而可乎 曰古之道也 非湯刱爲之也……自漢以降天子立諸侯 諸侯立縣長 縣長立里長 里長立鄰長 有敢不恭 其名曰逆 其謂之逆者何 古者下而上 下而上者順也 今也上而下 上而下者逆也 故莽懿裕衍之等逆也 武王湯黃帝之等 王之明 帝之聖者也 不知其然 輒欲貶湯武以卑於堯舜 豈所謂達古今之變者哉"

89) 「十三經策」, Ⅰ~8, 18쪽(1-637~638). "考工之或悖周官者 臣以爲周禮五篇雖非周公手筆 斷非劉歆僞造…然其爲先秦古文則無疑 不必如末儒之詆斥也 朱子亦嘗曰周家法度在裏許 又曰周禮規模皆是周公做 則六篇之文皆不當妄議也"

90) 『論語』, 「述而」. "久矣 吾不復夢見周公"

그의 이상으로 삼았던 것이다.[91] 다산은 주례야말로 삼대지치(三代之
治)의 정수인 양 높이 평가하고 있다.[92] 그는 또한 주례 없이는 치평
(治平)의 태학지도(太學之道)도 이해할 수 없다고 말하고 있다.[93] 두말
할 것도 없이 주례란 주공이 제작한 주나라의 법제를 의미하는 것인
데 이를 어찌하여 예라 하는가.[94] 다산의 법제서인『경세유표』를 일
명『방례초본(邦禮艸本)』이라 함은 이 까닭인데 이는 주례의 현실적
재현이란 점에서[95] 법제상 중요한 의의가 있는 것이다. 사실상 다산
의 주례에 대한 관심은 다름 아니라 그의 '육향지정(六鄕之政)'[96]에
있었던 것이다. 왜냐하면 육향지정은 곧 요순을 위시로 한 고성왕들
의 경세법도를 농정적 정전형(井田形)에 의하여 구현한 자이기 때문
이다.

이로써 공자의 수사학은 요순을 그의 사상적 지표로 삼았고, 주공
을 그의 현실적 지주로 삼았음을 알 수 있다. 공자의 학이 이미 그러
하거늘 공자학과 직결되어 있는 다산경학이야말로 더 말할 나위도
없다. 그러므로 해서 다산의 경세실용학은 멀리 요순·주공·공자의
도를 기반으로 하여 이루어진 자라 아니할 수 없는 것이다. 다산이
언필칭 '요순——주공——공자'를 내세우고 있는 것은 이 까닭이다.[97]

---

91) 같은 책,「陽貨」. "如有用我者 吾其爲東周乎"
92) 「答仲氏」, I~20, 15쪽(3-300). "周禮古人亦多不信者 皆淺學也……我若無病久生 則欲全注周禮 而
朝露之命不知何時歸化 不敢生意 恔心以爲三代之治 苟欲復之 非此書無可著手"
93) 『大學公議』, II~1, 6쪽(4-13). "王制非古法 必取堯典周禮 覈其制度 然後太學之道 乃知爲何道也"
94) 『經世遺表』引, V~1, 1쪽(14-3). "周公營周居于洛邑 制法六篇名之曰禮 豈其非禮而周公謂之禮哉"
95) 洪以燮, 같은 책, 35쪽. "방례(邦禮)——주례(周禮)적 제도와 그의 이념을 조선현실에 비교 적용코자
시안을 초(草)하였다"고 하였다.
96) 「答申在中」, I~20, 9쪽(3-288). "周公制禮其教萬民糾萬民 登賢黜惡 平賦斂均征治軍旅正戎器 凡
大規模大節目 都在六鄕之政 故鄕師歲終 則攷六鄕之治以詔廢置 三年大比 則攷教察辭稽器展事以紹誅
賞 卽古聖王治天下之大經大法 莫要於六鄕之官"
97) 「五學論」말미 참조..

요순—주공이 비록 다 같이 공자에게 그들의 도통(道統)을 전수해 준 자이기는 하지만 엄밀히 따지자면 요순과 주공은 서로 다른 데가 있음을 발견할 수 있다.

요순은 고대 성왕의 표상으로서 존재하며 주공은 유능한 경세가로서의 면모가 뚜렷한 것이다. 요순과 주공이 다 함께 지성군자(至誠君子)가 아님이 아니로되 요순은 주공에 비하여 보다 더 선양(禪讓)의 유덕군자(有德君子)요 효제(孝悌)의 인인(仁人)이다. 그러므로 요순의 덕화주의(德化主義)는 경세가의 경륜의 기본이 되기 때문에 요순은 아마도 수기군자라 해야 할는지 모른다. 그러나 주공은 국가경영을 위해서는 그의 아우인 관숙(管叔)·채숙(蔡叔)의 난을 무력으로 정벌하기도 하였다. 주공도 요순만큼 수기군자가 아님이 아니지만 요순에 비할 때 보다 더 치인의 경륜에 밝은 자라 하지 않을 수 없다. 그러기에 주공은 요순도 하지 못한 육향지정을 펴서 주나라를 반석 위에 올려놓았던 것이다.

그러므로 요순과 주공 간의 공약수를 덜고 그들의 실질적 특성을 말한다면 요순은 수기(修己)의 유덕군자요 주공은 치인(治人)의 현자라고 할 수 있다.[98] 이러한 양면을 하나로 조화한 인간상을 공자는 아마도 수기치인의 군자라 불렀고 다산은 이를 목자라 부르고 있는 것이다.[99] 그러므로 '요순—주공—공자'의 계보에서는 수기치인의 일관된 도통을 뚜렷이 엿볼 수 있다. 이 도가 바로 수사학적 수기치인의 도인 동시에 이를 단적으로 말한다면 '공자의 도'라는 일언(一

---

98) 이러한 관계는 공자와 맹자와의 관계에서도 볼 수 있다. 공맹의 도가 하나이지만 맹자의 학이 공자의 『논어』에 비하여 보다 정경학적(政經學的)이기 때문에 공자는 수기(修己)의 유덕군자(有德君子)요 맹자는 치세(治世, 치인治人)의 현자(賢者)라고 할 수 있기 때문이다.

99) 「原牧」, Ⅰ~10, 4쪽(2-132) 참조.

言)으로 요약할 수 있는 것이다.

3. 다산학의 수사학적 구조

이제 다산학을 이해하기 위하여 두 갈래의 길을 더듬어 보았다. 한 길은 율곡을 시점으로 하여 반계·성호에 이르는 근세실학의 계보요, 또 하나의 길은 요순을 시점으로 하여 주공·공자에 이르는 고전적 수사학의 계보라 할 수 있다.[100] 이 두 길은 고금을 달리하여 서로 상응의 관계에 있으면서도 그 사이에는 오학의 가시덤불이 가로막고 있었기 때문에 언젠가는 서로 합해야만 할 운명에 놓여 있었다고 보아야 한다. 그러한 역사적 과업을 치러낸 사람이 바로 다산이었던 것이니 다산학이야말로 근세실학을 기반으로 하고 고전적 수사학을 이상으로 하여 그의 학을 체계화하는 데 성공한 자라 할 수 있다.

근세 실학이 다산학의 토양이라 한다면 고전적 수사학은 거기서 뿌려진 씨앗이라고나 할까. 이 씨앗의 결실을 방해한 자가 있다면 그것은 다름 아닌 성리·훈고·문장·과거·술수 등의 오학이라 함은 다산이 이미 지적한 바 있거니와, 실로 다산학은 이러한 수사학적 수기치인의 실학을 결실케 함으로써 후학들을 위하여 경학의 새로운 방향을 제시하여 주었다고 함직한 것이다.

그리하여 다산학은 근세실학과 수사학적 공자학으로 전후가 일치되고 고금이 일관되어 있기 때문에 그중의 어느 한쪽만을 가지고는

---

100)

다산학의 전모는 이해할 수 없으리라는 것쯤은 너무도 명백한 이야기다. 이러한 총체적인 다산학의 특색은 지금까지 그 어느 누구에게도 볼 수 없으리만큼 새로운 것이 아닐 수 없다. 이렇듯 다산은 새로운 획기적 시점을 마련해 준 것이니 이 시점에 서 있는 다산을 일러 근세실학과 수사학적 공자학을 하나로 묶어서 '근세 수사학파의 창시자'[101]라는 이름으로 부르고 싶은 것이다.

이러한 명명은 흔히 신기함을 내세우기 위함이라는 오해도 없지 않으리라고 생각되기는 하지만 이는 마치 청조 고증학적 실학파들이 한대 훈고학을 숭상했다는 점에서 그들을 일명 '한학파'라 부름으로 해서 그들의 성격을 더욱 뚜렷이 나타내고자 하는 것과 그 궤를 같이하여, 다산학으로 말하더라도 그가 이미 수사학적 공자학에 직결하고자 하는 그의 학적 의욕이 그 모든 경전학(經典學) 안에 창일(漲溢)해 있고, 뿐만 아니라 그의 의도가 그대로 수사학적 수기치인의 실학으로서 체계화되어 있으므로 해서 그를 일러 근세 수사학파의 선구자라고 불러 보고 싶은 것이다. 이렇게 부름으로써 다산학의 성격을 단순히 '이조실학의 집대성자'[102]니 혹은 '정법가'[103]니 '공전의 대저술가'[104]니 '경제학파'니 하는 따위로 불러주는 것보다도 더욱 성격을 분명히 천명한 호칭이 될 수 있으리라고 믿어지기 때문이다.

---

101) 공자학(孔子學)을 다루는 학도는 누구나 광의의 수사학파라 할 수는 있다. 그러나 여기서는 공자의 직제자라는 뜻이 강조되어 있고, 또 다산도 지적한 바와 같이 공자 이후의 잡학들로 인하여 윤색되지 않은 순수한 공자학이란 의미로 쓰인 것이다.

102) 金良善, 『韓國實學發展史』, 45쪽.

103) 鄭寅普, 『舊園國學散藁』, 77쪽.

104) 金龍培, 『東洋哲學思想史大觀』(서울: 삼구문화사, 1956), 199쪽.

제3절 다산의 생애와 업적

다산의 본명은 약용(若鏞), 어릴 적 자(字)는 귀농(歸農), 자는 미용(美庸) 또는 송보(頌甫) 호는 사암(俟菴)인데, 따로 다산(茶山)·탁옹(籜翁)·태수(苔叟)·자하도인(紫霞道人)·철마산인(鐵馬山人) 등이라 자호하였고, 당호는 여유(與猶)인데 노자 '동섭외린(冬涉畏鄰)'의 뜻에서 취하였다. 진주목사로 순직한 압해 정씨 재원(載遠)의 넷째 아들[105]이요 외가는 해남 윤씨인데 고산의 후인 공재(恭齋) 윤두서(尹斗緖)의 외증손으로 다산의 외모는 많이 그를 닮았다고 한다.[106] 영조 38년에 임오(1762) 6월 16일 사시(巳時)에 광주(廣州) 초부면(草阜面) 마현리(馬峴里)[107]에서 낳고, 헌종 2년 병신(1836) 2월 22일 진시에 향리의 구제에서 조용히 임종하니 수는 75세였다.

그의 선대는 고려유민으로서 백천에 살다가 한양으로 옮긴 후 팔대승승(八代繩承) 옥당에 들었으니, 그 후 마현으로 옮겨 한미하게 지냈다 하더라도 그의 가문의 문명은 짐작하고도 남음이 있다. 15세에 풍천 홍씨를 취하여 소생은 육지삼(六之三)이나 사지이(四之二)가 요절하니 장남 학연(學淵), 차(次)에 학유(學游)가 있고, 여서(女婿)에 윤창모(尹昌謨)가 있을 따름이다.

어려서부터 영특하고 재주가 뛰어난 그는 새로운 것에 대한 감수성이 유난하였다. 그는 16세에 당시 일세를 풍미하던 성호학에 젖게

---

105) 맏형이 약현(若鉉), 둘째 형, 셋째 형이 약전(若銓)·약종(若鍾)인데 약횡(若鐄)은 그의 서제(庶弟)로서 서모(庶母) 김씨 소생이다.

106) 『俟菴先生年譜』, 3쪽. "諱斗緒進士號恭齋 博學好古 家藏圖書 皆經濟實用 於公爲外曾考而小照尙存 公顔貌鬚髮多勞髯 公嘗語門人曰吾之精分多受外氏……"

107) 現 楊州郡 瓦阜面 능內里. 漢江 上流 苕川(소내)기슭.

되어 그를 사숙하게 되었고 그 후로부터 다산학의 방향은 결정이 된 셈이다. 계묘(癸卯) 봄 22세 때에 경의진사(經義進士)가 되어 정조와 첫 풍운지회(風雲之會)를 가졌고, 어문중용강의(御問中庸講義) 80여조에 대하여 동재(東齋)의 여러 학생들은 모두 퇴계 사단이발지설(四端理發之說)이 옳다고 하였지만 그는 율곡 기발지설(氣發之說)을 내세웠는데 도리어 수석을 차지하니 정조의 칭상(稱賞)은 이로부터 비롯하였다.[108] 그 후로 17년간 실로 정조의 총애는 지극하였다. '주군[정조]과의 만남은 화(禍)의 근원'[109]이라 하여 주군의 권우(眷遇)가 도리어 반채당(反蔡黨) 벽파(僻派)들의 시의(猜疑)를 사게 된 원인이 되었으니, 정조의 승하와 때를 같이하여 옥사가 일게 된 것은 결코 우연이 아닌 것이다.[110]

이에 다산 정약용의 일생은 정(正)・순(純) 양조(兩祖)가 교체된 순조 2년 신유교옥에 연좌되어 그가 강진으로 유배된 나이 40세를 고비로 하여 득의의 전반기와 불우했던 후반기로 나눌 수가 있고,[111] 다시 후반기를 해배된 57세 때를 전후로 하여 양분하면 그의 일생은 마치 고시조의 일수인 양 초・중・종으로 삼분할 수도 있다.[112] 이렇게 나눌 때 그의 나이 40까지의 초년은 앞서 논급한 바와 같이 입조(立朝)・활약(活躍)의 시절이요, 40에서 57에 이르는 그의 유적생활은 고난기이기는 하지만 정리(整理)・탁마(琢磨)의 시절이요, 해배 후로는 한적한 중에서도 결실의 시절이었으니, 그의 업적도 이러한 구

---

108) 『俟菴先生年譜』, 9쪽.

109) 鄭寅普, 『薝園國學散藁』, 74쪽.

110) 「自撰墓誌銘(壙中本)」, Ⅰ~16, 1쪽(2-630). "正宗大王薨 於是乎禍作矣"

111) 졸고, 「儒佛相交의 面에서 본 丁茶山」, 『白性郁博士頌壽記念佛教學論文集』, 708쪽.

112) 졸고, 「정다산의 강진유적 조사보고」, 전남대학신문 28호(광주: 전남대신문사, 1955).

분과 더불어 고찰되어야 할 것이다.

정조와 다산은 서로 의기 상응하여 깊이 인간적 교우에 이르렀기 때문에[113] 그는 규장각원으로서 심장(深藏)된 비서(秘書)를 볼 기회를 갖게 된 것은 다행한 일이다. 이로 말미암아 다산은 풍부한 지적 양식을 얻게 되었고 금수(禁輸)된 서서(西書)의 열람도 윤허되었음은 물론이다. 이는 그의 초년시절의 일이거니와 그의 학문적 업적이 체계화되기는 그의 득의의 전반기보다도 오히려 고난의 후반기에서 더욱 보람 있는 업적을 남겼다는 것은 기이한 일이라 하지 않을 수 없다.

다산의 업적은 그가 자술한 바와 같이 육경사서와 일표이서로 대별할 수가 있다.[114] 이 밖에도 시문류와 잡저에 속하는 많은 글들이 있으되 이들은 모두 전자의 각주(註脚)에 지나지 않는다고 해도 좋을 것이다. 그리고 우리의 관심사는 그의 육경사서의 학은 일표이서의 학의 전제가 되어 있음에도 불구하고,[115] 1935년 다산서거백년제(茶山逝去百年祭)를 전후하여 줄곧 많은 논문들이 발표되기는 하였으나[116] 이들은 대부분 다산에 관한 개괄적 소개이거나 그렇지 않으면 정경학자(政經學者)로서의 면모를 밝힌 자가 많고, 유학의 경전학자로서의 다산을 문제 삼은 연구논문은 극히 한미하다는 사실이다.[117]

---

113) 정조(正祖)는 그의 임종 수일 전에 내각리(內閣吏)를 보내어 한서선(漢書選) 십건(十件)에 대한 분부와 아울러 권연(眷戀)의 뜻을 보인 바 있다「自撰墓誌銘(集中本)」, Ⅰ~16, 10쪽(2-648)]. 다산 자신도 "正宗大王寵愛嘉奬躋於同列"(같은 곳)이라 술회하고 있다.

114) 「自撰墓誌銘(集中本)」, Ⅰ~16, 18쪽(2-663). "六經四書 以之修己 一表二書 以之爲天下國家 所以備本末也 然知者旣寡 嗔者以衆 若天命不允 雖一炬以焚之可也"

115) 洪以燮, 『丁若鏞의 政治經濟思想硏究』, 2쪽.

116) 洪以燮, 같은 책, 부록, 關係書目 參照.

117) 朱在用, 「先儒의 天王思想과 祭祀問題」 255쪽・高橋亨, 「丁茶山의 大學經說」[『天理大學學報』 제18집(天理: 天理大學, 1955)]・졸고, 「丁茶山의 易理에 대하여」[『전남대학교논문집』 제2집(광주: 전남대학교, 1958)] 등 몇 편이 있으나 아직 이들은 다산경학의 체계적 작품으로 칠 수 없다.

이로부터 흔히 다산을 일러 이조실학의 집대성자라 하는 이들이 많다. 이는 대개 개념적으로는 수긍이 간다고 하더라도 이를 좀 더 깊이 살펴본다면 실학의 개념 그 자체마저도 이를 말하는 이들에 의하여 다른 만큼[118] 우리는 다산학의 이러한 성격규정으로써 만족할 수는 없다. 더욱이 다산을 일러 정법가라기도 하고 경제학파라기도 하는 따위의 일방적 호칭은 그럴 만한 이유가 없지는 않으나 이들은 모두 다산학의 전모를 나타낸 자라 하기는 어렵다. 이러한 호칭에는 유학의 경전학자로서의 다산이 고려되었는지의 여부조차도 실로 의심스러운 것이기 때문이다.

일례를 들건대 다산이 강진에 있을 무렵 그의 저술의 보존을 위하여 안타까울 정도로 호소한 신영로(申永老)에게 준 글을 보면 거기에 실린 서목은 거의 경서류뿐이었다.[119] 물론 당시에는 아직 일표이서의 저술에 착수하기 전이지만 이로 말미암아 다산을 일러 경전학자 이외의 이름으로 부르기는 어려울 정도다.

이제 만일 다산의 학적 업적의 전모를 단적으로 말하라 한다면 육경사서의 수기지학(修己之學)과 일표이서의 치인지학(治人之學)으로써 안팎을 이루고 있다고 해야 할 것이다. 이는 곧 다산학은 수기치인의 학으로서의 일관된 사상체계가 확립되어 있음을 의미한다. 뿐만 아니라 이들의 저작연대도 다산의 유배를 전후로 하여 고찰해 본다

---

118) 천관우는 「반계 유형원 연구」(『역사학보』 제3집)에서 '실정(實正)·실증(實證)·실용(實用)'의 실학을 논하였고, 이를 비판하는 입장에서 한우근은 「이조실학의 개념에 대하여」(『진단학보』 제19호)에서 '경세치용의 학'으로서의 실학을 논하였고, 全海宗, 「釋實學」(『진단학보』 제20호)에서 '수기치인의 학'으로서의 실학을 문제 삼았으며, 朴鍾鴻은 「한국에 있어서의 근대적인 사상의 추이」(『대동문화연구』 제1집)에서 '무실역행(務實力行)의 성실성(誠實性)'으로서의 실학을 논급하고 있다. 또한 金敬琢은 「율곡연구」(『한국연구총서』 제7집)에서 실리(實理)·실정(實情)과 실학(實學)·실사(實事)를 주장한 율곡을 실학자로 규정하고 있다.

119) 鄭寅普, 『薝園國學散藁』, 102쪽.

면 육경사서는 대부분 배소(配所)에서 정리 완성되었고, 일표이서는 해배 직전에서 시작하여 그 이후에 저작된 것이니[120], 육경사서는 일표이서의 사상적 원천을 이룬바 선행사적(先行詞的) 저술이라 하지 않을 수 없다. 그러므로 우리는 다산의 전 생애를 통하여 그의 참다운 생의 보람은 버슬을 떠나 한가로운 귀양살이 때 이루어진 것이니, 육경사서와 일표이서로 결집된 다산학의 주저는 그의 필생의 혈정(血晶)이 아닐 수 없는 것이다. 그가 한때 정조의 꾐을 받아 경의진사(經義進士)가 되고, 경기암행어사가 되고 곡산부사(谷山府使)가 되고 병조참의가 되는 따위는 그는 학적 업적의 앞에서는 태양하의 성광(星光)에 불과한 것이다.

제4절 유교경전학의 변천

1. 유교의 개념

유교니 유교주의니 하지만 때에 따라서는 고전적 공자교를 의미하기도 하고, 때에 따라서는 훨씬 뒤의 정주학을 가리키기도 한다. 정주의 성리학을 신유교(新儒教)[121]라 하여 고전적인 것과 구별하기도 하나 그러한 어휘의 수식만으로 유교 및 그의 경학이 지닌바 성격이 설명될 수는 없다. 흔히 다산 실학도 유교주의적인 것이라 함은[122] 그것이 수사학적 수기치인의 실학이라는 점에서는 일단 수긍

---

120) 洪以燮, 『丁若鏞의 政治經濟思想硏究』, 23쪽.

121) 신유교(新儒教)란 Neo-Confucianism으로 번역하는데 이는 송대(宋代)의 성리학을 의미한다. 그러나 다산의 수사학적(洙泗學的) 경학이 고전적이면서도 가장 새롭기 때문에 이를 진정한 의미에서 신유교라 해야 할는지 모른다. 그러나 다산의 신유교는 Neo-Confucianism이라 하느니보다는 차라리 Original conf.라 해야 더 좋을는지 모른다.

122) 洪以燮, 같은 책, 4쪽. "……사상적(思想的) 고향은 유교주의(儒教主義) 이념이었고……"

할 수 있지만, 그것이 성리학적 신유교적인 것이라 한다면 이는 납득할 수 없는 것이다.

유생계급의 발생은 위로 은말주초(殷末周初)로 소급해야 하지만[123] 이에 주자는 '유(儒)'란 '학자'를 가리킨 것이라 하였고,[124] 다산은 이를 학도지인(學道之人)이라 하였다.[125] 이들이 곧 '사(士)'이기도 한 것이다.[126] 다산의 말과 같이 사유(士儒)는 하나같이 학도지인으로서 사군택민(事君澤民)하며 천하국가를 다스리는 자들이다. 공자 때만 하더라도 이러한 사유들이 군자유로서 사군택민의 도를 즐겨 닦고 있었던 반면에 명리에 급급한 소인유(小人儒)들도 많았던 것 같다.

그러나 맹자(孟子, 기원전 371~289) 시절에 이르러서는 사정이 좀 달라졌다. 이때에 유란 군자유로서의 공자학파를 가리키게 된 것이다. 처사들이 함부로 지껄이니 양주(楊朱)·묵적(墨翟)의 학설이 천하에 가득한[127] 그런 시절에 맹자는 양묵학파(楊墨學派)들과의 대립적 입장에서 유생일파를 따로 뚜렷이 내세우기에 이르렀던 것이다.[128] 이때에 맹자가 내세운 유학파는 공맹학파(孔孟學派) 또는 추로학파(鄒魯學派)라 부름 직한 유학의 정통파인 것이다.

순자(荀子)도 전국시대에 있어서 유의 별파가 아님이 아니었으니

---

123) 유(儒)란 본시 은말주초(殷末周初)에 예교(禮敎)에 밝은 학자를 통칭한 이름이라 하거니와 이들은 망은(亡殷)의 후예들로서 당시의 종교적 예법에 익숙한 자들이었다. 공자의 선조도 은나라 미자계(微子啓)의 후손이니 은[殷, 송(宋)]나라 사람이다. 이러한 혈연적 관계에 있어서 이미 공자는 유생계급(儒生階級)의 출신이었고 공자교(孔子敎)는 스스로의 말대로 군자유(君子儒)의 학(學)으로서의 앞날이 약속되었던 것이다.

124) 『論語集註』, 「雍也」. "儒者 學者之稱"

125) 『論語古今註』 卷3, Ⅱ~9 8쪽(5-218). "儒者 學道之人"

126) 『五學論』 1, Ⅰ~11, 19쪽(2-240). "古者 學道之人名之曰士 士也者仕也 上焉者仕於公 下焉者仕於大夫 以之事君 以之澤民 以之爲天下國家者謂之士"

127) 『孟子』, 「滕文公 下」. "處士橫議 楊朱墨翟之言盈天下"

128) 같은 책, 「盡心 下」. "孟子曰 逃墨必歸於楊 逃楊必歸於儒 歸斯受之而已矣"

그는 예중론적(禮重論的) 입장에서 문·무·주공과 같은 선왕의 예의를 존숭하며 臣節에 지극한 자[129]이거나 선왕의 도가 몸에 젖은 자[130]를 유자라 통칭한 것이다. 이때의 유자는 무군(無君)의 양주와 무부(無父)의 묵적을 제외한 사인계급[131]을 가리킨 것이니 이들이 모두 전하의 치란을 걱정하는 무리들이다. 그러므로 그들은 군자의 도로써 민심을 얻을 수 있는 경세적 실천가[132]들이었다고 할 수 있다. 이렇듯 옛날 유생들은 쉴 새 없이[133] 민생들을 위하여 부지런히 일한 자들이었으니 경세치용의 면을 떠나서는 유란 생각할 길조차 없다. 뿐만 아니라 그들의 말씨는 항상 우아하고 부드러웠으니[134] 유순(柔順)의 덕이 바로 그들의 예용(禮容)이었던 것이다.[135]

그러나 시대의 변천을 따라 유의 개념은 가지가지로 변하고 말았다. 한대의 양웅(揚雄, 기원전 53~18)과 같은 이는 유를 하나의 통령(通靈)한 이인(異人)처럼 간주하였다.[136] 요즈음 말로는 아마도 진리를 탐구하는 철학자란 뜻인지도 모른다. 요컨대 이는 유생이 경세가에서 지식인으로 바뀐 셈이라 한대 이후의 오학은 모두 지식인으로서의 유자들이 다루던 학문들이다. 이는 다산이 지적한바 학도지인

---

129) 『荀子』, 「儒效」. "儒者法先王隆禮義謹乎臣子 致貴其上者也"

130) 『禮記』. "儒者濡也 以先王之道能濡其身"

131) *A History of Chinese Philosophy* Vol. Ⅰ, By Fung Yu-lan trans by Derk Bodde. "……He (Confucius) was the prototype, or at least the developer, of the shih(士) or scholar class……," p.54.

132) 『周禮』, 「天官」. "師以賢得民 儒以道得民"

133) 韓愈, 「淨臣」. "孔席不暇煖"

134) 『禮記』. "儒之言優也柔也"

135) *A short History of Confucian Philosophy*, By Liu wu chi. "……these men of Li(禮) must have walked demurely bowed deeply and acted decorously-all of which earned for them the nickname of weaklings."

136) 『法言』, 「君子」. "通天地人曰儒 揚雄,"

(學道之人)으로서의 사유가 아니라 주자가 이른바 학자로서의 지식인에 가까운 것이 된다. 그러므로 실로 조정에 서는 자가 사유(士儒)이거늘[137] 마치 글귀나 다루는 자를 사유인 양 그릇 간주하기에 이른 것이다. 그러므로 진유(眞儒)는 본시 치국안민(治國安民)에 뜻을 둔 자로서 옛사람의 글귀를 따서 글짓기를 일삼는 속유(俗儒)와는 다른 것이라고[138] 다산은 지적한 것이다.

옛날 유생들은 육예(六藝)[139]를 갖추었기 때문에[140] 그들의 독서·궁리도 오직 치민을 위한 것이 아닐 수 없었다.[141] 그러나 한대(漢代) 이래 유교가 관학화함에 이르자 주소학(註疏學)은 기벽(奇僻)을 이루고[142] 추로지학(鄒魯之學)은 문장지학(文章之學)으로 변하고, 공맹지교(孔孟之敎)는 성리학으로 변용하였으니, 조선조 때만 하더라도 정주학적 관학이 마치 유교의 주축인 양 그릇 생각하기에 이르렀던 것이다. 그러므로 다산도 지적한 바와 같이 주자의 칠서대전(七書大全)을

---

137) 「又爲尹惠冠贈言」, I~18, 1쪽(3-104). "仕於朝者謂之士 耕於野者謂之農"

138) 「俗儒論」, I~12, 8쪽(2-289~290). "眞儒之學 本欲治國安民 攘夷狄裕財用 能文能武無所不當 豈尋章摘句注蟲釋魚 衣逢掖習拜揖而已哉"

139) 육예(六藝)에는 두 설이 있는데 하나는 예악사어서수(禮樂射御書數)요 다른 하나는 예악시서역춘추(禮樂詩書易春秋)다. 그러나 다산은 "六藝者國子之所肄習也 禮有節文 樂有章族 射以中鵠 御以調馬 書別偏房 數別乘除 此之謂六藝"[『小學珠串』, I~25, 20쪽(3-755~756)] 라 하여 전자를 취하고, 六經者先聖載道之器也 易以道化 書以道事 詩以達意 禮以節人 樂以發和 春秋以道義 此之謂六經也 [같은 책, 19쪽(3-753~754)]라 하여 후자는 육경(六經)이라 하였다. 그러나 Fung Yu-lan은 전게서(前揭書)에서 "A number of texts were used by Confucius for teaching purpose, comprising what I have already described as the Six Disciplines or Classics: The shih, or Book of Poetry; shu, or Book of History; li, or Book of Rites; yueh or music; ch'un ch'iu, or Spring and Autumn Annals, and I, or Book of Changes. But in this time the term, Six Disciplines(Liu i, 六藝), was not in use, nor had any general statements appeared describing their merits as a group"(p.400)에서 '六藝者六經'說을 취했고, Liu wu-chi는 전게서(前揭書)에서 "As former aristocrats, they must have been familiar with some of all of the six arts that were the hallmark of noble education, namely ceremonials and music, history (or writing) and number, archery and charioteering,"(p.16)이라 하여 다산처럼 '六藝者禮樂射御書數'설을 취하고 있다.

140) 「北營罰射記」, I~14, 4쪽(2-459). "古者六藝不備 不名爲儒"

141) 「答尹季容永輝」, I~19, 25쪽(3-233). "士君子讀書窮理 其所措唯治民耳"

142) 「孟子策」, I~8, 26쪽(1-654). "先儒注疏已成奇僻 後儒辯駁咸驅亂賊"

중심으로 한 당시의 주자학적 세계가 얼마나 고루하고 또 질식적 상태였던가는 짐작하고도 남음이 있다.[143] 실로 다산경학의 수사학적 임무는 수유(豎儒)·부유(腐儒)·비유(鄙儒)·구유(拘儒) 등[144] 모든 잡유들의 세계에서 벗어나 본래적 진유의 학을 다시 찾는 노력이 아닐 수 없는 것이다.

2. 경전학의 성립

다산경학이 육경사서(六經四書)를 기본으로 삼고 있음은 다시 말할 나위도 없거니와 육경사서가 경전학으로서 틀이 잡히게 되기는 송 이후의 일이다. 선진시대만 하더라도 공자는 예악을 존중하면서 시서를 주장하였고, 맹자는 시서예악과 더불어 춘추를 소중히 여겼거니와 역은 훨씬 그 후의 일이다. 그리하여 한대에 이르러 동중서(董仲舒, 기원전 179~104)의 헌책(獻策)이[145] 무제에게 가납(嘉納)된 바 되어 소위 유학의 경학시대[146]가 줄곧 전개되기에 이른 것이다.

그런데 경(經)이란 결코 유가의 전유물이 아니다.[147] 왜냐하면 묵자에도 경과 설이 있고, 한비자에 「우경(右經)」·「좌전(左傳)」이 있고, 도가에 노자의 『도덕경(道德經)』과 장자의 『남화경(南華經)』이 있고, 불가에 『반야경(般若經)』·『능엄경(楞嚴經)』을 비롯한 『대장경(大藏經)』 등이 있고, 기독교에 신구약성경이 있음으로써다. 경이란 본시 기본

---

143) 같은 책, 같은 곳. "自夫七書大全之單行 生斯世者童習白粉不出乎五十卷 圈套之中一點半畫認爲天造 隻字片句看作鐵案 自錮靈明不敢思議"

144) 「問儒」, I~9, 19~20쪽(2-40~41). "豎儒腐儒鄙儒拘儒譏嘲多端 盜儒賤儒俚儒空儒排斥不一"

145) 『현량대책(賢良對策)』을 말한다.

146) 武内義雄, 『支那思想史』(東京: 岩波書店, 1939), 138쪽.

147) 『易學緖言』卷1, II~45, 32쪽(10-240). "大抵稱書爲經者 道家之法 又是楚人之法 故荀子引道經曰 人心危道心微 老子稱道德經 屈子稱離騷經 吾儒家名經曰六藝 其稱六經蓋晚矣"

정신을 설한 원전을 가리킨 말인데 그런 의미로서는 다산도 사서의 중용원문을 일러 경문이라[148] 하였음을 보더라도 알 수 있다. 그러므로 사서까지 한데 뭉쳐서 그냥 경학이라[149] 하더라도 이는 유가의 기본정신을 설한 성서(聖書)[150]라는 뜻에서 무방할는지 모른다. 그러나 다산은 사서와 육경을 따로 다룬 경우도 없지는 않다.[151]

일찍이 한 무제 때 오경박사의 제도가 마련되자 타학에서 분리하여 유학이 관학화하였거니와, 그 후에 『악경(樂經)』을 더하여 육경이 되었다. 또다시 십삼경학(十三經學)으로[152] 범위가 넓혀지자 이는 마치 오경(五經)시대에서 육경사서(六經四書)시대로 간추려지는 중간을 이루고 있음이 엿보인다. 알고 보면 사서의 하나인 『중용』[153]과 『대학』[154]도 각각 『예기』의 제31과 제42에서 각각 따로 적출해 낸 것으로서 그도 또한 13경 중에 들어 있었고, 삼례(三禮)·삼전(三傳)이 일예(一禮) 일춘추(一春秋)가 되고, 『효경』과 『이아』가 제외된 대신에 악(樂)이 더해진 것이 금일의 육경사서인 것이다.

이렇듯 육경사서가 수사시대(洙泗時代)에 마련된 것이 아님은 새삼스럽게 이야기할 필요도 없지만, 이들의 저작연대 및 저작자에 대한 고증학적 문제는 잠시 논외로 하더라도 이 저술들은 모름지기 양묵

---

148) 『中庸自箴』, Ⅱ~3, 8쪽(4-189). "此於經文 具有確證"
149) 「寄二兒」, Ⅰ~21, 4쪽(3-362). "必先以經學立著基址 然後涉獵前史 知其得失理亂之源 又須留心實用之學" 여기서의 경학(經學)은 육경사서(六經四書)를 의미한다.
150) 「爲尹惠冠贈言」, Ⅰ~18, 1쪽(3-103). "六經諸聖書皆可讀 唯論語可以終身讀"
   「孟子策」, Ⅰ~8, 34쪽(1-669). "今欲讀孟子之書而闡孟子之道 則不外乎明聖經以衛正學"
151) 「爲李仁榮贈言」, Ⅰ~17, 45쪽(3-92). "以四書居吾之身 以六經廣吾之識"
152) 『小學珠串』, Ⅰ~25, 36쪽(3-788). "十三經者聖賢道義之府也 易書詩(三經)周禮儀禮禮記(三禮)左傳公羊傳穀梁傳(三傳)論語孟子孝經爾雅 此之謂十三經也"
153) 『中庸自箴』, Ⅱ~3, 1쪽(4-176). "中庸大學已自西京以來 有專治其義者 然其別爲一書 用之科擧者 自元仁宗始也"
154) 『大學公議』, Ⅱ~1, 1쪽(4-4). "大學表章自二程始 大學之列爲四書 自元仁宗八比法取朱子章句始也"

노불(楊墨老佛) 등에 이루어진 것이 아닌바 요·순·주공의 도를 신봉하는 유가일파의 수중에서 마련되었다는 점이 바로 우리로 하여금 유가의 성경으로 떠받들게 하는 소이가 있는 것이다. 요컨대 유가 경전의 가치는 그 안에 내포된 이념이 수사(洙泗)의 고의(古義)와 일치되느냐 않느냐에 달려 있을 따름이다. 예컨대 한유인 정현이나 마융이 경전주소에 유공(有功)하다고 하더라도 그들의 설이 만일 참위술수학(讖緯術數學)에 젖어 있다면 이는 수사의 고의와 엇나가는 학이요 위진시대의 왕필(王弼, 226~249)이 제아무리 역학주해(易學註解)에 신지(新地)를 개척했다고 하더라도 그의 설이 노자의 천도(天道)로 엮어졌다면 이를 유가의 학이라 부르기는 어렵다. 그와 마찬가지로 송대의 성리학도 만일 인물동성(人物同性)의 불학(佛學)에 가까운 면이 있다고 하면 이는 마땅히 수사학적 비판을 받아야 할 것이다.

그러므로 유교라는 한 단어는 공자 군자유의 학을 중심으로 하여 형성되었으나 그것이 사유(士儒)에서 학유(學儒)에로 옮겨짐에 따라 다지다단(多岐多端)한 뜻을 내포하기에 이르렀다. 그와 마찬가지로 경학만 하더라도 공자 이후 안(顔)·증(曾)·사(思)·맹(孟)의 정학(正學)이 진한시대로 접어들면서 도가의 영향을 적지 아니 받은 것은 물론이거니와 송대의 성리학은 또한 외유내불(外儒內佛)의[155] 흠결을 감출 수 없기 때문에 진정 다산은 옛날로 되돌아가서 수사학적 수기치인의 실학을 다시 찾으려고 하였던 것이다.

---

155) 주자는 "……吾道之所寄 不越乎言語文字之間 而異端之說 日新月盛 以至於老佛之徒出則彌近理而大亂眞矣"(『中庸章句』序)이라 하였지만 운옹(芸翁) 한평중(韓平中)은 "朱子註曲以一偏 註致以推致其下形著明動變化之解 無不如瓶背之注水 然此則小失也. 中庸之義全亂以佛宗"(『明善錄』上, 「致知」1, 9쪽)이라 하여 오히려 주자가 불종(佛宗)으로써 중용지의(中庸之義)를 온통 그르쳤다고 하였다. 다산도 여러 군데에서 운옹(芸翁)의 설을 반증하고 있다.

이제 우리는 흔히 유교주의라는 말을 함부로 쓰지만 수사학적 척도로 이를 따지지 않고서는 진유의 학은 밝힐 길이 묘연한 것이다. 그러므로 유교주의라는 단어의 사용은 신중을 기해야 할는지 모른다. 다산이 말하는 수기치인의 실학 그 자체는 공자의 사상강론에 지나지 않을는지 모르나 이제까지 유교 및 경전학을 둘러싼 오학의 부장을 벗겨낸 후라야 진유의 학은 비로소 수기치인의 실학과 일치하게 될 것이라고 밝힌 다산의 학적 태도는 다산학의 성격을 규정지어준 결정적 계기를 마련해준 것이라 해야 할 것이다.

그러면 5학의 부장을 걷어치운 진실한 수사학은 어떠한가? 그리고 그의 정통을 다산은 어떻게 계승하였는가? 다음에 편을 달리하여 이를 살펴보기로 하겠다.

제 2 편

원리론 — 일명 수사학론

제1장 수기치인 이전의 문제 ─ 형이상학[1])

　　다산 경학사상의 기본이념이 되어 있는 수사학적 공자교는 그의 본래적 교리가 수기치인의 실천논리에 기초하고 있다고 하더라도 천인제회(天人際會)를[2]) 문제 삼을 때 거기에는 수기치인의 윤리 이전에 있어서의 제일의적인 여러 가지 문제가 선행하고 있음을 알 수 있다. 공자는 본시 사변적이 아니라 실천적이기 때문에 그가 비록 '천(天)'이나[3]) '성(性)'이나[4]) '중(中)'의[5]) 문제를 이론적으로 따지기를 좋아하지 않았지만, '천'이니 '성'이니 '중'이니 하는 따위의 형이상학적 문제들에 대한 그의 관심은 결코 얕지 않았던 것이다. 공자후

---

1) 여기서는 윤리학 이전의 보다 근원적인 천(天)·성(性)·중(中) 등을 문제 삼기 때문에 이를 형이상학(形而上學)이라 하였다. 이는 오히려 "形而上者謂之道 形而下者謂之器"(『周易』 「繫辭傳 上」)의 본의(本義)에 알맞을지 모른다. 齋藤要는 『儒敎倫理學』(日本, 第一書房)에서 형이상학(Metaphysik)은 세계관학(世界觀學) 인생관학(人生觀學)에 있어서의 제일의적(第一義的)인 근본원리에 관한 문제를 해결하기 위한 학이라고 해석된다(47쪽)라 하였으니 천(天)과 성(性)의 문제를 다룬 것은 이와 비슷한 입장에서인 것으로 여겨진다.

2) 『中庸策』, Ⅰ~8, 28쪽(1-657). "自家身心之與萬化相關者 臣以爲聖人極中和之工 眞天道相合 則天人之際交相感格 方成位育之功位也"

3) 『論語』, 「爲政」. "五十而知天命"

4) 같은 책, 「陽貨」. "性相近也"

5) 같은 책, 「雍也」. "中庸之爲德 其至矣乎"

학들이 이러한 형이상학적 문제들을 깊이 파고 들어간 연유도 공자가 이미 이러한 문제들을 제기해 주었기 때문이다.

다산사상의 발판이 되어 있는 육경사서 중에서도 특히 중용서와 『주역』은 '천명'과 '성'과 '중' 등의 문제를 깊이 다루고 있다. 이들이 모두 유학의 존재론적 기본문제들로서 이러한 유학의 제1원리가 중용서와 『역경』 이외의 『시』·『서』·『예』·『춘추』 등의 경서 안에서도 산견되지 않는 바 아니지만, 역학이야말로 한대 상수학과 송대 도학의 연원이 되어 있고, 중용서와 『대학』은 또한 송대 성리학의 기점이 되어 있는 만큼 그 안에는 실로 해결해야 할 많은 문제들을 남기고 있는 것이다.

송대의 성리학만 하더라도 그것이 이미 이론철학으로서 특이한 철학적 분야를 개척하고 있는 것이 사실이지만 그것이 만일 다산이 말하는 수사학적 견지에서 그대로 받아들일 수 없다고 한다면 문제의 초점은 또한 달라지는 것이다. 다산은 정주의 중용서 및 『대학』의 성리학적 주석을 그들과는 달리 '실천윤리(實踐倫理)의 성중학(誠中學)'으로 다루었고, 주역도 복서학적(卜筮學的) 면보다도 순수천명학(純粹天命學)으로 해석하고 있다.

이렇듯 경학의 저류로 흐르고 있는 이러한 과제들은 그것이 비록 증(曾)·사(思)·맹(孟)과 같은 공자후학들의 손에 의하여 체계화되고, 정주·육왕 등과 같은 근세유학자들에 의하여 깊이 탐색되었다고 하더라도 다산은 이들을 수사학적 고의(古義)에 비추어 이를 예리하게 분석하고 있다. 다른 분야에 있어서도 다산의 창의적 비판정신은 종횡으로 구사되어 있지만 특히 철학적 기본문제를 요리함에 있어서 다산학은 한대나 송대의 그것과는 근본적으로 입장을 달리하고 있음을 무엇보다 먼저 알아두어야 할 것이다.

사실상 다산경학은 한송학(漢宋學)을 비판함으로써 저절로 새로운 철학적 거점을 얻게 되었는지도 모른다. 새로운 거점이란 누누이 지적한 바와 같이 공자의 수사학적 이념 바로 그것임은 물론이다. 이는 실로 유교철학의 획기적 전환의 거점이라 할 수 있다. 이렇듯 새로운 획기적 전환이 없이는 낡고 정체된 유교는 다시 소생할 기력조차 생겨날 길이 없는 것이다.[6] 그런 의미에서 다산이 모색하고 있는 수사학적 교리는 적어도 신유교 재흥(再興)의 새로운 거점으로서 이를 문제 삼지 않을 수 없는 것이다.

제1절 삼천사상의 전개

다산이 그의 경학사상을 체계화함에 앞서 무엇보다도 먼저 해결해야 할 문제는 천(天)[7] 및 천명사상(天命思想)이라고 할 수 있다. 천에는 창창유형지천(蒼蒼有形之天)과 영명주재지천(靈明主宰之天)이 있다고 다산은 말하고 있는데 이는 고대중국의 천사상을 단적으로 구분한 것으로서, 전자는 자연계의 형체적(形體的) 현상으로 나타난 천이요 후자는 신격(神格)을 지닌 무형(無形)한 천을 가리킨 것이다.[8]

---

6) 낡고 정체된 유교란 공리공론(空理空論)만을 일삼는 이론유교를 의미하고 소생할 기력이란 경세실용 (經世實用)의 기력을 의미한다.

7) '하늘'은 형체천(形體天)을, '하나님'은 영명주재천(靈明主宰天)을 의미하는데 '천(天)'이란 글자는 이 양면을 다 의미한다. 그런데 馮友蘭, 『中國哲學史』上卷 第三章 三節에서 '천(天)'을 좀 더 세분하여 ① 물질천(物質天, A material or physical T'ien or sky), ② 주재천(主宰天, A ruling or presiding T'ien) ③ 운명천(運命天, A fatalistic T'ien), ④ 자연천(自然天, A naturalistic T'ien), ⑤ 의리천(義理天, A ethical T'ien)의 다섯으로 분류하였는데, 주재천과 의리천을 하나로 묶을 수 있고, 물질천과 자연천을 하나로 묶는다면, 전자는 '하나님의 천'에 가깝고 후자는 '하늘의 천'에 가깝다고 할 수 있다. 운명천은 아마도 그의 중간에 섬 직하다. 어쨌든 풍씨설(馮氏說)은 세분된 듯하나 천(天)의 개념이 정연(整然)히 정리된 자라 하기는 어려운 만큼, 이에 다산설을 중심으로 해서 이를 간추려 보려는 것이다.

다산은, 자연계의 천에는 또한 두 가지 뜻이 있다고 한다.[9] 땅 위로부터는 모두 천인 것이요 그리고 푸르고 푸른 큰 둘레가 또한 천인 것이다. 푸른 하늘은 비록 청명한 것이나 음양이기(陰陽二氣)를 갖추고 있다. 그러나 음양이기도 그의 실리적 면에서 살필 때는 상천하천(上天下天)이나 수화토석(水火土石)이나 일월성신(日月星辰)이 모두 만물의 구성요소의 하나에 지나지 않는 것이요[10] 음양이라는 이름도 일광의 조엄(照掩)에 의해서 얻어졌을 따름이지 결코 만물의 부모일 수는 없다고 다산은 주장하고 있다.[11] 이는 주자의 음양론과[12] 맞서는 설로서 보다 더 실증적인 것이다. 그러므로 다산이 말하는 자연천은 그것이 비록 음양이기로 설명할 수 있는 일면이 있다손 치더라도 결국 자연현상으로서의 천에 지나지 않는다.

옛날 음양 양의의 개념은 일월의 상에서 얻어진 것이라고 다산은 이해하고 있다. 이는 일종의 대대적(對待的) 상관관계를 일월의 엄조(掩照)에서 추상한 것일 따름이지 결코 화생만물하는 바의 창조력을 지닌 어떠한 실재자(The Creator)는 아니라는 것이다. 오로지 천문학적 현상으로서 나타나는 천이기 때문에 한 둘레 우리들의 눈 안에 안기는 넓고도 깊숙한 푸른 하늘을 이야기한 것이다.[13] 이것은 자연

---

8) 『中庸策』, Ⅰ~8, 30쪽(1-661). "臣以爲高明配天之天 是蒼蒼有形之天 維天於穆之天 是靈明主宰之天"

9) 『中庸講義』, Ⅱ~4, 2쪽(4-239). "先儒言天原有二種 其一以自地以上謂之天 其一以蒼蒼大圜謂之天"

10) 같은 책, 같은 곳. "上天下天 水火土石 日月星辰猶在萬物之列"

11) 같은 책, 1~2쪽(4-238~239). "陰陽之名 起於日光之照掩 日所隱曰陰 日所映曰陽 本無體質 只有明闇 原不可以爲萬物之父母"

12) 주자는 주렴계의 "二五之精妙合而凝, 乾道成男坤道成女, 二氣交感化生萬物"의 「태극도설(太極圖說)」설을 계승하여 "天以陰陽五行化生萬物"(『中庸章句』 註)이라 하였는데 이는 신격화된 음양설로서 다산의 실리적(實理的)인 그것과는 대조적인 송학(宋學)의 한 특색이기도 한 것이다.

13) 「地理策」, Ⅰ~8, 1쪽(1-603~604). "嘗觀天文曆法 自璿璣周髀 而下無慮數百餘家 其論日月五緯諸星之躔次度數甚詳……噫莫高者天 範圍之廣大 形體之窅遠 有非智巧所可測者 而一擧目之頃 輒得其一圜之牛 則列曜之麗附諸躔之位置 燦然可觀"

그대로의 천이기에 일월성신이 거기서 빛나고 우뢰와 풍설이 그 안에서 조성되는 자로서 이해될 따름이다.

이처럼 형태와 현상으로 나타난 자연천(自然天, A Natural Heaven)이 힘을 가진 천으로 알게 된 것은 아마도 그 후의 일일 것이다. 자연천이 상제천(上帝天, A Godly Heaven)으로 변하는 중간과정에서 있어서는 범신론적 사상이 발생하게 마련이다. 중국 고대에 나타난 천신(天神)·인귀(人鬼)·지기(地祇)의 삼품설(三品說)은[14] 바로 이런 사상의 발전으로 볼 수 있다.

이렇듯 자연천이 신격화하여 자연숭배의 정령사상(精靈思想, Spiritism)으로 변천한 것은 동서를 막론하고 상고시대의 한 특색이기는 하지만 이러한 자연물신론적(fetishistic) 사상이 중국에서는 천자의 제천사상으로 진전하였고, 그것이 또한 조선숭배(祖先崇拜)의 사상과 결부하여 급기야 천조일여(天祖一如)의[15] 종교적 상제사상으로 발전하였다. 이는 곧 상제(God)에 대한 교사(郊社)의 예와 선조(ancestor)에 대한 종묘(宗廟)의 예를 동격시한 것으로서[16] 상제는 '천(天)'이오 조선은 '인(人)'이로되 제천의 교사지례(郊社之禮) 때에도 반드시 성인(sage)으로 하여금 본신[상제천]의 곁에 배향토록 한 것은[17] 여기에 실로 깊은 뜻이 간직되어 있다고 보아야 할 것이다.

---

14) 『論語古今註』卷5, Ⅱ~11, 27쪽(5-414). "鬼神者 天神地示人鬼之總稱"
『論語古今註』卷1, Ⅱ~7, 38쪽(5-77). "鬼神地示人鬼 其名雖別 字得相通"

15) 『尙書古訓』卷1, Ⅱ~22, 25쪽(7-156). "祭祀之禮本起於祭天, 祖宗之祭首飜於配天 不配天則不祖宗 大義玄遠未易測也"

16) 『中庸』19章 "郊社之禮所以事上帝也 宗廟之禮所以祀乎其先也 明乎郊社之禮禘嘗之義 治國其如示諸掌乎"

17) 『中庸講義』, Ⅱ~4, 33쪽(4-301). "地示之祭亦必以人鬼配於本神 句龍配於士神 姬棄配於稷神 重配句芒 該配蓐收 修照配玄冥 黎配祝融 故春秋正義謂配者與之同食 取彼神名以爲配者名 斯可知也 郊禮亦必以聖人配於上帝 公羊傳所謂自內出者無匹不行 自外至者無主不止 或其義也"

이에 상제천(God in heaven)은 천지를 통할하는 주재자(A ruler)가
되고 성인은 인간조상의 최고인격의 표상으로 나타난 셈이다. 이들
이 다 함께 일석에 동좌하여 천자의 예로써 제사를 받게 됨으로써
유일자로서의 상념이 형성하게 되었으니 이것이 다름 아닌 상제천
으로서, 이는 자연천이 삼품설의 단계를 지나서 도달한 귀착점인 것
이다.

삼품설이 상제설을[18] 낳기 전에 이는 일단 천신·인귀의 이품설
로 정리되었고,[19] 천신은 또다시 상제의 신좌(臣佐)로서의 격위(格位)
를[20] 갖게 됨으로써 상제는 천신·인귀의 상위에 앉게 되었다고 다
산은 설명하고 있다. 그리하여 천신·인귀는 소포삼렬(昭布森列)한
귀신이지만 유일신으로서의 상제는 그들의 위에 존재하는 주재자로
보고 있는 것이다. 상제는 중국고대 민족 신앙의 대상으로서 시(詩)[21]·
서(書)를[22] 통하여 익히 잘 알려진 바 있거니와, 다산의 이른바 영명
주재지천(靈明主宰之天)이란 이를 두고 이른 자임은 물론이다.

상제천은 주재자로서의 하나님(God)일 뿐 아니라 그들의 친부모
인 양[23] 호소하기도 하고 애무(愛撫)를 간청하기도 하는 아버지

---

18) 이는 상천(上天)·민천(旻天)·황천(皇天)·호천(昊天) 등의 이름으로 중국 고대민족이 애칭하는 인
격신이다.

19) 『中庸講義』, Ⅱ~4, 20쪽(4-275~276). "周禮大宗伯所祭鬼神 厥有三品 一曰天神 二曰地示 三曰人鬼
天神者昊天上帝 日月星辰 司中司命 風師雨師是也 地示者社稷五紀五嶽山林川澤是也 人鬼者先王先公
先妣之廟是也 祭祀之秩雖有三品 其實天神人鬼而已何者 蓐收者五祀之神明係地示 而春秋外傳史囂之
言 乃以蓐收謂之天神 則句芒祝融玄冥后土 都是天神可知也 重該修熙者少皞氏之四叔也 黎者顓頊氏之
子也 句龍者共工氏之子也 柱者烈山氏之子也 棄者高辛氏之子也 社稷五紀是祀則地示之本 人鬼可知也
天以天神各司水火金木土穀山川林澤 人主亦使人臣分掌是事 及其後世乃以人臣之有功者 配於天神以祭
社稷以祭五祀以祭山川 則名雖地示 其實皆天神人鬼也"

20) 『禮記』. "天神者無形質 爲上帝之臣佐"
   같은 책. "昭布森列有號有位"

21) 『詩經』, 「大雅」. "蕩蕩上帝 下民之辟"

22) 『書經』, 「蔡仲之命」. "皇天無親 惟德是輔"

(father)이기도 하였다.[24] 부조(父祖)로서의 상제천일진대 백성들은 그의 자손인 것이요, 임금으로서의 한 아들이 다름 아닌 천자이기도 한 것이다. 하늘에는 두 해가 없고 땅에는 두 천자가 없는 것이다. 상제천은 그의 독생자인[25] 천자로 하여금 백성들을[26] 적자처럼 보살피게 하였다는 것이 중국 고대 정치사상인 것이다. 상제의 명에 의하여 군사(君師)가 된 천자는 통치자로서 인간계에 군림하였으니 천하의 군목들은 모두 상제의 신좌(臣佐)가 아닐 수 없다.[27] 이러한 상제를 그저 천(天)이라기도[28] 하지만 그는 이미 온 천하의 통할자요 주재자로서의 천임은 물론이다.

이러한 상제천은 강감(降監)의 능(能)을[29] 가지고 있다고 다산은 설명하고 있다. 언제나 우리들을 굽어보시며 우리들에게 재난과 복을 가려주는[30] 하나님—천을 정약용은 믿고 있었던 것 같다.[31] 이러한 상제는 신명한 영지를 갖추고 있기 때문에 으슥한 곳이라도 굽어보지 않는 곳이 없으니[32] 성실한 마음으로 하늘을 섬기고 신을 섬겨야 한다는 것이다.[33] 실로 상제야말로 지존지대한 존재자로서[34] 인

---

23) 『書經』, 「大禹謨」. "日號泣于旻天于父母"

24) 『詩經』, 「小雅」. "悠悠昊天曰父母且 無罪無辜亂如此憮"

25) 기독교에서의 독생자(獨生子)는 만인의 죄를 대신 짊어진 속죄자이지만 여기에 나타난 독생자로서의 천자(天子)는 만민의 군사(君師)인 것이다.

26) 『書經』, 「康誥」. "如保赤子"

27) 『論語古今註』 卷10, II~16, 34쪽(6-231). "天下君牧 皆上帝之臣 我不敢蔽賢 其簡選以立天子 惟在上帝之心"

28) 『孟子要義』 卷2, II~6, 38쪽(4-568). "天之主宰爲上帝 其謂之天者 猶國君之稱國 不敢斥言之意也"

29) 「自撰墓誌銘(集中本)」, I~16, 17쪽(2-662). "知天之有降監 誠之敬之 勉勉焉孶孶焉 不知老之將至者 非天之所以錫鏞福者乎"

30) 『書經』, 「咸有一德」. "惟天降災祥在德"

31) "非天之所以錫鏞福者乎"[「自撰墓誌銘(集中本)」, I~16, 17쪽(2-662)]는 다산의 신앙적 심정을 단적으로 보여주는 자라 하겠다.

32) 『中庸自箴』, II~3, 6쪽(4-186). "小心翼翼昭事上帝 常若神明照臨屋漏"

간행위의 윤리적 감시자이기도 한 것이니 굽어보시는 상제의 앞에서 어찌 수덕(修德)을 게을리하며 악에 빠질 수 있겠는가[35] 이는 곧 정치적 상제가 윤리적 상제로서의 일면을 보여준 자라 할 수 있다.

이러한 '천—하나님'을 섬기는 길에는 두 갈래가 있다. 이를 대개 외재적 면과 내재적 면으로 나눌 수 있을 것이다. 먼저 외적인 면에서 볼 때 천자의 예에서만 볼 수 있는 유일신으로서의[36] 상제천에 대한 제례가 곧 그것이다. 이는 정치적 경천(敬天)의 예로서 제정일치시대에 있어서의 치인의 도인 것이다. 주례(周禮)의 인사상제(禋祀上帝)니[37] 경순상제(敬順上帝)니 하는 것은 모두 제천의 예요 경천의 도로서 이는 외적 사천(事天)이라 해야 마땅할 것이다.

이와는 달리 내재적인 자는 수기의 사천이다. 이는 윤리적 수신의 도로서 내재적 인심과 직통하는 천이라고[38] 다산은 설명하고 있다. 인심에 직통한 영명주재천은 숨겨 있으면서도 살피지 아니함이 없고 미묘하면서도 밝지 아니함이 없으니 아무리 대담한 자도 조심하고 두려워하지 않을 수 없을 것이다. 이것이 이른바 수신사천(修身事天)의[39] 길이니 이는 제천에서 볼 수 있는 외적 사천에 비하여 내성적 자각에 의한 사천이라는 점에서 이를 내적인 것이라 하지 않을

33) 『中庸講義』, Ⅱ~4, 21쪽(4-277). "古人實心事天 實心事神……戒之曰日監在玆"

34) 같은 책, 23쪽(4-281). "臣謂天地鬼神昭布森列 而其至尊至大者上帝是已"

35) 『中庸自箴』, Ⅱ~3, 5쪽(4-183). "君子處暗室之中 戰戰栗栗不敢爲惡 知其有上帝臨女也"

36) 주재용, 「先儒의 天主思想과 祭祀問題」 제2장 '고대지나족(古代支那族)은 훌륭한 일신교(一神敎) 신봉자(信奉者)' 참조.

37) 『尙書古訓』 卷1, Ⅱ~22, 7쪽(7-119). "周禮大宗伯禋祀上帝 曰昊天上帝 昊天乃上帝之正號也 天地萬物孰非帝有 而日月星辰之運分至啓閉之度 尤是天緯之玄妙者 故命此義此之官 曰敬順上帝恭修厥職"

38) 『中庸自箴』, Ⅱ~3, 5쪽(4-184). "天之靈明 直通人心 無隱不察 無微不燭 照臨此室 日監在玆 人苟知此 雖有大膽者 不能不戒愼恐懼矣"

39) 같은 책, 2~3쪽(4-178~179). "天之所以察人善惡 恒在人倫 故人之所以修身事天 亦以人倫致力"

수 없다.

옛사람들은 외례적 치인이건 내성적 수기이건 간에 모두 성경지도(誠敬之道)로서[40] '천—하나님'을 섬기었다. 이것이 바로 성경사천(誠敬事天)의 도인 것이다. 성인의 길도 바로 여기에 있는 것이니 성인소사지학(聖人昭事之學)으로서의[41] 수사학적 공자교의 사천사상도 여기에 근거할 따름인 것이다.

이제 우리는 성인을 부르되 정치적 치인의 면에서는 천자라 하고 윤리적 수기의 면에서는 군자라[42] 할 수 있다. 공자는 비록 요순처럼 천자의 위에는 오르지 못했을망정 요순에 뒤지지 않는 군자로서 만인의 사표가 되어 있기 때문에 그의 학을 우리는 군자학이라 해야 할는지 모른다. 그러나 모름지기 사유로서의 군자는 사천의 신앙을 가진 자라야 함을 상기할 필요가 있다. 다시 말하면 사천의 도가 인간의 도요 동시에 군자지도라는 사실을 알아야 한다. 왜냐하면 다산이 밝힌 수사학적 수기치인의 실학은 그것이 바로 군자 사천의 인간학이라고도 할 수 있기 때문이다.

그런데 우리는 또 하나의 천이 있음을 간과할 수 없다. 자연천을 자연과학적 천이라 하고 상제천을 신앙적 천이라 한다면 송대의 역리천(易理天, A reasonable heaven)은 우주론적 천이라 할 수 있다. 역리로서의 태극이 음양양의를 낳고 양의가 사상을 낳는다는[43] 말은 다름 아니라 우주의 근원적 생성원리를 요약한 것이다. 그러므로 역

---

40) 『詩經講義』 卷3, II~19, 15쪽(6-511). "大抵文王之敬 敬于事天也 文王之誠 誠于事天也 誠敬之本在於事天"

41) 『中庸自箴』, II~3, 4쪽(4-181). "求天命於本心者 聖人昭事之學也"

42) 『論語』 「鄕黨」편에서의 '군자'는 공자를 가리킨 것이다.

43) 『周易』, 「繫辭 上」. "易有太極 是生兩儀 兩儀生四象"

리천은 얼추 그의 기계론적 운행의 묘리 속에서 이미 어떠한 객관적 원리가 있음을 추정하게 되는 것이다.

그런 점에 있어서 상제천은 언제나 주관적 인식에 의하여 인간 앞에 또는 인간 내 존재자로서 존재하고 있지만, 역리천은 자연천처럼 인간과는 아랑곳없이 이미 선험적 이법(A transcendental principle)으로서 존재한다. 역리천은 결코 상제천처럼 강감(降監)의 주재자도 아니다. 역리천은 어쩌면 노자의 도처럼 만화(萬化)의 총원리(總原理)라고나[44] 할 수 있을는지 모른다.[45] 이는 주자의 음양오행론에서[46] 볼 수 있는 변화법칙인 양 보이기도 하는 것이다.[47]

그런데 역이란 본시 변화의 기본원리를 음양이기에 두었고 음양이기는 일월의 상역(相易)에서 그의 상을 얻었다고[48] 다산은 설명하고 있다. 그러므로 역리천은 자연천의 상징적 이법으로도 보인다. 공자는 일찍이 상제천을 신앙하면서도 사시운행에[49] 의한 무언의 이법천(理法天)을 인식하고 있다. 그러므로 역리천은 자율적 변화법칙에 의한 불변의 원리로 존재하는 것이다.

일일(一日) 일주(一周)로 운행하는 자연천의 섭리에서 역리천의 행

---

44) "Tao is the all-embracing first principle through which the universe has come into being." 馮友蘭, 『中國哲學史』上卷, 영역본, 223쪽.

45) 『周易四箋』 卷1, Ⅱ~37, 37쪽(9-76). "天道變遷以化萬物 而萬物芸芸各受性命 此其象也"

46) 『中庸章句』 註. "天以陰陽五行化生萬物 氣以成形而理亦賦焉"

47) 주자(1130~1200)가 논한 음양오행설적 天은 이미 주렴계(1017~1073)의 「태극도설」이 그의 선하(先河)를 이루고 있기 때문에 이는 새삼스러울 것도 없다. 다못 역(易)의 원리는 음양론에 입각한 대대원리(對待原理)로서 천도변천(天道變遷)을 설명하려 하였음에 반하여, 송학(宋學)에서는 거기에 오행설적 순환법칙을 덧붙인 것이 다를 따름이다. 그러나 모두 기계론적 변화법칙을 기본원리로 삼는 점에 있어서는 동일하다고 할 수 있다.

48) 『易學緖言』 卷1, Ⅱ~45, 29쪽(10-234). "易者日月也 日月者陰陽也 卦變之法陽往則陰來 陰往則陽來 此日月相易也 爻變之法陽純則爲陰 陰純則爲陽 此日月相易也"

49) 『論語』, 「陽貨」. "天何言哉 四時行焉萬物育焉 天何言哉"

건지상(行健之象)을 볼 수 있고,[50] 일기승강(一氣昇降)하는 자연천의 동정에서 수화상제(水火相濟)의 이법천을 볼 수도 있다.[51] 뿐만 아니라 풍행불휴(風行不休)하는 자연현상에 의하여 순행성시(巡行省視)하는 상을 보는 등[52] 인간학적 역리천도 문제 삼아지는 것이다. 이것이 바로 천리 인사가 다 함께 역리천의 양면이 됨을 의미하는 것이다.

군자 사천의 학은 이미 그것이 성경지도임을 밝힌 바 있거니와 역리천에 있어서도 지성지도(至誠之道)야말로 천인공유(天人共有)의 원리인 것이다. 건행(健行)의 지성은 천의 역도일 뿐만 아니라 군자의 자강불식(自彊不息)도 이에 지나지 않는다. 실로 건행불식(健行不息)의[53] 지성(至誠)만이[54] 천인이 상호 감격할 수 있는 유일의 길인 것이다.

그런 의미에서 역리천은 아마도 천지운행의 율법자라는 점에서 상제천의 다른 일면인지도 모른다. 왜냐하면 상제천 스스로도 그가 마련한 지성의 율법에 따르기 때문이다. 이 점이 바로 역리천의 윤리적 면목인 동시에 지성의 인도가 지성의 천도로 귀일하는[55] 데 있어서 역리천이 갖추고 있는 인간학적 면모이기도 한 것이다.

이제 다산경학에서 문제 삼아진 자연(自然) 상제(上帝) 역리(易理)의 삼천은 중국 고대에 있어서의 천사상의 삼형태(三形態)로서 이는 또한 천명사상을 규정짓는 기초적 여건이 되는 것이다. 이들은 저제금

---

50) 『周易四箋』 卷7, Ⅱ~43, 31쪽(10-64). "天一日一周 固亦行健之象"

51) 같은 책, 32쪽(10-66). "天者一氣也 氣升水降不相交濟 是違行也"

52) 같은 책, 36쪽(10-73). "風之行地 不止一處 此巡行省視之象也"

53) 『周易』, 乾卦. "天行健 君子以自彊不息"

54) 『中庸』 20章. "誠者天之道也 誠之者人之道也"

55) 같은 책 27章. "大哉聖人之道 洋洋乎發育萬物 峻極于天"

독자적 방향으로 발전하기도 하였지만 그렇다고 해서 이들의 상관 관계를 그대로 간과할 수도 없다. 자연천은 그것이 천문학적이기 때문에 자연과학적이요, 상제천은 그것이 유일신론적이기 때문에 종교적이요, 역리천은 그것이 우주론적이기 때문에 철학적이다. 과학과 종교와 철학이 서로 독자적 길을 걷기도 하였지만 또한 서로 상관관계를 맺어가면서 오늘에 이른 것과 마찬가지로 이 삼천사상도 비록 그의 연원은 고대에서 비롯하였다 하더라도 오늘날까지 그대로 고스란히 이어받은 우리들의 숙제이기도 한 것이다.

자연천에서 비롯한 천의 사상은 물신론적 정령사상의 단계를 거친 후 상제천으로서 권위를 갖추게 되자 제천종교적 신앙이 이루어졌고, 인간의 지혜가 천제의 위능에 승복하지 않고 자연철학적 원리를 탐구하게 되자 상제는 자취를 감추고 역리천만이 우주의 섭리자로 남게 되었다. 이는 자연천에서 상제천으로 옮고, 거기서 또 역리천으로 옮게 된 변천과정을 말하는 것으로서 이에 대한 시비는 고사하고라도 이는 또한 유교사상의 변천과정을 더듬는 데 있어서의 한 척도가 되기도 하는 것이다.

제2절 다산의 천명관

천의 사상이 천명사상으로 발전하면서 그의 성격은 더욱 뚜렷하여진다. 자연·상제·역리의 삼천은 그들이 각각 천성·천명·천리의 형태로 나타날 때 비로소 전자는 후자의 근거로서의 구실을 하게됨을 알 수 있다. 이들 중에서 천명사상은 공자시대의 중심과제 중하나이었고[56] 천리사상은 송대철학의 근거가 되어 있다. 그러므로

'천명지위성(天命之謂性)'의 명제를 명즉성(命卽性)의 인성론적 천명으로 간주하느냐 그렇지 않으면 성즉리(性卽理)의 존재론적 천리로 풀이하느냐에 따라서 그의 학문적 입장이 아주 달라지는 것이다. 전자는 수사학적 입장이요 후자는 정주학적 입장임은 물론이다.

어쨌든 천명사상은 인격적 상제천에서 추론된 자로서 이를 정치적 천명과 도덕적 천명으로 나누기도 하고,[57] 또 달리 사명(使命)으로서의 천명이거나 혹은 숙명론적 천명 등을 문제 삼을 수도 있다. 천리사상은 천명사상과는 서로 상반된 학문적 입장을 취하고 있다 하더라도 천명사상과의 관계를 또한 밝혀보아야 할 것이다.

1. 천자와 자성

다산은 천명에는 부성지명(賦性之命)과 득위지명(得位之命)이 있다고 하였다.[58] 전자를 윤리적 천명이라고 한다면 후자는 정치적 천명이라고 할 수 있다.

천명의 명(命)이 명령(命令)이란[59] 뜻으로 쓰일 때 정치적으로는 정령(政令)이 되고 윤리적으로는 계명(誡命)이 될 것이다. 태초에 천이 인민의 군사를 마련할 때 그로 하여금 상제천의 정령과 계명을 전달하게 하였다. 이때에 그러한 사명을 한 몸에 지닌 선각자를 천자라고 불렀고 그는 동시에 성인의 품격을 갖춘 자라야 했다. 이때

---

56) 공자는 천명사상의 근거를 그의 사상 전개의 근간으로 삼고 있다. 공자의 인(仁)의 사상은 그 자체가 이미 인간의 주체성을 밑받침으로 하고 있으나 그의 윤리적 행위의 도덕적 근원을 천(天)에서 이끌어내려는 태도는 하나의 종교적 신앙인 양 느껴지기도 하는 것이다.

57) 高田眞治는『支那思想展開』(2쪽)에서 "……이를 중국 고대의 정치적 천명사상과 공자의 도덕적 천명사상으로 나눌 수 있다"고 하였다.

58)『詩經講義』卷3, Ⅱ~19, 15쪽(6-512). "天命有賦性之命 有得位之命 永言配命 是永配得位之命也"

59)『中庸章句』註. "命 猶令也"

에 천자는 상제천을 경순의 예로 받들고 상제천은 천자에게 만민을 애육하도록 위임하였으니 그의 하명(下命)이야말로 지중(至中) 지정(至正)할 뿐 아니라 지엄한 자라 함 직한 것이다.

득위지명으로서의 정치적 천명은 은주 양조의 교체기에 있어서 실로 고대 유교사상에 커다란 영향을 미치고 있다. 이때에 황천(皇天)은 이미 악에 빠진 은민(殷民)을 굽어보시면서 그들의 죄를 다스린다고 생각하였던 것이다.[60] 이처럼 상천은 내리 굽어보시는 통치자로서 명주벌상(命周伐商)의[61] 당사자이기도 하였다. 이에 정치적 천명은 한 곳에 고정된 것이 아니라[62] 항상 새로운[63] 것이기 때문에 언제나 유덕한 곳으로 옮겨진다는 가능성을 말하지 않을 수 없다. 이를 일러 혁신천명(革新天命), 곧 혁명(革命)이라 하는데 그러면 혁명의 원인은 어디에 있는 것일까?[64]

다산은 인심의 이탈은 곧 혁명의 원인이 된다고 하였으니[65] 이는 곧 정치적 천명이 민중과 더불어 존재함을 의미한다. 실로 인심의 이탈은 백성이 곤궁함에 있는 것이니 백성의 곤궁을 막는 길은 국가의 경제적 부강에 있을 따름이라고 다산은 설명하고 있다. 이는 곧

---

60) 『尙書古訓』 卷4, Ⅱ~25, 21쪽(7-411). "皇天降監殷民 用治其稱斁之罪 召敵讎不容徐怠 (天命周以伐大商), 其中雖有羸困勞瘁之人 罪其相通而合一 無所告訴也"

61) 같은 책, 같은 곳. "天命周以伐大商"

62) 『詩經』, 「大雅」. "天命靡常"

63) 같은 책, 같은 곳. "其命維新"

64) "殷之未喪師 克配上帝 宜鑑于殷 駿命不易"(『詩』, 「大雅」)라 한 것을 보면 은(殷)이 망한 것도 민중을 잃은 데 있고, "天矜于民 民之所欲 天必從之"(『書』, 「泰誓」)라 하였으니 상제천도 반드시 인민의 하고자 하는 바를 따른다. 뿐만 아니라 "天視自我民視 天聽自我民聽"(같은 책, 같은 곳)이라 한 것을 보면 인민은 곧 상제천의 눈이요 귀이니 이는 바로 중국고대의 정치적 천명사상의 민본주의적 일단을 보여주는 자라 할 수 있다.

65) 「原政」, Ⅰ~10, 2쪽(2-127). "王政廢而百姓困 百姓困而國貧 國貧而賦斂煩 賦斂煩而人心離 人心離而天命去 故所急在政也"

정치적 천명이 민본주의적일 뿐만 아니라 경제적 생활의 빈부에 크게 좌우됨을 의미한다. 그러면 그의 책임은 누구에게 있는가?

정치적 천명의 절대적 권위보다도 인심의 권위를 보다 더 우위에 놓았다고 하더라고 정치적 천명을 수임받은 천자의 지위에는 반드시 성인이 앉아야 한다고 다산은 주장한다. 그리하여 그로 하여금 인륜의 강기(綱紀)를 세우고 예악의 범절을 일으켜 인간의 문화적 수준을 높이도록 하여야 한다. 이는 또 우리의 경제적 복지증진에 못하지 않는 중요한 분야가 아닐 수 없다. 이렇듯 정치적 책임은 민중에게 있는 것이 아니라 왕자—천자—에게 있다고 생각하였다.

이러한 사상은 스스로 현인정치사상의 기틀을 이룩한 자임과 동시에 소위 왕도정치의 기초를 마련한 자라 할 수 있다. 그리하여 천자는 스스로 맹자의 말과 같이 여민동락(與民同樂)함으로써[66] 비로소 왕자일 수 있기 때문에 이러한 중국고대에 있어서의 민본주의적 천명사상은 바로 반민적 악덕 '천자'에 대한 혁명사상을 합리화하는 데까지 발전하기에 이르렀고 따라서 다산은 왕정실시의 시급성을 강조하고 있는 것이다.

그런데 공자시대에 이르러서는 윤리적 천명사상도 정치적 천명사상과 아울러 크게 문제 삼아지게 되었다. 윤리적 천명은 정치적 천명에 비하여 인성론적이다. 인성론적이라 함은 이는 각 개인이 그들 스스로의 개성 속에서 이를 찾아볼 수 있기 때문이다. 덕행이 순수하고 정신이 전일한 자는 능히 상제천과 서로 감통할 수 있고 동시에 천명이 무엇임을 밝게 알 수 있다고 다산은 말하고 있다.[67] 이것

---

66) 『孟子』, 「梁惠王 上」.

67) 『尙書古訓』 卷4, II~25, 17쪽(7-404). "凡其德行純粹精神專一者 能感通于上帝 仰承啓牖昭知天命"

은 정치적 천명처럼 오직 천자 일인과의 감통을 의미하는 것이 아니라 윤리적 천명은 만인이 다 스스로의 입장에서 누구나 상제천과 상감(相感)할 수 있음을 의미하는 것이다. 그러면 그러한 능력은 어디로부터 오는 것일까?

인간이 태어날 때에 하늘은 그에게 영명한 무형지체(無形之體)를 부여하여 주었으니 그는 낙선이오악(樂善而惡惡)하고 호덕이치오(好德而恥汚)한다.68) 이는 영명주재지천의 모습을 생긴 그대로 표현한 것으로서 상제천의 자기 형체가 인성 속에 깃들여 있음을 의미한다. 이를 일러 '성(性)'이라 하거니와 이러한 인성은 윤리적 천명의 별칭이라고 할 수밖에 없다. 이 천부인성 때문에 인간은 호덕이치오(好德而恥汚)하는 능력을 지니게 마련인 것이다.

상천(上天)이 이미 인간에게 부여해준 명에는 두 가지가 있는데 성지호덕(性之好德)이 일명이요 사생화복지명(死生禍福之命)이 그 둘째 명이라고 다산은 말하고 있다.69) 후자인 사생화복지명은 숙명론적이지만 전자인 호덕지명(好德之命)은 인간 자성 내의 윤리적 천명을 가리킨 것이다. 이는 언제나 각자의 심성 안에 존재하고 있는 도심 바로 그것이라고 다산은 지적하고 있다.70) 도심의 경고(儆告)가 바로 황천(皇天)의 명계(命戒)라고 지적한 다산의 명제는 이미 이러한 천명은 오로지 윤리적 천명만을 의미하는 것으로 이해하여야 한다.

---

68) 『中庸自箴』, Ⅱ~3, 2쪽(4-178). "蓋人之胚胎旣成 天則賦之以靈明無形之體 而其爲物也 樂善而惡惡 好德而恥汚 斯之謂性也"

69) 『論語古今註』卷10, Ⅱ~16, 38쪽(6-239). "命天之所以賦於人者 性之好德是命也 死生禍福榮辱亦有命 不知命則不能樂善而安位 故無以爲君子"

70) 『中庸自箴』, Ⅱ~3, 3~4쪽(4-180~181). "天於賦生之初有此命 又於生居之日 時時刻刻續有此命 天不能諄諄然命之 非不能也 天之喉舌寄在道心 道心之所儆告 皇天之所命戒也 人所不聞而己獨諦聽 莫詳莫嚴如詔如誨 奚但諄諄已乎……求天命於本心者 聖人昭事之學也"

그러므로 윤리적 천명은 심성론적이요 상천의 후설(喉舌)이 도심 안에 깃들여 있다는 다산의 의인적 표현은 바로 천부인성(天賦人性) 이 곧 천부도심(天賦道心)임을 의미하는 것이 된다. 그러므로 윤리적 천명의 입장에서 살펴볼 때에는 천명이 곧 인성이요 인성이 곧 도심 이라는 일관된 상제천의 변모를 이해하여야 한다.[71] 각자의 자성 내 에 존재하고 있는 윤리적 천명은 언제나 상제천의 율법이 아닐 수 없고 성인사천의 길도 도심의 율법에 순응하는 길밖에 따로 있는 것 이 아니다. 그러므로 윤리적 천명은 모름지기 내성적 감응에 의하여 서만이 이를 징험할 수밖에 없는 것이다.[72]

천명이란 본시 무형신묘(無形神妙)한 자이므로 형상을 갖춘 이목을 통하지 않고 무형신묘한 도심에 의하여 상감하게 됨은[73] 리(理)의 당연한 바라고 그는 생각하였다. 그러므로 상제천은 결코 이목의 형 체를 통해서는 포착할 길이 없으니 도리어 보이지 않는 것이 천체 (天體)요 들리지 않는 것이 천성(天聲)인지도 모른다.[74] 그러나 윤리 적 상제천은 항시 우리에게 감림(鑑臨)하여 있으므로 옛 사람들은 그 를 섬기되 의심하지도 않았으려니와 업신여기지도 않았다고 하니[75]

---

71) 같은 책, 5쪽(4-183~184). "道心與天命不可分作兩段看 天之儆告我者 不以雷 不以風 密密從自己心 上丁寧告戒 假如一刻藏有傷人害物之志萌動出來時 覺得一邊有溫言以止之 曰咨皆由汝何可惡彼 汝若 釋然 豈非汝德 丁寧諦聽無所喜藏微 須知此言 乃言赫赫之天命 循而順之 則爲善爲祥 慢而違之 則爲惡 爲殃 君子之戒愼恐懼豈在此也"

72) 같은 책, 24쪽(4-221). "天人相與之際 必有黙驗於自心者 斯之謂微也"

73) 같은 책, 5쪽(4-184). "天命不但於賦生之初 畀之以此性 原來無形之體妙之神 以類相入 與之相感也 故天之儆告亦不由有形之耳目 而每從無形妙用之道心 誘之誨之 此所謂天誘其衷也 順其誘而從之 奉天 命者也 慢其誘而違之 逆天命者也 曷不戒愼 曷不恐懼"

74) 같은 책, 4쪽(4-182). "所不睹者何也 天之體也 所不聞者何也 天之聲也 何以知其然也 經曰鬼神之爲 德其盛矣乎 視之而弗見 聽之而弗聞 體物而不可遺 使天下之人齊明承祭 洋洋乎如在其上 如在其左右 不睹不聞者 非天而何"

75) 「心經密驗」, 『大學講義』, Ⅱ~2, 29쪽(4-150). "古人一心事天 無敢岐貳 無敢歡娛也"

다산의 이러한 견해는 스스로 공자가 천명을 두려워한 그 태도를[76] 말하는 것이 아닌가 한다. 공자가 천명을 두려워한 것은 곧 윤리적 천명을 두려워한 것임은 다시 말할 나위도 없는 것이다.

여기서 문제가 되는 것은 윤리적 상제천의 앞에 선 인간의 올바른 자세가 아닐 수 없다. 상제(God)의 앞에서는 그 마음을 바르게 갖고 지나친 행동이나 치우친 심정이 싹트지 않도록 조심하고 경계하여야 한다.[77] 그러나 소인은 천명을 두려워하지 않기 때문에 마음은 편벽되고 행동은 지나쳐서 못할 짓이 없으니[78] 그들은 상제천이 굽어보고 계심을 믿지 않기 때문이라고[79] 다산은 그의 신념을 밝혔다. 그러나 비록 우리들의 생각이 채 미치지 않는 곳이라도 신의 눈이 밝혀보지 않는 것이 없음을 알아야 한다.[80] 그러므로 옛사람들은 성실한 마음으로 신을 섬겼다는 것을 다산은 주장하고 있는 것이다.[81]

다산이 비록 경전의 수사학적 해석을 통하여 그의 견해를 피력하였다 하더라도 그가 호덕지명(好德之命)이라는 표현을 통하여 발견한 윤리적 천명은 수사학적 천명의 새로운 방향을 우리들에게 지시해 준 자라 함 직한 것이다. 여기서 우리는 비로소 상제천의 앞에선 단독자로서의 경건한 자신을 발견하게 될 것이다. 이에 다산은 그의 윤리적 천명의 해설을 통하여 밝혀진 바와 같이 상제천과 결합된 인

---

76) 『論語』, 「季氏」. "孔子曰 君子有三畏 畏天命 畏大人 畏聖人之言"

77) 『中庸自箴』, Ⅱ~3, 6쪽(4-186). "當此之時小心翼翼昭事上帝 常若神明照臨屋漏 戒愼恐懼惟恐有過 矯激之行偏倚之情 惟恐有犯惟恐有萠 持其心至平 處其心至正 以待外物之至 斯豈非天下之至中乎"

78) 같은 책, 9쪽(4-192). "小人不知天命而不畏也 故處心或偏或陂 處事或過或差 橫恣放肆無所不爲 斯之 謂無忌憚也"

79) 같은 책, 6쪽(4-185). "不信降監者 必無以愼其獨也"

80) 「中庸策」, Ⅰ~8, 27쪽(1-656). "思想揣摩之間 莫非神目之所燭"

81) 『中庸講義』, Ⅱ~4, 21쪽(4-277). "古人實心事天 實心事神 一動一靜 一念之萠 或誠或僞 或善或惡 戒 之曰 日監在玆 故戒愼恐懼 愼獨之功眞切篤實以達天德"

간자성을 발견함으로써 수사학으로 하여금 하나의 윤리학적 단계에 머물러 있게 하지 않고 일보 전진하여 종교적 단계에로까지 승화시 켰다고 보아야 할 것이다.

2. 윤리적 숙명

상제천이 정치적 천명과 윤리적 천명의 양면상을 지니고 있을 뿐 만이 아니라[82] 거기에는 색다른 몇 가지 문제가 뒤따르고 있다.

다산은 '하늘'이 자기에게 긴 세월을 주어 경학에 잠심토록 하였 다는 자기사명을 자각하고 있다.[83] 이러한 사명감은 마치 공자가 천 하를 주유할 때의 천명이 그로 하여금 절실히 그의 사명을 깨닫게 한 그것과도 비슷하다. 그러나 천명에는 어찌할 수 없는 숙명(宿命) 이 있고[84] 또 곱게 받아들여야 할 정명(正命)이 있다.[85] 어찌할 수 없는 숙명이기는 하지만 인간이 이를 윤리적 정도로 받아들일 때 이 는 정명이 되는 것이다.

하늘이 준 사명은 순순히 완수하여야 함이 곧 인간의 도(道)이거 니와 사생화복의 숙명은 하늘이 마련한 것이기는 하지만 이를 그대 로 받아들여야 하느냐, 그렇지 않으면 인간의 힘으로 이를 극복해야 하느냐 하는 문제가 뒤따른다. 사명(使命)은 그야 정치적 천명과 관

---

82)
　　상제천(上帝天)　$\Big\langle$ 정치적 천명=천자=외재적 객체　$\Big\rangle$ 신앙적 대상
　　　　　　　　　　　　　윤리적 천명=인성=내성적 주체

83) 「尹外采誅」, Ⅰ~17, 12쪽(3-25). "一自流落以來 天旣予之以長暇 日月閑矣 潛心究索十有二年 所著六 經心解之說二百餘卷……"

84) 『論語』, 「顔淵」. "死生有命 富貴在天"
　　『孟子』, 「萬章 下」. "莫之爲而爲者天也 莫之致而至者命也"

85) 『孟子』, 「盡心 上」. "莫非命也 順受其正"
　　같은 책, 같은 곳. "盡其道而死者 正命也"

련된 민중의 목자로서의 천자의 사명 같은 것이 크게 문제가 되지만, 숙명은 이를 윤리적 천명과의 관련을 생각할 때 확고한 도덕적 목적의식을 갖춘 각자의 행위가 그 결과로서 결정적인 어떠한 성과를 가져올 수 있는 전 과정을 우리는 어떻게 이해하여야 하는 것일까? 다시 말하면 향선위악(向善違惡)은 그야말로 윤리적 천명에 순응하는 도덕적 행위이거니와 복선화음(福善禍淫)은 그야말로 하늘이 인간의 도덕적 선행위에 대한 결정적 대가로서 이루어진 하나의 윤리적 숙명이라고 할 수밖에 없다.[86]

복선화음의[87] 윤리적 숙명관은 권선징악을 위한 중국 고대민족사상의 일면이다. 뿐만 아니라 이러한 사상형태는 현대에도 그의 잔영이 없지 않다. 군자로서 득위(得位)하여 백성들에게 선정을 펴면 하늘은 그의 선행에 응수하여 많은 복을 준다는 실리(實利)를 말하고 있다.[88] 그러므로 선악이야말로 인간 스스로의 자유의지로 선택할 수 있는 가능성을 가진 것이지만 그의 결과로서 얻어지는 화복은 상제천의 권능에 속한다는 것이다. 선행에서 선과(善果)를 따고 음행에서 재화(災禍)를 초래함은 그들 자신이 선택한 그들의 숙명이라고나 할까! 이를 일러 윤리적 숙명이라고 부를 수는 없을는지?

여기서 우리는 인간의 힘으로는 어찌할 수 없는 절대적 숙명과 자기행위의 결과로서 얻어지는 윤리적 숙명과를 구별하여 문제 삼지 않을 수 없다. 앞으로 다가오는 복선화음의 윤리적 숙명은 자신의

---

86) 『論語古今註』 卷8, Ⅱ~14, 39쪽(6-79). "賦於心性 使之向善違惡 固天命也 日監在玆 以之福善禍淫 亦天命也"

87) 『書經』, 「湯誥」. "天道福善禍淫"

88) 「兵曹判書葉西權公七十一壽序」, Ⅰ~13, 15쪽(2-398). "君子得位行其德 不賢者得位播其惡 德澤施於民者 天將益予之以福用酬其善 刻可云稍奪之哉"

도덕적 목적의식이 행동화한 결과라고[89] 생각할 때, 이를 달리 말한다면 윤리적 천명이 인간행위를 규제하고 그의 행위가 바로 장래(將來)할 자신의 화복을 결정짓는 소인(素因)이 됨을 의미한다. 그러므로 윤리적 천명에 순응하는 자는 언제나 윤리적 숙명도 또한 순순히 받아들여야 하는 것이다. 그런 의미에서 이것이 바로 순수천명(順受天命)하는 인간도인지도 모른다.

다산이 지적한 바와 같이 생사의 대권은 인간에게 있는 것이 아니라 상제천에 매어 있는 것이다.[90] 그러므로 인간은 순수천명(順受天命)의 길을 찾아 걷도록 하여야 한다. 역도(易道)도 따지고 보면 순수천명의 도로서[91] 이는 복선화음의 윤리적 숙명에 순응하는 도라고 할 수 있다. 그러므로 인간은 불측(不測)의 화복은 역도(逆睹)할 수 없다고 하더라도 사람은 누구나 자기가 선택한 인과응보는 그대로 받아들여야 하는 것이 바로 윤리적 숙명론의 근거가 아닐 수 없다.

여기에 윤리적 숙명의 개척자로서의 군자의 모습은 어떠한가? 화복의 리(理)가 과연 있는 것일까? 충효로서도 화를 면하지 못하는 수가 있고 음일(淫逸)한 자라고 박복한 것도 아님은 잘 알고 있다. 그러나 선행은 곧 복을 구하는 길이니 억지로라도 선을 행해야 함이 곧 군자의 도리라고 다산은 주장하고 있다.[92] 이것이 바로 윤리적 숙명

---

89) 『孟子』, 「公孫丑 上」. "禍福 無不自己求之者"

90) 『欽欽新書』序, Ⅰ~12, 43쪽(2-360)·Ⅴ~30, 1쪽(18-3). "惟天生人而又死之 人命繫乎天 迺司牧又以其間 安其善良而生之 執有罪者而死之 是顯見天權耳"

91) 「易論」 2, Ⅰ~11, 2쪽(2-205)·「易論」, 『周易四箋』卷4, Ⅱ~40, 15쪽(9-299). "易何爲而作也 聖人所以請天之命而順其旨者也 夫事之出於公正之善 足以必天之助之成而予之福者 聖人不復請也 事之出於公正之善 而時與勢有不利 足以必其事之敗 而不能受天之福者 聖人不復請也 事之不出於公正之善 而逆天理傷人紀者 雖必其事之成 而徼目前之福 聖人不復請也 唯事之出於公正之善 而其成敗禍福 有不能逆覩而懸度之者 於是乎請之也"

92) 「示二子家誡」, Ⅰ~18, 8쪽(3-117). "禍福之理 古人疑之久矣 忠孝者未必免禍 淫逸者未必薄福 然爲善 是受福之道 君子强爲善而已"

의 개척이고 또 한계상황인 것이다. 그러므로 인간은 복서가(卜筮家)의 대상이 되어서는 안 된다. 스스로 선을 행하면서 고요히 상제천이 주는 복을 빌어야 할 따름이다.

그런데 숙명이니 혹은 운명이니 하는 용어는 현대적 관용어로서 둘 다 fatalism의 다른 표현인데 이들의 개념차이는 여러 가지로 따질 수 있지만 모두 다 예정설적(豫定說的) 입장에서 사용되었다는 점에서 다 같이 천명사상과도 깊은 관련이 있음은 쉽게 짐작할 수 있다. 그런데 숙명이건 운명이건 거기에 '윤리적'이라는 수식이 붙게 되면 윤리적 천명론에서처럼 인간의 주체성이 뚜렷이 문제 삼아지지 않을 수 없다. 그러므로 윤리적 숙명론에서는 인간의 능동적 선행이 강요되는 것이다.

그러나 천지운화(天地運化)로서의 운명은 윤리적 숙명관과는 아주 다른 자임을 다산은 밝히고 있다.[93] 이러한 자연의 운화(運化)는 인위적 도덕의식에서 초연하기 때문에 결코 윤리적일 수 없다. 이러한 운명론이 바로 유명재천(有命在天)[94]의 예정설적 천명사상인 것이다.

그러나 자율적인 천지운화의 배후에는 이를 주관하는 주재자는 없는 것일까 하는 문제는 실로 기계론적 사상과는 엇나가는 생각이다. 이에 다산은 자연현상을 자율적으로 지배하고 있는 주재자가 있음을 암시하고 있다.[95] 그렇다고 해서 일감재자(日監在玆)하는 윤리적 지도력이라거나 천명미상(天命靡常)한 정치적 혁신력이라거나 복선화

---

93) 「答李季受」, I~18, 24(3-150). "公等雖愛我 決不及我 聖明顧我復我之念萬分之一 唯恭俟上天之運化而已"

94) 『論語古今註』卷7, II~13, 33쪽(5-607). "君子仕 將以行道 然道之行廢有命在天 非一伯寮所能爲"

95) 『論語古今註』卷9, II~15, 35쪽(6-154). "言語之於化民末也 敎之誨之勞脣敝舌 而民猶有不從者 黙然躬行見諸行事 而民猶有觀感者 但以天道驗之 日月星辰之運而四時不錯 風雷雨露之施而百物以蕃 亦黙自主宰而已"

음하는 능동적 개척력을 천운의 주재자에게서는 기대할 수 없을 것이다. 그는 오직 불변의 운화법칙만을 주재한다고 이해해야 할 것이다.

그것이 바로 음양대대(陰陽對待)의 역도(易道)인 것이다.[96] 이는 천도이지 윤리적 인도는 아니다. 그러므로 다산이 신유년 옥중에서 술회한 정명(定命)이란[97] 이러한 천도로서의 운명을 가리킨 것이 아닐까? 그러나 단순히 천지운화의 자율적 법칙만을 의미한다면 이는 거기에는 오직 법칙만이 존재하는 것이지만 거기에 만일 상제천의 합목적적 재량에 의한 결정이 문제가 된다면 이는 주재자의 선택에 의한 정명이라 함 직한 것이다. 그러나 이는 또한 인간의 윤리적 자유의지에 의하여 선택된 윤리적 숙명과는 또한 구별되는 자가 아닐 수 없다.

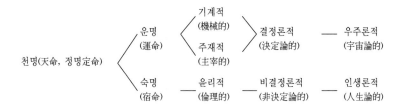

여기서 우리는 비결정론적 윤리적 숙명론은 인생론적 천명으로서 문제가 됨을 알 수 있고, 결정론적 운화의 학은 앞으로 우주론적 입장에서 천리의 학으로서의 길이 트이게 됨을 알게 될 것이다.

---

96) 『中庸講義』, Ⅱ~4, 2쪽(4-239). "聖人作易以陰陽對待 爲天道 爲易道而已"
97) 「自撰墓誌銘(集中本)」, Ⅰ~16, 12쪽(2-652). "辛酉春在獄中 一日愁悶 夢有一老父 責曰蘇武十九年忍 耐 今子不忍苦十九日乎 及出獄計之 在獄十九日 及還鄕計之 自庚申流落又十九年也 人生否泰可曰無 定命乎"

3. 천리설

천명사상은 공자의 사천학(事天學)을 근간으로 하여 유신론적 윤리적 천명사상으로 발전하였지만, 또 다른 일면 천의 사상은 천지운화의 이법으로 흐르기도 하였다. 이는 상제천(上帝天)에 근거를 둔것이 아니라 역리천(易理天)에 의거한 것임은 물론이다. 이때에 상제는 이미 그의 자취를 감추고[98] 오직 이법으로서의 천만이 우주론적의의를 갖추기에 이르렀다. 이것이 바로 송대 성리학의 기초가 된 천리설(天理說)로서 수사학적 천명관과는 완전히 구별되는 자인 것이다.

다산은 지적하기를 옛사람들은 성심으로 상제천을 섬겼지만 후대에 와서는 천(天)을 리(理)라 하고 신(神)을 조화의 공용(功用)이라 하였으니 그들과는 함께 요순의 영역으로 들어갈 수 없다고 하였다.[99] 주자는 천명을 가리켜 '천부(天賦)의 정리(正理)'라 하였지만 이는 정명도(程明道, 1033~1107)의 천리설을 그대로 답습한 것에 지나지 않는다. 수사학적 천명사상은 천명미상(天命靡常)의 정치적 천명과 향선위악(向善違惡)의 윤리적 천명과 복선화음(福善禍淫)의 윤리적 숙명으로 이루어져 있음은[100] 다시 말할 나위도 없다.

어쨌든 다산의 천명관과 주자의 천리설과는 서로 그들의 철학적근거를 달리하고 있음을 알 수 있다. 다산은 그가 해설한 수사학적천명사상은 그저 이법천의 비인격적 논리로서 이를 해명할 수는 없

---

98) 주재용, 같은 책, 「天主存在에 對한 朱子의 無慈悲한 死刑言渡」, 260쪽.

99) 『中庸講義』, Ⅱ~4, 21쪽(4-277). "古人實心事天 實心事神……今人以天爲理 以鬼神爲功用 爲造化之跡 爲二氣之良能 心之知之杳杳冥冥 一似無知覺者 然暗室欺心肆無忌憚 終身學道而不可與入堯舜之域 皆於鬼神之說有所不明故也"

100) 『論語古今註』 卷8, Ⅱ~14, 39쪽(6-79). "中庸曰 天命之謂性 大學曰 顧諟天之明命 朱子以性爲理故遂以天命爲理也, 雖然 賦於心性 使之向善違惡 固天命也 曰監在玆 以福善禍淫 亦天命也 詩書所言天命 豈可槪之曰本心之正理乎 詩云 畏天之命于時保之 若云畏心之理于時保之 豈可通乎 康誥曰 惟命不于常 詩云 天命靡常 心之正理 豈無常乎"

으리라고 생각하고 있다. 왜냐하면 귀신은 결코 이기로 설명할 수 없고[101] 따라서 귀신이란 상제천의 별칭인 만큼[102] 정주학파의 천리사상은 주재신적 상제설을 부인하는 입장에 서 있기 때문이다.

천리는 결코 신과 인간과의 사이를 일관할 수 있는 성정이 아니라 천지운화에서 오는 객관적 이법에 지나지 않는다. 그러므로 천리는 음양변화의 역도에 근거한 우주론적 천도일 따름이다. 왜냐하면 정명도는 음양소장 및 생성의 도를 천리 또는 그저 리라고 규정하였기 때문이다. 이는 자연현상에 대하여 하나의 법칙성을 부여한 것이 다름 아닌 천도요 뒤집어 말하면 천도의 이법적 근거가 바로 천리라고 함을 의미한다. 그러므로 일월성신이니 사시니 하는 것은 자연현상에 지나지 않으나 그 안에 이미 일월대명(日月代明) 사시상추(四時相推)의 천도가 깃들여 있고 삼라만상의 생성변화 속에 이미 역도는 그의 이법을 다듬어놓고 있는 것이다.

뿐만 아니라 천리설은 상제천을 부인한 자연의 이법인 데다가 더욱이 불자(佛者) 조주화상(趙州和尙)의 만법귀일지설(萬法歸一之說)로 다듬어져 있다고[103] 다산은 주장하고 있다. 그러므로 이 점에서만 보더라도 천리설은 결코 수사학적 천명설과는 동시에 논할 수 없다고 하지 않을 수 없다.

따라서 천리는 비인격신적이기 때문에 무지무능(無知無能)할 것임은[104] 당연한 이야기다. 그러므로 이는 조림(照臨)의 능(能)을 가질

---

101) 『中庸講義』, Ⅱ~4, 22쪽(4-280). "鬼神固非理也 亦豈是氣乎……鬼神不可以理氣言也"

102) 같은 책, 21쪽(4-277). "聖人旣人 則鬼神非天乎"

103) 『孟子要義』 卷2, Ⅱ~6, 38쪽(4-567). "後世之學 都把天地萬物 無形者有形者 靈明者頑蠢者 並歸之於一理 無復大小主客 所謂始於一理 中散爲萬殊 末復合於一理也 此與趙州萬法歸一之說毫髮不差 盖有末諸先生 初年多溺於禪學 及其回來之後 猶於性理之說 不無因循 故每曰佛氏彌近理而大亂眞 夫旣曰彌近理 則其中猶有所取可知也"

수도 없으려니와 실천윤리로서의 공자 서인(恕仁)의 도(道)와는 서로 아무런 관련도 맺을 수 없음을 알 수 있다.[105] 이처럼 천리설은 이 일만수(理—萬殊)의 형이상학적 원리는 될지언정 행인(行仁)의 학일 수는 없는 것이다. 그러므로 대체로 천리설을 가지고 경학에 나타난 인(仁)을 해득하기란 극히 어려운 일이라고 다산은 말하고 있다.[106] 이는 천리설은 결코 수사학적 공자교의 근거는 되지 못한다는 것을 의미한다.

실로 공자 행인(行仁)의 학의 철학적 근거는 상제천의 윤리적 천명 사상에 두고 있는 만큼 이를 부정하는 무신론적 천리사상은 결코 구도자의 신앙적 대상일 수는 없다. 여기서 우리들이 알고 싶은 것은 공자의 사상강론에 나타난 구도자로서의 진실한 인간상의 문제다. 참된 인간은 효제를 실천하는 행인의 도라야 하며 그처럼 인을 실천함으로써 비로소 자기 내에서 상제천의 모습을 똑똑히 볼 수 있는 것이다. 그러므로 신의 계명을 홀로 들을 수 있는 인간의 진실한 모습을 어찌 무지무능한 천리를 통하여 볼 수 있겠는가 하는 것이 곧 수사학적 실천윤리학의 입장이다.

그런데 다산은 리(理)자의 뜻에는 세 가지가 있다고 하였다.[107] 맥

---

104) 『中庸自箴』, II~3, 5쪽(4-183). "今以命性道教悉歸之於一理 則理本無知亦無威能 何所戒而愼之 何所恐而懼之乎"

105) 『論語古今註』 卷7, II~13, 44쪽(5-630). "夫子之道—恕字而已 執此一字以之接人 仁不可勝用也 而今之儒者 摸勞探索東塗西抹 每云萬殊 一本復合一理 執天地萬事萬物 都歸之於一理 曰此夫子之道 夫子之道 無亦空曠渺茫矣乎 以一理貫萬物 於自己善惡毫無所涉 終日儼然危坐 究得萬殊一理 不念父母妻子在傍訓己 鄕黨賓友歸而議己 其與庭前栢樹子相去未遠 此學道者所宜戒也"

106) 『論語古今註』 卷8, II~14, 23쪽(6-48). "徒以虛靈不昧之中 冲漠無朕之理 指之爲仁 非古經之例也 以仁爲理 則四書及詩書易禮 凡仁字皆難讀……"

107) 『孟子要義』 卷2, II~6, 26쪽(4-543). "理字之義因可講也 理字本是玉石之脈理 治玉者察其脈理 故遂復假借以治爲理 淮南子云 璧襲無理……中庸云 文理密察……孟子云 始條理終條理 仍亦脈理之義也……大雅云 乃彊乃理……易傳云 和順道建而理於義……此皆治理之理也 治理者 莫如獄 故獄官謂之獄理……曷嘗以無形者爲理 有質者爲氣 天命之性爲理 七情之發爲氣乎……靜究字義 皆脈理治理

리(脈理)·치리(治理)·이법(法理)의 세 가지 뜻이 있을 따름이요 성을 리라고 한 고의(古義)는 전연 없다는 것이다. 그런데 다산은 맹자가 말한 이의(理義)를[108] 가리켜 천리라고 하였는데 이는 곧 도의라는 의미로 쓰인 자라는 것이다.[109] 그러므로 정주학파들이 말하는 리도 그것이 바로 도심이라는 뜻으로 쓰인 것이라고 할 수 있다면[110] 이에 비로소 우리는 불가의 이일분수설(理一分殊說)에서 꺼내온 그의 천리설도 다산의 수사학적 천명기재도심설(天命寄在道心說)에 가까운 것이라고 할 수도 있을 것이다.

이는 앞서 지적한 바와 같이 윤리적 천명은 도심을 통해서만이 비로소 제구실을 다할 수 있듯이 주자의 천리도 우주론적 위치를 떠나서 인간의 심성 속으로 파고 들어와야만 비로소 인간 자신의 것이될 수 있음을 의미한다. 이는 또 정주의 성리학이 그의 형이상학적 위치에서 윤리학적 위치로 전환해야 함을 의미하기도 한다. 이는 도심을 매개로 하여 천명과 천리가 하나로 묶어질 수 있는 가능성을 보여준 자이다. 도심이란 아마도 천명이 깃들어 있기도 하려니와 이의(理義)의 소재처이기도 하기 때문이다.

　　法理之假借爲文者(法理卽獄理) 直以性爲理 有古據乎"
108)『孟子』,「告子 上」. "理義之悅我心"
109)『孟子要義』卷2, Ⅱ~6, 26쪽(4-543). "此云理義者天理也 道義也 合於天理者 無非善"
110)『論語古今註』卷8, Ⅱ~14, 38쪽(6-78). "朱子之所謂理 皆道心之謂也"

여기서 우리가 말할 수 있는 것은 천명(天命)이건 천리(天理)건 간에 그들이 외적 존재자로서가 아니라 내성적 도심에 의하여 알 수 있는 내적 존재자일 때 비로소 그들이 인간학적 의의를 갖게 된다는 사실이다. 그리하여 천명학(天命學)이나 천리설(天理說)이나 모두 인성학(人性學)으로 옮겨지면서 비로소 성 자체를 문제 삼지 않을 수 없게 된다고 말할 수 있다. 이에 천명사상에 이어 인성론을 문제 삼게 되는 소이가 여기에 있는 것이다.

제3절 다산의 인성론

다산은 '성(性)'이란 본심의 호오(好惡)라 하고 '습(習)'이란 문견(聞見)의 관숙(慣熟)이라고 하였다.[111] 이는 공자의 성근습원설(性近習遠說)의 해석으로서 공자 이후 본성의 선악이 문제가 되어 맹자(전 371~289)의 성선설과 순자(전 298~238)의 성악설이 엇갈리게 되었고, 그 후 양웅(전 53~18)의 성선악혼설(性善惡渾說)과 한유(韓愈, 768~824)의 성삼품설(性三品說)을 거쳐 송유들의 성유본연기질지론(性有本然氣質之論)에 이르렀다.

이처럼 성의 문제는 유학에 있어서 천명사상과 아울러 실로 중요한 위치를 차지하고 있다. 특히 송학과 그의 지류인 조선유학은 온통 성리학적 성론으로 일관되어 있는 만큼 이에 따르는 여러 가지 문제점을 다산은 그의 수사학적 척도로 해명하지 않을 수 없었던 것이다.

---

111) 『論語古今註』卷9, Ⅱ~15, 9쪽(6-101). "性者本心之好惡也 習者聞見之慣熟也"

이제 다산 성론을 한마디로 말하라 한다면 인성론적 천명관에 근거하고 있다고 해야 할 것이다. 다산의 성은 천리로서의 성(The principal nature)이 아니라 호오의 인성(The human nature)이란 점에서 성리학과는 구별되는 자이다. 그러므로 다산이 논술한 수사학적 인성은 인의 전제로서 이른바 호시의덕(好是懿德)하는 윤리적 인성이므로 이는 천리로서의 선험적 원리도 아니요 그렇다고 해서 신성(The divine being)이나 동물성(The beast)에 가까운 그 어떤 것도 아니다. 이러한 인성은 내적 성찰로써 이해되는 천명이기도 하려니와 윤리적 천명에 의하여 인간에게 부여해 준 도심 바로 그것이기도 한 것이다. 다시 말하면 주관적 성찰에 의하여 자각되는 천명이야말로 인간의 본성 그 자체라는 것이다.[112] 그러므로 본체론적 성리학을 비판하기에 앞서 먼저 이의 전모를 밝혀보고자 하는 것이다.

1. 성기호설

다산 성설의 특색은 그의 성기호설(性嗜好說)에 있다. 그는 성이란 마음의 즐겨하는 바로서 낙선이오악(樂善而惡惡)하고 호덕이치오(好德而恥汚)하므로 성은 선하다는 것이다.[113] '성(性)'자는 『서경』「소고(召誥)」편이나 『맹자』나 『예기』「왕제(王制)」편 등에서 모두 '마음씨 생김새 그대로의 지향'을[114] 의미하고 있다. 이는 바로 수사의 고의(古義)와 일치되는 자로서[115] 이는 성리설을 뒤엎는 새로운 일설이

---

112) 『中庸講義』, II~4, 4쪽(4-243). "所謂天命之性 是人性也"

113) 『中庸自箴』 II~3, 2쪽(4-178). "據性字本義而言之 則性者心之所嗜好也 召誥云節性唯日其邁 (古傳今傳 皆以爲食色之欲) 孟子曰 動心忍性 王制云修六禮以節民性 皆以嗜好爲性也 天命之性 亦可以嗜好言 蓋人之胚胎旣成 天則賦之以靈明無形之體 而其爲物也樂善而惡惡 好德而恥汚 斯之謂性也 斯之謂性善也"

114) Kant도 "인간성은 공동체에 있어서 선을 구하는 志向이다"라 하였다. 『철학대사전』, 學園社, 894쪽.

라 하지 않을 수 없다. 맹자도 형구상(形軀上)의 기호로써 본심의 기호를 밝힌 바 있거니와[116] 기호에는 형구지기호(形軀之嗜好)와 영지지기호(靈知之嗜好)의 두 갈래가 있음을 다산은 말하고 있다.[117] 후자인 영지지기호가 곧 앞서 논한 바와 같은 낙선이치악(樂善而恥惡)하는 인간의 본심인 동시에 천명지성이니, 이는 실로 주자의 본연지성과는 빙탄불상용(氷炭不相容)하듯 아주 다른 자임은 두말할 나위도 없다는 것이다.

호덕이치오(好德而恥惡)하는 인간의 본성은 결코 성범(聖凡)이 다르지 않다.[118] 여기서 문제 삼는 인간의 본성은 형구의 기호가 아니라 영지의 기호하는 바를 기호하는 데 있음은 물론이다. 본시 본성이니 본심이니 하지만 품수의 면에서는 본성이라 하고 운용의 면에서는 이를 본심이라 하기 때문에[119] 본성과 본심은 그의 근원을 같이하고 있음을 알 수 있다. 그러므로 이러한 본성은 결국 도심을 통하여 발현되는 것임을[120] 알아야 할 것이다.

심성의 설은 가장 정미한 것이므로 그의 자의(字義)를 밝혀보면 허령한 본체의 면에서는 이를 대체(大體)라 하고, 대체가 발하는 바를 말할 때는 이를 도심(道心)이라 부르고, 도심의 호오를 따질 때에는

---

115) 『中庸自箴』, Ⅱ~3, 3쪽(4-179). "人方以靈明之全體爲性 其必以嗜好爲性者何也 人有恒言 曰我性嗜膾炙 曰我性嗜燒敗 曰我性好絲竹 曰我性惡蛙聲 人固以嗜好爲性也 故孟子論性善之理 輒以嗜好明之 (見告子盡心)孔子引秉彝好德之詩以證人性 舍嗜好而言性者 非洙泗之舊也"

116) 「答李汝弘」, Ⅰ~19, 41쪽(3-266). "孟子借形軀之嗜好 以明本心之嗜好 人之本心樂善耻惡 卽所謂性善也"

117) 「自撰墓誌銘(集中本)」Ⅰ~16, 16쪽(2-659). "性者嗜好也 有形軀之嗜好 有靈知之嗜好 均謂之性 故召誥曰節性 王制曰節民性 孟子曰動心忍性 又以耳目口體之嗜好爲性 此形軀之嗜好也 天命之性 與天道性善盡性之性 此靈知之嗜好也 曰本然之性 原出佛書 與吾儒天命之性 相爲氷炭不可道也"

118) 『論語古今註』卷9, Ⅱ~15, 9쪽(6-101). "好德耻惡之性 聖凡皆同 以此之故本相近也"

119) 「中庸策」, Ⅰ~8, 27쪽(1-656). "以稟賦則謂之性 以運用則謂之心"

120) 『中庸自箴』, Ⅱ~3, 3쪽(4-180). "率性之謂道 故性之所發謂之道心 性生於心故從心從生"

이를 성(性)이라 부를 따름이라고[121] 다산은 분석하고 있다. 그러므로 대체니 도심이니 성이니는 모두 일자(一者)의 색다른 표현에 지나지 않음을 볼 수 있다. 사실상 대체(大體)란 무형하고 명명한 자요 소체(小體)는 유형한 구각(軀殼)을 의미하는 것은[122] 오로지 맹자의 대체소체설(大體小體說)에서 연유한 자임은 물론이다.[123] 이는 이미 대체 소체가 서로 갈리고 따라서 영지와 형구가 다르듯 도심과 인심이 또한 상대적 의미를 가지고 있음을 알 수 있다.

인간(人間)〈
영지지기호(靈知之嗜好)—도의지성(道義之性)—
도심(道心)—대체(大體)
형구지기호(形軀之嗜好)—금수지성(禽獸之性)—
인심(人心)—소체(小體)

형구(形軀) 안에 영지(靈知)를 간직한 한 인간은 대체와 소체를 아울러 지닌 혼성체이나 수사학적 입장에 요구되는 인간은 오로지 그가 대체만을 따르며 도심의 계명을 들을 줄 알며 영지의 기호하는 바를 기호할 줄 아는 자로서 도의지성의 소유자이기를 바랄 뿐이다. 그러므로 형구의 기호에서 오는 물욕이야말로 금수의 기욕(嗜欲)으로서 모든 사악의 근원이 아닐 수 없다.

인간이란 본시 도의지성과 아울러 금수지성도 동시에 소유한 자인데 인성이 선하다는 까닭은 어디에 있는가? 우리의 심리적 현상을

---

121) 『論語古今註』 卷9, Ⅱ~15, 10쪽(6-104). "心性之說最精微 故最易差 唯其字義先明 乃可分也. 其在 古經 以虛靈之本體而言之 則謂之大體 (見孟子) 以大體之所發而言之 則謂心 (見道經) 以大體之所好 惡而言之 則謂之性 天命之性者 謂天於生人之初 賦之而好德恥汚之性 於虛靈本體之中 非謂性可以名 本體也 性也者嗜好厭惡而立名"

122) 『孟子要義』 卷2, Ⅱ~6, 29쪽(4-550). "大體者無形之靈明也 小體者有形之軀殼也"

123) 『孟子』, 「告子 上」.

놓고 인성을 관찰한다면 인간이란 선행을 하면 마음이 유쾌하고 사악을 저지르면 마음이 언짢고 불안한 것이라는[124] 사실을 다산은 전제하고 있다. 이러한 인정은 물이 아래로 쏟듯 하는 인성의 취향(趣向, The tendency of human nature)인 것이다. 이것이 다름 아닌 인간의 본래적 이의지심(理義之心)으로서 성리설에서는 찾아볼 수 없는 새로운 설임을 다산은 장황히 설명하고 있다.[125]

이렇듯 성기호설은 실로 사실적이요 감각적이라 할 수 있다. 그리하여 사변적이요 철학적인 성리학과는 좋은 대조를 이루고 있음을 알 수 있다. 그러므로 성기호설은 논리적이요 추상적인 것이 아니라 그저 좋아하고 싫어하는 그 자체를 일러 '성'이라 할 따름이다. 어느 사람이 나는 꽃을 좋아하고 노래를 즐긴다면 이는 그의 성품이 그러한 까닭이랄 수밖에 없다. 심지어 강아지가 짖기를 좋아한다면 그것은 강아지의 성이 그러한 까닭이려니와 범이 뛰기를 즐긴다면 그것은 아마도 범의 성이 그렇기 때문이랄 수밖에 없다. 이처럼 성이란 단순히 그의 호오(好惡)의 면만을 가지고 논할 때 인간의 성을 윤리

---

124) 『中庸自箴』, II~3, 3쪽(4-179~180). "人恒陷於惡 其謂之性善者何也 人每行一善事 其心必愉然而快 豈非適性故愉然乎 人每行一惡事 必欲然自愧 豈非拂性故欲然乎 赤子入井 必急往援出而後安於心 鷄肉當前 必固辭不食後安於心 班班同行 必分其重任然後安於心 善人被評 必暴其冤枉然後安於心 凡遇此而不能行者 皆怏慊不安 其安與不安 豈非適性與拂性之故乎 率性可以爲善"

125) 『孟子要義』 卷2, II~6, 18쪽(4-527~528). "凡人每行一善事 卽其心悠然浩然沛然無滯 如水之順流而逝 人每行一惡事 卽其心欲然赧然慘然不暢 如水之壅遏不通 斯可以知性矣 人蓋有涕泣而盜人貨者 人蓋有涕泣而淫於色者 其自所愧自解之言不過曰勢迫不得已 夫旣曰迫不得已 則水之遇摶而躍以至過顙也 水之過顙 非迫不得已乎 孟子搏躍之說毫不爽實 而今人認之爲强爲好言 不亦謬乎"
같은 책, 21쪽(4-534). "穿窬之盜負其贓而歸 譊譊然語其子曰 今日之事迫不得已 非性善之驗乎 姦夫淫婦昵然相與語 吾曹之事獲罪於天 非性善之驗乎"
같은 책, 26쪽(4-544). "作一善事盜賊且愉快 修一善行淫婦莫不忻樂"
「答李汝弘」, I~19, 42쪽(3-267). "悅理義者心之性也 悅芻豢者口之性也 性非嗜好之所由名乎 謝安性好絲竹 王維性好書畫 魏徵性喜儆素 杜甫性耽其句 有一非嗜好爲性者乎 二千年來恒言俗語茶飯話頭開口 便以嗜好爲性 獨於經學家論性處 必捨嗜好二字 乃取本然氣質兩大柱 曰理同氣異 曰氣同理異 曰人大性小 曰心小性大 曰已發未發 曰單指兼指 千頭萬緖勢然淆亂 又遠取太極一元之圈 先天二五之妙處 豈非枉勞苦乎"

적 면에서 살펴본다면 호선오악한다는 것이 다산 성기호설의 성선론적 근거가 되는 것이다. 만일 어떤 사람이 나는 난의포식(煖衣飽食)을 좋아하노라 한다면 그는 형구적 기호에서 이탈하지 못한 인간이라 할 수밖에 없다. 이로 미루어볼 때 인간이 금수와 구별되는 점은 성선적 취향에 의한 도덕적 분별심이 있기 때문이다. 이를 다산은 영지지기호라 하였고 이를 심성론적 입장에서는 도심이라 부르고 있다. 그러면 이 도심은 천명과의 관련 하에 어떻게 이해하여야 할 것인가?

2. 도심은 천명이 깃들인 곳

윤리적 천명을 논술할 때 이미 문제가 된 바와 같이 '천명은 도심 안에 깃들어 있다'는 명제는 다산 성설의 성명론적[126] 특색을 밝혀주는 자라 해야 할 것이다. 이러한 다산의 천명기재도심설(天命寄在道心說)은 성명일여사상(性命一如思想)을 밑받침으로 한 것이다. 품부(稟賦)된 자를 말할 때는 인성이라 하기 때문에 이는 아마도 천부양심설(天賦良心說)이라고 해야 할는지 모른다.

그러나 천명은 품부의 근원에 그치는 것이 아니라 한 걸음 더 깊이 들어가 인성 속에 내재하여 인성의 지향을 지휘하고 감시하고 명령하는 것으로 생각한다. 뿐만 아니라 인성이 천명에 의하여 지향하는 바는 낙선이치악(樂善而恥惡)한다는 도덕의식 바로 그것이다. 이처럼 낙선이치악하는 윤리적 인성인 까닭에 절대선인 상제천을 그대로 본뜬 자가 아닐 수 없다. 여기에 인성과 금수성이 구별되는 한

---

126) 성명론(性命論)이란 천명인성일여론(天命人性一如論)을 뜻하는 것으로서 천리론적 성리학과 구분되는 것이다.

계가 있고 성선의 가능성도 이처럼 상제천과의 관련하에서 이해할 수 있는 것이다.

이렇듯 천명과 인성이 '성명(性命)'으로서 일여(一如)가 될 때 나타나는 모습을 일러 우리는 도심이라 부른다. 그러므로 도심의 발현은 모든 인간의 성실한 모습이다. 성자(聖者)로서의 상제천은 성범을 가리지 않고 모든 인간 안에 성명론(性命論)적 도심으로서 존재하고 있는 것이다.

그러나 상제천의 천명이 깃들어 있는 도심의 곁에는 언제나 탐욕적인 인심도 병존하고 있다는 사실에 유의하지 않으면 안 된다. 도심과 인심은 서로 적대적인 관계에 있으면서 선과 악의 분기점 위에서 있는 인간으로 하여금 도심의 지시를 따르면 선행의 길을 걷게 되고 인심의 유혹에 끌리면 사악의 구렁에 빠지게 되는 것이다. 그러므로 윤리적 천명은 마땅히 도심으로 하여금 인심의 유혹을 물리치도록 해야 할 것이요, 인심은 도심의 교회(敎誨)를 경청하도록 해야 할 것이다. 이처럼 도심을 통하여 천명의 소리를 듣는 것이 인간의 인간다운 참된 모습이라는 것이다.[127]

그러나 도심과 인심은 자기내존재(自己內存在)이면서도 상전(相戰)상극(相克)을 쉬지 않는다.[128] 그 결과로서 얻어진 극기복례(克己復禮)란[129] 도심이 인심을 극승(克勝)한[130] 자로서 그것이 바로 인(仁)이

---

127) 졸고, 「중용사상전개의 방향」(『전남대학교논문집』 제5집, 1960). 이를 일러 공자는 '인(仁)'이라 하였다. 후론 참조.

128) 『孟子要義』 卷2, Ⅱ∼6, 41쪽(4-574). "人恒有二志相反而一時竝發者 此乃人鬼之關善惡之幾 人心道心之交戰 義勝欲勝之判決 人能於是乎猛省而力克之 則近道矣 所不爲所不欲是發於道心 是天理也 爲之欲之是發於人心 是私欲也 無爲無欲 是克制人心而聽命於道心 是所謂克己而復禮也"

129) 『論語』, 「顔淵」.

130) 『論語古今註』 卷6, Ⅱ∼12, 1쪽(5-449). "克勝也, 己謂我也, 身有嗜欲 當以禮義齊之 嗜欲與禮義戰 使禮義勝嗜欲 身得歸復於禮 如是乃爲仁也"

다. 실로 인심도심설은[131] 이미 송학의 심성론에 크나큰 영향을 미치고 있거니와 다산은 이를 활성론적(活性論的) 자송지학(自訟之學)으로[132] 이끌었던 것이다. 이는 곧 천명과 인욕의 인간 내 상전(相戰)을 문제 삼고 있는 것이다.[133] 천명은 도심 안에 존재해 있고 인욕이란 인심지욕(人心之欲)을[134] 가리킨 것인 만큼 이는 결국 인심도심의 대결을 문제 삼는 것이 된다. 실로 인심도심의 대변(對辯)은 자기 내에서의 유엄(惟嚴) 유현(惟顯)한 자라는 것이다.

그러한 의미로서는 '나' 자신은 곧 '인심도심의 싸움터'인지도 모른다. 교전장으로서는 실로 선악을 판가름하는 격렬한 싸움터일 것이다. 도심이 주가 되고 인심이 그의 명령에 순종하면 공자 70의 경지도[135] 어려울 것이 없다. 그러나 인심이 도심을 꺾어버리면 도척의 무리가 될 것임은[136] 뻔한 야기다.

이러한 인심도심내자송설(人心道心內自訟說)은 결국 대체소체론(大

---

131) 人心惟危 道心惟微 惟精惟一 允執厥中은 『書經』「大禹謨」에서 유래하였다. 그러나 다산은 "人心之危 道心之微 至言格訓弘闡性道之奧 表章而銘佩之 胡敢後矣 但非大禹謨之經文 亦非舜禹傳心之言訣 斯不可不辨矣"[『梅氏書平』 卷2, Ⅱ~30, 22쪽(8-136)]이라 하여 신중한 태도로 이 설을 비판하고 있다. 그리고 청조 고증학자 염약거(閻若璩, 1636~1704)와 혜동(惠棟, 1697~1758)은 인심위(人心危) 도심미(道心微)설이 수록된 대우모(大禹謨)는 동진시대(東晋時代)의 위작(僞作)이라고 주장하고 있다. 그렇다면 송학(宋學)의 심성론은 그의 근저로부터 흔들리는 결과가 된다. 그러나 다산은 "道經之所謂道 皆本之於羲軒 是亦吾道也 今復明明五千言中文句 先儒猶或取之 況於丘索墳典之緒餘乎 人心危道心微六字 決不可捨 設令六字本出於佛經 亦當戴之捧之如天球弘璧以爲克己復禮之本 況出於儒家本於道經者乎"[「答金德叟別紙」, Ⅰ~20, 31쪽(3-332~333)]라 하여 인심도심설이 비록 노자류(老子流)의 도경(道經)에서 연유했다고 하더라도 그 설이 유가의 설에 합치한다면 버릴 수 없다고 하였다. 이는 위작임을 시인하면서도 그의 정신만을 그대로 받아들이려고 하는 점에서 위에 기록한 염씨 등의 설과 차이를 볼 수 있다.

132) 『論語』,「公冶長」. "子曰 已矣乎 吾未見能見其過而內自訟者也"

133) 『論語古今註』卷2, Ⅱ~8, 44쪽(5-197). "訟者公庭之對辯也 天命人欲交戰于內 克己如克訟 然人能自見其過 令二者對辯于內 必能見其是非而知所以改過矣"

134) 『論語古今註』卷6, Ⅱ~12, 2쪽(5-452). "欲也者 人心欲之也"

135) 『論語』,「爲政」. "七十而從心所欲不踰矩"

136) 옛날 대도(大盜)의 이름. "柳下季之弟 名曰盜蹠 盜蹠徒率九千人 橫行天下 侵暴諸侯" 『장자』,「도척」.

體小體論)을 근거로 하고 '나'는 이체(二體)만이 아니라 이심(二心)도 가지고 있다는 것이다.137) 천에 영명 형체의 두 가지가 있듯이 인간에도 영명한 대체와 구각으로서의 소체가 있는데 낙천지명(樂天知命)하면 대체의 도심을 기르게 되고 극기복례에 이르면 소체의 인심은 억눌리게 마련이다.138) 그러나 인심은 이욕에 끌리기 쉬운 까닭에 자칫하면 도심은 시들고 만다는 것이다.139)

이러한 인심 도심의 상극장인 '나'는 인심도심 중에서 어느 쪽을 선택해야 하는 것일까? 이에 인간에게는 스스로 선택할 수 있는 자유가 있는 것이다. 실로 얄궂게도 인심도심이 혼연병존(混然竝存)하여 있기 때문에 도의를 주로 삼을 때에는 도심으로 말미암아 호덕이 치악하게 되고 형질을 주로 삼을 때는 인심으로 말미암아 탐재호색(貪財好色) 등의 잘못을 범하게 되는 것이다. 그러므로 다산의 견해로는 신형이 묘합된 인간은 행선행악(行善行惡)의 가능성이 반반인지라 맹자는 도심만을 보고 성선이라 하였고 순자는 인심만을 보고 성악이라 했다는 것이다.140)

그러나 향선취악(向善趣惡)의 책임은 오로지 나 자신에게 있지141)

---

137) 『論語古今註』 卷6, Ⅱ～12, 1쪽(5-450). "己者我也 我有二體 亦有二心 道心克人心 則大體克小體也 一日克己 謂一朝奮發用力行之"

138) 『孟子要義』 卷2, Ⅱ～6, 29쪽(4-550). 大體者無形之靈明也 小體者有形之軀殼也 從其大體者率性者也 從其小體者循欲者也 道心常欲養大而人心常欲養小 樂天知命則培養道心矣 克己復禮則制伏人心矣 此善惡之判也"

139) 『論語古今註』 卷2, Ⅱ～8, 21쪽(5-152). "所謂喩於利者也 於是 道心亡而人心爲之主 大體梏而小體 爲之旺 此喩於利之效也"

140) 『論語古今註』 卷9, Ⅱ～15, 17쪽(6-117). "人者妙合神形而混然爲一者也 故其發之爲心者 有因道義 而發者謂之道心 有因形質而發者謂之人心 以其有道心故能明別善惡 又能好德而耻惡 終以至於殺身而成 仁 此孟子所謂性善之本也 以其有人心故貪財好色懷安慕貴 從善如登從惡如崩 此荀子所謂性惡之說也"

141) 같은 책, 12쪽(6-107). "天旣賦之以好德耻惡之性 而若其行善行惡令可游移任其所爲 此其神權妙旨凜 然可畏者也 何則 好德耻惡旣分明矣 自此以往 其向善汝功也 其趨惡汝罪也 不可畏乎"

어느 딴 사람에게 있을 수조차도 없는 것이다. 여기에 비로소 인간의 주체성이 크게 문제가 됨과 동시에 윤리적 선악과 자율성도 문제삼지 않을 수 없다. 그러나 자율적 주체성만으로는 인간의 윤리적 선행이 성취되는 것은 결코 아니다. 여기서는 향선의 목적의식이 뒤따라야 하며 윤리적 합목적성이 뚜렷이 나타나야 한다. 만일 윤리적 목적성이 결여될 때에는 도척도 그의 자율적이고 주체적인 입장에서 공자를 도유(盜儒)라고 비방할 수도 있기 때문이다.

여기에 문제 삼아지는 다산의 인심도심내자송설(人心道心內自訟說)은 인심도심의 교전장으로서의 '나'라는 주체성이 뚜렷해야 한다. 그러나 이에는 언제나 윤리적 목적에 의한 자율적 선택이 이를 뒷받침하지 않으면 안 된다는 사실을 알아야 할 것이다.

3. 다산의 양성론

다산에게 있어서의 인간은 영지인(靈知人)과 구각인(軀殼人)의 둘로 구별된다. 영지인은 대체를 기르고 구각인은 소체를 기른다. 대체지인(大體之人)은 도의로 말미암아 살고 소체지인(小體之人)은 식색지욕(食色之欲)에 사로잡힌 인간이다. 그런데 문제는 도의지인(道義之人)은 진실한 인간이려니와 식색지인(食色之人)도 인간이라고 할 수 있는 것일까에 있다.

고자(告子)는 식색도 성이라[142] 하였거니와 그러면 식색지성(食色之性)은 어떠한 성일까? 이는 도의적 영지에 의한 성이 아니라 관능적 구각에 의한 성이니 이는 인간이 금수와 더불어 공유한 금수성에 지나지 않는 것이다. 그러므로 인간은 야기[夜氣, 영기(靈氣)]를[143]

---

142) 『孟子』, 「告子 上」. "告子曰 食色性也"

간직하지 않아서는 안 된다고 맹자는 주장하였던 것이다.

다산이 인성을 도의 금수 양성론(兩性論)으로 설명하려고 한 점에 우리는 주목해야 한다. 인간이 지닌 성은 도의지성(道義之性)과 기질 지성(氣質之性)이 혼연 합일된 자이려니와 금수들이 지닌 성은 오직 기질지성뿐인 것이다.[144]

이를 뒤집어 말하자면 기질지성은 그것이 금수가 지닌 특유한 성 이면서도 이는 인간이 지닌 성 속에도 포함되어 있는 것이다. 그러 나 도의지성만은 인간의 성 속에 포함되어 있되 인간만이 소유한 특 유의 인간성(Humanity)을[145] 말하는 것이다.[146]

인간이 자율적으로 택선(擇善)할 수 있는 능력은 오직 이러한 도의 지성을 소유하고 있기 때문이다. 고자는 오직 감각적 성만으로 인물 동성(人物同性)을 주장하면서 인성과 물성(物性)이 다르지 않다고 하 지만, 이는 인간에게는 이 도의지성을 제거한다면 그야말로 형구의 기질지성에 지배되는 금수와 조금도 다를 바 없는 것이다. 따라서 인간과 금수와의 구별은 오직 영명신묘(靈明神妙)한 양지(良知)의[147] 유무로서 판별됨은 두말할 것도 없다.[148]

---

143) 같은 책, 같은 곳. "夜氣不足以存 則其違禽獸不遠"

144) 『孟子要義』卷2, Ⅱ~6, 19쪽(4-529). 人之性 只是一部人性 犬牛之性 只是一部禽獸性 盖人性者 合 道義氣質二者而爲一性者也 禽獸性者 純是氣質之性而已……且人之於善惡 皆能自作以其能自主張也 禽獸之於善惡 不能自作以其爲不得不然也……夫人性之於禽獸性 若是懸絶 而告子只就其生覺運動之 同處 便謂之一性 豈不謬乎"

145) 인간이 지닌 성(性)을 '인성(人性)'이라 하여 도의(道義) 기질(氣質)=금수(禽獸)의 양성(兩性)을 종 합한 자를 의미하기도 하지만, 여기에 '인간성'이라는 단어는 오직 금수성과의 상대적 의미로 쓰 이기 때문에 이는 비금수적(非禽獸的)인 것 동시에 기호설적(嗜好說的) 면에서 볼 때에는 윤리적 낙선치악(樂善恥惡)하는 순수성을 지닌 자일 것이다.

146)

인간이 지닌 성(性) 〈 도의지성(道義之性)=인간성(人間性)=도심(道心)
기질지성(氣質之性)=금수성(禽獸性)=人心(인심)

147) 양지(良知)란 도의지성(道義之性)의 별칭(別稱)이다.

여기서 우리는 인성의 구조와 그의 가치를 심찰(深察)해 볼 필요가 있다. 인간이란 들녘 짐승 떼처럼 먹이를 찾아 헤매고 암수 서로 노니면서 주린 정 그리는 정을 잊을 수 없는 생활인(A living man)이라고 하더라도 실로 사람에게는 그 이상의 것이 있는 것이다. 그러므로 공자도 사람은 살기만을 위해서 사는 것이 아니라 사람노릇하기 위하여 산다고[149] 하였고, 맹자도 의를 위해서는 생명마저 버릴 수도 있다는[150] 것을 말하였다. 이 점이 바로 인간과 금수와 구별되는 인간다운 값(가치)이 아닐 수 없는 것이다. 그러한 차이점을 서민은 버리고 군자는 이를 보존하기에 힘을 쓴다고 하였다. 다산은 또한 이 점을 도심이라고 하였던 것이다.[151]

인간과 금수와의 구별은 오직 도심의 유무로 판별하는 바와 같이 군자와 소인의 구별도 또한 도의지성의 강약으로써 구별하지 않을 수 없다. 금수는 애초부터 도의지성을 가지고 있지 않지만 소인도 인간인지라 이를 가지고 있으면서도 이로 하여금 내 것으로 만들 줄 모르는 위인이다. 인간이란 군자와 소인을 가릴 것 없이 '인심도심(人心道心)의 상송장(相訟場)'이면서도 군자는 극기로써 도심의 지시를 따르고 소인은 식색에 탐닉하여 인심의 유혹을 물리치지 못하는 것이다. 그러므로 도의지성과 금수지성은 한 인간으로 하여금 선악

---

148) 『論語古今註』 卷9, Ⅱ~15, 11쪽(6-105~106). "凡有天下有生有死之物 止有三等 有生而無知 禽獸有知而無靈, 人之大體既生既知復有靈明神妙之用 故含萬物而不漏 推萬理而盡性 好德恥惡 出於良知 此逈別於禽獸者也"

149) 『論語』, 「衛靈公」. "志士仁人 無求生以害仁 有殺身以成仁"

150) 『孟子』, 「告子 上」. "二者不可得兼 舍生而取義者也"

151) 『孟子』, 「離婁 下」. "孟子曰 人之所以異於禽獸者 幾希 庶民去之君子存之"
『孟子要義』 卷1, Ⅱ~5, 59쪽(4-487). "荀子曰水火有氣而無生 草木有生而無知 禽獸有知而無義 人有氣有生有知有義 蓋其受性之品 凡有四等而人與禽獸最相近 耳聽目視無以異也, 鼻嗅舌舐無以異也 食色安逸之欲無以異也 所異者 惟是一箇 道心爲物 無形無質至微至忽(道經云道心惟微) 若于是從而去之 則禽獸而已 何以自別乎"

을 택일해야 하는 분기점에 서서 스스로 한 길을 택하게 한다. 그러나 도의지성을 따르는 것만이 인간 본연의 모습인 것이다.[152]

제4절 제유의 인성론

다산의 인성론은 그의 성기호설에서 비롯하여 천명기재도심설(天命寄在道心說)과 인심도심내자송설을 기초로 한 도의금수양성론에 의하여 체계를 이루었다고 할 수 있다. 이런 점에서 다산의 인성론은 정주학적 성론과의 비교에 있어서 실로 근본적 차이점을 보여주고 있거니와 이 문제를 다루기에 앞서 잠깐 맹자·순자·양웅 및 한유 등의 성설에 대한 다산의 견해를 살펴보기로 한다.

다산의 인성론은 공맹의 성설에서 연유한 중용서의 성명학에 직결된 자로서 이는 수사학적 성선설에 근거를 두고 있는 것이다. 그러므로 그는 그의 성기호설이 수사학적 공맹학의 옛 모습 그대로임을 명백히 하고 있다.[153]

그리고 그는 성과 정의 다른 점을 말함에 있어서 정은 '사람'에게서 말미암아 있기 때문에 선할 수도 있고 악할 수도 있지만, 성은 '하늘'에서 말미암아 있기 때문에 순선무악하다고 하였다.[154]

그런데 한 가지 문제는 맹자는 그의 성선의 가능성을 논할 때 성

---

152) 정주학에서의 본연지성과 다산학에서의 도의지성과의 동이점(同異點)은 다시 다음 「성리학비판」절에서 상론하고자 한다.

153) 『中庸自箴』, II~3, 3쪽(4-179). "人固以嗜好爲性也 故孟子論性善之理 輒以嗜好明之 (見告子盡心) 孔子引秉彝好德之詩以證人性 舍嗜好而言性者 非洙泗之舊也"

154) 『孟子要義』 卷2, II~6, 21쪽(4-534). "樂善耻惡既發無不中節者 故手方穿窬而其心未嘗不耻惡 口方話屬而其心未嘗不樂善 惡得不謂之純善乎 情動由乎人 故可善可惡 性好受於天 故有善無惡 豈可一例論乎"

이라 하지 않고 정이라 하였는데[155] 이때의 정은 천성(天性) 인정(人情)의 정이 아니라 성명으로서의 성이 정적 상태에서 동적 상태로 나타났을 때를 가리킨 자다.[156] 그러므로 맹자의 정은 인성의 활동 상태에서의 진실한 모습을 가리킨 것이기 때문에 천성과 구별되는 딴 인정이 아닌 것이다.

그럼에도 불구하고 송유 진북계(陳北溪, 1153~1217)가 맹자의 성론을 왜곡 해석하되[157] 본성의 선한 것만을 논하고 기품(氣稟)에 대하여는 논급하지 않았음을 비난하였는데 다산은 이에 대하여 순자의 사품설(四品說)을 열거(例擧)하면서 맹자의 성정은 오로지 도의지성을 가리킨 것이라고 자설을 명쾌하게 진술하고 있다.[158] 그러므로 맹자에게도 양기설(養氣說)이 있기는 하지만 그가 성선만을 논한 것은 다름 아니라 성이란 천명에 근거를 둔 순선무구(純善無垢)한 자이기 때문에 거기에는 기질지성을 내포시키지 않았다는 것이다.[159] 또한 맹자의 기는 송유들의 기질과는[160] 다른 자로서 집의소생(集義所

---

155) 『孟子』, 「告子 上」. "乃若其情 則可以爲善矣"

156) 『孟子要義』 卷2, Ⅱ~6, 22쪽(4-536). "情者性之動也…情者眞也實也 讀之當如得其情之情(論語云得其情則哀矜而勿喜) 非性情之情也"

157) 陳淳, 『北溪字義』, 「性」. "只論大本而不及氣稟 則所論有欠缺未備"

158) 『孟子要義』 卷2, Ⅱ~6, 24쪽(4-539~540). "論性不論氣者病孟子也 然若孟子平日與門人平說心性之理 則氣質邊事或當並論 今所言者皆因告子而發 告子全執氣質之欲指爲性命 孟子之心 如適火救火不得不用水 豈得抱薪以救火乎 其專學道義之本性勢固然矣 大抵氣質之欲 雖人之所固有 以萬不可名之曰人性 何也 物之品有四等 荀子曰 水火有氣而無生 草木有生而無知 禽獸有知而無義 人有氣有生有知有義 斯其所以爲尊品也 今論草木之身明有形質亦有生活 然必以生活言之者 生活貴於形質也 又論禽獸之身明有生活亦有動覺 然必以動覺言之者 動覺貴於生活也 人身雖有動覺乃於動覺之上 又有道義之心而主宰之 則論人性者主於道義可乎 兼言動覺可乎 論草木者單言生活之性不可曰未備 論禽獸者單言動覺之性不可曰未備 論人者單言道義之性何以謂之未備也 美公輸者必言其手巧 而贊孔子者不言其多能鄙事者 以其道德在鄙事之上有足掩之也 人性原有道義 有足以掩氣質之欲 惡得以不論氣爲未備乎"

159) 「孟子策」, Ⅰ~8, 32쪽(1-666). "旣說養氣而只道性善者 臣以爲孟子言性主於天命 故固未嘗包氣質 而氣質之說亦有窒礙 臣未敢以孟子未備也"

160) 송유(宋儒)의 기질은 '기에 치우침과 바름이 있기' 때문에 그의 편기(偏氣) 혹 탁기(濁氣)는 물욕의

生)인 호연지기요[161] 순결한 야기(夜氣)를[162] 의미하기 때문에 이는 성정으로서 순수한 자인 것이다.

그런데 순자의 성악설은 맹자의 성선설과의 상대적 관계를 논할 때 논한 바와 같이 인간의 도의지성을 보지 못했거나 혹은 이를 무시하고 금수지성만을 중요시한 자라고 말하고 있다. 그러므로 맹자와 순자와의 차이점은 그들이 인간성의 본질을 규정함에 있어서 근본적으로 그의 견해를 달리하고 있는 데 있는 것이다. 이는 양웅이나 한유의 경우도 마찬가지다.

양웅은 인성이 선할 수도 있고 악할 수도 있다는 선악혼설(善惡渾說)을 주장하였고, 순자는 인성이 선하기는 어렵고 악하기는 쉽다는 점을 들어 성악설을 내세웠으나 그들이 말한 인성은 맹자의 수사학적 인성과 견주어 볼 때에는 진실한 인성이 아닌 것을 성이라 한다는 견해를 다산은 피력하고 있다.[163] 그러므로 다산은 그의 인심도심설을 가지고 제설을 다음과 같이 비판하고 있다.

예컨대 공손자(公孫子)의 성무선악설(性無善惡說)은 도심이 주가 되면 선할 수 있고 인심이 천성을 억누르면 악으로 빠지기 때문에 사람이 태어난 바탕에는 선악이 미리 준비되어 있을 수 없고 오직 행사의 결과에 의하여 선악이 판정될 따름이라고 하였고, 양웅의 선악혼설(善惡渾說)은 인심과 도심이 서로 얽혀서 싸우는 형태만을 보고 말한 자이다.

근원이 되는 자이다.

161) 『孟子』,「公孫丑 上」.

162) 『孟子』,「告子 上」.

163) 「答李汝弘」, I~19, 43쪽(3-269). "若論本心之全用 有可善可惡之理 有難善易惡之勢 摠非性也 揚雄以有可善可惡之理 而謂之性混 荀卿以有難善易惡之勢而謂之性惡 摠以非性爲性"

그러나 인간의 본성은 성선의 가능적 존재로서 항상 형구의 물욕이 이를 저해하기 때문에 악에 빠지는 것이다. 그러므로 맹자는 인간의 본성을 보고 선하다 하였고 순자는 물욕 때문에 괴란(壞亂)된 성을 보고 그것을 인성이라 하였고 공손자는 선악이 아직 갈리지 않은 자를 성이라 하였고 양웅은 선악이 교전하는 상태만을 보고 이를 성이라 하였다. 그러나 그중에서 맹자만이 인간의 본성을 가리켜 성이라 하였을 따름이요 다른 삼자는 영지지본성(靈知之本性)과 형구지사욕(形軀之私欲)을 한데 뭉쳐서 이를 성이라 한 것이다.[164] 그러므로 다산의 인성은 맹자의 이른바 이의지성(理義之性) 바로 그것이므로 선유들이 형기지사욕도 성으로 여기려 하고 이기(理氣)를 짝지어 거론하고 선악(善惡)을 아울러 말하는 성설(性說)과는 엄연히 구별되는 자인 것이다.[165]

　　다산은, 양웅의 선악혼설은 송유들의 본연기질지설과 조금도 다를 바 없다고 하였다. 왜냐하면 다산의 인성은 도의지성으로서의 순수한 인간성만을 문제 삼고 사람과 짐승이 공유한 기질지욕은 성과 혼동하지 않기 때문에 선악혼설 따위는 인간성의 순수성에 위배되

---

164) 『論語古今註』卷9, Ⅱ~15, 17쪽(6-117~118). "諸說皆有所據 孟子性善之說得大體之本面耳……道心爲之主而可使爲善 人心陷其天則可使爲惡 善惡成於行事之後而未定於生靜之初 此公孫子所謂無善惡者也 道心人心交發而督戰 此揚子所謂善惡渾者也 然人之所以爲人者 以其好德而恥惡 此天命也 此本性也 惟其形軀相囿爲沮善陷惡之具也 故人心得橫發於其間 而道心爲之陷溺 是豈本性也哉 孟子所言者性也 荀子所言者性之因形而壞者也 公孫子所言者自性之遇形功罪未分者而言之也 揚子所言者自性之遇形敬忿交戰者而言之也 言性者顧不當以孟子爲本乎……孟子以性爲性 荀揚公孫以性與形爲性 孰得而孰失乎"

165) 『孟子要義』卷2, Ⅱ~6, 26쪽(4-543~544). "理義者天理也 道義也 合於天理者無非善事 性於道義者無非善行善事 善行人心之所悅也……此心之同然悅 如口舌之同所嗜 耳目之同所好擧 天下林林惢惢 夷狄蠻羌奸淫竊盜下愚之人 其受天命之性旣同 則其悅理好義愧罪恥此惡亦皆毫髮不差可知 性善之理 若是其確而諸先生方且以形氣之私慾命之爲性 同聲詆斥 直云孟子之說不如程子……琢之斷之不少顧藉 觀其論理必變學理氣兼言善惡而後乃爲全備乃爲周密 此與揚雄之說毫髮有差乎 然聖賢之統胡不歸之於揚雄乎 夫氣質之慾 人與獸不殊 其所異者惟此義理之性 而又於是建立本然一名 乃云本然之性人物同得 然則人仍禽獸 禽獸仍人 其復羅靈頑貴賤之別乎 此保聖道之大段不敢不辨"

는 자임은 물론이다. 그러므로 한유의 성삼품설166) 같은 것은 겉으로는 합리적인 듯이 보이나 사람들로 하여금 향선(向善)의 문을 가로막고 자포(自暴)의 길을 열어줌으로써 천리를 상하고 인도를 해하는 자이니 그 설의 해독은 홍수나 맹수보다 더한 자라고 다산은 극언하고 있다. 왜냐하면 삼품설은 하학이상달(下學而上達)하는 인간의 향학의욕(向學意慾)을 가로막고 자포의 길을 열어주기 때문이다.167)

한유의 성삼품설은 성선악혼설(性善惡渾說)이나 성혹선혹악설(性或善或惡說)에서 유래한 자이다. 이는 인간의 자율성을 짓밟고 인간의 능동적 의욕을 흐리게 하는 자이다. 맹자는 사람마다 모두 요순같이 될 수 있고168) 성인도 우리와 같은 인간이라고 했다.169) 그렇다면 인간에게 어찌 상중하의 삼품이 있을 수 있겠는가? 인간 본연의 모습은 신도 아니요 금수도 아닌 자로서 그는 도의지성만을 간직하고 있으며 이 성을 따르는 솔성(率性)이 바로 인간의 도인 것이다.

도의지성을 따르는 것이 인간도이므로 그러한 인성은 상제천의 인간내존재자로서의 활활발발지성(活活潑潑之性)인 것이다. 결코 천리로서의 유현(幽玄)된 초월자일 수는 없다.170) 정주의 성리학이 다산의 비판적 대상이 되는 까닭은 바로 이 때문인 것이다.

---

166) 『論語古今註』 卷9, Ⅱ~15, 18쪽(6-119~120). "韓愈原性曰 性之品有上中下三 上焉者善焉而已矣 中焉者可導而上下也 下焉者惡焉而已矣 孟子荀子揚子皆擧其中而遺其上下者也 得其一而失其二者 也……案上中下三品 仍是謬義不足再進 況其所引左傳諸說 皆圖誕不經 非論理家所當援也……上中 下三品之說 外若勻停而塞人……至毒至憯 其禍有浮於洪水猛獸 斯不可以不辨"

167) 『孟子要義』 卷2, Ⅱ~6, 22쪽(4-535). "孔子曰 性相近也習相遠也 惟上智與下愚不移 韓子誤讀此文 爲三品之說也……雜引左氏浮夸之說 以證其義曰 上智生而善 下愚生而惡 此其說有足以毒天下而禍 萬世 不但爲洪水猛獸而已 生而聰慧者將自傲自聖 不懼其陷於罪惡 生而魯鈍者將自暴自棄 不思其勉 於遷改 今之學者以聖爲天決意自畫 皆此說禍之也"

168) 『孟子』, 「告子 下」. "人皆可以爲堯舜"

169) 같은 책, 같은 곳. "聖人與我同類者"

170) 주자의 성설은 주정설적(主靜說的)이요 다산의 성설은 활성론적(活性論的)이다.

제5절 성리학 비판

송유의 성리학과 조선의 이기학은 유교철학의 기간으로서 근세유학의 주류를 이루고 있다. 그러므로 유학이라 하면 성리학을 의미하기에 이르렀고 성리학을 빼놓고는 유학을 말할 수 없게 되었다. 그러나 다산은 청조 고증학자들처럼 성리학을 문제 삼되 비판적 태도로 임했음은 물론이다. 그러므로 다산이 다룬 성리학 비판은 결코 전래적 답습이 아니라 그의 확호(確乎)한 철학적 근거 하에서 다루어졌음은 두말할 나위도 없다. 그의 성리학 비판의 철학적 근거는 다름 아닌 그의 인성론이다. 다산의 인성론은 수사학적 실천윤리의 전제로서의 인성론이요 공맹의 교, 다시 말하면 고대 유교의 이론적 근거가 된다는 점에서 근대유교의 형이상학적 논거가 되어 있는 성리학과는 아주 다른 경지를 개척한 자이다.[171] 뿐만 아니라 다산은 성리학과의 대결에 있어서 그의 실천윤리학적 입장에서는 조금도 후퇴하려 하지도 않았거니와 또한 그럴 수도 없는 문제다. 오히려 성리학을 구성하고 있는 여러 가지 문제를 해부하고 비판함으로써 도리어 다산 자신의 위치를 더욱 뚜렷하게 하고자 애를 썼다. 그러면 앞으로 다산의 인성론이 성리학을 비판함에 있어서 어떠한 구실을 하게 되는가 잠시 살펴보기로 하자.

1. 성리학의 분석

실로 다산학과 정주학의 다른 점은 모름지기 그들의 성론의 엇갈

---

171) 다산은 그의 「자찬묘지명(自撰墓誌銘)」에서 이 두 관계를 비유하면서 本然之性原出佛書 與吾儒天命之性 相爲氷炭不可道也[「自撰墓誌銘(集中本)」 Ⅰ~16 16쪽(2-659)]라 하였다.

림에서부터 비롯한다. 다산의 성기호설과 송유들의 성즉리설은 마치 흰 빛깔과 검은 빛깔처럼 그의 본질적 바탕을 달리하고 있는 것이 다. 이미 밝혀본 바와 같이 정주의 성리는 역리천에 근거하였고 다 산의 인성은 상제천에 근거하였음을 보더라도 전자를 우주론적 제 일원리라 한다면 후자는 인생론적 신앙대상이라 할 수밖에 없다. 따 지고 보면 성리설은 음양오행의 원리에서 이끌어낸 자이다.[172]

그러므로 천리는 만화의 근원이 되는 것이기 때문에 소장생극(消 長生克)의 원리로서 우주 내에 편만(遍滿)하여 천지운화를 지배하는 자인 것이다. 송유들이 신봉하는 이러한 음양생성의 천리는 성으로 하여금 천성으로서의 범객체적 존재자로서 간주하도록 만들어놓고 있다. 그러므로 송유의 천성은 다산의 기호로서의 인성과는 아주 다 른 자라 하지 않을 수 없다.

그러나 송유들의 천성과는 달리 다산이 말하는 천성은 자연 그대 로의 성을 의미하기 때문에[173] 형태론적이지 결코 원리론적인 것은 아니다. 그러면 천리로서의 리는 어디에서 연유하였는가? 그들의 이 일분수론(理一分殊論)은 조주화상(趙州和尙)의 만법귀일설(萬法歸一說) 과 조금도 다르지 않다고 다산은 주장하고 있다.[174] 이는 이학(理學) 이 선(禪)에서 연유하였음을 밝힌 자로서 리는 기호로써는 논할 수 없는 자이니 어찌 거기에 애증의 감정인들 있을 수 있으며 희로의 충동인들 있을 것인가?[175] 동시에 리에는 지각도 없고 위능(威能)도

---

172) 『中庸章句』 註. "性卽理也 天以陰陽五行化生萬物 氣以成形 理亦賦焉"

173) 「答李汝弘」, Ⅰ~19, 43쪽(3-269). "凡物各其一性 使有嗜好 以濟其生 此天命也 天命每同於自然 故 凡自然者 謂之天性 此又古文之原例也 孝經曰父子之道天性也 孟子曰形色天性也 史記曰齊魯之間於 文學天性也 漢書曰李廣愛臂善射亦天性也 諸如此類又以自然者爲天性 與嗜好之謂性者 不相望疑"

174) 『孟子要義』 卷2, Ⅱ~6, 38쪽(4-567). "所謂始於一理 中散萬殊 末復合於一理也 此與趙州萬法歸 一之說毫髮不差"

있을 까닭이 없다.[176] 그러므로 송유들의 리학에서는 인격신적 신앙 대상은 찾을 길 없고 오직 무신론적 이법만이 논의의 대상이 되어 있음은 이 까닭인 것이다.

송유들과 그의 일파들이 다룬 리학의 분석적 연구는 실로 어마어 마하게 다기다단(多岐多端)하다. 그러나 그들이 리니 기니 성이니 정이니 체니 용이니를 문제 삼고 본연기질(本然氣質)·이발기발(理發氣發)·이발미발(已發未發)·단지겸지(單指兼指)·이동기이(理同氣異)·기도이이(氣同理異)·심선무악(心善無惡)·심선유악(心善有惡)이라 하여 떠들썩하지만 이들은 모두 공리공론에 치우쳐진 관념유희에 지나지 않는다고 다산은 지적하였다.[177] 송유들은 인성의 근원이 천리에 있지 않고 천명에 있음을 모르기 때문에 그들은 천리로서 그들의 논리적 추리의 근거로 삼았던 것이다.

그러나 한편 송유들의 천리론도 그의 진의가 천명을 의미한다면 굳이 이를 허물할 필요가 없다고 다산은 말하고 있다.[178] 만물이 일원하여 한 창조주로서의 천명에 의하여 생성되었다는 점에서 이동(理同)이라 한다면 불가할 것이 없지만 그들이 말하는 리에는 대소귀천은 없다고 하더라도 특히 형기의 편정(偏正)에 의하여 리에도 주비곡폐(周備梏蔽)의 두 면이 있고, 본연지성은 다 같으나 기질지성은 서

---

175) 같은 책, 38쪽(4-568). "理無愛憎 理無喜怒"

176) 『中庸自箴』, Ⅱ~3, 5쪽(4-183). "理本無知 亦無威能"

177) 「五學論」 1, Ⅰ~11, 19쪽(2-239~240). "今之爲性理之學者 曰理曰氣 曰性曰情 曰體曰用 曰本然氣質 理發氣發 已發未發 單指兼指 理同氣異氣同理異 心善無惡心善有惡 三幹五椏千條萬葉 毫分縷析 交嗔互嚷 冥心黙研盛氣赤頸 自以爲極天下之高妙 而東振西觸提尾脫頭 門立一幟家築一壘 畢世而不能決其訟 傳世而不能解其怨 入者主之出者奴之 同者戴之殊者伐之 竊自以爲所據者極正 豈不疎哉"

178) 『孟子要義』 卷2, Ⅱ~6, 20~21쪽(4-532~533). "萬物一原悉稟天命 苟以是而謂之理同則誰曰不可 但先正之言 每云理無大小亦無貴賤 特以形氣有正有偏 得其正者理卽周備 得其偏者理亦梏蔽 至云本然之性人物皆同而氣質之性差有殊焉 斯則品級邃同豈有一原之謂哉"

로 다르다는 등의 설을 내세운다면 이 어찌 근원이 하나일 수 있겠는가라고 다산은 반문하고 있다.

이로써 송유인 정주의 학은 그들이 표면상 배불(排佛)한 듯하지만[179] 깊이 캐고 보면 사실상 불(佛)에 가까운 학임을 알 수 있다.[180] 다산이 송학을 일러 불학에 가깝다고 한 것은 그에 한한 이야기는 아니다. 천리로서의 리는 본시 화엄종의 이법에서 추출된 것이기 때문에[181] 수사학적 고의에 의한 다산의 성기호설과는 불상용의 요소를 내포한 자로 간주하게 되는 것이다.[182] 이에 송유의 성리학은 스스로 상제천의 천명을 부정하는 입장을 취하지 않을 수 없었기 때문에[183] 천지운화의 역리로 하여금 화엄의 이법에 의부(依附)하여 하나의 천리사상을 마련한 것이다. 그러므로 천리사상에서는 다산의 수사학적 천명사상에서처럼 천인상감(天人相感)에서 온 종교적 신앙과 천명에 의한 윤리적 실천행동은 찾아보기 어렵다. 실로 두 설은 모든 면에서 대조적인 것이다.[184]

---

179) 『中庸章句』序. "異端之說日新月盛 以至於老佛之徒出 則彌近理而大亂眞矣"

180) 『孟子要義』卷2, Ⅱ~6, 38쪽(4-567). "盖有宋諸先生初年多溺於禪學 及其回來之後 猶於性理之說不無因循 故每日佛氏彌近理而大亂眞 夫旣日彌近理則其中猶有所取可知也 "

181) 武內義雄, 『支那思想史』, 386쪽.

182) 화엄철학(華嚴哲學)의 법계관적(法界觀的) 천리(天理)가 본체론적(本體論的) 존재자로서 존재할 때 기호(嗜好)로서의 심정(心情)의 형태도 존재한다. 천리가 비록 인간학적 면에서 불교에서의 각성(覺性)이나 명심견성(明心見性)에서 문제 삼듯 각(覺)이나 견(見)의 대상으로서 인간 내 존재자처럼 되어 있지만 이는 천명처럼 인격신적 주재자로서의 율법자(律法者)는 아니다. 천명은 각(覺)으로서만 얻어지는 것이 아니라 각행(覺行)으로써 그의 계명(誡命)에 순응해야 한다. 리(理)는 깨달아야 하지만 명(命)은 순종해야 하기 때문이다. 그러므로 성리학은 지적(知的) 이론을 천착하고 성명학(性命學)은 행적(行的) 실천을 요구하게 되는 것이다. 이에 성리학과 성명학은 서로 엇나가는 길을 걷고 있음을 알 수 있다.

183) 불교는 본질상 무신론적 유심론에 속해 있기 때문에 그의 영향을 받은 송의 성리학이 그러한 것이다.

184) 성즉리설(性卽理說)—무신론적(無神論的)—관조적(觀照的)—우주론적(宇宙論的)—객체적(客體的)—존재론적(存在論的)…송유(宋儒)
성기호설(性嗜好說)—유신론적(有神論的)—내성적(內省的)—인생론적(人生論的)—주체적(主體的)—실천학적(實踐學的)…다산(茶山)

2. 주자의 양성론

주자의 성리학에서는 인물이 다함께 천지지리(天地之理)를 얻어 성으로 삼았으니 이를 일러 본연지성이라 부른다.[185] 그러나 본연의 설은[186] 본시 『능엄경』에서 나온 불씨의 설이요 뿐만 아니라 그의 윤회설마저 그대로 옮겨다가 인물동성론(人物同性論)으로까지 발전시켰으니 이는 수사의 구론과는 저오(牴牾)되는 자라고[187] 다산은 설명하고 있다. 이처럼 불가의 만유불성론(萬有佛性論)에 가까운 송유들의 인물동성론은[188] 성 자체를 인성으로 볼 때는 아예 성립할 수조차도 없는 문제다. 만일 이를 긍정한다면 고자의 견우인동성론(犬牛人同性論)이[189] 되고 말기 때문이다. 이러한 인물성동이론은 이조 중엽에 호(湖)·락(洛) 양론(兩論)으로 나누어졌지만[190] 다산은 한남당(韓南塘, 1682~1752)의 호론처럼 인물성이(人物性異)의 입장을 취했음은 물론이다. 이는 다산 양성론의 기본자세이기는 하지만 좀 더 색다른 면에서 관찰한다면 다산은 호론과도 다른바 기질지성동이본연지성이(氣質之性同而本然之性異)의 신설을 제창한 것이다. 이는 실

---

185) 『孟子要義』 卷1, Ⅱ~5, 59쪽(4-487). "性理家每以理爲性 故集註人物之生同得天地之理爲性 此所謂本然之性也"

186) 『論語古今註』 卷9. Ⅱ~15, 14쪽(6-111). "本然之說本出佛書楞嚴經 曰如來藏性淸淨本然 (第三篇) 楞嚴經曰非和合者稱本然性 又曰譬如淸水淸潔本然 (第四篇) 楞嚴經曰眞性本然 故名眞實 (第八篇) 長水禪師語廣照和尙曰如來藏性淸淨本然 (出大慧語錄) 本然之性明是佛語 豈可以此解孔孟之言乎 佛氏之言此理本無大小 亦無瑕慧 寓於人則爲人 寓於牛則爲牛 寓於焦螟則爲焦螟 如同一水體盛於圓器則圓 盛於方器則方 如同一月色照於圓水則圓 照於方水則方 故其言曰人死而爲牛 牛死而爲焦螟 焦螟復化爲人 世世生生輪轉不窮 此所謂本然之性人物皆同者也"

187) 『中庸講義』, Ⅱ~4, 2쪽(4-240). "佛氏謂人物同性 故人死爲牛犬死爲人 輪回環轉生生不窮……蓋末賢論性多犯此病 雖其本意亦出於樂善求道之苦心 而其與洙泗之舊論或相牴牾者 不敢盡從"

188) 주자(朱子)는 이동기이(理同氣異)라고 하고 있다.

189) 『孟子』, 「告子 上」 "告子曰 生之謂性"
같은 책, 같은 곳. "犬之性猶牛之性 牛之性猶人之性"

190) 李丙燾, 『韓國儒學史草稿』, 「湖洛論爭之發展」 參照.
玄相允, 『朝鮮儒學史』, 289쪽.

로 주자의 이동기이설(理同氣異說)을 송두리째 뒤흔들어 놓은 일설이라 하지 않을 수 없다. 그러므로 다산은 천명지성은 인물이 동득(同得)한 바라 하더라도 인성은 어디까지나 인성일 따름이지 결코 물성과 혼동해서는 안 된다는 입장을 취하고 있는 것이다.[191] 더욱이 인의예지신의 덕성은 인성에 한한 일이므로 인물성동(人物性同)은 주장할 수 없다는 것이다. 그럼에도 불구하고 주자는 천리의 성은 인물이 동득(同得)한 본연지성(本然之性)이라고 주장하고 있다. 그러나 다산은 이에 승복치 않고 인물이 각각 다른 개성 그대로가 오히려 인물(人物) 각자의 본연의 모습이라고 생각하였다. 예컨대 인간은 선을 기꺼워하고 악을 부끄러워하며 자신의 몸을 닦아 도를 지향하는 것이 그의 본연의 자세요, 개는 밤을 지키며 도둑을 보면 짖고, 더러운 것을 먹으며 새를 쫓는 것이 그의 본연의 활동이요, 소는 멍에를 차고 무거운 짐을 나르며, 풀을 먹고 새김질하며 뿔로 떠받는 것이 그의 본연의 성품인 것이다. 실로 다산의 인물성(人物性) 이론(異論)은 그의 성기호설에서의 당연한 추론임은 너무도 명백하다. 그리하여 다산은 오히려 기질지성은 지각·운동·식색 등의 동물적 본능의 면에서 볼 때 인물이 동득(同得)한 자라 하였다.[192] 그러므로 그는

---

191) 「中庸策」, Ⅰ~8, 27쪽(1-656). "人物之五常同異者 臣以爲天命之性雖各得 此之言性只是人性 人性而後方具五常 不當以物性混之也"

192) 『孟子要義』 卷2, Ⅱ~6, 19~20쪽(4-530~532). "朱子中庸之註曰 天以陰陽五行化生萬物 氣以成形 理亦賦焉 此所謂本然之性 謂賦生之初其理本然 此所謂人物同得也 然臣獨以爲本然之性原各不同 人則樂善恥惡修身向道此本然也 犬則守夜吠盜食穢蹴禽其本然也 牛則服軛任重食芻齝觸其本然也 各受天命不能移易 牛不能强爲人之所爲 不能强爲犬之所爲 非以其形體不同不能相通 乃其所賦之理原自不同 故禽獸之中其異族同形而其性不同者不可勝數 狼與犬同形而其性不能相通 雉與鷄同形而其性不能相通 天賦之命原自不同故也 諸先生之言 曰理無大小氣有淸濁 本然之性之寓於氣質也 如水之寓器 器圓則水圓 器方則水方 此臣之所未曉也 圓器之水飮之可以解渴 方器之水飮之亦可以解渴 爲其性本同也 今世人不能蹴禽吠盜 牛不能讀書犁田 若其本同何若是不相通也 人物之不能同性也審矣 大抵人之所以知覺運動 趨於食色者與禽獸毫無所異 惟其道心所發無形無質 靈明通慧者寓於氣質以爲主宰 故粤自上古已有人心道心之說 人心者氣質之所發也 道心者道義之所發也 人則有此二心 若禽獸者本所受者氣質之性而已 除此一性之外又安有超形之性寓於其體乎 氣質之性卽其本然也 然則孟子所言者道義

주자의 성동기이설(性同氣異說)은[193] 실로 자연현상의 실리면에서 본다고 하더라도 식물계에서나 금수류에 있어서나 각각 정성(定性)을 지니고 있기 때문에 이는 도리어 본연지성(本然之性) 이(異)의 근거가 되는 것이요, 인간을 제외한 여타의 만물에게는 윤리적 실천에서 오는 지행의 과불급 같은 것은 문제될 수도 없음으로 아무래도 인간의 본연지성은 다른 물성과는 판이한 자라 하지 않을 수 없는 것이다.[194]

이에 우리는 주자는 본연기질의 양성을 놓고 성동기이(性[本然]同氣異)라 하였고 다산은 도의금수[기질]의 양성을 놓고 성이기동(性[道義]異氣同)이라 하였음을 알 수 있다. 그리하여 다산은 인간의 본연지성은 그의 특유한 도의지성에 있고, 기질지성은 인간과 금수가 공유한 자라 하더라도 이는 금수의 본연지성이라 하였다. 인간의 본연지성은 그의 도의지성의 특유한 데만 있는 것이 아니라 일면 순자의 물유사품설(物有四品說)에서도 암시된 바와 같이 도리어 도의기질의 양성을 공유한 것이 인간 본연의 모습인지도 모른다.

그러므로 본연지성이라는 술어 자체의 뜻을 불교 교리의 면을 떠나서 생각할 때는 아주 다른 각도에서 이야기할 수 있다. 따라서 본연지성은 결코 기질지성과의 상대적 의미로만 사용되는 것이 아니라 인간은 도의금수양성을 공유한 인심도심의 싸움터로서의 인간본성이 곧 인간의 본연지성이라고도 볼 수 있는 것이다.[195]

그렇다면 주자가 이른바 천리지성에 의한 본연지성의 개념은 완

之性也(人之所獨有) 告子所言者氣質之性也(人物所同得) 朱子之言自與孟子不合而已 孟子之時本無本然之說 豈可執後出之謬名欲以解先聖人微言乎 氣質之性明明人物同得而先儒謂之各殊 道義之性明明吾人獨得而先儒謂之同得 此臣之所深惑也"

193) 『中庸章句』 註. "性道雖同而氣稟或異 故不能無過不及之差 聖人因人物之所當行者而品節之"

194) 『中庸講義』, Ⅱ~4, 4쪽(4-243). "過不及之差在於人 不在於物 誠以人之所能皆活動 禽獸之所能皆一定 既然一定 夫安有過不及之差乎"

전히 그의 의의를 상실하고 새로운 뜻을 갖게 된 셈이다. 다시 말하면 다산의 본연지성은 결코 순선한 것만은 아니다. 다산은 금수에게 있어서는 도리어 식색의 기질지성이 그들의 기호에 알맞은 본연지성이라고 생각하였다. 그러므로 주자의 대기질지성(對氣質之性)으로서의 본연지성과는 완전히 이질적인 것이다. 이에 주자의 본연지설은 다산의 본연지설에 의하여 어쨌든 일대파국에 직면하였다고 보지 않을 수 없다.

이에 다산은 한 걸음 더 나아가 주자의 본연기질 양성론은 곧장 심리학적 은미한 점을 발명한 공적은 크다고 하더라도 그의 본연지성은 실리와 어긋난 점이 있다고 하면서 성을 본연이니 기질이니 나눌 것까지도 없다고 하였다. 왜냐하면 성이란 오로지 대체(大體) 중에서 그의 호오(好惡)의 일면만을 따로 이야기한 것이지 결코 대체(大體)의 전체를 이름 한 것이 아니기 때문이다. 그러므로 호오지성(好惡之性)을 이삼별명(二三別名)으로 나눌 필요도 없다는 것이다.[196]

다산은 송유의 본연지성만을 파쇄(破碎)한 것이 아니라 기질지성에 대하여서도 이는 결코 선악의 표준이 될 수 없다는 이유를 설명하고 있다. 인간은 선악에 대하여 그를 실천할 수 있는 능력을 갖추고 있지만, 금수들은 선악을 스스로 조작할 능력을 갖추지 못하고 부득이 본능적 반사작용에 의하여 행동할 따름이다.[197] 그러므로 본

---

195)
　　본연지성
　　(本然之性)
　　　　　〈 도의지성(道義之性) ─ 인간성(人間性) ─ 도심(道心)
　　　　　　 기질지성(氣質之性) ─ 금수성(禽獸性) ─ 인심(人心)
　　　　　〉 인간(人間)

196) 『論語古今註』卷9, Ⅱ~15, 11쪽(6-105~106). "本然氣質之說 直指心體 發明隱微 使吾人得以認己 其功大矣 然其命之曰本然 恐與實理有差 不敢不辨……夫旣妙合而不能離 則命之曰本然之性氣質之性磊磊落落 雖分二體恐亦有差舛者何 況性也者非大體之全名 乃就大體之中執其好惡之理而別立一名 斯又非可以指之爲二三者也"

197) 『孟子要義』卷2, Ⅱ~6, 19쪽(4-529). "人之性只是一部人性 犬牛之性只是一部禽獸性 蓋人性者合道

연지성이라 해도 본래 선한 것만도 아니요 기질지성이라 해서 본래 악한 것이라 단정할 수도 없다는 것이다.

인성에서의 본연지성은 다산의 성론에서는 이미 도의 기질의 양성이 합일된 자인데 어찌 순선할 수 있겠는가? 그는 천명의 도심에 의하여 향선할 수 있는 가능성만을 가지고 있을 따름이요, 기질지성은 말하자면 인성의 일부요 금수성의 전부일 따름인데 어찌 이를 본래 악한 것이라고 할 수 있겠는가? 다만 물욕의 근원으로서 악에 빠질 가능성만이 있기 때문에 식색 그 자체가 악이 아니라 식색의 과불급(過不及)으로 인하여 악에 빠질 우려만이 있을 따름이다. 그리하여 기질지성은 요순이라고 해서 그의 청명한 면만을 타고 나온 것도 아니요 걸주(桀紂)라고 해서 그의 탁예한 점만을 편수한 것이 아닐진대 선천적인 기질지성청탁수박설(氣質之性淸濁粹駁說)은 무의미한 것이다. 요컨대 기질지성과 선악과는 아무런 상관이 없는 것이다. 그러므로 그러한 선천적 청탁설(淸濁說)이라면 폐기하여도 좋을 것이라는 극론을 다산은 펴고 있는 것이다.[198]

이처럼 송유의 기질지성청탁수박설이 그의 본연지성과 함께 다산의 인성론에 의하여 폐기되지 않을 수 없는 사실에 주목하지 않을

義氣質二者而爲一性者也 禽獸性者純是氣質之性而已……且人之於善惡 皆能自作以其能自主張也 禽獸之於善惡不能自作以其爲不得不然也"

198) 『論語古今註』卷9, Ⅱ~15, 12쪽(6-107~108). "氣質之性堯舜未嘗偏受其淸明 桀紂未嘗偏受其濁穢 其于本性之善惡了無關焉 先儒每以氣質淸濁爲善惡之本 恐不無差舛也 苟以氣質之故善惡以分 則堯舜自善吾不足慕 桀紂自惡吾不足戒 惟所受氣質有幸不幸耳 由是觀之 天下之人其性品皆同級 非惟中等之人性相近也 天下之大善未必皆聰明敏慧 天下之大惡未必皆顛蠢魯鈍 則受天地淸明之氣者未必爲善人 受天地濁穢之氣者未必爲惡人 顔曾愚魯而成德 儀衍辨慧而陷惡 周勃石奮其氣質大抵濁 王莽曹操其氣質大抵淸 苟必以稟受之淸濁爲善惡之所以然 則違於實者多矣 受淸氣以爲上知 則是不得不然之善也 何足爲善 受濁氣而爲下愚則是不得不然之惡也 何足爲惡 氣質能使人慧鈍 不能使人善惡 有如是矣 孟子謂堯舜與人同 誠以舜之所以爲舜在乎孝友 不在乎璿璣玉衡 今使天下之人 人人皆推究曆理以作璣衡 則望門視色駭而走者多矣 今使天下之人 人人皆孝友如舜 則雖至鈍甚濁之氣質 未可日行不得而力不足 特自畵而不肯爲耳 則孟子謂人皆可以爲堯舜 豈一毫過情之言哉 氣質之於善惡其不相關如此 則氣質之說雖廢之可也"

수 없다. 왜냐하면 송유의 양성론은 객체적 천리에 근거를 두었고, 다산의 양성론은 주체적 생명에 근거하였기 때문에 주자학은 궁리진성(窮理盡性) 선지후행(先知後行)의 학으로 발전하였고, 다산학은 지행일여의 학으로 발전한 것이다. 따라서 전자는 주지적 학문을 중시하고 후자는 실천적 윤리를 깊이 문제 삼는 것이다.

사실상 수사학적 공자학은 구인(求仁)의 실천윤리학이라고 할 수 있다. 맹자학도 인의의 실천윤리를 떠나서는 생각할 수 없는 만큼 인성은 실천윤리와 직결된 자가 아니면 안 된다. 인간이란 본시 인륜적 존재로서의 윤리적 행동에 의하여 비로소 금수와 구별되는 것이다. 그러한 윤리적 인간에 의하여 비로소 인은 성취되는 것이요 그러한 인간이 지닌 본연지성을 일러 도의지성이라고 할 따름이다. 그러므로 인간의 선악은 기질지성에 의하여 자판(自判)되는 것이 아니라 도의지성에 대한 순역(順逆)에 의하여 선악의 길이 분기되는 것이다.

3. 이기론의 시비

주자의 양성론은 성리학의 기초를 이루고 있는 자이어니와 거기에는 또다시 본연지성으로서의 리와 기질지성으로서의 기의 두 개념이 나누어져 있다. 그리하여 리·기의 이원적 개념이 이루어져 있기 때문에 성리학을 별칭 이기지학이라 함은 이 까닭인 것이다.

기의 학은 이미 역리의 음양오행설 중에 그의 편린이 나타나 있기도 하지만 이를 구체화한 자로서는 송유(宋儒) 장횡거의 일기만화설(一氣萬化說)을 들지 않을 수 없다. 그의 일기론(一氣論)이 바로 주자학의 선구가 되어 그들의 기질지성을 낳게 한 것인데 송유의 성리학

이 우리나라로 들어와서는 보다 더 깊이 이 문제를 다룬 것 같다.[199)
리기에 대한 사칠논변(四七論辯) 따위는 이를 단적으로 말해주는 것
이라 할 수 있다.

공자의 도는 수기치인에 있을 따름이라고 본 다산은 성리학이 이
기지학(理氣之學)으로 발전하였다고 하더라도 수기에도 당치 않고 치
인에도 당치않은 관념철학으로밖에 보지 않았다.[200) 그리고 그는 이
기지학에서도 천리를 비판했을 때처럼 기도 또한 실리적 면에서 비
판하였다. 다시 말하면 다산의 일기론은 맹자의 수사학적 양기설(養
氣說)을 직접 이어받은 자이기 때문에 후세의 관념론적 리기의 기와
는 전연 다른 자라는 것이다.

다산이 본 맹자의 기는 구혈자(驅血者)로서의 생리적(生理的) 기요
혈지영수(血之領袖)로서의 기다. 이 기가 인체 내에 있는 것은 마치
유기(游氣)가 천지 중에 있는 것과 같은 정기를 말하는 것이다. 그러
므로 이 기는 이기론에서 말하는 형기지사(形氣之私)나 기질지성에서
보여주는 것 같은 형질적(形質的)인 것이 아니라 오히려 혈(血)은 거
칠고 기(氣)는 정미하다고 하는 것과 같은 정기(精氣)인 것임을 알 수
있다.[201)

---

199) 서화담(徐花潭, 1489~1546)의 일기장존설(一氣長存說)을 비롯하여 이퇴계(李退溪, 1501~1570)의
이기호발설(理氣互發說)과 이율곡(李栗谷, 1526~1584)의 기발이승설(氣發理乘說)을 중심으로 하
여 많은 학자들이 송대(宋代) 성리학(性理學)을 다룰 때 성자체(性自體)의 문제보다도 리(理)와 기
(氣)의 상대적 관계에 대하여 더욱 깊은 관심을 기울인 것으로 본다. 그러므로 송대의 성리학(性理
學)보다는 조선조(朝鮮朝)의 그것은 오히려 이기지학(理氣之學)이라고 부름 직한 것이다.

200) 「爲盤山丁修七贐言」, I~17, 40쪽(3-82). "孔子之道修己治人而已 今之爲學者朝夕講劘 只是理氣四
七之辨 河圖洛書之數 太極元會之說而已 不知此數者於修己當乎 於治人當乎 且置一邊"

201) 『孟子要義』卷1, II~5, 17쪽(4-403~404). "志爲將帥氣爲卒徒 朱子之義不可易也……但志者心之
所之 此固然矣……氣之爲物不可不畜 若以後世理氣之說渾合言之則大不可也 原夫吾人之所以生養動
覺 惟有血氣二物 論其形質 血粗而氣精血鈍而氣銳 凡喜怒哀懼之發 皆心發爲志 志乃驅氣氣乃驅血
於是見於顔色達於四體 志者氣之帥也 氣者血之領也 故孔子論好色好鬪之理兼言血氣 而孟子論不動心
之理單言氣 以氣之物驅駕血液 其權力次於志也 故孟子自注曰氣者體之充也 夫充於體者何物 非他氣

이러한 다산의 기는 맹자의 기론에 의거한 것이기 때문에 천리와는 아무런 관계가 없다. 또한 인체 내에서 유동하는 자이기 때문에 생리적임과 동시에 실리적이다. 그러므로 그의 기론은 왕정(王政)의 양기설(養氣說)을[202] 제창하기까지에 이른 것이다. 예컨대 옛 성왕들은 예로서 근해(筋骸)를 구속하고 종일(縱逸)을 막았으며, 악(樂)으로서 혈기를 동탕(動盪)하고 옹알(壅遏)을 트이게 하여 백성들로 하여금 수고(壽考)와 강녕(康寧)의 복을 누리도록 함으로써 양민양기(養民養氣)의 근본으로 삼았던 것이다.

그러나 후세의 도가류는 청심과욕(淸心寡慾)을 설하여 다소나마 생기(生氣)를 기르는 데 도움이 되지 않는 바 아니로되 도리어 예악형정의 괴란으로 말미암아 정욕의 방종과 금단남용(金丹濫用)의 풍조가 조성되어 인간의 본성이 좀먹게 되었으니 슬픈 일이 아닐 수 없다. 이것이 바로 도가의 신선술적 양생술과 불가의 청정적멸(淸淨寂滅)의 치심설(治心說)을 비판한 자로서 이는 일인을 위주로 한 양생술은 될지언정 다산이 이른바 만민을 위한 예악론적(禮樂論的) 양기설(養氣說)이랄 수는 없다.

다산은 또한 율곡의 심시기설(心是氣說)을[203] 비판하되 오장지심

也 是氣之在人體之中 如游氣之在天地之中 故彼曰氣 此亦曰氣 總與理氣之氣不同(理氣家凡有形質者謂之氣)"

202) 「陶山私淑錄」, I~22, 8~9쪽(3-446~447). "此與孟子大體小體之說一貫義理也 人之一身合理氣二者而成者 然理寓於氣如人在於室 人處其室其棟梁榱桷之或有頹敗者不得不修而葺之 然一於此而不知其他 則此猶美其櫝而忘其珠也 故有宋諸先生以來 或於道家之書取一二者 以其淸心寡欲發情舒氣 或有補於涵養本源之工也 然古先王之養民也 其養氣之法不出於禮樂二者 禮者所以拘束筋骸禁其縱逸而生疾也 樂者所以動盪血脈疎其壅遏而致病也 一弛一張或操或縱 竝行而不悖 兼進而不偏 使理能馭氣而氣能養理故古之人皆壽考康寧休養生息 風淳俗和 入於熙皡之域而不自覺也 後世禮樂旣壞情慾自縱 或逸樂而招災 或愁苦而傷和 夭札相續氣像凄慘 則於是乎噓噏吸氣之術 熊經鳥申之方馳騖於其間 淫邪幽怪之說陷溺其良心 金石煩燥之劑戕賊其天和 無補於壽命之原 而徒使人迷惑而不知反 哀哉 參同之註蓋亦傷世寓諷之意耳 豈眞有取於是也"

203) 율곡은 심시기(心是氣)라 하였는데 만일 율곡의 기를 다산의 기처럼 생리적 구혈자(驅血者)로서의

(五臟之心)을 기라 함은 가하거니와 영명지심을 어찌 기라 할 수 있 겠는가라 하면서, 그러면 선유들이 심통성정(心統性情)이라 하였는데 심을 기라 한다면 이는 기통이기(氣統理氣)가 되니 그럴 수는 없다고 하였다. 실로 이기지설은 이렇게 말할 수도 있고 저렇게 말할 수도 있으며, 희다고 할 수도 있고 검다고 할 수도 있어서 죽을 때까지 서 로 논쟁하고 자손에까지 전하며 논쟁하더라도 끝이 없을 것이니 할 일도 많은데 그럴 틈이 없지 않은가라고 술회하기도 하였다.[204] 이 에 다산은 이기지학의 비실용성을 들어 그의 공허한 관념유희의 허 구성을 찌른 것이다.

다산은 이조 이기지학의 쌍벽으로 일컫는 퇴계·율곡의 이기설은 비록 그의 글자는 서로 같은 자를 사용하고 있다고 하더라도 그들이 지닌 개념[소지(所指)]은 서로 다르다고 말한다. 퇴계는 이기호발설 (理氣互發說)을 주장하면서 리기는 각자 전담된 뜻을 지니고 있기 때 문에 리는 본연지성·도심·천리지공(天理之公)이요, 기는 기질지성· 인심·형기지사(形氣之私)이지만, 율곡은 기발이승설(氣發理乘說)을 주장하면서 그의 이기(理氣)는 태극설에서의 음양(陰陽) 미분화(未分 化)처럼 이를 총체적 입장에서 다루고 있는 것이다. 그러므로 사단칠 정(四端七情)을 하나로 묶어서 총시(總是) 기발이승(氣發理乘)이라 하 고 있다. 이렇듯 퇴·율의 이기론은 피일설(彼一說)이요 차일설(此一 說)이니 서로 따질 필요도 없다는 것이다.[205]

기라 한다면 율곡의 심(心)은 또한 생리적 형체심(形體心)에 지나지 않는다. 그렇다면 율곡의 심시 기실(心是氣說)은 생리적 문제는 될지언정 존재론적 주재심(主宰心)이나 활성론적(活性論的) 능동심 (能動心)의 문제를 다루는 데 있어서는 아무런 의의를 찾아낼 수 없는 것이다.

204) 「答李汝弘」, I~19, 30쪽(2-244). "第一五臟之心謂之氣可也 第二靈明之心何以謂之氣也 先儒謂心統 性情而以心爲氣 則是謂氣統理氣恐不然也 然理氣之說可東可西 可白可黑 左牽則左斜右挈則右斜 畢 世相爭傳之子孫亦無究竟 人生多事 兄與我不暇爲是也"

그런데 퇴계의 이기이원론(理氣二元論)에서는 인심 도심이 석연히 분화된 것은 그것이 마치 다산이 도의지성—도심과 기질지성—인심 과를 상대적 이원관계에서 분리해서 보려는 태도와 비슷하다고 할 수 있다. 이 점에 있어서는 남인학자로서의 다산이 퇴계의 충도(忠徒)인 양 보이기도 하는 것이다.[206]

그러나 그의 발원을 말할 때에는 일심이 있을 따름이지 사단칠정 (四端七情)의 소자출(所自出)인 이기이두(理氣二竇)가 따로 있을 수 없다고 하였다. 이는 퇴계의 이기호발설을 부인하는 것이 되므로 그가 발원을 하나로 보는 태도는 오히려 율곡의 기일원설(氣一元說)에 가깝다. 그러나 율곡의 일원(一源)은 기발(氣發)에 있고 다산의 일원은

---

205) 「理發氣發辨」1, Ⅰ~12, 17쪽(2-307~308). "退溪曰四端理發而氣隨之 七情氣發而理乘之 栗谷曰四端七情皆氣發而理乘之 後之學者各尊所聞聚訟紛然 燕越以邀莫一歸一 余嘗取二子之書而讀之 密求其見解之所由分 乃二子之曰理曰氣 其字雖同而其所指有專有總 卽退溪自論一理氣栗谷自論一理氣 非栗谷取退溪之理氣而汩亂之爾 退溪專就人心上八字打開 其云理者是本然之性是道心是天理之公 其云氣者是氣質之性是人心是人欲之私 故謂四端七情之發有公私之分 而四端理發七爲氣發也 栗谷總執太極以求理氣而公論之 謂凡天下之物未發之前雖先有理 方其發也氣必先之 雖四端七情亦唯以公例例之 故曰四七皆氣發也 其云理者是形而上是物之本 則其云氣者形而下是物之形質 非故切切以心性情言之也 退溪之言較密較細 栗谷之言較疎較簡 然其所主意而指謂之者各異 卽二子何嘗有一非耶 未嘗有一非而强欲非其一以獨是 所以紛紛而莫之有定也 求之有要曰專曰總"

「西巖講學記」, Ⅰ~21, 25쪽(3-403~404). "退溪栗谷以後四七已成大訟 固非後生末學所敢容喙 然嘗取兩家文字反復參驗 則其云理字氣字 字形雖同字義判異 蓋退溪所論理氣專取吾人性情上立說 理者道心也 天理分上也 性靈邊的也 人欲分上也 血氣邊的也 故曰四端理發而氣隨七情氣發而理乘 蓋心之所發有從天理 性靈邊來者此本然之性有感也 有從人欲血氣邊來者 此氣質之性有觸也 栗谷所論總括天地萬物而立說 理者無形的也 物之所由然也 氣者有形的也 物之體質也 故曰四端七情以至天下萬物無非氣發而理乘之 蓋物之能發動以其有形質也 無是形質雖有理安見發動乎 故未發之前雖先有理 方其發也氣必先之 栗谷之言其以是也 然則退溪栗谷雖同論四七共談理氣 卽其理氣二字注脚判異 栗谷集中雖無如是揭明處 其本意所執必如是也 理氣字義旣異則彼自一部說 此自一部說 恐無是非得失之可以歸一者 未知如何"

206) 「理發氣發辨」2, Ⅰ~12, 17~18쪽(2-308~309). "四端大體是理發(謂發於本然之性)雖然明皇於馬嵬引貴妃而發惻隱之心 漢高祖自白登還而發羞愧之心 曹操讓帝號而不爲 苟卿非十二子 若此類謂其發於天理之公不可得也 七情大體是氣發(謂發於氣質之性) 雖然子路喜聞過 文王一怒而安天下之民 關雎之哀 中庸之恐懼 孩提之愛其親 禹之惡旨酒 大學之欲誠其意欲正其心 若此類謂其發於形氣之私不可得也 四端由吾心 七情由吾心 非其心有理氣二竇各出之使去也 君子之靜存而動察也 凡有一念之發卽已憬然猛省 曰是念發於天理之公乎 發於人欲之私乎 是道心乎是人心乎 密切究推 是果天理之公則培之養之擴而充之 而或出於人欲之私則遏之折之克而去之 君子之焦脣敝舌而磁磁乎理發氣發之辨者 正爲是也 苟知其所發而已 則辨之何爲哉 退溪一生用力於治心養性之功 故勞言其理發氣發而唯恐其不明 學者察此意而深體之 則斯退溪之忠徒也"

심발(心發)에 있으니[207] 다산은 위에서도 밝힌 바와 같이 율곡의 심시기설(心是氣說)을 취하지 않은 것이다. 그러므로 다산의 일심지발(一心之發)은 그것이 천리지공에 의한 것이냐 인욕지사에 의한 것이냐에 따라 도심과 인심의 구분이 갈리게 되는 것이지, 퇴계의 설처럼 이발·기발에 의하여 도심과 인심이 발원되는 것이 아니라고 생각하였다. 즉 다산은 정주학적 이기설 그 자체에 대해서는 부정적 태도를 취하면서도 인간의 심리적 현상으로서의 심성만을 문제 삼고 있는 것이다. 이는 맹자의 성론이 사단지심에 근거하고 기는 오직 혈구자(驅血者)로서의 생리적 정기와 직결된 자이기 때문이다. 그러므로 이기론 다음에 심성정론을 문제 삼지 않을 수 없다.

4. 심성정론

성리학적 이기학의 세계에서 벗어난 다산의 인성론은 심성정일원론(心性情一源論)에 근거하고 있다. 소위 수사학적 심성론은 공자 70의 종심소욕(從心所欲)이나[208] 맹자의 사단지심(四端之心), 불인인지심(不忍人之心) 및 부동심(不動心) 등이 모두 인간의 심리적 상태를 문제 삼고 있다는 데에 근거하고 있다. 그러므로 공맹의 성론은 인간의 심리학적 분석에 근원하고 있기 때문에 인간심성의 해명이야말로 다산학의 중요한 일과제가 아닐 수 없다.

그러므로 다산은 우리들이 궁경수업(窮經修業)하는 목적은 오로지 치심(治心)에 치력하는 데 있고 그러기에 『심경(心經)』으로서 궁경의 끝맺음으로 삼았는데 오직 남은 문제는 이를 실천하느냐 못 하느냐

---

207) 『孟子要義』 卷1, Ⅱ～5, 17쪽(4-403). "心發爲志 志乃驅氣"
208) 『論語古今註』 卷1, Ⅱ～7, 24쪽(5-49). "從道心之所欲"

에 달려 있을 따름이라고 하였다.[209] 이처럼 인간의 심성에 깊은 관심을 기울인 다산은 심이란 안으로는 함축되어 있고 밖으로는 운용되는 자를 가리킨 것이라 하였다.[210] 다시 말하면 향외적(向外的) 활동의 능을 갖춘 내재자이다. 곧 활성적 내재자인 것이다. 인심 도심도 곧 이 범주 안에 드는 것임은 물론이다. 그러므로 심은 영명한 상제천의 소주처(所住處)이기도 한 것이다.[211]

심이란 활동부정지물(活動不定之物)로서 천태만상으로 나타나는 것이지만 그의 근원을 따지면 오직 일심일 따름이다.[212] 그러므로 사단도 오심으로부터 말미암고 칠정도 오심으로부터 말미암는 것이니 결코 심에 이기이두(理氣二竇)가 있어서 따로따로 발출(發出)하는 것은 아닌 것이다.[213]

이처럼 일심의 능을 주장하는 다산은 심자(心字)의 뜻에 세 가지 경우가 있다고 해설하고 있다.[214]

---

209) 「心經密驗」, 『大學講義』, Ⅱ~2, 25쪽(4-141). "從今至死之日 意欲致力於治心之術 所以窮經之業結之以心經也 嗟乎能踐否乎"

210) 「心性總義」, 『大學講義』, Ⅱ~2, 25쪽(4-141~142). "神形妙合乃成爲人 故其在古經總名曰身 亦名曰己而 其所謂虛靈知覺者未有一字之專稱 後世欲分而言之者 或假借他字 或連屬數字 曰心曰神曰靈曰魂 皆假借之言也 孟子以無形者爲大體 有形者爲小體 佛氏以無形者爲法身 有形者爲色身 皆連屬之言也 若古經言心非大體之專名 惟其含蓄在內運用向外者謂之心 誠以五臟之中其主管血氣者心也 神形妙合其發用處皆與血氣相須 於是假借血氣之所主以爲內衷之通稱 非謂此鑿七竅而懸如柿者 卽吾內衷也 故衷之內篤曰內心 其外節曰外心 衷之有憂者曰憂心 其有喜者曰歡心 其篤愛者謂之仁心 其樂施者謂之惠心 欲爭奪者謂之爭心 設機巧者謂之機心 然則人心道心亦當與諸文同例 不必以此疑心之有二也 故朱子曰心之虛靈知覺一而已"

211) 『孟子要義』 卷2, Ⅱ~6, 28쪽(4-548). "心者 吾人神命之所宅也"

212) 「答李汝弘」, Ⅰ~19, 32쪽(3-247). "心一而已矣 其發而爲心者可千可萬 孟子偶以惻隱之心爲仁之端 非必惻隱爲捧定不易之物 若有人復曰孩悅之心仁之端亦復合理 孟子偶以羞惡之心爲義之端 非必羞惡爲捧定不易之物 若有人復曰取舍之心義之端亦復合理……所謂四端亦可五可六可七可八 本是活動不定之物"

213) 「理發氣發辨」 2, Ⅰ~12, 17~18쪽(2-308~309). "四端由吾心 七情由吾心 非其心有理氣二竇而各出之使去也"

214) 「答李汝弘」 Ⅰ~19, 30쪽(3-243~244). "心之爲字其別有三 一曰五臟之心 若云比干剖心心有七竅者是也 二曰靈明之心 若商書曰 各設中于乃心 大學曰先正其心者是也 三曰心之所發之心 若孟子所云惻隱之心羞惡之心是也 第一第二皆全言之者也 第三則可一可二可三可四可五可六可百可千 孟子特拈其

오장지심(五臟之心)은 생리적 형체심이요, 영명지심(靈明之心)은 존재론적 주재심이요, 심지소발지심(心之所發之心)은 활성론적 능동심이라고 할 수 있다. 그런데 그중에서도 활성론적 능동심은 천태로 나타날 수 있는 자로서 주재심을 근간이라 한다면 능동심은 그의 지엽인 것이다.

그런데 심성의 별(別)은 어떠한가? 성이란 본시 품부의 면에서 볼 때에는 순선무악(純善無惡)하여 지우(知愚)가 다 동일하지만, 심이란 형기의 면에서 말한 것이기 때문에 현불초(賢不肖)가 같지 않은 것이다. 그러므로 주리면 먹고 싶고 목마르면 물마시고 싶은 생리적 의욕은 성인에게도 없을 수 없기에 인심 도심의 구별이 있는 것이다. 따라서 성은 본선하므로 솔성(率性)하라 하였고, 심은 혹선(或善) 혹불선(或不善)하므로 치심(治心)하라 한 것이다. 다시 말하면 솔성은 천명에 순응하는 태도요 치심은 인사를 극진히 하는 노력인 것이다.215) 그리하여 우리는 다산의 성기호설에서는 생리적 형체심을 볼 수 있고, 천명기재도심설에서는 존재론적 주재심을 볼 수 있고, 인심도심내자송설에서는 활성론적 능동심을 볼 수 있는 것이다.216)

四心以證仁義禮智之本 在於人心與靈明本體之心有幹枝之別耳 第一五臟之心謂之氣可也 第二靈明之心何以謂之氣也 先儒謂心統性情而以心爲氣 則是謂氣統理氣恐不然也"

215) 「上弇園」, I~18, 40~41쪽(3-182~183). "明德雖從章句以心性解之 若謂之心則非性 若謂之性則非心 恐不可混合言之 何則 古經言性言心自不同 性卽從降衷而言 故純善無惡愚智皆同 心卽從形氣而言 故有賢不肖之不同 而饑思食渴思飮 雖聖人亦不免 故有人心道心之別 蓋性可言率而不可言治 心可言治而不可言率 率性則爲道 而率心則爲慾 故以孔子之聖七十以前不可從心也 由是觀之 治心率性各有條理 兩下工夫如水火陰陽之不同 今章句曰明德者人之所得乎天 此以性言也 曰虛靈不昧 此以心言也 曰其衆理則性也 曰應萬事則情也 而又曰因其所發而遂明之 未知其明之之工從何處著手 抑從性而率循之乎 抑從心而克治之乎 抑從情而節制之乎 古人立言恐不如是之勿圇矣"

216)
```
        ┌ 생리적(生理的)~형체심(形體心)=성기호설(性嗜好說)
일심     │
(一心) ──┼ 존재론적(存在論的)~영명주재심(靈明主宰心)=천명기재도심설(天命寄在道心說)
        │
        └ 활성론적(活性論的)~능동심(能動心)=인심도심내자송설(人心道心內自訟說)
```

그러면 정이란 무엇인가? 정이란 심성이 사물에 감응하여 이미 밖으로 발로된 것을 가리킨 자라 할 수 있다.[217] 그러므로 미발시(未發時)의 심성이 이발시(已發時)에서는 심정이 되는 것이니[218] 그리하여 성정이 표리가 되므로 일심의 성정은 그의 근원을 하나로 하고 있음을 알 수 있다. 요컨대 성정론에 있어서는 다산도 선유의 설을 따른 양 보이는 점이 없지 않으나 다산의 성정에는 결코 성리(性理)나 불성(佛性)은 섞이지 않았다는 것이다.

요컨대 정주학파들은 일심을 불가의 명경지수설(明鏡止水說)에 의거하여 담연허명(湛然虛明) 감공형평(鑑空衡平)한[219] 것으로 간주한 데에 문제가 있다. 주자에 의하면 심의 진체(眞體) 본연의 모습을 보면 희로애구(喜怒哀懼)만을 때에 따라 감하고 곳에 따라 응할 따름인데 어찌하여 인심 도심이 서로 겯고 트는 활성론적 능동심에 비할 수 있겠는가? 전자는 정적이요 후자는 동적임은 명백하다. 주자의 일심진체본연설(一心眞體本然說)은 본래 불경에서 연원했기 때문에 이는 옛 성인들의 정기정물지학(正己正物之學)과는 아주 다른 것이다.[220] 이러한 정기정물의 학은 곧 수사학적 수기치인의 학이요 행사(行事)에서 증험하는 실천윤리학 바로 그것인 것이다.

이처럼 일신을 주재하는 일심의 관념에 있어서는 다산과 주자는

---

217) 「西巖講學記」, I~21, 34쪽(3-421~422). "性情感發之妙先儒論備矣……請以先儒之論大槩論之 夫天以剛柔五常之理賦與人謂之命 人稟此理以生謂之性 其比理於方寸謂之心 理之感物而發於外謂之情 性中原有此仁義禮智之理 故事物之觸着隨感而發動出來 爲惻隱之情是也"

218) 주자도 "喜怒哀樂情也 其未發者性也"(「中庸章句」 註)라 하였다.

219) 「朱子或問」. "人心湛然虛明鑑空衡平 以爲一身之主者 顧其眞體之本然 喜怒憂懼隨感而發……"

220) 「大學公議」, II~1, 30쪽(4-62). "眞體本然之論本出於首楞嚴 先聖論心本無此語 總之四情作於其心 害於其政 發於其政害於其事 故曰身不得其正 正與不正驗於行事 不正於眞體之昏明也 眞體之湛然虛明鑑空衡平 雖亦可貴 必其行事篤實乃保本眞 直把此物求其空明 未有不內發心疾者 古聖人正己正物之學朴實有據 不若是之幽虛也"

서로 엇갈리는 해석을 내리고 있는 것이다.[221] 그들의 차이를 말하자면, 주자는 주정적 본체의 면에서 일심을 보려고 하였고 다른 하나는 활동적 운용의 면에서 이를 보려고 한 데서 온 것이다. 이를 체용설적(體用說的) 면에서 말하라 한다면 주자는 체를 중요시하고 다산은 용을 더욱 중요시하였다고 보아야 할 것이다. 다시 말하면 체란 형이상적 도체(道體)요 용이란 형이하적 기용(器用)인 것이다.

그러므로 일심을 인식하려 함에 있어서 주자는 허령불매(虛靈不昧)한 지각을 활연대오(豁然大悟)하려[222] 하였고, 다산은 공자처럼 종심소욕불유구(從心所欲不踰矩)하며[223] 맹자처럼 존심양성(存心養性)하려[224] 한 것이다. 다산이 본 수사학적 심성은 거울같이 맑고 물처럼 고요한 것이 아니라 샘처럼 용솟음치고 불처럼 타오르는 자이다.[225]

이에 선유들의 심성정론을 다산의 입장에서 말하라 한다면 도심을 위주로 한 인간의 일심을 중심으로 하여 볼 때 천명으로부터의 근원적인 면에서는 이를 성이라 하고 성의 활용적 발로의 면에서는 이를 정이라 할 따름이다. 이 성정은 실로 진실[誠]한 것이다. 인간에게 만일 이러한 진실한 마음의 바탕이 없다면 어떻게 사람이 사람다운 행위를 실천할 수 있겠는가? 그러므로 인간의 마음은 고요[靜]

---

221)

일심
(一心)
　주정적(主靜的)→담연허명(湛然虛明)→감공형평수감이응(鑑空衡平隨感而應)[주자설(朱子說)]
　활동적(活動的)→함축재내(含蓄在內)→운용향외수시상송(運用向外隨時相訟)[다산설(茶山說)]

222) 『大學章句』 참조.

223) 『論語』, 「爲政」.

224) 『孟子』, 「盡心 上」. "存其心養其性 所以事天也"

225) 『孟子』, 「公孫丑 上」. "若火之始燃, 泉之始達"
같은 책, 「告子 上」. "孔子曰操則存 舍則亡 出入無時莫知其鄕 惟心之謂與"
같은 책, 같은 곳. "學問之道無他 求其放心而已矣"

하기를 바라기 전에 진실되기를 애써 노력하여야 한다. 실로 윤리적 인간행위는 허령불매한 심성보다도 진실구도(眞實求道)의 성정을 요청하는 데에서 다산의 수사학적 심성정일원론(心性情一元論)의 특색을 찾아볼 수 있는 것이다.

제6절 시중론

1. 중용의 의의

다산이 문제 삼고 있는 수사학적 공자교에 있어서의 중용사상은 윤리 이전의 문제로서 천명·인성의 두 문제와 아울러 중요한 위치를 차지하고 있다. 중용사상은 본시 그의 인성론적 면에서는 시중(時中)의 인도(人道)라 하고 그의 우주론적 면에서는 정중(正中)의 천도(天道)라 하고, 거기서 비약하여 성중(誠中)의 성도(聖道)로 발전하였다. 이러한 문제의 줄거리를 추리기 위하여 무엇보다도 먼저 중용의 원의를 밝혀야 할 것이다.

다산의 해설에 의하여 그의 연원을 더듬어 보자면 본시 중용의 학은 고요(皐陶)의 구덕(九德)에서 비롯하여 주공·공자를 거쳐 자사에게 전해졌고, 고요의 구덕은 또한 요순의 윤집궐중사상(允執厥中思想)이 우에게 전해졌던 자임을 알 수 있다.[226] 이는 물론 유교 도통의[227] 연원을 밝힌 자로서 그의 핵심은 고요의 구덕에 있는 것이다. 그의 구덕은 다름 아닌 중의 구체적 실천덕목임은 물론이다. 그 내

---

226) 『尙書古訓』卷2, II∼23, 34쪽(7-248). "皐陶中庸之學傳至周公 其作立政之戒……末乃結之曰其唯克用常人(謂常德之人) 中庸之學傳之孔子 乃溯其本而述之 曰堯曰咨爾舜允執其中 曰舜亦以命禹 中庸之學傳至子思乃作中庸之書 源遠矣哉"

227) 한유(韓愈)의 「원도(原道)」와 주자(朱子)의 「중용서문(中庸序文)」에 의한다.

용은 두말할 것도 없이 어느 한쪽으로 치우치지 않고 과불급이 없는 덕을 중이라 하고 게다가 '능히 떳떳한 사람을 등용하니, 떳떳함이 있어 길(吉)하다'에서 보는 바와 같이 유상(有常)의 용덕(庸德)을 겸해야 함을 보여주고 있는 것이다.[228] 그러므로 중용이란 일덕(一德)이라기보다는 중덕(中德)과 용덕(庸德)이 겸전한 자임을 알아야 할 것이다. 중용이라는 두 글자는 다산의 말을 빌리자면 요순 이래 뭇 성인들이 서로 전해주던 밀지요언(密旨要言)으로서 우리말로는 중은 '알맞음'이요 용은 '꾸준함'이라 할 수 있다. 이처럼 중(中)과 용(庸)은 서로 다른 덕이기는 하지만 사실상 알맞음을 꾸준히 함으로써 비로소 중용은 하나의 덕[一德]으로 성립할 수 있는 것이다. 이는 중만으로서는 중용이라 할 수 없음을 의미하는 것으로서 중(中)과 용(庸)은 언제나 합일된 덕이어야 함을 알아야 할 것이다.

이렇듯 중용으로 입교(立教)한 공자학은 『주례』 「대사악」의 중화지용지교(中和祗庸之教)에 입각한 자로서, 그의 중화는 곧 고요의 구덕(九德)과 다르지 않고 그의 지용은 곧 고요의 용덕과 조금도 다르지 않다.[229] 중화의 덕은 구덕에서처럼 서로 상반되는 두 덕의 알맞은 절주(節奏)를 의미하고, 지용의 덕은 유상의 항덕(恒德)을 의미함은 물론이다. 이처럼 중용의 원의는 소소연(昭昭然) 창창연(彰彰然)한

---

228) 『中庸自箴』, II~3, 8쪽(4-190). "今案皐陶謨皐陶陳九德之目 其一曰寬而栗 夫不偏於寬而濟之以栗則中也 其二曰柔而立 夫不倚於柔而濟之以立則中也 其五曰擾而毅 夫不過於擾而濟之以毅則中也 其六曰直而溫 夫不過於直而濟之以溫則中也 餘所謂愿而恭亂而敬簡而廉剛而塞彊而義 雖其字義今多不明 要皆不偏於此而兼之如彼之意……末乃結之曰彰厥有常吉哉 則九德者中也 有常者庸也 中庸二字 其非堯舜以來聖聖相傳之密旨要言乎"

229) 같은 책, 8~9쪽(4-190~191). "其在堯典 曰夔命汝典樂教胄子 直而溫寬而栗剛而無虐簡而無傲 其爲不偏不倚無過不及之德又昭昭然 而大司樂中和祗庸之教 本出堯典又彰彰然矣 古者教人以禮樂 故皐陶謨曰自我五禮有庸哉 堯典曰典樂教胄子以庸之德 仲尼以中庸立教 源源本本起於堯舜 以此而後中庸二字之義昭如日星建諸天地 數千年湮晦不明之學一朝洞若發矇 何快如之何樂如之"

데 어찌하여 중용의 학이 수천 년 동안 밝혀지지 않았던가? 그 까닭을 다산은 중의 덕보다도 용덕의 불명에서 온 것이라고 말하고 있다.

다산은 주자의 중(中)의 주해는[230] 그대로 받아들인 양 하지만 용(庸)의 주해는 아직 명해(明解)가 없고 평상지리(平常之理)를 지덕(至德)이라 하기는 어렵다고 하였다.[231] 실로 용덕은 중용사상(中庸思想)이 성중사상(誠中思想)으로 발전하는 데 있어서 그의 교량적 역할을 하고 있는 만큼 용덕의 참뜻을 뚜렷이 밝혀두지 않아서는 안 된다.

다산은 용덕(庸德)을 상덕(常德)이라 할진대 상(常)의 뜻에는 세 가지가 있다고 밝혔다. 항상(恒常)·경상(經常)·평상(平常)이 곧 그것이다. 그런데 항상은 고요모의 유상(有常)이나 상인(常人)의 상(常)이 곧 그것이요, 경상은 만세상행지법(萬世常行之法)의 상이 곧 그것이지만, 평상이란 순상습고(循常習故) 따위에 나타난 상이니 이는 어찌 지덕이 될 수 있겠는가? 구현선덕(求賢選德)함에 있어서는 모름지기 비상(非常)·불상(不常)·이상(異常)·초상지사(超常之士)로 표준을 삼아야 하는 것이다.[232] 평상지리(平常之理)로 말하면 세속에 동류하는 학으로서 이는 향원(鄕愿)의 학(學)이라고[233] 다산은 잘라 말하고 있다.[234] 평상지설(平常之說)의 연원을 캐보면 이는 수사학적 고의에서

---

230)『中庸章句』註. "中庸者 不偏不倚 無過不及 而平常之理"

231)『中庸自箴』, Ⅱ~3, 8쪽(4-189). "中者不偏不倚無過不及之名 此於經文具有確證(但不偏之意不見本篇 惟洪範云無偏無黨) 惟庸字之義未有明解 若云平常之理 則聖人以平常之理名曰至德 亦恐未然"

232)『中庸講義』, Ⅱ~4, 9~10쪽(4-254~255). "常之義有三 一曰恒常 二曰經常 三曰平常 恒常者若皐陶謨所謂彰厥有常 立政所謂克用常人之類是也 經常者萬世常行之法 若五敎之爲五常 舊法之爲典常是也 平常者梅氏書傳所謂三百里夷守平常之敎 後漢仲長統傳謂循常習故者 乃鄕曲之常人 不足以處三公之位是也 平常烏足以爲至德哉 故求賢選德必以非常不常異常超常之士爲準 況可以平常爲敎哉"

233)『論語』,「陽貨」. "鄕愿 德之賊也"

234)『中庸講義』, Ⅱ~4, 9쪽(4-254). "今按平常之理最難分別 世之人方且以流俗習狃之事謂之平常之理 一聞性道之說 方且愕然以爲反常違俗 聖人若此又以平常之理立之爲標榜 率天下而納乎平常之軌 其孰不同乎流俗合乎汚世 以習其鄕愿之行哉"

나온 것이 아니라 불서 『지월록(指月錄)』에서 남천(南泉)이 조주화상 (趙州和尙)더러 '평상심이 도'라 한 데에서 유래하였으니[235] 중용서 에서 말하는 항상·경상으로서의 용덕과는 아무런 관련도 없는 것 임은 너무도 명백하다.

중용이란 천하의 제일등 의리로서 결코 평범한 덕이 아닌 것이 다.[236] 더욱이 중용이란 용언(庸言)·용행(庸行)에서 보는 바와 같이 언행일치의 실천윤리를 문제 삼는 군자의 덕행인데 어찌 평범한 평 상지리라 할 수 있겠는가? 용을 평상이라 함도 불가하거늘 행 아닌 리(理)라고까지 할 수 있겠는가라는 것이 주자설에 대한 다산의 비판 인 것이다.

여기서 우리는 다산의 중용설이야말로 언행의 항덕(恒德)을 밑받 침으로 한 고의에 부합한 자라고 할 수 있다. 용언·용행이야말로 중용의 진실한 덕이 아닐 수 없기 때문이다. 용언·용행이란 곧 항 언(恒言)·항행(恒行)이니 항구의 덕을 빼고서는 중용은 무의미한 것 이다. 언(言)은 언제나 행(行)을 돌아다보는 언(言)이어야 하며, 행(行) 은 언제나 언(言)의 실천에서 오는 행(行)이어야 한다. 다시 말하면 언행이란 어떤 합리적 이론이라기보다는 차라리 인간의 윤리적 목 적을 실천하는 것으로서 이는 항구불변의 덕을 그의 지상요건으로 삼아야 하는 것이다. 중용사상이 언행의 항덕(恒德)을 제일등 의리로

---

235) 같은 책, 10쪽(4-255). "惟佛書指月錄 稱趙州和尙參于南泉 問曰如何是道 泉曰平常心是道 古經無此 說也 易曰未失常未變常 常者故也 故法旣可恒用又爲經禮 故以未失未變爲貴 此仍是臯陶謨有常之義 本經下章曰庸德之行庸言之謹 易曰庸言之信庸行之謹 庸者恒言也 庸德者恒德也(猶所云經德不回) 庸行者恒行也 孟子曰庸敬在兄 庸敬者恒敬也 由是觀之 庸也者恒常也 經常也 豈平常之謂乎"

236) 같은 책, 같은 곳(4-255~256). "總之中庸者天下第一等義理 若謂之平常之理 則後世所謂卑之無甚高 論不幸近之 必非立敎之本旨 況中庸者秉德也行事也 不云平常之德 不云平常之行 乃云平常之理 則仲 尼曰君子平常之理 語自不白 理字亦恐未安"

삼는 까닭이 여기에 있다.

그러므로 중덕(中德)은 논리적 관념으로서의 평상지리가 아니라 윤리적 실천을 통하여 얻어지는 어떠한 행동의 성과인 것이다. 중이 란 결국 어떠한 행동을 통하여 얻어지기 때문에 그것이 비록 결정적 행동의 결과에까지 이르지 않았을 때라 하더라도 행동의 시발점에 서일망정 중덕은 행동의 알맞은 결과를 예정하지 않고서는 있을 수 없는 하나의 상태인 것이다. 그러한 의미에서 중은 과불급의 양단(兩端)과의 관계에서 이를 살펴보아야 할 것이다.[237]

여기서 우리는 중이란 양단(兩端) 밖에 따로 존재한 유일자라는 설 에 주목할 필요가 있다. 순은 이미 오직 하나밖에 없는 중으로 하여 금 과불급의 양단을 버리게 하는 표준으로 삼았던 것이다. 그러므로 중이란 결코 양단의 절충에서 오는 것이 아니다. 중은 절충성(折衷性) 을 배격한다. 이는 마치 양자택일의 극한 상황에 처했을 때에는 결 코 양자의 절충성을 허락치 않는 경우와 비슷하다. 그러나 중은 과 불급에서의 택일이 아니라 도리어 그 밖의 택중(擇中)이요 그것이 바 로 택선(擇善)이라 해야 할는지 모른다.

그러나 중은 유일자(唯一者)이면서도 집일자(執一者)는 아니다. 집 일자로서가 아닌 유일자로서의 중은 그것이 바로 시중자(時中者)이어 야[238] 함을 의미한다. 예컨대 사지구속(仕止久速)[239] 그 자체가 중인

---

237) 『中庸自箴』, Ⅱ~3, 11쪽(4-195). "舊注以過與不及爲兩端 本是正解 若衆論皆過則皆不可用 若衆論 皆不及則亦皆不可用也, 中與兩端皆已先在舜自己心內 以之爲權衡尺度 於是執此三者以察人言 其犯於 兩端者去之 其合於中者用之 斯其所以爲舜也, 若於人言之內執其兩端較量其大小厚薄而用其中品 則宜 大宜厚者亦將以其不中而去之乎 中者至善之所在也, 有極大極厚而得中者 有極小極薄而得中者"
『中庸講義』, Ⅱ~4, 12~13쪽(4-260~261). "禮以稱位爲中 大夫之棺五寸 則厚於五寸過也 薄於五 寸不及也 服以稱體爲中 侏儒之衣三尺 則大於三尺過也 小於三尺不及也, 然則大小厚薄未嘗非兩端 此 朱子之義也, 然衆人之論未必有大中小三層 十人言之 或十人皆主厚大 或十人皆主薄小 舜將奈何 大小 厚薄必於吾心之內 先有權衡以執其中 然後去察人言 其犯於兩端者棄之 其合於中庸者用之 方可以不 失其中 朱子以兩端爲人言之兩端 原恐難解"

것이 아니라 사지구속을 사지구속답게 마련하는 유일무이한 시중자야말로 지선자인 것이다. 순이 스스로 만인의 양단론을 듣기는 하지만 그는 결코 합산적 절충을 시도하려는 것이 아니라 흉중에 이미 존재하는 유일한 시중자를 표준으로 하여 이에 지나친 자는 과중(過中)으로 버리고 이에 모자라는 자는 불급중(不及中)으로 간주하는 것이니, 이는 수적 절충의 문제가 아니라 질적 중부중(中不中)만이 문제될 따름이다. 그러므로 거기에는 절대적 획일성이 부인되는 것이니 중용의 지선(至善)은 오직 그의 시중성에 있을 따름인 것이다.[240]

시중은 또한 용덕을 바탕으로 삼지 않으면 안 된다. 고요모 구덕지목의 끝이 강이의(彊而義)로 맺어졌음을 보더라도 강덕(强德)이야말로 유상(有常) 지구(持久)에 없지 못할 덕이 아닐 수 없는 것이다. 그러므로 다산은 중의 용덕은 스스로 강덕을 갖추어야 한다고 말하고 있다.[241] 이는 노자의 유약겸하(柔弱謙下)의 덕과[242] 좋은 대조를 이루는 자이다. 중용서에 "지인용(知仁勇) 삼달덕(三達德)"이라 하였는데 지인(知仁)이란 지언행인(知言行仁)의 중이요 용(勇)은 곧 용(庸)의

---

238) 『孟子』, 「萬章 下」. "孔子聖之時者也"
   『中庸』. "君子之中庸也君子而時中也"

239) 『孟子』, 「公孫丑 上」. "可以仕則仕 可以止則止 可以久則久 可以速則速"
   『孟子』, 「萬章 下」. "可以速而速 可以久而久 可以處而處 可以仕而仕"

240) 공자는 "子絶四 毋意毋必毋固毋我"(『論語』, 「子罕」)라 하여 고집을 피하고 "信近於義言可復也"(『論語』, 「學而」)니 의(義)에 맞으면 말도 뒤집을 정도로 시중성(時中性)을 중요시하였다. 맹자의 "配義與道……集義所生"도 이러한 정신의 계승인 것이다. 실리(實理)로서 설명하자면 청우(晴雨)와 짚신과의 관계다. 짚신은 갠 날씨에만 알맞기에 청우(晴雨)의 시의(時義)가 짚신의 중(中)을 좌우하는 것이지 결코 짚신의 무시적중성(無時適中性)은 있을 수 없는 것과 같이 여시적중(與時適中)이 시중성(時中性)이요 무시적중(無時適中)은 획일성(劃一性)인 것이다. 그러므로 살신(殺身)이 중(中)이 아니로되 시중(時中)에 맞으면 "殺身成仁"(『論語』, 「衛靈公」)도 중(中)인 것이요, 사생(捨生)이 중(中)이랄 수는 없지만 사생취의(捨生取義)함으로써 중도(中道)를 얻을 수 있는 것이다.

241) 『中庸自箴』, Ⅱ~3, 12쪽(4-197). "皐陶謨九德之目以彊而義爲終 强者所以有常也 所以持久也 不强則旣不能中立而不倚 亦不能至死不變 强之爲德 乃中庸之至要也"

242) 『道德經』 78章. "天下莫柔弱于水 而攻堅强者莫之能先 以其無以易之也 故柔之勝剛弱之勝强 天下莫不知莫能行……"

강덕(强德)을 의미하고 있음은 물론이다.

굳센 자는 고집이 있고 고집하므로 오랜 것이니 오랜 것이 곧 용인 것이다.[243] 그러므로 군자의 진덕수업(進德修業)은 오랠수록 귀하다는 것이다.[244] 용덕은 건행의 덕이요 또 자강불식의 덕이니 건과 강은 곧 굳센 힘을 의미하는 것이다. 그러므로 군자는 안연처럼 고집도 있고[245] 자로처럼 용기도 있어야 한다.[246]

인간이 제아무리 지정(至正) 대중(大中)한 덕을 간직하고 있다손 치더라도 그 사람의 사람됨이 조변석개(朝變夕改)하는 변덕쟁이라면 그를 성덕군자라 부를 수 없고 반드시 고집(固執)으로 항상 지켜 영원토록 변하지 않은 후라야 비로소 덕으로 칠 수가 있는 것이다.[247]

그러므로 지덕은 자강불식함에 있으니 이것이 바로 지성(至誠)의 용덕(庸德)이기도 한 것이다.[248] 태양이 하늘을 하루 한 바퀴 쉴 새 없이 도는 것도 행건(行健)의 상(象)이려니와[249] 이는 또한 시중군자(時中君子)의 지성무식(至誠無息)의 상을 방불케 하는 것이기도 한 것이다.

실로 지행일여(知行一如)의 중(中)이건 언행일치의 성(誠)이건 무과

243) 『中庸自箴』, Ⅱ~3, 21쪽(4-216). "强者固執故能久 久者庸也"

244) 같은 책, 10쪽(4-193). "庸之爲字原是有常之意 故君子進德修業以能久爲貴 易曰天地之道恒久而不已也 易曰天行健君子以自彊不息 易曰九二悔亡能久中也 書曰乃淫昏不克終 曰勸于帝之迪多方文皆以能久爲德也"

245) 『中庸』. "擇善而固執之"

246) 『論語』,「公冶長」. "子曰由也好勇過我無所取材"

247) 『中庸自箴』, Ⅱ~3, 9쪽(4-191). "中之爲德理固然矣 其必以有常爲貴者抑何以哉 人之秉德雖至正大中 若其人朝變夕改月異歲殊 則卒無以爲成德之君子 必固執恒守永久不渝而後 方可以信其爲德 故孔子謂顏淵曰回也其心三月不違仁……孟子曰書之所爲梏亡其夜氣……所戒皆無常也 易曰聖人久於其道而天下化成 易曰不恒其德或承之羞……無恒之戒何可勝數 此皐陶九德之目所以結之以有常者也"

248) 『中庸講義』, Ⅱ~4, 50쪽(4-336). "至誠無息者 中和之庸也"

249) 『周易四箋』卷7, Ⅱ~43, 31쪽(10-64). "天一日一周 固亦行健之象"

불급(無過不及)의 선(善)이건 간에 거기에 구슬을 꿰뚫은 실처럼 항구불식(恒久不息)의 강덕이 일관되어 있지 않는다면 이는 모래 위의 집처럼 언제 무너질지 모르는 부실한 덕이 되고 말 것이다. 그러한 구행(久行)의 강덕을 자연현상으로는 이를 행건의 상이라 한다면 수덕군자에게서는 이를 강직한 용덕이라 할 수 있는 것이다. 이러한 구행(久行)의 강덕은 또한 성기성물(成己成物)의 원동력이 되기 때문이다.[250]

그러므로 다산은 성인(聖人)의 학은 온통 성기성물의 테두리를 벗어나지 않는 것이라 하였으니[251] 성기성물은 곧 수기치인의 다른 표현이 아닌가? 수기치인은 결코 일조일석에 이루어지는 것이 아니다. 이는 태어나서 죽음에 이르기까지 구원의 길인지도 모른다. 주자의 평상지리로는 감당할 수 없는 윤리적 실천이 요구되는 길인 것이다. 다산이 밝힌 용덕이야말로 수사학적 수기치인의 밑받침을 이루고 있는 자로서 주자의 용설은 여기서도 다산설과 엇나가는 자라 하지 않을 수 없다.

2. 성정 중화론

중용서에서의 성정중화론(性情中和論)은 인성문제에 관한 중요한 일면임을 보여주고 있다. 성정이 일심의 표리가 되어 희로애락의 정으로 나타날 때 그의 중(中)·부중(不中)의 문제는 경학사상의 중요한 한 과제를 이루고 있는 것이다. 인간의 성정은 이미 심성정 일원론에서 밝힌 바와 같이 활성론적이기 때문에 희로애락의 인정도 또한 인성의 활발한 발로라고 하지 않을 수 없다. 기쁠 때 기뻐하고 노할

---

250) 『中庸』 25章. "誠者非自成己而已也. 所以成物也"

251) 『中庸講義』, Ⅱ~4, 50쪽(4-335). "聖人之學不出於成己成物"

때 노하고 슬플 때 슬퍼하고 즐거울 때 즐거워하는 것이 진실한 인정임은 물론이다.[252] 인간이 스스로 목석이 아닌 바에야 오직 진실한 희로애락의 정은 제대로 간직하고 가꾸어야 하는 것이다.

그러나 문제는 인정의 올바른 발로에 있는 것이다. 다시 말하면 희로애락의 중·부중이 문제인 것이다. 그런데 중용서에서의 미발지중(未發之中)과 이발지화(已發之和)는 오직 신독군자에게만 해당되는 고차적 경지로서 일반 범인들을 미발 시에 이미 그의 마음의 방향이 비뚤어졌기[不中] 때문에 그 이발 후에 있어서도 편벽된 모습을 면할 수 없다고[253] 다산은 주장하고 있다. 그러므로 미발 시에 이미 군자와 소인은 두 길로 서로 갈리게 된다. 중용지도는 인간으로서는 당연히 걸어야 하는 길이기는 하지만 이 길은 오직 군자의 칭을 받을 수 있는 자만이 도달할 수 있는 경지인 것이다. 그러므로 미발시의 중만 하더라도 이는 신독군자(愼獨君子)만이 쟁취할 수[254] 있는 최고 경지인 만큼 이 점에서 군자와 소인은 저절로 구분이 되는 것이다. 이를 일러 우리는 다산의 군자성정중화론(君子性情中和論)이라 부름 직한 것이다.

다산은 말하기를 인간이 지닌바 희로애락의 정은 심지사려(心志思慮)의 사고력과는 구별되는 자로서 신독군자의 경우는 이미 그의 희로애락의 미발 시에 계신(戒愼) 공구(恐懼)의 자성(自省)에 의하여 지중(至中)의 경지를 얻도록 노력함으로써 희로애락의 정이 중절(中節)

---

252) 안연이 죽자 공자는 몸부림치며 울었다(『論語』, 「先進」). 순(舜)의 음락을 듣고는 즐거움에 취한 공자다(『論語』, 「述而」). 문왕(文王)의 노여움은 천하를 안정시켰다(『孟子』, 「梁惠王 下」). 이들은 모두 진실한 인정의 발로인 것이다.

253) 『中庸自箴』, II~3, 6쪽(4-186). "未發之中已發之和 惟愼獨者當之 不能愼獨者 方其未發之時 心術先已邪辟 及其旣發之後 行事又復偏陂 安得以中和二字許之於此人乎"

254) 임심도심(人心道心)의 내자송(內自訟)에 의하여 전취(戰取)하여야 한다.

을 얻어 지화(至和)의 단계에 이르게 된다는 것이다.[255] 이러한 높은 단계는 군자의 내자송에 의한 도심의 승리를 의미하며 동시에 극기에 의한 도심의 승리 없이 지중 지화의 단계에는 이를 수 없다는 것을 다산은 주장하고 있다. 군자의 희로애락과 소인의 희로애락이 그의 중·부중에 의하여 구별되는 소이는 바로 여기에 있는 것이다.

군자 아닌 중인들은 천명이 눈에도 보이지 않고 귀에도 들리지 않으며 은미하여 나타나지도 않으므로 계신 공구하는 태도도 갖지 않을 뿐만 아니라 천도나 천명을 불신하기 때문에 그들의 희로애락은 편의(偏倚) 과불급에 빠지고야 만다고 다산은 설명하고 있다.[256] 이것이 바로 미발시의 소인의 실중(失中)이므로 이때에 이미 군자와 소인은 엄연히 구분된다는 것이 다산의 미발론(未發論)이다.

그러므로 이발의 화는 미발지중이 약속되지 않고서는 성취할 수 없다는 것이 다산의 미발론인 것이다. 성정이 일심의 안팎이라고 한다면 미발이발도 중의 안팎에 지나지 않는다. 이발지화는 이미 그에 앞서 미발지중이 이루어지지 않고서는 있을 수 없는 일심의 상태인 것이다. 그런데 군자는 신독함으로써 천명을 두려워하며 희로애락의 정이 과불급에 치우치지 않기를 기약하지만, 소인은 그렇지 않기 때문에 제멋대로 날뛰고 억지를 부리면서 요행만을 바라는 것이다.[257]

---

255) 『中庸自箴』, II~3, 6쪽(4-186). "愼獨之能致中和何也 未發者喜怒哀樂之未發 非心知思慮之未發 當此之時 小心翼翼昭事上帝 常若神明照臨屋漏 戒愼恐懼惟恐有過 矯激之行偏倚之情惟恐有犯惟恐有萌 持其心至平處其心至正以待外物之至 斯豈非天下之至中乎 當此之時 見可喜則喜 見可怒則怒 當哀而哀 當樂而樂 由其有愼獨之潛功 故遇事而發無不中節 斯豈非天下之至和乎"

256) 같은 책, 6~7쪽(4-186~187). "衆人則不然 方其未發之時 謂目之所不睹而無所戒愼 謂耳之所不聞而無所恐懼 謂隱之不可現而不信天道 謂微之不可顯而不畏天命 思遇一事欲作矯激之行以欺一世 思盡一計任逐偏倚之情以利一身 當此之時 其所以爲喜怒哀樂者 或失之過 或失之不及 或失之偏 或失之有倚 由是觀之 致中非愼獨不能也 致和非愼獨不能也 中庸之道非愼獨不能也 今以未發之中已發之和 欲爲天下人之通論 可乎不可乎"

257) 『中庸』 2章. "君子之中庸也君子而時中 小人之反中庸也小人而無忌憚也"

이러한 소인의 교격지행(矯激之行)과 편의지정(偏倚之情)은 미발시의 실중에서 오는 당연한 결과라고 해야 할 것이다. 그럼에도 불구하고 주자는 이 점에 대하여 실로 모호한 태도를 취하고 있다는 것을 다산은 지적하였다.

주자는 두 가지 설을 내세웠는데 미발지중은 그의 성리학적 입장에서 볼 때 천하지인이 공유하는 기존 상태라 하기도 하고, 혹은 계신공구하는 신독군자만이 가지는 덕이라 하기도 하여 자가당착에 빠지고 말았지만 다산은 주자의 후설을 취하고 전설은 버린 것이다.[258]

성정의 중화는 오직 내자송의 용력추치(用力推致)에 의하여 얻어지는 성과일 따름이지 결코 본래 타고난 인간의 본성은 아니다.[259] 시중군자(時中君子)가 어찌 가만히 앉아서 될 법이나 한 일이랴. 피나는 노력에 의하여 비로소 도달할 수 있는 곳이 바로 시중군자의 중화라고 다산은 주자의 후설에 좌단한 것이다. 그러므로 다산설은 주자의 전설처럼 본래적인 것이 아니라 결과론적인 것이다.

희로애락은 인간 본연의 성정이다. 그러나 희로애락 그 자체가 선일 수는 없다. 희로애락의 중화만이 선이요 그의 부중(不中)은 불선일 따름이다. 그러므로 선·불선이 결코 천리의 정명(定命)으로 말미암은 것이 아니라 인간 자신의 윤리적 욕구에[260] 의하여 비로소 결

같은 책, 14章. "君子居易以俟命 小人行險以徼幸"

258) 『中庸講義』, II~4, 5쪽(4-246). "今案朱子於章句以此節爲通論天下人之性情 於或問以此中和之德謂由於戒愼恐懼 兩義相盭不能雙通 於是百藤千葛都由此起 蓋自程門論學之初已多謬戾 朱子作或問一書 纂之極祥 今不再述 但朱子於程門記錄之誤 雖斷之曰亂道誤人(見或問) 然其根株枝葉尙亦有刊落未盡者 故或通衆人 或單言君子 或以本心之體用 或以爲愼獨之功效 左傾右仄趣不齊一 此學者之深恨也"

259) 같은 책, 6쪽(4-248). "衆人亦有未發已發 但未發而中已發而和 非衆人之所得有也 經曰致中和 致者用力推致之也 中和旣是用力推致之物 則豈衆人之所得有乎 朱子於章句以爲衆人之本性 於或問以爲君子之用力 蓋以程門諸說原自不明 故朱子或從或違致相矛盾 臣以爲致中和者愼獨君子之事 當以或問爲定論矣"

260) 『孟子』, 「公孫丑 上」. "無不自己求之者"

과지어지는 것이다. 따라서 중용지도는 희로애락의 미발시부터 닦아야 하는 인간의 길이다.

인성절에서 이미 논급한 바와 같이 인성은 본래 선할 수 있는 가능성을 간직하고 있듯이, 희로애락의 중화도 극기의 노력에 의하여 도달할 수 있는 가능성만을 인간은 간직하고 있을 따름이다. 아울러 거기에는 미발이발의 구획도 있을 수 없다. 왜냐하면 미발지중이라야 이발지화일 수 있고 이발지불화(已發之不和)는 곧 미발지부중(未發之不中)에서 오는 것이기 때문이다. 여기서 실로 주자의 선천적 미발지중과 다산의 후천적 미발지중과의 근본적 차이점을 본다. 그러므로 중(中)의 덕은 지극히 정미(精微)하여서 마음을 써 가려내고 힘껏 지키지 않고서는 저절로 합중(合中)할 리가 없다고 다산은 말하면서, 주자가 명경지수(明鏡止水)설로서 미발지중(未發之中)을 설명하려 한 것은 아마도 불교의 공적론(空寂論)에 가까운 것이 아닌가라고 비판한 것이다.[261]

여기서 다산은 주자의 설을 깊이 따지고 들어갔다. 중용서에서의 희로애락의 미발은 희로애락의 미발일 따름이다. 사려지각(思慮知覺)의 미발이라고 한다면 이는 양구산(楊龜山, 1053~1135) 이하 정문(程門) 제자들이 선(禪)에 젖지 않은 자가 없었기 때문이다.[262] 명경지수설은 불가에서 이른바 심체의 허명정적(虛明靜寂)함이 마치 수경(水鏡)과 같다는 데에서 연유한 것이다. 그러나 이러한 경지는 사려

---

261) 『中庸講義』, II~4, 8쪽(4-252). "大抵中之爲德至精至微 非用心裁擇用力執守 則必無自然合中之理 朱子以明鏡止水爲未發之中 恐與空寂相近"

262) 「上弇園」, I~18, 41쪽(3-183). "中庸喜怒哀樂之未發 只言喜怒哀樂之未發而已 乃云思慮知覺之未發……此所以龜山以下諸子 以靜坐看未發前氣像 爲聖學宗旨 而程門諸人晚來無一人得免涉禪之失者 恐未必不由於此也"

도 없고 계구(戒懼)하지도 않아야만 비로소 그렇게 될 것이니 미발
시에 이미 계신공구(戒愼恐懼)하며 사료궁리(思料窮理)하되 종일불식
(終日不食) 종야불침(終夜不寢)하는 공자학을 어찌 명경지수설에 비유
할 수 있겠는가라고 자문하고 자답하기를, 명경지수는 허명이랄 수
는 있으되 중이랄 수는 없다고 잘라 말하고 있는 것이다.[263) 중화의
경지는 실로 성인군자의 극공(極功)인데 어찌 선가에서처럼 고목 사
재(死灰)같이 무사무려(無思無慮)일 수 있겠는가?

이에 다산의 활성론적(活性論的) 성정중화론(性情中和論)과 주자의
선정적(禪定的) 무상념론(無想念論)의 대결을 엿볼 수 있다. 가희(可喜)·
가노(可怒)·가애(可哀)·가락(可樂)의 시중은 계신(戒愼)·공구(恐懼)·
궁리(窮理)·사의(思義)·상량(商量)의 공부를 겪어야만 비로소 얻어
지는 것이다.[264) 인정이란 거울처럼 맑고 고요한 물결처럼 잔잔한
때도 있어야 할는지 모르나 나무토막이나 불탄 잿더미처럼 숨결을
거둔 것이어서는 안 된다. 미발지중이 아직 발동하기 전의 일순에
혹시 적연부동(寂然不動)의 자세를 가누고 있다손 치더라도 도심과
인욕의 상송(相訟)은 그칠 사이 없음이 바로 인정의 본래적 면모인
것이다. 그러므로 그의 적연부동은 무사무려의 공적(空寂)이 아니라
거세게 돌고 도는 팽이처럼 격동 속에서의 불편불의(不偏不倚)인지도

---

263) 『中庸講義』, II～4, 7～8쪽(4-250～251). "今按明鏡止水之說起於佛家 謂心體之虛明靜寂如水鏡也
然此須無思無慮不戒不懼 一毫不動而後有此光景 聖人於未發之時 戒愼恐懼愼事窮理 甚至有終日不
食終夜不寢 以爲思慮如孔子者 安得以明鏡止水喩之乎 且不偏不倚之名 必其人量度事物裁量義理 其
權衡尺度森列在心 無偏倚癱激之病 然後方可曰中 方可曰大本 又可喜可怒可哀可樂之事 一一點檢諸
天命 然後方可以得中 若一以虛明靜寂爲主 一念纔萌不問善惡屬之已發 謂非水鏡之本體 則是坐禪而
已……未發者喜怒哀樂之未發 豈心知思慮之未發乎"

264) 같은 책, 7쪽(4-249). "未發者喜怒哀樂未發而已 豈遂枯木死灰無思無慮 若禪家之入定然乎 喜怒哀樂
雖未發 可以戒愼可以恐懼 可以窮理可以思義可以商量 天下之事變何謂未發時無工夫乎 中者聖人之極
功也 無工夫而致極功有是理乎 聖人以愼獨治心已到十分地頭 特不遇事物未有發用 當此之時謂之中也
朱子曰人須於未發時有工夫 臣所從者此說也"

모른다. 마치 거울처럼 맑고 물결처럼 잔잔하게 보일 따름이지 정중동은 결코 공적무념(空寂無念)의 상태라고 할 수는 없는 것이다.

중용서에서는 희로애락의 사정(四情)이 있는데 공희(公喜)·공노(公怒)·공애(公哀)·공락(公樂)은 적자지심(赤子之心)을 손상하지 않고 호연지기를 꺾지 않는데 만일 재색화복(財色禍福)의 사정(私情)에서 우러나면 난동과 부정만을 가져오게 된다. 대학서만 보더라도 거기에는 분치(忿懥)·공구(恐懼)·호요(好樂)·우환(憂患)의 사정(四情)이 실중(失中)하지 않도록 경계하였는데 선유들은 이를 칠정으로 확충하였다.[265] 그러나 인정은 또한 칠정 외에도 괴(愧)·회(悔)·원(怨)·한(恨)·기(懱)·기(恔)·각(恪)·만(慢) 등의 정을 얼마든지 셀 수 있으니 희로애락은 그중의 일부에 지나지 않는 것이다.[266] 이러한 인정은 실로 인간이 인간된 소이연이기도 하기 때문에[267] 주자의 지수설(止水說)처럼 정적(靜的)인 것이 아니라 지어지선(止於至善)하는 가치론적 목적성을 간직하고 있는 것이다.

3. 가치론

윤리적 선악의 기준도 중을 떠나서는 생각할 수 없다. 선의 소재처는 중이니 악은 과불급을 말하는 것이다.[268] 그러나 중은 지선의

---

265) 『大學公議』, Ⅱ~1, 30쪽(4-61~62). "忿懥者失中之怒也 以忿懥二字律之則其下三情亦不是合理之恐懼合理之憂患也 孔子謂司馬牛曰君子不憂不懼又云內省不疚夫何憂何懼) 此云憂懼正是君子之所不爲而所謂好樂亦不是損者三樂之類(驕樂佚游宴樂等) 豈可與孔子之發憤忘食 君子之戒愼恐懼 學者之樂節禮樂 堯舜之憂不得人 比而同之哉 喜怒哀樂原有二種 其中節者爲一種 其不中節者爲一種 凡公喜公怒公憂公懼其發本乎天命 故不爲心病亦不陷身 彌憂彌懼怒而不損其赤子之心 彌憂彌懼而不坐其浩然之氣 唯其喜怒憂懼之發於財色禍福之私者 一波纔動而全泓鼎沸 尺霧初起而長天漆黑 不免隨物亂動而身失其正 斯豈一種一類之物乎 明此而後此經之義乃可通透"

266) 『中庸講義』, Ⅰ~3, 9쪽(4-254). "六情七情之外 亦有愧悔怨恨懱恔慢諸情 豈必七情乎"

267) 『大學講義』, Ⅱ~2, 3쪽(4-98). "人而無七情 奚其爲人乎"

268) 『中庸自箴』, Ⅱ~3, 11쪽(4-195). "惡者過不及之論也 善者得中之論也"

상태로서의 불편불의한 것이기 때문에 가치론적 규범의 궁극적 목표가 되는 것이다. 대학에 나오는 인(仁)·경(敬)·효(孝)·자(慈) 등의 덕이 곧 이러한 규범의 구체적 내용이다.[269] 이러한 덕목들은 광의로 쓰이는 지중(至中)의 인도로서 지선이란 결국 행인(行仁)의 성과로서 얻어지는 지극한 가치를 말하는 것이라고 한다.

이제 중을 일러 지언(知言) 행인(行仁)의 합일된 상태라 한다면 선은 일러 지언 행인의 윤리적 가치를 말하는 것이라 할 수 있다. 아들이 부모에게 바친 효도는 지중의 인도인 동시에 인간 값을 다한 선행이 아닐 수 없다. 인간의 선행위는 중용지도의 실천으로부터 비롯되는 까닭이 여기에 있는 것이다.

다산은 그의 윤리적 가치를 인간행위의 성과에서 찾으려고 하였다. 지선의 도는 선행의 실천을 통하여서만 이루어진다는 것이다. 즉 그러한 행사(行事)는 오로지 인륜관계 위에서만 이루어진다고 할 수 있다. 성의정심(誠意正心)이 비록 치심선성(治心繕性)의 기본이 되는 자이기는 하지만 만일 이를 행사 밖에서 구한다면 이는 부질없는 도의(徒意) 도심(徒心)이 될 수밖에 없다.[270] 도의 도심으로는 성정을 실천할 수 없는 것이다. 일심의 동기만으로는 지선에 머무를 수 없음을 의미한다. 만일 인도의 실행에 의부하지 않고서 지선을 명심견성(明心見性)에서 찾을 수 있다고 한다면 이는 불가의 선학이 되고

---

269) 『中庸自箴』, Ⅱ~3, 11쪽(4-195). "惡者過不及之論也 善者得中之論也"
『大學公議』, Ⅱ~1, 14쪽(4-29). "至善之爲何物 經有正文曰仁曰敬曰孝曰慈 皆至善也 雖其所列差錯不整 而大凡至善之爲人倫成德 於此明矣而復有他解乎"

270) 같은 책, 13쪽(4-27~28). "總之誠意正心爲此經之大目 故先儒遂以此經爲治心繕性之法 然先聖之治心繕性 每在於行事 行事不外於人倫 故實心事父 則誠正以成孝……成弟……成慈……齊家……治國……平天下誠正每依於行事 每附於人倫 徒意無可誠之理 徒心無可正之術 除行事去人倫而求心之止於至善 非先聖之本法也"

만다. 그러므로 지선은 오히려 현세의 윤리적 행위에서 그의 가치를 발견하게 되는 것이다.

인간의 일심은 선가에서처럼 향벽관심(向壁觀心)의 대상이 아니라 대인자성(對人自省)의 주체가 되어야 한다. 그리하여 항상 득중의 자세로서 인간관계의 행사에 임할 때 비로소 지선에 도달할 수 있게 되는 것이다. 그러나 지선은 행인의 결과로서 얻어질 뿐만 아니라 명선이나 택선에서는 행인에 선행하는 지언(知言)의 선(善)이라고 할 수 있다. 명선(明善)은 지은지미(至隱至微)의 선이므로 이는 지천(知天)의 선(善)이라고 해야 한다. 지천에 이르지 않고서는 택선할 수도 없기 때문이다.[271] 다산의 이러한 윤리적 설명은 곧 명선에서 비롯하여 택선·행선에로 가는 노정을 밝힘과 동시에 그의 형이상적 연원을 또한 천에까지 더듬어 올라간 데에서 수사학적 특색을 찾아볼 수 있다.

지선의 가치론은 아마도 윤리적 문제에 그칠는지 모르나 지천의 최고 단계에까지 올라가지 않고서는 가치표준을 설정할 수 없다는 데에 주목하지 않을 수 없다. 명선의 길은 결국 지천명의 도와 일치함을 의미하는 것이라고 할 수 있으니 이는 곧 의리를 밝히기 위한 유일의 길이기 때문이다. 그러므로 군자의 도는 선을 행할 따름이라[272] 한 다산의 군자는 곧 택선고집(擇善固執)하는 지선의 군자가 아닐 수 없다. 여기에 다산의 상제설적 지천명에 입각한 윤리적 가치관이 있는 것이니, 이는 주자의 천리설에 기인하는 무신론적 도덕설에 갈음하는 자라 해야 할 것이다.

---

271) 『中庸講義』, Ⅱ~4, 44쪽(4-323). "明善者知隱之見知微之顯 知天之不可欺也, 知天而後可以擇善 不知天者不可以擇善"

272) 같은 책, 24쪽(4-283). "大抵君子之道 爲善而已 祿位名壽 非君子所期"

제7절 정중론

지행(知行)의 무과불급을 일러 중이라 한다면 음양의 상응에서 오는 조화도 이를 중이라 함 직하다. 전자를 인생계의 시중(時中)이라 한다면 후자는 우주계의 정중(正中)이라 할 수 있다. 어쨌든 중의 원리는 천·인의 세계를 일관한 유일의 도이므로 윤리적 실천의 면에서는 이를 시중의 인도라 하는 반면에 우주의 원리로서의 면에서는 이를 정중의 천도라 하는 것이다.

중(中)이란 무릇 지행(知行)이든 음양이든 서로 대대관계를 맺고 있는 데에 문제가 있다. 그러므로 중이란 모든 사상의 상대적 관계에서 추리되는 절대적 유일자라 할 수 있다면, 천·인은 실로 이 점에서 서로 공통된 문제를 가지고 있는 것이다. 결국 천인의 도는 둘이 아니고 하나라는 사실은 이 중을 초점으로 하여 살펴봄으로써 비로소 알게 될 것이다. 인간의 모든 행위도 애오라지 중으로 향한 구심적 노력이라 할 수 있다면 천계의 모든 운행도 애오라지 음양의 조화를 궁극적 목적인 양 움직이고 있는 듯도 한다. 천계의 운행도 인간의 합목적적 행위처럼 그러한 자유의지를 간직한 움직임이라 단정하기는 어렵겠지만 춘영(春榮)·추췌(秋悴)의 사시(四時)변천은 마치 우리 인생계의 영고성쇠(榮枯盛衰)를 방불하게 하는 점이 없지도 않다.

이러한 자연현상을 일일이 어떠한 목적의식과 결부시킨 재이설적(災異說的) 관계를 인생계와 맺게 할 수는 없는 것이지만 다못 우리는 자연현상의 여러 가지 상(象)에서 인생계의 상도 볼 수 있지나 않는가 하는 것이 문제다. 이러한 문제는 실로 역학을 한 마디로 말하자면 상의 학에 지나지 않는 만큼 그러한 상징적 면에서 천인은 하나의 상을 공유할 수 있다는 데에 있는 것이다. 그렇지 않다면 천·인이 서로 엇갈리게 되어 결코 서로 상응할 수도 없으려니와 성인이 천도에 의하여 천명을 받들 수도 없을 것이다.

그러므로 정중의 천도가 시중의 인도와 더불어 중(中)의 사상의 쌍벽으로 일컫게 되는 까닭도 그처럼 천인이 상응하는 면에 있는 것이다. 다시 말하면 정중의 천도는 그것이 비록 음양설적 자연현상을 소재로 한 자라 하더라도 거기에는 성인(聖人) 사천(事天)의 학으로서의 원리[道]를 내포하고 있다는 점에서 우리는 그의 경학적 의의를 그대로 간과할 수 없는 것이다.

1. 역리와 천명과의 관계

귀신을 멀리하면서 인생문제에 치중한 공자의 지식론이 어느덧 형이상적 자연철학의 영역에까지 발을 디디게 된 것은 오로지 역학 때문이다. 역은 모름지기 옛날 복술서(卜術書)로서 오늘의 『주역』조차도 주초의 작품인지의 여부는 많은 의심을 남기고 있지만, 유학경전의 하나로서 존중되고 있는 사실은 사실 그대로 일단 받아들이지 않을 수 없다.

아무래도 『주역』은 사맹시대(思孟時代)를 거칠 때만 하더라도 일종의 복술서에 지나지 않던 것이 공맹의 시중사상과 사맹의 성중사상이 서로 배합하여 천도로서의 정중원리(正中原理)로 발전한 것으로 보인다. 역에서의 천도는 사실상 노자의 도에서 연유한 자라 하더라도 이것이 만일 사맹학파들의 손에서 다듬어졌다고 한다면 거기서 또한 경학적 의의를 찾아보지 않을 수 없는 것이다. 이에 천도를 송유들처럼 오로지 음양오행의 이법으로 보았느냐, 다산처럼 천명의 윤리적 형태로서의 천도로 보았느냐에 따라서 역을 다루는 태도에도 근본적 차이가 있음을 보게 될 것이다.

공자도 자연의 이법으로서의 천도를 통찰한 바 있거니와[273] 그는 또한 존엄한 신에 대하여도 부정적 태도는 갖지 않았다.[274] 인간은 신의 뜻을 받들어 그에게 순응해야 하는 것이 바로 인간인 양 생각한 듯하다.

그리하여 공자후학인 사맹학파들은 그러한 상제로서의 신의 모습을 자연의 이법 속에서 찾으려고 한 것이 바로 역인 것이다. 자연의 이법에 순응하는 것이 곧 천제(天帝)의 뜻에 순응하는 길이 된다. 이 천의를 복술적 방법에 의하여 묻고자 한 데에서 역이 나온 것이요, 복술적 역이 음양을 다루고 팔괘의 상을 따질 때 어느덧 자연철학으로서의 역학의 길이 트이게 된 것이다. 그리하여 이러한 역학을 기초로 하여 시중과 성중사상이 자연철학의 정중원리로 발전하게 된 것이 바로 오늘의 주역서인 것이다.

그리하여 다산은 『주역』에는 두 길이 있으니 복서학적인 것만이 아니라 경학적이기도 한 것이라고 하였다.[275] 경학적 면에서 볼 때 『주역』은 개과천선의 서(書)이기도 한 것이다.[276]

그러므로 역학은 자연의 이법을 중심으로 하여 복서와 윤리가 한데 섞여 있다고 보아야 한다. 그러나 복서학은 상제천의 천명을 듣

---

273) 『論語』, 「陽貨」. "天何言哉 四時行焉 百物生焉 天何言哉"

274) 『論語』, 「八佾」. "祭如在 祭神如神在"

275) 『易學緖言』 卷1, Ⅱ~45, 26쪽(10-228). "周易本有二塗 一爲經學家所傳 一爲卜筮家所用"

276) 「每心齋記」, Ⅰ~13, 37쪽(2-442). "周易悔道之書也"
　　『周易四箋』 卷8, Ⅱ~44, 3쪽(10-96). "周易一部是聖人改過遷善之書也"

고자 하는 학이므로 이는 오히려 신앙적 윤리학이라 하여야 할는지
모른다. 그리하여 다산은 그가 역상(易象)을 밝힌 것은 경의(經義)를
천명하자는 것이지 결코 복서적 성패를 탐색하려는 것은 아니라고
하였다. 만일 그렇다면 만천(慢天) 독신(瀆神)도 이만저만한 것이 아
니므로 실로 올바르게 살려는 사람에게는 복서 따위는 아랑곳없는
것이라고 하였다.[277]

  신앙적 윤리서로서의 역학에서 천명을 어떻게 받들어야 하는가?
먼저 일 자체는 공정하되 그의 성패가 아직 불분명한 일에 한해서
천명을 받들고자 하는 태도다. 그러므로 첫째 일이 공정하고 성패가
확실하거나, 둘째 일이 공정하되 시세가 불리하거나, 셋째 일이 공
정하되 눈앞에 복을 받게 되는 것들은 천명에 호소하여 묻지 않는
다. 그러므로 자못 일이 공정하되 성패화복을 헤아리기 어려울 때
비로소 천명에 호소하여 보는 태도라는 것이다.[278]

  이러한 태도는 성인이 모든 일에 임하였을 때의 신중한 조심성에
서 오는 경건한 태도라[279] 할 수 있다. 그러나 '하늘'은 말하고자 하
되 '입'이 없다. 그러므로 그는 천문과 지리로써 그의 뜻을 표할 따름
이다. 이에 옛사람들은 천문과 지리를 관찰하고서[280] 한 가지 방법을

---

277) 「表記卜筮之義」, 『易學緖言』 卷4, Ⅱ~48, 17쪽(10-455). "古人事天地神明以事上帝(中庸曰郊社之
   禮所以事上帝亦此義) 故卜筮以聽命 孔子所言明此義也 今人平居旣不事神 若唯臨事卜筮以探其成敗
   則慢天瀆神甚矣 余疏釋易象爲明經也 若有人謂易例旣明可以行筮 則不惟占險不合而其陷溺不少 此余
   之所大懼也 今人守正者宜廢卜筮"

278) 「易論」, Ⅰ~11, 2쪽(2-205)・「易論」, 『周易四箋』 卷4, Ⅱ~40, 15쪽(9-299). "易何爲而作也 聖人所
   以請天之命而順其旨者也 夫事之出於公正之善 足以必天之助之成而予之福者 聖人不復請也 事之出於
   公正之善而時與勢有不利 足以必其事之敗而不能受天之福者 聖人不復請也 事之不出於公正之善而逆
   天理傷人紀者 雖必其事之成而徵目前之福者 聖人不復請也 唯事之出於公正之善而其成敗禍福有不能
   逆睹而懸度之者 於是予請之也"

279) 『論語』, 「述而」. "子曰暴虎馮河死而無悔者 吾不與也 必也臨事而懼 好謀而成者也"

280) 『周易』, 「繫辭 上」. "仰觀天文 俯察地理"

생각해 낸 것이 복서로서의 역술이라고 다산은 설명하고 있다.[281]

천지수화의 사주(四柱)와 춘하추동의 사시(四時)와 거기서 생육하는 삼라만상과 음양의 진퇴소장 승강왕래(昇降往來)의 상을 취하여 인위적 방법으로 '하늘의 뜻'을 헤아려보고자 하는 것이니, 비록 그의 상이 말·소·거(車)·궁실 등의 구체적 이름으로 명명된 자라 하더라도 이는 하늘의 실재적 사상(事象)이 아니라 그저 그와 방불한 상을 끌어다가 유사한 결론을 얻음으로 해서 하늘의 뜻을 헤아려보자는 한 방법에 지나지 않는 것이다. 요컨대 상을 통하여 근사치를 구하는 방법이지 그것이 '하늘의 뜻' 그 자체는 아닌 것이다. 그렇다면 그의 구체적 방법은 어떠한가? 그것이 바로 복서적(卜筮的) 방법인 것이다.[282]

복서적 방법은 어디까지나 인위적인 약속이다. 그러므로 부호를 통하여 방불한 하늘의 뜻을 살펴보는 것에 지나지 않는다. 다시 말하면 시초를 가지고 천지수화 사상만물 등의 상을 한번 그려보는 것이다. 그들이 소장(消長) 승강(昇降)하며 변화하는 상에서 인간만사의 길흉마저 점쳐보려는 한 방법인 것이다.

이러한 방법으로써 일망정 성인이 천명을 만드는 근본목적은 그저 하늘의 뜻을 받들어 자기행위를 규율 지으려는 것인데[283]—여기

---

281) 「易論」, 『周易四箋』卷4, II~40, 15쪽(9-299~300). "於是以手畫地爲奇偶剛柔之形 曰此天地水火變化生物之象也(此八卦) 因而爲之進退消長之勢曰此四時之象也(此十二辟卦) 又取之爲升降往來之狀曰此萬物之象也(此五十衍卦) 於是取其所畫地爲奇偶剛柔之勢者 玩其象憶其似 若得其髣髴者而命之名 曰此馬也彼牛也此車也彼宮室也此戈兵也彼弓矢也 著之爲法式 冀天之凶其名而用之 雖人立之名非天之所以爲實 然天苟欲鑒吾誠而告之故 則亦庶幾吾之所爲名 而遂以是用之也(此說卦)"

282) 같은 책, 위의 곳(9-300). "於是出于野 取芳草若干莖 與其所爲升降往來者合其數以相應 敬以藏之於室而待之也(此蓍策五十) 每有事出而握之 既又爲之擘而四之 曰此四時之象也 又于是散之聚之 參伍之變通之曰此萬物之象也 既已算其數而著其形 形成而體立(此筮得一卦) 於是取所謂馬牛車宮室戈兵弓矢髣髴之象 察其所升降往來之跡而其形之或全或虧或相與或相背 其情之或舒或戚或悅或可憂可恃可懼可安可危者 無不以其髣髴者而玩之(此占其吉凶)"

에는 윤리적 의의를 간직하고 있다─후세에 내려오면서부터 이렇듯 순수한 순천(順天)의 윤리적 목적은 차츰 일그러지고 일종 구복(求福)의 사학으로 전락하고만 것이다. 그러므로 역학이 실로 자연의 이법에 의한 윤리적 천명학으로서의 의의를 몰각한다면 이는 결국 길가 점쟁이의 사술에 지나지 않을 것이다.

그런 의미에서 역학은 음양의 이법만을 수리적으로 다루게 될 때는 복서적 술수학이 되는 것이요, 그와는 달리 역학이 음양의 정중원리를 통하여 천명의 뜻을 상징적으로 살핌으로써 자성의 거울로 삼게 될 때 비로소 경학으로서의 의의를 거기서 찾게 되는 것이다.

그러므로 『주역』도 중용서처럼 지천명(知天命)의 학이 아닐 수 없다. 지천명이라기보다는 차라리 청천명(請天命)의 학이라 함이 더욱 온당할는지 모른다. 다시 말하면 역학은 역리의 학에 그쳐서는 안 된다. 그의 역리가 온통 성인(聖人) 순수천명(順受天命)의 도구일 때 비로소 역리로서의 구실을 다하게 되는 셈이다. 그러므로 역학은 순수천명의 학이다. 정중의 천도에 순응하려고 하는 시중군자의 상징적 규범학이다. 그리하여 시중(時中)과 정중원리(正中原理)는 다 함께 하나의 지천 지명의 학으로서 다루면서 동시에 복서학적 역리를 완상(玩賞)하여야 한다. 마치 인성 속에서 천명을 찾아내듯 역리 속에서도 윤리적 천명을 들을 수 있도록 하여야 할 것이다.

2. 음양변화의 상

역에서의 천명은 하나의 상(象)으로 나타난다. 역도(易道)란 곧 상

---

283) 같은 책, 같은 곳. "玩之誠吉 於是乎作而言 曰天其命予而行之矣 玩之誠不吉 兢兢然莫之敢行 此易之所爲作也. 此聖人之所以請天之命而順其旨者也"

의 도이니[284] 상이란 의사방불(依似彷佛)한 모습을 의미한다고[285] 다산은 역상(易象)을 규정짓고 있다. 십이벽괘(十二辟卦)는 12개월이 아니라 사시(四時)의 상이요 건곤지괘(乾坤之卦)는 천지가 아니라 그의 상징이요 64괘는 또한 오세재윤(五歲再閏)의 역년(歷年)을 통하여 생성되는 삼라만상을 방불하게 하고 있다. 상의 학은 상을 통하여 만물의 본체를 탐색하려는 학이기 때문에[286] 착잡(錯雜)한 천하 만물의 본질적 내용을 어떠한 형용으로 의장(擬裝)한 자를 상이라 하는 것이다.

천하 만물은 한 시도 쉬지 않고 움직이고 있다. 그러므로 역학은 변화의 학이다. 만물의 상은 그에 따라 변화하고 있으며 그처럼 변화유전하고 있는 상을 통하여 그에 따르는 어떠한 이법을 포착하게 된다. 그러므로 상의 학은 직관을 통하여 이해할 수 있을지언정 논리로 증명하기는 어려울 것이다. 그렇다고 해서 원칙 없는 추리가 허용되는 것도 아니요 또 허용될 수도 없다.

역학이 상(象)의 학으로서 성립되는 데에는 그의 기저에 음양의 상이 기초를 이루고 있다. 음양을 양의(兩儀)라 하였으니 이러한 음양대대의 두 상을 빼고서는 역이란 애초부터 생각할 길조차 없는 것이다. 의(儀)란 사물의 형용이므로[287] 어떤 존재자의 본체가 아니요 존재자의 표상인 점에서 양의로서의 음양도 결국 어떤 존재자의 표상에 지나지 않는다고 하겠다. 그러면 음양이란 과연 무엇의 표상

---

284) 「與申在中」, I~20, 6쪽(3-282). "大抵易之爲道象而已 故十二辟卦以象四時 中孚小過以象再閏 於是乾坤二卦以象天地 餘六十二卦以象五歲再閏六十二月之數 聖人於此亦取其髣髴之似而已"

285) 『易學緖言』 卷4, II~48, 26쪽(10-474). "聖人作易唯象是取 象也者像也(大傳文 像也者似也 唯依似彷彿便以爲象"

286) 『周易』, 「繫辭 上」. "聖人有以見天下之賾 而擬諸其形容 象其物宜 故謂之象"

287) 「沙隨古占駁」, 『易學緖言』 卷3, II~47, 2쪽(10-342). "儀也者度也容也 詩云儀式刑文王之典 又云其儀不忒正是四國 蓋象物之容以爲法度曰儀也"

일까가 문제될 것이다.

다산은 음양 양의의 상징적 근거를 일월에 두고 있다.[288] 일월이
란 음양인데 음양의 상은 건곤 두 괘로 나타난다. 일과 월이 태양 태
음으로 불리는 까닭도 여기에 있는 만큼 일월이야말로 자연계에 있
어서의 가장 뚜렷한 음양의 상징적 존재자로 여겨진 것이다. 그러나
일월이란 음양의 근원적 모체일 따름이요 음양이 상징하는 바는 모
든 대대관계에 있어서 실로 광범위하게 나타나고 있는 것이다.

일월의 교체에서 밤과 낮이 바뀌고 밤과 낮이 거듭함으로써 춘하
추동 사시가 마련된다. 그러나 역리사상의 기초를 일월의 상에 두고
있다는 사실은 극히 단순하고 소박한 내용이면서도 동시에 중요한
의의를 간직하고 있다. 다름 아니라 거기에는 어떠한 심오하고도 신
비로운 이법이 잠재하고 있다느니보다도 인생 백 년도 이 '일월교
체'의 쌓임으로 지새는 것인 만큼 이러한 현실적 사상 속에서 인간
의 처할바 올바른 길을 찾아보자는 데에서 역학은 마련된 것이다.
여기에 역의 역수학적(曆數學的) 자연주의(自然主義)의 일면이 있다고
할 수 있다.

일월(日月) 대대(對待)의 관계에서 추리된 음양은 역학에서는 음양
대대의 상으로서의 의의가 더욱 뚜렷하다.[289] 음양대대의 상은 일월
뿐만 아니라 천지(天地)·강유(剛柔)·남녀(男女)·수화(水火)·한열(寒

---

288) 같은 책, 같은 곳. "孔子曰大衍之數五十其用四十有九 分而爲二以象兩(大傳文) 此之謂兩儀也 儀也者
    象也 象兩之謂兩儀也 此其爲握蓍分揲之法若是明確 而公然移之爲庖犧畫卦之名 太不可矣 然旣云象
    兩矣 則兩也者別有一物 是何物也 易者日月也 易字從日從月以成文 日月者陰陽也(日月亦謂之太陽太
    陰) 陰陽者乾坤者也 乾之三陽爲六十二卦諸陽之本也 坤之三陰爲六十二卦諸陰之本 然則象兩云者象
    陰陽也 亦象乾坤也"

289) 「來氏易註駁」, 『易學緖言』 卷3, Ⅱ~47, 14쪽(10-365~366). "欲解經旨先明字義 歷觀占經 有以陰
    陽對待之象而名之曰錯者乎"

熱)·명암(明暗) 등 모든 대대개념에서 추리되는 상을 종합적으로 표현한 것이기 때문에 순양(純陽)의 건괘와 순음(純陰)의 곤괘로 하여금 나머지 62괘의 부모 곧 그의 근원으로 삼았다.[290] 그렇다면 순양순음이 바로 만상의 기본이 됨을 알 수 있다.

일월음양의 상은 좀 더 폭을 넓히면 사시의 상을 얻게 된다. 사시변천도 음양왕래의 상에 지나지 않기 때문에 역이란 이 밖에 있는 것이 아니라고 한다.[291] 춘삼월 하삼월은 양이 생장하는 시절이요, 추삼월 동삼월은 음이 증강하는 시절이다. 그리하여 사시 12월에서 십이벽괘(十二辟卦)의 상을 얻게 되었거니와 음양의 상은 어떠한 형태로 변화하는 것일까? 그의 변화의 형태도 실로 가지가지임을 보게 된다고[292] 다산은 설명하고 있다.

괘변지법(卦變之法)은 양이 가면 음이 오고 음이 가면 양이 온다. 효변지법(爻變之法)은 순양은 음으로 변하고 순음은 양으로 변한다. 교역지법(交易之法)은 함괘(咸卦)가 변하여 손괘(巽卦)가 되고 항괘(恒卦)가 변하여 익괘(益卦)가 되는 따위의 상하괘(上下卦)가 서로 바뀌는 것을 의미한다. 변역지법(變易之法)은 건괘(乾卦)가 곤괘(坤卦)로 감괘(坎卦)가 리괘(離卦)로 되는 따위의 강유가 온통 바뀌는 것을 의미한다. 이렇듯 음양변화를 통하여 그의 이법을 이해하도록 되어 있기 때문에 역이란 변화를 의미하여 변화 없는 곳에 역은 있을 수 없다.

---

290) 「推移表直說」, 『周易四箋』 卷1, Ⅱ~37, 5쪽(9-11). "乾坤者 父母之卦也"

291) 「周易答客難」, 『易學緖言』 卷4, Ⅱ~48, 22쪽(10-465). "易者日月也 日月者陰陽也 陰陽者四時也 一陽生則爲子月 二三四五積爲六陽 是爲巳月 一陰生則爲午月 二三四五積爲六陰 是爲亥月 此十二辟卦之所以配之 而易之所以爲易 斯而已"

292) 「漢魏遺義論」, 『易學緖言』 卷1, Ⅱ~45, 29~30쪽(10-234~235). "易者日月也 日月者陽陰也 卦變之法陽往則陰來 陰往則陽來 此日月相易也 爻變之法 陽純則爲陰 陰純則爲陽 此日月相易也 交易之法 咸交爲損恒交爲益 此上下相易也 變易之法 乾變爲坤坎變爲離 此剛柔相易也 經所云屢遷周流委是此義 若所謂簡易不易者緯家之謬說不足述也 難易之易於易何干"

그러므로 다산은 역(易) 위서(緯書)에 나오는 변역(變易)·불역(不易)·
간역(簡易)의 삼역설(三易說) 중에서 오직 변역의 의만 취한 것이다.
이는 오로지 역을 음양변화만을 통하여 보려는 다산 역학의 기본적
태도 때문인 것이다.

역이란 단적으로 말하자면 음양변화의 학인지라 전반적으로 자연
현상 속에서 상역(相易)의 원리를 끌어다가 그의 음양대대의 관계를
추리했고 거기서 또다시 정중원리를 추상하기에 이른 것이다. 다시
말하면 움직이며 변화하는 곳에서 비로소 성장이 있거니와 또 거기
에는 소멸도 뒤따른다. 그러나 그럴수록 거기에는 시의에 알맞은 정
중원리가 요구되는 것이 아닐까.

자연계의 천도는 음양변화의 상을 통하여 인생계에도 많은 시사
를 주고 있다. 그러므로 음양변화의 대대관계는 중의 원리에 의하여
천인공유의 문제가 되었다. 그러므로 중의 원리는 곧 이를 요약해서
음양의 원리라고 하는 소이도 여기에 있는 것이다.

그런데 음양이란 명칭은 어디에서 연유하였을까? 다산은 이를 실
리적인 면에서 음양이란 일광의 엄조(掩照)에 의한 자에 지나지 않는
다고 밝혔다. 그러므로 음양은 체질이 아니라 명암의 현상에 지나지
않는 것이라고[293] 그는 말하고 있다. 천도니 역도니 하는 것도 오직
음양대대관계(陰陽對待關係)만을 두고 하는 말임은 이 까닭인 것이다.
이는 마치 지행의 대대관계에서 시중의 인도가 문제되듯 음양대대
관계에서 정중의 천도가 문제된다는 것을 의미한다.

---

293) 『中庸講義』, Ⅱ~4, 1~2쪽(4-238~239). "陰陽之名起於日光之照掩 日所隱曰陰 日所映曰陽 本無體
質只有明闇 原不可以爲萬物之父母……聖人作易以陰陽對待爲天道爲易道而已 陰陽曷嘗有體質哉……
若論蒼蒼之天 其質雖皆淸明 亦其陰陽二氣 故日曰太陽月曰太陰 太陽者純火也 太陰者純水也"

일월이 중천에 덩실하여 순양순음을 대표하고 있거니와 '역(易)'자가 또한 '일월(日月)'의 합자인 것도 이 까닭인 것이니[294] 실로 일월은 자연현상 중 가장 뚜렷한 음양이기의 창조물이다. 여기서는 누가 일월을 창조하였느냐가 문제되는 것이 아니라 창조된 일월이 어떻게 운행되느냐가 문제인 것이다.

해가 뜨고 달이 지는 사이에 낮과 밤이 생기고 낮과 밤이 지새는 사이에 사시가 마련되고 해가 거듭하여 오세재윤(五歲再閏)이 되면 64개월(태음력)의 주기를 이루고 있다. 그러는 사이에 자연도 소장을 겪고 인생도 영고를 맛본다.

10년이면 강산도 변한다 하거니와 변화 없는 자연도 없고 변화 없는 인생도 없다. 그러나 이를 무상하다고만 해도 안 된다. 변화 속에서 유상의 항도를 찾아야 하는 것이니 건행의 천도와 자강불식의 인도가 바로 그것인 것이다.[295]

그러므로 역도는 생기에 찬 생성변화이지 잿더미처럼 죽어가는 적멸의 도는 아닌 것이다. 역도란 아마도 꾸준한 삶의 표상인지도 모른다. 변화의 무상을 한탄하기에 앞서 구원의 항도(恒道)를 볼 줄 알아야 한다. 일월이 바뀌더라도 일주일야(一晝一夜)의 항도는 거기에 있고 춘영추췌(春榮秋瘁)가 무상한 듯하나 겨울 지나면 새봄이 오고야 마는 항도는 우리를 속이지 않는다. 자연의 천도는 유상의 항도 안에서의 변화를 허용할 따름이니 이러한 천도가 괘상(卦象)으로서는 어떻게 표현되었을까? 다산의 역리론의 골자를 다음에 몇 가지

---

294) 「漢魏遺義論」, 『易學緖言』 卷1, II~45, 30쪽(10-235). "易之爲字包函日月 是亦含氣之始 何謂未見氣乎"

295) 『周易』, 乾卦 大象傳. "天行健君子以自彊不息"

추려보기로 하겠다.

3. 14벽괘론

역학이란 따지고 보면 역수학적(曆數學的) 자연철학(自然哲學)이라고 할 수 있다. 그러므로 자연현상과 괘상(卦象)과의 관계는 12벽괘(辟卦)를 비롯하여 재윤지괘(再閏之卦)와 오십연괘(五十衍卦)에서 이를 볼 수 있다.[296] 12벽괘는 본시 한유 경방(京房)이 복(復)·임(臨)·태(泰)·대장(大壯)·쾌(夬)·건(乾)과 구(姤)·둔(遯)·비(否)·관(觀)·박(剝)·곤(坤)의 12괘를 그의 음양소장에 의하여 12개월에 배정한 것인데 이를 사시지괘(四時之卦)라고도 한다. 이에 다산은 거기에 건·곤 두 괘를 빼고 소과(小過)·중부(中孚)의 두 재윤지괘를 더하여 새로운 12벽괘를 구성한 후 추이법(推移法)의 기본으로 삼았다.[297] 왜 건곤은 뺐는가? 건곤 두 괘는 전괘(全卦)의 부모가 되기 때문이다.[298] 뿐만 아니라 64괘 중 강획(剛畫)은 모두 건이요 유획(柔畫)은 모두 곤이니 64괘가 모두 건곤 두 괘의 범위 안에 들지 않은 자가 없기 때문이다.[299]

경방의 12벽괘에서 건곤을 제지(除之)하고 소과·중부의 재윤지괘를 더한 데에 다산역리의 새로운 국면이 있다. 이는 경방의 12벽괘

---

296) 졸고, 「정다산의 易理에 관해서」, 『전남대학교논문집』 제2집, 1959.

297) 『周易四箋』 卷1, Ⅱ~37, 2쪽(9-5~6). "冬至一陽始生其卦爲復(卽天根) 爲臨 爲泰 爲大壯 爲夬 以至於乾 則六陽乃成, 夏至一陰始生其卦爲姤(卽月窟) 爲遯 爲否 又爲觀 爲剝 以至於坤 則六陰乃成, 此所謂四時之卦也(卦配月) 小過者大坎也(兼畫坎) 中孚者大离也(兼畫离) 坎月离日(說卦文積奇爲閏)(月與日取積分以爲閏) 此所謂再閏之卦也, 四時之卦京房謂之十二辟卦 今擬除乾坤二卦別取再閏以充十二辟卦 十二辟卦分其剛柔衍之爲五十衍卦 (卽羣分之卦) 此所謂大衍之數五十 此之謂推移也"

298) 「推移表直說」, 같은 책, 5쪽(9-11). "乾坤, 父母之卦也"

299) 「互體表直說」, 같은 책, 11쪽(9-23). "六十四卦 其剛畫皆乾 其柔畫皆坤 則六十四卦無不囿於乾坤之範圍也"

는 사시상유(四時相推)에 기본한 자라 한다면 다산의 12벽괘는 거기서 일보 전진하여 오세재윤의 상에 기본하였기 때문이다. 다산이 건곤을 제지하였을망정 경방역에서의 사시지상(四時之象)을 무시한 것이 아니라 오히려 경방역에서 몰각되었던 재윤지상(再閏之象)의 의의를 새로이 천명한 데에 다산역다운 새로운 면이 있는 것이다.[300] 그러므로 다산역은 경방의 12벽괘에 재윤지괘를 더한 14벽괘론이라고 할 수 있다.[301] 재윤지괘는 추이법의 기초가 될 뿐만 아니라 태음력법상 실리에도 알맞은 것이다.

소위 추이법이란 한대에도 없지 않았고[302] 주자 괘변도(卦變圖)는 거기서 나온 자이지만,[303] 거기에는 소과·중부의 재윤지괘(再閏之義)가 밝혀져 있지 않다. 그러므로 다산역리가 한대 이래 주자에 이르기까지의 역리에 앞서 있는 소이가 여기에 있는 것이다

다산의 재윤지의가 해명되므로 말미암아 이른바 50연괘의 수리적 근거까지도 저절로 밝혀진 바 있다. 64괘에서 14벽괘를 빼면 50연괘가 되는 것이요, 또한 14벽괘의 추이에 의하여 50연괘가 생성되어지기 때문이다. 그러므로 벽괘(辟卦)를 사시라 한다면 연괘(衍卦)는 만물을 상징한 것이 되는 것이다.[304] 동시에 다산이 자술한 바와 같이 소과 중부의 깊은 뜻은 말로 다 표현하기 어려우리만큼 특출한

---

300) 같은 책, 5쪽(9-12). "君辟之卦不可無坎离也 小過者大坎也 中孚者大离也 大傳以此爲再閏之象"

301) 같은 책, 2~3쪽(9-6~7). "十四辟卦中 唯小過中孚不受消長 八卦之中唯坎离不受消長 盖其卦形中正无所始終 其於四時之序无所當焉 大傳所云五歲再閏者 小過中孚以坎离爲本也"

302) 같은 책, 6쪽(9-13). "荀爽虞翻之等皆主推移 歷世相承未有歧貳 朱子卦變圖 盖有所本 唯小過中孚闕而不收也"

303) 같은 책, 같은 곳. "推移之義漢儒皆能言之 朱子卦變圖卽其遺也"

304) 「朱子本義發微」, 『易學緖言』卷2, Ⅱ~46, 19쪽(10-296). "辟卦者四時也 衍卦者萬物也 萬物受氣於四時而四時無賴乎萬物也 至於中孚之以離變 小過之以坎變 此特特非常之例 其精義妙旨不可以言傳也"

자로서 그의 공적은 실로 장야서성(長夜曙星)에[305] 비김 직한 것이다.

이처럼 고대역(古代易)은 상징적(象徵的) 역수학(曆數學)임을 알 수 있다. 이는 일월대명(日月代明)·사시상추·오세재윤의 실리에 의거한 자일 따름이다. 그럼에도 불구하고 한유의 참위설적 역학은 자칫하면 호분누석(毫分縷析) 분괘직일(分卦直日)을 일삼고 송유들은 선천후천(先天後天)의 태허지학(太虛之學)으로써 역리를 흐리게 하고 있다. 그러므로 다산은 역리에 있어서도 한송유들의 관념론적 현허지학(玄虛之學)에서 수사학적 고대역으로 환원을 시도하고 있음을 엿볼 수 있다.

거듭 말하거니와 다산역의 재윤지의만 하더라도 그것이 고대역의 원의를 밝힌 점에서 그의 의의를 높이 평가하지 않을 수 없는 것은 마치 중용의 용의(庸義)를 밝힘으로써 중용지의(中庸之義)의 새로운 면을 개척한 것과 비슷하다고나 할까? 어쨌든 고대역은 실리에 의거한 자이지 결코 신비로운 조화의 학이 아님을 밝힘으로써 역도를 정중의 천도로 다룰 수 있는 문호를 열어놓은 것이다.

다산의 벽괘추이법(辟卦推移法)만 하더라도 결국 음양의 진퇴소장 승강왕래에 의한 정중의 시의(時義)를 관찰하는 방법인 것이다. 인사에 과불급이 있듯이 천도에도 음양의 편정이 있으므로 정중으로써 음양조화의 궁극적 목표로 삼지 않을 수 없다. 이 때문에 음양의 정중이 곧 천의(天意)인 양 보이기도 하는 것이다.

천도는 정중이 기본이 되고 또 정중을 좋아하는 듯도 하다. 인성의 호선오악이나 천도의 호정오편(好正惡偏)이나 이는 아마도 천도의

---

305) 「茲山易柬」, 『易學緒言』 卷4, Ⅱ~48, 28쪽(10-478). "大抵君之於易可謂長夜曙星 而至於發出小過 中孚之義者 其功尤大矣 吾爲君之兄亦足矣"

섭리에 속하는 문제인지도 모른다. 천도는 인도의 시중처럼 지정지중(至正至中)하고자 한다. 지정지중이 곧 천리지공(天理之公)이요 지선지도(至善之道)인 점에서 인도와도 서로 통할 수 있다. 그리고 천도의 괘상에서도 찾아볼 수 있다는 것은 실로 흥미로운 일이 아닐 수 없다.

4. 4정괘론

사정괘론(四正卦論)은 고대역학의 사원설(四元說)로서 본시 팔괘에는 사정사편(四正四偏)이 있으나[306] 천지수화는 역의 사정(四正)인 것이라고[307] 다산은 주장하고 있다. 건곤(乾坤)은 천지의 상이요 감리(坎離)는 수화의 상이니 건곤감리의 4괘가 64괘의 기초가 됨은 마치 천지수화가 만물의 기본형질이 됨을 의미하는 것과 같다. 왜냐하면 천지수화는 태초부터 순수한 형질이어서 다른 자의 화화(和化)를 입지 않는 자이기 때문이라고 설명하고 있는 것이다.[308]

고대역에는 이미 팔괘물상론(八卦物象論)이 있지만 그중의 천지수화만이 역의 사유(四維)로서 풍뢰산택(風雷山澤)과는 동열에 낄 수 없는 것이다.[309] 그의 괘형만 보더라도 건천(乾天☰) 곤지(坤地☷) 감수(坎水☵) 리화(离火☲)는 사방이 방정하고 진뇌(震雷☳) 손풍(巽風☴) 간산(艮山☶) 태택(兌澤☱)은 상허하실(上虛下實)하거나 상실하허(上實下虛)하며 편의부정(偏倚不正)한 괘형이다. 뿐만 아니라 뇌풍산택(雷風

---

306) 『中庸講義』, Ⅱ~4, 2쪽(4-239). "伏羲八卦原有四正四偏 天地水火者正方之卦也 風雷山澤者偏敧之卦也"

307) 「李氏折中鈔」, 『易學緒言』 卷3, Ⅱ~47, 25쪽(10-388). "天地水火易之四正"

308) 『周易四箋』 卷1, Ⅱ~37, 5쪽(9-12). "天地水火者 溟滓之分而自成形質不受和化者(雷風山澤生於火天水地) 故乾 坤 坎 离 爲易四正(不似震 巽 艮 兌 之乏偏敧不正)"

309) 「周易答客難」, 『易學緒言』 卷4, Ⅱ~48, 27쪽(10-475). "天地水火易之四維也 風雷山澤皆於是乎受變 不可以幷列爲八 而平等看之也"

山澤)은 천지수화로 인하여 생성되는 만큼 천지수화야말로 만물의 기본형질인 것이요 동시에 형상이 방정한 4정괘의 상으로 표현되는 것이다. 이러한 점에서 고대역은 음양대대의 원리와 천지수화의 사원(四元)이 그의 바탕을 이루고 있는 것으로 보인다.[310]

상수학적(象數學的) 면에서 건곤 강유의 상이 64괘에 고루 분부(分賦)되어 있고 감리의 수가 복체(伏體)로서 64괘를 점거하고 있음을 볼 수 있다. 이렇듯 4정괘가 64괘의 전부를 통합하고 있기 때문에 4정괘를 역의 사주(四柱) 또는 사유(四維)라 하는 것이다. 그러므로 사상(四象)이란 다름 아닌 천지수화의 상을 의미하고 있다.[311]

이에 다산이 대감(大坎)에서 소과의 상을, 대리(大离)에서 중부의 상을 이끌어냈고 건곤을 부모의 괘로 삼고 4정괘론을 내세워 역상의 기틀을 마련한 것은 일면 오행설에 대한 부정적 저의가 있음에 주목하지 않을 수 없다. 그리하여 다산은 이른바 오행설은 고대역리에 비추어볼 때 역수학적(曆數學的) 실리에 어긋나는 자라고 단정하였다.[312]

---

310) 「互體表直說」, 『周易四箋』 卷1, Ⅱ~37, 11쪽(9-23). "易有二觀 一曰卦德 二曰卦數(一至六) 卦德者 乾坤之所分賦也 卦數者坎离之所占據也 六十四卦其剛畫皆乾其柔畫皆坤 則六十四卦無一不函於乾坤之範圍也 六十四卦其下卦皆离(一二三奇偶奇) 其上卦皆坎(四五六偶為偶) 則六十四卦無一不涵於坎离之管轄也 若是者何也 天地水火易之四柱也 故其分布諸卦而主其象數如此"

311) 『易學緒言』 卷3, Ⅱ~47, 38쪽(10-414). "四象者 揲四之名 而其所象者 天地水火也 非太陽太陰少陽少陰 太陽太陰少陽少陰者是九六七八之名"
『周易四箋』 卷8, Ⅱ~44, 26쪽(10-141). "四象者十二辟卦分配四時之象似也(天地水火配四時)"

312) 『尙書古訓』 卷4, Ⅱ~25, 31쪽(7-431~432). "且在虞夏之書或稱五行 或稱六府 總認爲材物 未嘗云天地生成之理本於此五也 故其數目互有出入 周易天地水火爲四正 表記天火水土爲四位 禮運以水火金木爲四用 番域以地水火風爲四大 邵氏以水火土石爲四質 春秋傳以水火金木土爲五正 又以木金水火土爲五材 鄭語史伯之言以土金木水火爲五和 其予次之無定如是也 曲禮以金石草木土獸爲六材 又以水土草木器貨爲六府 考工記以金木皮玉土爲五材 周禮天官以金木土石珠象羽革爲八材 可四可五可六可八 別無深理懿伏其中 又何必舉之先之 若云天地萬物盡出於五行 日月星辰不雜於土石 鳥獸蟲魚無賴於金木 又何解矣"
『中庸講義』, Ⅱ~4, 3쪽(4-241). "天道浩大物理幽隱未易推測 況五行不過萬物中五物 則同是物也 而以五生萬 不亦難乎"

더욱이 오행의 생극설(生克說)은 술수가의 조작에 지나지 않으므로 결코 이를 실증할 수 없는 것이라고 하였다.[313] 그러므로 오행설은 실용의 학일 수 없음에도 불구하고 한대 이후 송대에 이르는 사이에 음양설과 오행설이 하나로 결부되기에 이르렀다.[314] 그리하여 음양대대의 원리와 천지수화의 사정설에 의하여 그의 터전이 닦아져 있는 고대 역리로 하여금 마치 음양오행설의 윤회(輪廻) 묘합(妙合)에 의하여 마련된 양 그의 방향을 그르쳐 놓았다고 해설하고 있는 것이다.

이미 앞에서도 논한 바와 같이 4정괘는 괘형이 중정하여 천도의 사대형질을 이루고 있는 자로서 오행설 이전의 고대역의 기초를 이루고 있는 것이다. 4정괘야말로 음양대대의 상을 올바르게 나타낸 정중의 천도로서의 고대역상의 참모습을 보여주는 자라 하겠다. 여기서 우리는 고대역은 음양설적이지 결코 오행설적이 아님을 알아야 한다. 그리하여 음양의 정중만이 천덕이요 성덕(聖德)이기도[315] 한 것이다. 이는 바로 천인합덕의 정중지상(正中之象)으로서 정중의 덕은 결코 오행생극의 윤회 속에서 나타나는 것이 아니라 음양대대의 상응조화에 의하여 이루어지는 것이다.

사정괘에서 추리되는 정중의 천도는 마치 지행의 무과불급이 시중의 인도인 것처럼 음양의 불편불의에서 이루어짐은 물론이다. 팔괘물상 중에서도 천지수화는 본질적으로 정중의 덕을 갖추었고 뇌

---

313) 『周易四箋』 卷1, Ⅱ~37, 34쪽(9-69). "以卦象則或以卦主之存亡占其吉凶 或以物性之相克占其勝敗 然水克火火克金金克木則易詞有徵 至於木克土土克水則絕無影響 古之聖人驗諸實理以爲占例 而後之術數家增衍添補以爲相克相生之說耳"
314) 주렴계의 「태극도설」은 음양오행설적 송대(宋代) 철학의 성격을 결정지어 놓았다고 할 수 있다.
315) 『周易』, 乾卦九二. 象傳. "龍德而正中者也"

풍산택은 천지수화에 의하여 이룩되는 만큼[316) 이는 마치 도의지성이 인성의 본연의 모습인 것처럼 천지수화의 괘상은 천도의 본연의 모습이기도 한 것이다. 인성을 논함에 있어서 도의지성을 빼고서는 어찌할 길이 없듯이 건곤감리의 4정괘를 빼고서는 역상을 논할 수가 없다. 그러므로 사정괘는 벽괘 중의 벽괘로서 정중지상의 기본형태라 해야 마땅할 것이다.

역은 본시 팔괘물상을 추이(推移)·효변(爻變)·호체(互體) 등의 방법에 의하여 만물의 정(情)을 추리하려 하지만[317) 이는 급기야 음양변화의 상을 정중의 시의에 알맞도록 맞추어보려는 데 그의 목적이 있음을 알 수 있다. 추이도 음양의 소장이요 효변괘변도 음양의 변화요 호체(互體)·복체(伏體)·반대(反對)·반합(胖合) 등도 모두 음양의 상응을 보는 방법이지만 그중에서도 '중이응(中而應)'으로써 길상(吉象)을 얻고[318) '부득중(不得中)'으로써 위려지상(危厲之象)을 얻게 된다는 데에 복서적 의의가 있는 동시에 역의 윤리적 의의도 간직되어 있다.

그러므로 역도(易道)는 길흉(吉凶)의 복서와 개과천선(改過遷善)의 윤리적 의의를 함께 가지고 있다.[319) 시중의 인도는 인간 당위의 길이거니와 정중의 천도는 인간에게 내려진 천명의 계시인 양 보이기도 하는 동시에 성범(聖凡)이 한 가지로 상달해야 하는 지고선의 목

---

316) 『周易四箋』 卷8, Ⅱ~44, 29쪽(10-148). "山澤者地水之所成也 雷風者天火之所成也"

317) 「漢魏遺義論」, 『易學緖言』 卷1, Ⅱ~45, 28쪽(10-231~232). "易之所以爲易者 一曰卦變 二曰爻變 三曰交易 四曰變易 而互體伏體反對胖合之等唯變所適 而後說卦之方位物象與之契合 而聖人之情見乎辭 易之妙理委在於此"

318) 『周易四箋』 卷1, Ⅱ~37, 23쪽(9-47~48). "正事之筮而卦德中正 則正事之吉也 故二五中正 或坎离 中正 則得云貞吉"

319) 같은 책, 28쪽(9-57). "易者 聖人所以改過而遷善也 故孔子曰假我數年卒以學易庶無大過矣 斯可驗也 改過曰悔不改過曰吝 悔吝者易家之大義也"

표이기도 한 것이다. 괘덕(卦德)이 중정(中正)하여 항구성을 잃지 않은 것이 천도라면 이는 중용의 인도와 조금도 다를 바 없다. 4정괘가 64괘를 통할하는 소이도 바로 여기에 있는 것이다.

5. 태극과 구육의 상

태극 양의 사상 팔괘는 그의 물상론적(物象論的) 견지에서는 본물(本物)과 법상(法象)의 두 갈래의 입장에서 볼 수 있다. 그런데 양의 사상 팔괘가 모두 각각 물상이 있되 태극만은 오히려 이들을 포괄한 자라 독립된 물상은 가지지 않은, 말하자면 미분의 상태를 이룬 자라고[320] 다산은 보고 있다.

설시(揲蓍)의 면에서 볼 때는 태극이란 오십책(五十策)의 미분화상태라고도 할 수 있다.[321] 또한 태극의 극을 옥극(屋極)의 극에 비교하고도 있고 64괘를 총괄한 자라고도 하고 있다.[322] 옥극은 지붕의 등을 이른 말이다. 거기에는 좌우로 서까래가 걸린다. 걸린 서까래는 한 곳으로 모여 등을 이룬다. 옥극에서 좌우로 서까래가 나누어지듯 태극에서 양의 사상 팔괘가 나누어진다. 옥극이란 좌우의 서까래가 아니지만 좌우의 서까래가 없이는 옥극의 이름은 얻을 수 없듯

---

320) 「論河圖爲八卦之則」,『易學緖言』卷2, Ⅱ~46, 38~39쪽(10-334~335). "原來太極兩儀四象八卦之說 須有兩件 一是天地之本物 一是蓍卦之法象……今論太極剖判之理 原來一包兩(太極包天地)兩包四(天地包天地水火) 四包八(天地水火包天地水火雷風山澤) 則太極者八物之合 八物者太極之分"

321) 「吳草廬纂言論」,『易學緖言』卷3, Ⅱ~47, 8쪽(10-353). "太極者 五十策之渾同未揲者也 兩儀者 五十策之分而爲二以象兩者也(儀者象也) 四象者 揲之以四以象四時者也 此皆揲蓍求卦之時所立之名 今以爲兩儀爲四象, 與大傳之文判不相合"

322) 『周易四箋』卷8, Ⅱ~44, 26쪽(10-141). "太極者 五十策之未分者也(三極未著故名曰太極) 兩儀者 分而爲二以象兩者也(儀容也法也) 四象者 揲之以四以象四者也(象形也似也) 八卦者 內卦外卦之或震或兌者也(卽八卦而小成之八卦) 太極者 六十四卦之=圖無別者也(五十策之中其六十四卦之胚胎) 兩儀者 乾坤二卦之儀倣也(八卦之乾坤) 四象者 十二辟卦分配四時之象似也(天地水火配四時) 八卦者 震坎以成屯坎艮以成蒙者也(故曰八卦定吉凶) 極也者 屋極之義 屋極者 屋脊也(卽甍脊) 一棟爲之脊而衆椽分出 亦猶大衍策爲之極 而兩儀四象皆於是乎分出也(與皇極同義)"

이 태극이란 양의 사상이 아니지만 양의 사상이 없이는 태극의 이름도 얻을 수 없다는 것이다.

그러므로 태극(太極)을 태일지형(太一之形)이라 한다면 양의(兩儀)는 양합지의(兩合之儀)이니 결코 실체는 아니다.[323] 태일이란 결국 둘에 의하여 이루어졌으나 하나인 것이다. '역유태극(易有太極)'이라 한 것은 역에는 이미 음양양의의 태일지상(太一之象)이 있음을 말한 것이요 '시생양의(是生兩儀)'라 한 것은 태극에서 음양양의의 상이 이루어짐을 말하는 것이다. 그러므로 태극의 면에서는 음양양의는 둘이요 양의의 면에서는 태극은 하나인 것이다. 그런 의미에서 태극이란 만상(萬象)의 구심점이요 사취(四聚)의 중심이기도 한 것이다.[324]

그러므로 태극이란 음양양의가 아직 나누어지기 이전의 상태이기도 하려니와 양의와 사상 등이 집중된 태일의 상태이기도 한 것이다. 태일이란 아마도 혼륜(混淪)의 미분이 아니라 취합(聚合)의 집중적 미분이라 해야 할 것도 같다. 그러므로 양의사상과 팔괘물상(八卦物象)의 집중적 취합의 극을 태극이라 한다면 태극은 아마도 팔주민생(八疇民生)의 향취(向聚)를 황극(皇極)이니 민극(民極)이니 하듯 모든 상의 향취를 태극이라 해야 할 것이다. 따라서 태극은 양의 사상밖에 초연히 존재한 자가 아니요 양의 사상과 함께 존재하는 자라 하지 않으면 안 된다. 그러므로 태극의 태일지형은 양의 사상 그 자체

---

323) 『易學緖言』 卷1, Ⅱ~45, 11쪽(10-198). "太極兩儀四象 皆撰著之名 太極者 太一之形 兩儀者 兩合之儀 四象者 四時之象 豈實體之謂乎"

324) 「陸德明釋文抄」, 『易學緖言』 卷4, Ⅱ~48, 6~7쪽(10-434~435). "馬融以北辰爲太極 今人愕然不信 然求諸字義實無錯誤 原夫極者屋極也, 中隆而受四聚者謂之極 故皇極居中以受八疇之聚 商邑居中以爲四方之極 建其有極歸其有極以爲民極 凡古經用極字皆此一義 未有以混淪渾幸之氣冲漠玄妙之理名之曰極者也……由是觀之 北極爲之蒂 而南極其臍也, 北辰之爲太極不亦宜乎 一點之蒂爲天地之所始 故名之曰太極 又曰太極生兩儀非無謂也"

의 태일임은 물론이다. 이는 태일지형의 태극은 좌우상반(左右相半, 양의兩儀)의 지정지형(至正之形)이요 지중지상(至中之象)임을 의미한다. 양의 사상의 지정지중(至正至中)의 상이 곧 태극의 태일지형일진대 태극을 일러 또한 천도의 지중지상이라 함 직도 하다.

지행(知行)의 무과불급이 중(中)인 것처럼 양의(兩儀)의 불편불의(不偏不倚)한 정중이 곧 태극의 지중지상(至中之象)이 아닐까? 그러므로 태극은 태중지상(太中之象)일지언정 태허태현지상(太虛太玄之象)은 아니다. 그럼에도 불구하고 한대 이후 태극설(太極說)이 노장 도가류의 현허지학풍(玄虛之學風)을 받아 현묘한 어떤 진리를 내포한 듯 신비화함으로써 노자 '도생일(道生一)'의 一을 태극으로 보았다.[325] 또 도화(道化)의 근본을 도(道)로 보고 일(一) 이전의 존재자로서 도를 내세웠으니 이는 태극 이전의 존재자가 따로 있음을 의미한다. 송유 주렴계(1017~1073)의 무극이태극설(無極而太極說)은 본시 노자의 도가 무극으로 변한 자이니 이도 또한 '유생어무(有生於無, 『노자』하편 40장)'라 한 노자의 영향을 떠나서 생각할 길이 없다. 이는 정중의 태극사상과는 너무도 거리가 먼 해석이 된 셈이다.

태극이란 천지가 아직 나누어지기 전의 상태로서 음양이 배태한 만물의 태초라 할 수 있으니,[326] 그러므로 이는 유형의 시(始)이지

---

325) 「韓康伯玄談考」, 『易學緒言』 卷2, Ⅱ~46, 3~4쪽(10-264~265). "孔以太極爲元氣 又引老子道生一 爲太極 是猶近理 乃後世之論推尊太極爲形而上之物 每云是理非氣 是無非有 不知形而上之物何以有 黑白交圈也 又云無極而太極 則是其義雖本出於道生一三字 彼云道生一是於太極之上明有造化之本 若 云無極而太極 則所謂太極者是又自然而生無所爲本也, 未論經旨得失 而老子之意亦一變而爲異說矣"

326) 「沙隨古占駁」, 『易學緒言』 卷3, Ⅱ~47, 1쪽(10-340). "太極者 天地未分之先 渾沌有形之始 陰陽之 胚胎 萬物之太初也 其名僅見於道家 而周公孔子之書偶未之言 非敢曰天地之先無此太極 但所謂太極 者 是有形之始 其謂之無形之理者 所未敢省悟也, 濂溪周先生嘗繪之爲圖 夫無形則無所爲圖也, 理可繪 之乎 此皆論太極圖之太極也, 若大易大傳之云 易有太極者 是謂撲著之先五十策之未分者 是有太極之 象 太極之貌也, 故借以名之曰 易有太極 若謂是八卦諸畫之先 又有彼渾沌不分之物爲之胚胎 則大荒唐 矣 易者書名所以爲筮也"

무형의 리(理)는 아니다. 따라서 태극에는 무의 사상은 깃들 여지가 없다. 그럼에도 불구하고 주자는 '무극이태극'이라 하였으니 이는 '역유태극'의 태극과는 아주 다른 자임을 알아야 한다. 그러므로 태극은 태일지형으로서의 유형지시(有形之始)이지 혼돈미분의 무형지리일 수는 없는 것이다. 따라서 다산의 역도는 일음일양의 천도로써 만물을 생육하는 근본으로 삼되 그의 위에 다시 이를 주재하는 상제천의 존재를 인정하고 있다.[327]

일음일양의 역도는 일주일야(一晝一夜) 일한일서(一寒一暑)의 도로써 만물을 생육하는 천도이지 이는 태극 양의의 상이 간여할 바 못된다. 그러므로 일음일양의 역도와 태극 양의의 의상(儀象)과는 완전히 구별되는 자이다. 일음일양의 위에는 이를 견제하는 주재천이 있어서 만물을 창조하며 양육한다고 믿고 있다. 그러므로 태극 양의의 상과는 아랑곳없이 일양일음의 위에는 주재천이 엄연히 존재하고 있다는 것이다.[328]

여기서 우리는 일음일양의 자연현상을 통해 주재자의 섭리를 엿보려고 하는 고대역에 대한 다산사상의 싹을 볼 수 있다. 이는 역리로써의 천도도 주재천의 존재 없이는 이해할 길이 없음을 의미한다. 일음일양의 대대원리도 하나의 태극 양의의 상에 지나지 않지만 그의 중정지상은 생육만물하는 주재자의 모습인지도 모른다. 인간은

---

327) 「韓康伯玄談考」, 『易學緒言』 卷2, Ⅱ~46, 2쪽(10-261). "一陰一陽之謂道者天之所以生育萬物 其神化妙用只是一晝一夜一寒一暑而已 草木禽獸含生蠢動之倫 於是乎煦濡蓄發 而人之所以立經陳紀代天理 物亦唯順晦明之節 協冬夏之紀而已 合而名之 則一陰一陽 易之所以爲易法此而已 此與兩儀太極何干何涉……曰無陰無陽者方欲推會 太極欲離陰陽 超于其上 故改一爲無 中則體貌不尊 必爲道體之本而一陰一陽包函其以自伸其虛玄之義也 豈不怪哉 天道至健接續不斷者 本乎生物之德 故曰繼之者善也 旣生旣有煦濡蓄發 必至成物而後已者 本乎成物之性 故曰成之者性也 一陰一陽之上明有宰制之天而今遂以一陰一陽爲道體之本可乎"

328) 이를 우리는 다산의 유신론적(有神論的) 역리론(易理論)이라 함 직하다.

시중의 인도를 따라 행동해야 하는 것이라면 만물은 정중의 천도를 따라 생육하지 않을 수 없다. 그러므로 일음일양은 생육만물의 천도인 것이요 태극 양의는 그의 모습일 따름이다. 이에 다산이 본 주재천은 음양의 역도로써 만물을 생육하고 태극의 형상으로서 우리들의 앞에 나타난 것이다.329) 여기에 기계론적 역리천의 울 밖으로 뛰어난 다산의 새로운 입장이 있다. 다시 말하면 고대역을 오로지 순수천명(順受天命)의 학으로 간주함과 동시에 상제천의 존재 없이 순수천명의 학은 성립할 수 없기 때문이다.

다산은 역에서도 또한 이법으로서의 천보다도 주재자로서의 천을 보려고 하였다. 그러므로 일음일양(一陰一陽)의 도도 그저 변화하는 운행의 법칙이 아니라 주재자의 행동규범이요 동시에 생육만물하려는 합목적적 의지의 표현이기도 한 것이다. 역은 음양의 도를 벗어날 수는 없다손 치더라도 이는 상제천의 의지를 촌탁하는 방법으로서의 음양의 도라는 데에 고대역의 진정한 모습이 있다. 이제 태극만 하더라도 그것을 만물의 창조자로서의 정중지상으로 볼 수 있다면 거기에서 분화된 일음일양은 어떻게 움직이는 것일까?

일음일양은 결코 혼자서 존재하지 않고 언제나 64괘를 통하여 남과의 관계하에서 제구실을 하게 된다. 역의 64괘 384획 중 음(陰--) · 양(陽一)이 각각 192획씩이다. 그러면 어찌하여 음을 6, 양을 9라 하는가? 경문에는 음 · 양을 6 · 9라는 숫자로 표시하고 있는 것이다. 9니 6이니 하는 것은 양과 음이 변동하는 표지인 것이다.330) 다시 말

---

329) 우리는 하나님을 눈으로 볼 수 없으되 자연의 섭리 속에서 하나님의 존재를 느낄 수 있다는 자연주의적 신관의 일면이 있음을 본다.

330) 『周易四箋』 卷8, II~44, 23쪽(10-136). "曰九曰六者 陽陰變動之標也"

하면 9는 순양이니 순즉변(純則變)이라 양변음(陽變陰)의 음으로 간주하여야 하고, 6은 순음이니 순즉변이라 음변양(陰變陽)의 양으로 취급하여야 한다. 이를 소위 효변(爻變)이라 하여 주역의 대경(大經)으로 삼았다.[331] 그러므로 9·6이란 본시 효변을 뜻하므로 불면의 효란 있을 수 없는 것이다.[332] 老는 純을 의미하기 때문에 노무불변(老無不變)이라 9·6은 기변지상(旣變之象)임을 알아야 한다.[333] 주공이 효사(爻詞)를 쓸 때 64괘의 384효를 온통 9·6으로 표시한 이유는 모두 그들을 변상(變象)으로 나타내기 위해서인 것이다.[334]

그러므로 요즈음 9·6을 그저 불변상(不變象)의 양음(陽陰)으로 보는 것은 크게 잘못인 것이라고[335] 다산은 지적하고 있다. 다산은 역이란 본시 변화를 주로 삼는 자임에도 불구하고 효사를 변상(變象)에서 구하지 않은 정씨설(鄭氏說)을 박(駁)하고[336] 최경(崔憬)이나 간보(干寶, ?~351)의 설이 한나라 때 이미 일성(日星)처럼 뚜렷한데 후세에 이르러 다시 흐려지고 말았음을 탓하고 있다. 다산이 비록 9·6의 뜻을 최경·간보 등의 설에서 시사받았다손 치더라도 이 9·6이란 숫자의 수리적 근거는 다산에 의하여 천명된 것이다.[337]

---

331) 「沙隨古占駁」, 『易學緖言』 卷3, Ⅱ~47, 6쪽(10-349). "爻之名不出於曰九曰六 此周易之大經也"

332) 「胡玉齋爻變之解」, 『易學緖言』 卷4, Ⅱ~48, 13쪽(10-447). "周易曰九曰六本是爻變之名 九者老陽之變 六者老陰之變 不變之爻周易之所無也"

333) 「爻變表直說」, 『周易四箋』 卷1, Ⅱ~37, 12쪽(9-25). "九者老陽也, 六者老陰也, 老無不變 則九六者旣變之名 不變非九六也"

334) 「朱子本義發微」, 『易學緖言』 卷2, Ⅱ~46, 24쪽(10-305). "周公之法取三百八十四爻 皆以九六兩字標以名之 此不易之法也"

335) 같은 책, 23쪽(10-303). "……初九云者謂初畫值九而變陰 九字之中已含變陰之義也 初六云者謂初畫值六而變陽 六字之中已含變陽之義也 今人不達此義 九字只做陽字看 六字只做陰字看 此大謬也"

336) 「鄭康成易注論」, 『易學緖言』 卷1, Ⅱ~45, 24쪽(10-233). "鄭旣云周易以變占 故稱九稱六 則其釋爻詞何不以變象求之乎"

337) 「李鼎祚集解論」, 『易學緖言』 卷1, Ⅱ~45, 1쪽(10-177). "九者 老陽之數 動之所占 故陽稱焉" 같은 책, 2쪽(10-180). "占變故有爻 繫曰爻者言乎變者也 故易繫辭皆稱九六也"

소위 음양의 노소(老少)를 노양구(老陽九)·노음육(老陰六)·소양칠(少陽七)·소음팔(少陰八)로 간주한 것은 시괘법(蓍卦法)과 깊은 관련이 있다.338) 시괘법의 삼천양지설(參天兩地說)에 의하면 천수(天數)로 인하여 9가 되고 지수(地數)로 인하여 6이 된다고 하였는데339) 노(老)는 순삼(純三)을 의미하거니와 음양이 혹일혹이(或一或二)로 혹은 혹이혹일(或二或一)로 배합되어 있는 자를 소양 혹은 소음이라 하였으니 음양을 노소로 나누는 데는 이유가 없지 않다.340) 이는 계사전 하(下)의 '양괘다음음괘다양(陽卦多陰陰卦多陽)'설에341) 근거하여 일삼이양(一參二兩)의 7이 소양이 되고 이삼일양(二參一兩)의 8이 소음이 된 것이다. 그러므로 일음일양이 ====의 상에 의하여 소음, 소양으로 된다는 설은 잘못된 것이라고342) 다산은 설명한 것이다.

본시 삼천양지설은 해명하기 어려운 것이기는 하지만 천수삼(天數參)·지수양(地數兩)은 역수의 기본이 되는 자로서 자연의 실리도 또한 그러한 것이니343) 삼천양지의 삼분손일설(三分損一說)은344) 시괘

---

338) 「李鼎祚集解論」,『易學緖言』卷1, Ⅱ~45, 10쪽(10-196). "老陽九少陽七老陰六少陰八非可顯空設 蓍卦之數參天兩地 故一畫三揲之時一得奇再得偶者爲少陽七(三二二) 一得偶再得奇者爲少陰八(二三三) 三揲皆奇爲老陽九(三三三) 三揲皆偶爲老陰六(二二二)"

339) 「朱子本義發微」,『易學緖言』卷2, Ⅱ~46, 23쪽(10-303). "蓍卦之法參天兩地 故三掛皆得天數者爲九(老陽數) 三掛皆得地數者爲六(老陰數)"
「論河圖爲八卦之則」, 같은 책, 40쪽(10-338). "參天兩地之法 凡一陽二陰爲少陽(三二二爲七) 一陰二陽爲少陰(二三三爲八) 由是觀之 震 坎 艮 三卦都是少陽皆一陽二陰 巽 离 兌 三卦都是少陰皆一陰二陽, 豈無故賜名曰老曰少乎"

340) 「沙隨古占駁」,『易學緖言』卷3, Ⅱ~47, 4쪽(10-345). "所謂老少陰陽者卽撰蓍三變之後(得一畫) 立其純雜之名者也 三參爲老陽(三得天) 三兩爲老陰(三得地) 一參二兩爲少陽(一得天) 一兩二參爲少陰(一得地) 陰陽之名立於總數 而老少之名分於純雜(純爲老而雜爲少) 卽非三揲而得總數 則陰陽老少之名不能生矣"

341) 『周易』「繫辭 下」 4장. "陽卦多陰陰卦多陽 其故何也 陽卦奇陰卦偶 其德行何也 陽一君而二民 君子之道也 陰二君而一民 小人之道也"

342) 「沙隨古占駁」,『易學緖言』卷3, Ⅱ~47, 4쪽(10-345). "……今法以==爲少陽 以==爲少陰 何其立義之不公耶 夫其爲一陰一陽之合 ==與==無以異也"

343) 「論河圖洛書參天兩地之義」,『易學緖言』卷2, Ⅱ~46, 36~37쪽(10-330~331). "參天兩地之義微妙

의 본법에 그대로 적용한 것이다.[345] 그리하여 9·6의 변은 실로 고대역을 해명하는 데 있어서 지대한 공이 있으니 그의 형 약전의 칭찬이 결코 헛된 것이 아님을 알 수 있다.[346]

9·6의 상은 태극의 상과 아울러 고대역의 정수라 해도 좋을 것이다. 태극이 태일의 정중지상(正中之象)이라 한다면 9·6은 음양양의의 활활발발지상(活活潑潑之象)이라 함 직한 것이다. 9·6은 변화를 통하여 생동하는 음양의 상이다. 그런 점에서 정중의 천도는 9·6의 동상(動象)에서—변화의 상에서— 얻어진 태극의 정중지도가 아닐까?

중의 사상은 사실상 시중의 인도와 정중의 천도가 안팎이 되어 하나의 인간학적 원리로 내세워진 자이다. 중(中)은 천도로서 또는 인간의 생활 속에서 찾게 된다. 그런데 이제 인생론적 시중(時中)의 인도와 우주론적 정중(正中)의 천도는 서로 비약하여 성중(誠中)의 성인지도로 발전하였으니 이는 실로 수사학적 중용사상의 정점이 되는 자이다.

難言 然老子曰 一生二 二生三 三生萬物 莊子曰 一與一爲二 二與一爲三 漢書郊祀志有三一之文而律曆志 云太極元氣函三爲一 管子論樂律 亦以三一起數 此皆古人參天之原義也 在地之物百穀百果皆兩瓣相合 人身頭凶頁以下皆兩合 則形質在下之器其體兩合 皆古人兩地之原義也 然其在周易直據卦畫 亦可以參天兩地 蓋柔畫中斷較之剛畫纔得三分之二(見原編) 非必須求異義"

344) 「漢魏遺義論」, 『易學緒言』 卷1, Ⅱ~45, 36쪽(10-248). "參天兩地者 三分損一也"

345) 「蓍卦傳」, 『周易四箋』 卷8, Ⅱ~44, 21쪽(10-132). "天數之必以參而地數之必以兩何也 卦之一畫可作三段看 試論陰 ― 其左右二片各占一段(占三分之二) 其中央一段虛而不用 豈非只得其二段者乎 陽畫則全得其三段矣 假令黃金三斤(一段當一斤)則陽畫全得三斤 地畫只得二斤 其數之參天而兩地不亦宜乎"
같은 책, 같은 곳(10-131~132). "純陽之謂之九何也 著策之數參天(凡天數皆謂之三)兩地(凡地數皆謂之二)以爲法(見說卦)三揲之所掛一者 皆得刻奇之策 則是得天數者三也 天數皆三(參天故)三三非九乎(純則三)純陰之謂之六何也 三揲之所掛一者 皆得刻偶之策 則是得地數者三也 地數皆二(兩地故) 二三非六乎(純則三)○雜易者少陽也 少陽之謂之七何也 三揲之所掛一者再得地數之策刻偶者)一得天數之策(刻奇者)參天兩地 其數非七乎(二二三) 雜陰者少陰也 少陰之謂之八何也 三揲之所掛一者再得天數之策(一三五七九)一得地數之策(二四六八十)參天兩地 其數非八乎(三三二)"

346) 「兹山易柬」, 『易學緒言』 卷4, Ⅱ~48, 30쪽(10-481). "周易四解孰非壯觀 而至於著卦傳尤是絶奇 文字至於九六之辨 妙妙奇奇言言字字 殆如神授鬼指 不可名狀 不知美庸以何靈心妙悟至此也 令人直欲狂叫亂舞也"

제8절 성중의 성인지도

공자는 주로 중(中)을 논하고 맹자는 성(誠)을 논하여[347] 중용서의
선하를 이루고 있다손[348] 치더라도 중은 성의 바탕이요 성은 중용에
서의 발전임을 알아야 한다. 공자의 사람됨이 이미 "배우기를 싫어
하지 않고 가르치기를 게을리하지 않고"[349] "차근차근 배워서 위로
올라간"[350] 지성의 인이다. 그가 비록 그의 입으로 '성(誠)'자를 토하
지 않았지만, 그가 기르던 뭇 제자들은 모두 군자로서의 성실한 인
간이 되기를 바랐던 것이다. 군자의 덕은 "근엄한 체하는 사람은 곧
은 인격을 좀먹는 무리들이다"라[351] 했듯이 꾸며대는 거짓이 아니
라 곧고 진실한 것이어야 한다. 진실한 지성의 인이 바로 군자인 것
이요 그가 가는 길이 지성지도인 것이다. 그러므로 다산은 공자의
학을 지성의 학으로 이해하고 있다.[352] 공자의 성학(誠學)이 맹자의
손을 거쳐 대학과 중용서에서 체계화되고 주역에 이르러 천인지회
(天人際會)의 도로 결실하게 된 것이다.

그러면 어찌하여 이를 성중의 성인지도라 하는가? 중용이란 이미
'알맞음의 꾸준함'을 이름일진대 알맞음의 진실이 성(誠)이요 그의
꾸준함이 또한 성(誠)으로 발전한 터전이 아닌가? 그러므로 성학은

---

347) 『孟子』, 「盡心 上」. "反身而誠 樂莫大焉"
　　　같은 책, 「離婁 上」. "誠者天之道也 思誠者人之道也"

348) 졸고, 「中庸思想展開一方向」, 『전남대학교논문집』 제5집(광주: 전남대, 1960).

349) 『孟子』, 「公孫丑 上」. "學而不厭 誨人不倦"
　　　『論語』, 「述而」. "學不厭而敎不倦"

350) 『論語』, 「憲問」. "下學而上達"

351) 『論語』, 「陽貨」. "鄕原德之賊也"

352) 『論語古今註』 卷1, II～7, 14쪽(5-29). "易色則誠於賢賢矣 竭力則誠於親親矣 致身則誠於尊尊矣 有信則誠於交友矣 四者皆誠學"

중용에서 연유한 것이지 성과 중용이 따로 따로 맺어진 딴 열매가 아닌 것이다. 시중의 인도건 정중의 천도건 이는 오로지 성중의 성인지도로서의 두 면에 지나지 않기 때문에 이에 우리는 성과 중이 하나의 원리로서 천인지도를 일관하고 있음을 잠시 살펴보아야 하겠다. 그리하여 시중군자가 다름 아닌 지성지인이요 정중의 천도가 바로 지성지도임을 알게 될 것이요, 또한 지성지도가 곧 성인지도로 통하는 길임을 알게 될 것이다. 다시 말하면 참된 하늘의 길과 맞먹게 된다는 것을 아는 것이다.

1. 성중원리의 성립

다산은 이미 지성이 곧 중화임을[353] 이해하고 있었으므로 중용지도는 성(誠)의 일자(一字)로 요약된다고 하였다.[354] 중용서에서 뿐만 아니라 대학서에서도 그렇게 말하고 있다.[355] 이처럼 성(誠)의 일자(一字)는 공맹학의 중심원리가 되었는데, 성(誠)이란 성언(成言)을 의미하며[356] 수기치인의 학으로서 성기성물(成己成物)이[357] 그의 궁극적 목표임은 다시 말할 나위도 없다. 따라서 성기성물은 곧 물지종시이므로 성언(成言)의 성(誠)은 물지종시(物之終始)로서 만사만물을

---

353) 『中庸自箴』, Ⅱ~3, 24쪽(4-221). "至誠者中和也 無息者庸也 篇首曰致中和天地位焉萬物育焉 上節曰惟天下至誠可以贊天地化育 中和非至誠乎 不息則久 久則徵 徵則悠遠 無息非庸乎"

354) 「中庸策」, Ⅰ~8, 30~31쪽(1-662~663). "夫中庸之全體大用不可枚擧 而就其中拈出其樞紐機括之會 則誠一字是已 而誠之用工又不外乎戒愼恐懼四字 用力乎此則中庸之道斯可復矣"

355) 『中庸自箴』, Ⅱ~3, 21쪽(4-215~216). "大學中庸皆以誠者首功 而大學則曰欲誠其意者先之以格致 中庸則曰欲誠其身者先之以明善 亦一例也"

356) 「誠字說」, Ⅰ~10, 5쪽(2-134). "誠字偏旁之義三倉說文未有明解 余謂誠者物之終始 始於修身終於治人 不誠無物 斯之謂物之終始也 易曰終萬物始萬物者莫盛乎艮 又曰成言乎艮 誠者成言也 成言者物之終始也"

357) 『中庸自箴』, Ⅱ~3, 23쪽(4-220). "誠成者六書之諧聲也 以其成己成物非誠不能故字從成也"

일관하는 道인 것이다. 글자의 짜임새도 좌언우성(左言右成)으로 된 것이니 그러면 성언(成言)이란 어떠한 의미를 간직하고 있는 것일까? 우리는 위에서 중(中)이란 지언행인을 간추린 '지행(知行)'의 중이라 하였다. 이는 지언행인(知言行仁)의 무과불급(無過不及)에서 오는 지행 일여(知行一如)가 다름 아닌 중(中)인 것으로 이해한다. 그런데 성(誠)이란 성언(成言)이라 하였으니 '성언(成言)'의 '언(言)'은 지언의 언이요, '성언(成言)'의 '성(成)'은 행인의 성공으로 볼 수는 없는 것일까? 그렇다면 '지언행인(知言行仁)=성언(成言)'의 공식이 성립될 것이니 이는 '성(誠)'·'중(中)'이 둘이 아니요, 하나임을 짐작하게 하는 것이다.

성을 일러 성언이라 할진대 성언이란 바로 언행일치를 의미한다. 중용서에서도 군자의 언행은 무여부족해야 함을 논하였고[358] 역의 건괘 문언에서는 용언 용행을 통하여 이루어지는 성이 바로 정중의 용덕임을 논하였다.[359] 이는 곧 언행일치에서 오는 정중의 성덕을 단적으로 표시한 자라 하지 않을 수 없다. 이로써 성이란 언행일치에서 오는 성언임을 단정할 수 있거니와 이에 지행의 중과 성언의 성과의 관계를 표시하면 다음과 같다.

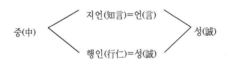

중(中) ― 지언(知言)=언(言) / 행인(行仁)=성(誠) ― 성(誠)

---

358) 『中庸』13장. "庸德之行 庸言之謹 有所不足 不敢不勉 有餘 不敢盡 言顧行 言顧言 君子胡不慥慥爾"
359) 『周易』乾卦文言. "子曰龍德而正中者也 庸言之信 庸行之謹 閑邪存其誠"

중이란 본시 가만히 앉아서 얻어질 수 있는 것이 아니다. 애써 노력함으로써 중이 얻어짐은 물론이다. 애써 노력하는 신독군자의 지성에 의하여 비로소 이루어지는 것이다.[360] 중이 곧 지성인 까닭은 신독의 신앙을 겪어야 지성일 수 있고 지성의 노력으로서만 치중할 수 있기 때문이다. 뒤집어 말하면 신독군자의 지성이 바로 치중(致中)의 지성(至誠)이란 뜻이다.

이에 중과 성과의 관계를 좀 더 살펴보자면 中도 행인(行仁)의 실천을 떠나서는 생각할 수 없듯이 성(誠)도 성언(成言)의 성공을 저버리고서는 생각할 수 없다. 그러므로 중이건 성이건 이들은 행인과 성언의 결과요, 또 실천과 성공의 과정에 있어서 인간에게 요구되는 군자의 지덕이다. 이에 성중원리는 성명(性命)을 문제 삼는 수기학적 중용서와 치평(治平)을 문제 삼는 치인학적 대학서(大學書)에서 문제 삼는다. 왜냐하면 성중원리는 성명의 천도로도 통하려니와 치평의 인도로도 통하기 때문이다. 그리하여 성중원리는 선진유교의 핵심을 이루고 있다고 말하지 않을 수 없다.

실로 중용일서는 온통 성의 일자로 일관되어 있는 것이라고 다산은 지적하고 있다.[361] 하늘의 도나 인간의 길이나 오로지 한 성자밖에 있지 않음을 말하고 있다. 중용서에서는 욕토미토(欲吐未吐)의 성

---

360) 『中庸講義』, Ⅱ~4, 5~6쪽(4-246~247). "中也者 不偏不倚之名 此須用力執中者 乃得推致 豈凡民之所同有乎 禮曰升中于天(見禮記)中也者誠也 愼獨而後爲至誠 至誠而後能致中 豈衆人之所有乎"

361) 같은 책, 44~45쪽(4-324~325). "首章雖無誠字 愼獨卽誠 不可曰不言誠也 回也章曰 得一善則拳拳服膺 此亦誠也 素位章曰 失諸正鵠反求諸其身 此亦誠也 哀公問之下曰 思知人不可以不知天 此亦誠也 何得曰不言誠乎 五達道所以行之者 一也 一者誠也 三達德所以行之者 一也 一者誠也 三知不同及其知 一也 一者誠也 三行不同及其成功 一也 一者誠也 九經浩汗所以行之者 一也 一者誠也 何得曰不言誠乎 特以愼獨之工在於知微之臨 知微之顯 則神斯格矣 故於鬼神章 揷 一誠字爲一篇之樞紐 自舜文王以下大幹小枝去綱細目秩然森列 而這一誠字欲吐未吐欲發未發 一起一伏 時隱時顯 層層換轉 至豫則立一節特結一局 乃吐誠字 旣吐之後 重言複言 如花之旣發芬芳郁然也 天道人道其有外於一誠字乎"

자(誠字)가 귀신장(16장)에서 비로소 토출하게 되었는데 그에 앞서서 도불원인장(道不遠人章, 13장)에서는 "말은 행실을 돌아보고 행실은 말을 돌아보아야 한다" 하여 여 성자(誠字)를 마련하는 전제로 삼았음은 물론이다. 성이란 실로 언과 행이 서로서로 앞뒤를 돌아다보는 진실한 모습으로서 지언행인의 중과 더불어 수사학적 실천윤리학의 철학적 근거가 되어 있다. 이는 마치 정주학에서의 리처럼 만화의 근본이기도 하려니와 일자성야(一者誠也)의 성은 태일지형의 태극처럼 언행의 실천에서 오는 태일이라고 봄 직도 하다.

태극에서 양의가 분출하듯 성에서는 언행이 분출하는 것으로 본다면 정주학에서의 이일분수는 성중학에서는 성일분이(誠一分二)라고 할 수도 있다. 그런데 성중은 천리가 아니라 지언행인이요 동시에 성언이다. 성언은 성기성물의 진실한 모습으로서 수기치인의 근본이 아닐 수 없는 것이다. 이 길을 밟지 않고서는 만물의 화육도 이루어질 수 없다. 리기가 어찌 만화에 관여할 수 있을까? 오직 성언의 진실만이 생성화육의 기본일 따름인 것이다. 그러므로 성이란 실로 만덕의 추요(樞要)로서 오달도 삼달덕은 물론이거니와 천지만물의 리도 이 성자로 근본을 삼고 성의 일자로 근원을 삼는다.[362] 그러므로 인간 지선의 길도 이 성이 아니고서는 걸을 수 없다.[363] 대학서에서의 성의도 또한 의(意)・심(心)・신(身)・가(家)・국(國)・천하

---

362) 『中庸自箴』, II〜3, 20쪽(4-213). "……知天二字 爲誠身之本 誠一字 爲德之根 故天下之達道五 所以行之者一也 天下之達德三 所以行之者一也 人之所以知道者三 所以知之者一也 人之所以行善者三 所以行之者一也 凡爲天下有九經 所以行之者一也 文勢到此 如龍飛鳳舞波起瀾興 畢竟止一誠者 如風水家所謂千里伏龍 畢竟結局一席之地 聖人於此洞察天地萬物之理 千條百枝 都以一誠字爲根本 千流百波 都以一誠字爲源頭 此所謂不誠無物 乃誠者天之道也 故先以知天爲結局 然後中散萬殊 又以誠字結局"

363) 『大學公議』, II〜1, 12쪽(4-25). "至善者 人倫之至德也 誠則至"

(天下)를 포괄한 일관지도라고 다산은 밝히고 있는 것이다.[364]

다산은 이미 그의 중용론에서 선이란 곧 득중함이라 하였거니와[365] 중용서의 경문에 의하더라도 성신함에는 득중의 선에 밝지 않아서는 안 된다는 것을 말하고 있다.[366] 득중이 선이라면 성신의 지성도 선이 아닐 수 없다. 그러므로 성중의 길은 결국 지선의 길이기도 한 것이다. 이에 우리는 득중의 선은 결국 성으로 말미암아 성기성물의 지고선의 경지에 이를 수 있는 것이 아닐까? 중용서에서의 명선은 성신에 앞서는 자요 대학서에서 지어지선은 성중의 결과인 것으로서[367] 이것이 다름 아닌 수기의 중용과 치인의 대학을 일관한 성중(誠中)의 지선지도(至善之道)임을 알 수 있다.[368]

그러므로 성중원리는 지선의 성인지도(聖人之道)이지 사변적 천리가 아니다. 다시 말하면 성중의 도는 신독군자의 지언행인과 성언의 공효로서 이룩되는 것이지 음양오행의 이법이나 허령불매의 지각에서 찾게 되는 관념이 아니다. 알맞고 꾸준하고 참되고자 하는 성중의 도는 인간의 진실한 행동을 요구한다. "말을 꾸며대며 얌전한 체하는"[369] 위인은 그가 진실한 인간일 수는 없다. 사람다운 사람은 하지 않는 위선인 것이다.

참된 인간은 말과 행동이 진실하고 바른 길만을 걷는 사람이다.

---

364) 같은 책, 22쪽(4-45). "……不誠無物 故先言誠意包括意心身家國天下 一歸之於誠意……"

365) 『中庸自箴』, Ⅱ~3, 11쪽(4-195). "善者 得中之論也"

366) 『中庸』 12장. "誠身有道 不明乎善 不誠乎身矣"

367) 『大學公議』, Ⅱ~1, 16쪽(4-33). "中庸以誠爲物之終始 而誠身上面 先有明善一層 明善者知止也 知將以止於至善 非明善乎"

368) 같은 책, 15쪽(4-31). "誠之爲物貫徹始終 誠以誠意 誠以正心 誠以修身 誠以治家國 誠以平天下 故中庸曰 誠者物之終始"

369) 『論語』, 「學而」. "巧言令色 鮮矣仁"

진실한 것은 바른 것이요 곧은 것은 참된 것이다. 말과 행동이 엇나가는 것은 거짓이다. 말이 지나쳐도 거짓이 되고 행동이 부실해도 거짓이 된다. 말과 행동이 엇나가지 않는 진실한 인간이 군자요 말과 행동이 알맞은 사람이 성중군자(誠中君子)다. 실로 성중군자는 자신을 바르게 한 후 남도 바르게 하는 사람이다. 성중의 학이 인간의 윤리적 규범학으로서 다루어지는 까닭은 바로 진실한 한 인간을 문제 삼고 있기 때문인 것이다.

2. 신독군자론

군자라고 하면 그는 신독군자[370]이어야 하고, 동시에 지성지인(至誠之人)이요 시중지인(時中之人)[371]이어야 한다. 공자의 학을 군자학이라기도 하거니와 공자의 일생은 적어도 군자로서의 일생이었고, 그의 일생은 군자의 교육으로 일관한 일생이기도 한 것이다. 공자는 스스로 군자이기를 기약했기 때문에 남들에게는 소인이 되지 말도록 가르치고 타일렀다. 그러므로 그는 언제나 한 인간이 어떻게 되어야 하는가를 문제 삼았고, 그 사람됨이 실로 사람다우면 그를 군자라 하였던 것이다.

군자란 실로 전인적 지성을 목표로 지선의 길을 걷는 한 인간상이다. 군자의 길은 위로 천명을 받들고 아래로 남을 위하여 사는 길이다. 천명을 받들어 내 몸을 바르게 가누고 남을 위하여 내 일처럼 애를 써야 하는 것이다. 따라서 전자는 수기[수신]의 길이요 후자는 치

---

370) 『大學』 傳6章. "所謂誠其意者 毋自欺也……故君子必愼其獨也"
　　　『中庸』 1장. "君子戒愼乎其所不睹 恐懼乎其所不聞 莫見乎隱 莫顯乎微 故君子愼其獨也"
371) 『中庸』 2장. "仲尼曰……君子之中庸也 君子而時中"

인[목민]의 길이다.372) 그러므로 수기치인이야말로 군자지도(君子之道)요 군자의 학인 것이다.

그러면 군자는 항상 어떠한 태도를 가져야 하는 것일까? 참된 인간은 세 가지를 두려워해야 하는데373) 진실로 군자는 자신의 상달을 위하여 악에 빠지지 않도록 두려워하는 사람이다. 무엇을 두려워하는가? 무엇보다도 먼저 천명을 두려워한다. 영명한 천제(天帝)는 사람의 마음속으로 직통하여 통촉하지 않음이 없으니 어찌 두렵지 않는가374)라고 다산은 말하고 있다. 상제가 굽어보시므로 비록 어둠 속에 홀로 있을지라도 군자는 전전긍긍 악에 빠지지 않도록 두려워하는 것이다.375) 그러므로 상제가 굽어보심을 믿지 않는 사람은 홀로를 삼갈 줄 모르며376) 천명을 두려워하지 않는다. 천명의 두려움을 아는 사람만이 군자일 수 있는 것이다. 군자는 그가 천명을 두려워하며 그에게 순응하기 때문에 홀로를 삼가는 것이다.

눈에 보이지도 않고 귀로 들을 수도 없는 하늘의 경고이언만 군자는 자기의 도심을 통하여 이를 똑똑히 들을 수 있다. 똑똑히 들을 수 있는 도심의 경고에 따르는 길이 바로 군자 신독의 길이다. 다시 말하면 맹자의 말과 같이 군자의 존심양성(存心養性)은 곧 순수천명(順受天命)의 방법인 것이다.377) 그러므로 군자의 시중(時中)도 신독의

---

372) 『牧民心書』 序, I~12, 42쪽(2-358)・『牧民心書』 自序, V~16, 1쪽(16-3). "君子之學修身爲半 其半牧民也"

373) 『論語』, 「季氏」. "君子有三畏 畏天命 畏大人 畏聖人之言"

374) 『中庸自箴』, II~3, 5쪽(4-184). "天之靈明直通人心 無隱不察 無微不燭 照臨此室日監在玆 人苟知此 雖有大膽者 不能不戒愼恐懼矣"

375) 같은 책, 5쪽(4-183). "君子處暗室之中 戰戰栗栗不敢爲惡 知其有上帝臨女也"

376) 같은 책, 6쪽(4-185). "不信降監者 必無以愼其獨矣"

377) 『孟子』, 「盡心 上」. "存其心養其性 所以事天也"

계신공구(戒愼恐懼)의 태도를 거치지 않고서는 있을 수 없는 일이다. 조심조심 하늘의 뜻을 두려워할 줄 아는 신독군자(愼獨君子)만이 동시에 시중군자(時中君子)일 수 있는 것이라고[378] 다산은 믿고 있다.

중용지도(中庸之道)도 신독군자가 아니고서는 불가능한 길이다. 미발지중(未發之中)이거나 이발지화(已發之和)이거나 신독군자가 아니고서는 다다를 수 없는 높은 경지이기도 한 것이다. 다시 말하면 치중(致中)·치화(致和)는 신독군자의 지성에 의하여 비로소 도달할 수 있는 것이다.[379] 이는 곧 신독군자만이 시중의 지성지인(至誠之人)이 될 수 있음을 의미한다. 성중의 도가 다름 아닌 군자의 도일진대 군자는 신독의 수기를 거치지 않고서는 지성군자일 수가 없다. 안연의 극기도 누공(屢空)의 처지에서일망정 즐거운 모습에 변함이 없는[380] 신독군자의 수기라 하지 않을 수 없다.

극기도 따지고 보면 도심이 인심을 극복하는 자기의 노력이다. 달리 말하자면 천명이 사욕을 억누르는 노력이다. 그리하여 군자는 도심의 계명을 따르면서 천명을 두려워하기 때문에 남을 속여서는 안 될 뿐 아니라 자기 자신을 속여서는 안 된다. 그러므로 무자기(毋自欺)[381]의 군자는 홀로일망정 하늘을 두려워하며 상제의 존재를 굳게 믿는 것이다.

자기를 속일 줄 모른다 함은 곧 상제를 속여서는 안 된다는 말과 같다. 상제를 속이지 않는 그는 거짓 없는 진실한 인간일 수밖에 없

---

378) 『中庸自箴』, Ⅱ～3, 7쪽(4-187). "致中非愼獨不能也 致和非愼獨不能也 庸之道非愼獨不能也"

379) 같은 책, 같은 곳. "致中和者 至誠也 至誠者 天道也"
　　『中庸講義』, Ⅱ～4, 6쪽(4-247). "中也者誠也"

380) 『論語』, 「雍也」. "不改其樂"

381) 『大學』傳6章. "毋自欺"

다. 그러므로 그는 무슨 일이나 지성으로 다루고 누구에게나 지성으로 대꾸하는 지성군자일 수밖에 없는 것이다. 그의 말과 행동에 억지가 없다. 나아가고 물러섬에 있어서도 사리에 엇나가는 일이 없다. 웃고 울고 하는 희로애락에도 쑥스러운 데가 없다. 공자의 일거수 일투족이 언제나 알맞은 까닭은 그가 거짓 없는 진실을 믿는 사람이기 때문이다. 진실한 윤리적 천명은 시중군자의 모든 행위를 지도하며, 신독군자는 지성으로써 천명을 받든다. 그리고 신독군자는 지성으로서 천명을 받들기 때문에 그의 앞에는 지선(至善)의 대도가 항상 활짝 열리는 것이다.

그런데 요즈음 이런 사람들을 도학군자라고 하는데 그런 사람들은 어떠한 태도를 가져야 하는가? 의관을 갖춘 후 눈을 감고 명상에 잠기는 사람일까? 수다스럽게 남을 치켜만 주는 그런 사람일까? 아니다. 보답이 없더라도 힘써 노력하며 영예를 떠나 자기를 굽힐 줄도 아는 그런 사람이야말로 진실하고도 거짓 없는 도학군자라고 다산은 설명하고[382] 있다.

진실한 군자는 의연한 행동인이 아니면 안 된다.[383] 지성은 행동 속에 깃드는 것이요 시중도 어떤 행위의 시중인 것이다. 그러므로 신독도 천명을 받드는 군자의 적극적 태도라야만 된다. 신독군자가 수기로서 자기 몸을 단속하는 것은 앞으로의 적극적인 자기행동의 준비를 위해서인 것이니 수기가 수신에 그치는 것이 아니라 수기가 체라면 치인은 용이 아닐 수 없는 것이다. 그러므로 군자의 학이 치

---

382) 『友松集』序, I~13, 12쪽(2-391). "世之頂峨冠拱闊袖警跽而瞑目凝然若泥塑人者 豈皆眞道學君子 于是而口呥呥焉 交譽之者 豈皆眞慕悅者哉 唯利不償勞而力爲之者 親之無可榮而屈己就之者 斯可謂 學眞而慕不僞也"

383) 『中庸』10장. "國有道不變塞焉 國無道至死不變"

민(治民)에 있어서 변속이재(變俗理財)에 볼만한 성과를 거두지 못한다면 부질없는 학이 될 따름인 것이다.384)

실로 신독군자의 수기치인은 초세간적인 것이 아니라 현세간적인 것이다. 군자의 시중도 거기서 이루어지는 것이요 군자의 지성도 그 때문에 의의가 있는 것이다. 다시 말하면 천명을 받들어 현실에 적응하려는 지성된 한 인간의 모습이 바로 신독군자가 아닐까? 그러므로 신독에서 출발한 군자학은 지성(至聖)의 천덕(天德)을 목표로 하는 수기치인의 학으로 발전하지 않을 수 없는 것이다.

3. 성성일여(誠聖一如)론

공자가 "성인은 좀처럼 만나기 어렵다. 군자를 만나기만 해도 좋지"라385) 한 것을 보면 성인은 군자의 위에 있다. 좀처럼 만나기 힘든 성인은 "공자도 내사 안 될 말이다"라386) 하면서 "성인이란 될 말이냐. 나는 배우기를 싫어하지 않으면서 가르치기를 게을리하지 않는다"387)라 한 것을 보면 배우면서 가르치는 길이 성인의 길인 듯하다. 그러므로 자공은 그것이 바로 聖이라고 직언하였거니와388) "백성들에게 널리 은혜를 베풀어 그들을 구제할 수만 있다면 어떻습니까? 사람 구실을 한다고 할 수 있을까요?" 하는 물음에 "어찌 사람 구실만 한다고 할까! 그야 성인이지"389)라 하였음을 보면 성인의

---

384) 「答李友泌淵」, I~19, 13쪽(3-209). "君子之學貴有體用 苟於治民變俗理財之事全無可觀 則亦徒學而已……"

385) 『論語』, 「述而」. "聖人吾不得而見之矣 得見君子者斯可矣"

386) 『孟子』, 「公孫丑 下」. "孔子不居"

387) 같은 책, 같은 곳. "聖則吾不能 我學不厭而教不倦"

388) 같은 책, 같은 곳. "學不厭智也 教不倦仁也 仁且智 夫子旣聖矣"

389) 『論語』, 「雍也」. "如有博施於民而能濟衆何如 可謂仁乎 子曰何事於仁 必也聖乎"

덕은 "배우기를 싫어하지 않고 가르치기를 게을리하지 않는데" 그치는 것이 아니라 대중을 제도하는 데까지 이르지 않으면 안 됨을 알겠다. 실로 성인은 교학 제중하는 대덕자390)가 아닐 수 없는 것이다.

성인은 인륜 중의 지극한 자로서391) 전인적 최고의 인격을 성이라 하고 그의 덕은 이미 천덕(天德)과 맞먹는 자임을 알 수 있다. 그러나 성인도 신독군자처럼 천명을 두려워하는 한 인간으로서 '하고픈 대로 해도 엇나가는 일이 없는'392) 시중군자일 따름이다. 그럼에도 불구하고 성인이라고 하면 마치 초인간적 신처럼 떠들기에 이르렀으니 그렇다면 성인이란 본래 존귀한 자이기는 하지만 우리들과 아무런 관련이 없는 존재가 되고 마는 것이라고 다산은 지적하고 있다.393)

성인은 우리들 인간이 도달할 수 있는 성이라야 그 성은 많은 사람들에게 무한한 희망과 용기를 북돋아 줄 것이다. 그러나 후세 사람들은 성을 인격화하지 않고 신격화했기 때문에 인간들은 성의 영역과 담을 쌓고 만 것이다. 그의 연유의 하나로 다산은 한유(韓愈)의 성삼품설을 들고 있다.394) 성이란 우리들이 도달할 수 없는 영역으로 자처하는 자획행위(自畫行爲) 때문에 인간은 타락하고 만다는 것이다.

성인도 우리들과 똑같은 사람이기395) 때문에 맹자는 "사람마다

---

390) 『論語古今註』 卷3, Ⅱ~9, 22쪽(5-246). "聖者 達天之德也"
　　같은 책, 37쪽(5-275). "大而化之曰聖 文質兼備曰君子"

391) 『孟子』, 「離婁 上」. "聖人 人倫之至也"

392) 『論語』, 「爲政」. "從心所欲不踰矩"

393) 『論語古今註』 卷1, Ⅱ~7, 24쪽(5-50). "後世言聖人者皆推而尊之 爲神異恍忽之人 邈然不可見 所成者爲何事 聖人則固尊矣 於我無分矣 慕聖何爲 此聖人之所以不作 而道之所以終晦也 噫"

394) 『孟子要義』 卷2, Ⅱ~6, 22쪽(4-536). "今之學者以聖爲天 決意自畫 皆此說禍之"

395) 『孟子』, 「告子 上」. "聖人與人同類"
　　같은 책, 「離婁 下」. "堯舜與人同耳"

다 요순같이 될 수 있다"³⁹⁶⁾고 한 것이다. 사람이 만일 스스로 자기의 위치를 자획하고 자포자기하는 것은 모두 성을 신격화하여 하늘 위로 올려놓은 데에서 오는 잘못이다. 성인도 우리들과 같은 이목구비와 우리와 같은 천부성명을 갖춘 인간임에 틀림이 없다. 성인도 항상 한 걸음 한 걸음 위로 위로 올라갈 것을 꾀하는 지성지인에 지나지 않는 것이다. 그러므로 다산은 요·순·주공·공자와 같은 성인도 자강불식의 도를 체득하여 보보향상을 꾀하는 지성된 사람이라고 말하고 있다.³⁹⁷⁾ 그리고 성인을 성인이라고 하는 이유는 그가 지성으로 사물에 대하며, 그가 하는 일이나 말이 해와 달처럼 뚜렷한 데 있다는 것이다.³⁹⁸⁾

이에 언행이 뚜렷한 지성이야말로 지성일 따름임을 알 수 있다. 곧 성성(誠聖)이 일여(一如)인 것이다. 그러므로 성은 신이 아니라 우리와 다름이 없는 인간에 지나지 않는다는 것이다. 그러나 성인이라고 해서 마치 초목이 우로를 받아 저절로 자라듯 하는 것이 아니라 생지지성(生知之聖)이라 할지라도 일찍이 조심스레 공경하고 삼가며 두려워하고 살펴서 몸을 닦는 지성된 노력을 쌓지 않고서는 안 된다는 이야기다.³⁹⁹⁾ 그렇게 함으로써 비로소 도달할 수 있는 경지이기 때문에 우리들은 성인을 흠모하면서 그렇게 되고자 하는 지성된 노

---

396) 같은 책, 「告子 下」. "人皆可以爲堯舜"

397) 『中庸講義』, Ⅱ~4, 46쪽(4-327). "至於聖賢之人 誠故益明 明故益誠 自誠而明其功差易 自明而誠其功差難 然雖生知之聖 以其至誠篤行 故見理益明 見善盆確 豈可曰誠與明一時俱到不可以分先後乎 雖堯舜周孔之聖 自生至死 步步向上 若云 生知之聖其德無進 則自彊不息純亦不已 非天道矣"

398) 「易論」 1, Ⅰ~11, 1쪽(2-203). "夫聖人之所以聖人者 以其能至誠以待物 使其所爲與所言 昭乎若日月之耀乎天 而無纖毫幽翳 有足以望而疑之者也"

399) 『論語古今註』 卷9, Ⅱ~15, 19쪽(6-121). "……生知之聖 未嘗不小心翼翼 恐懼修省 今乃以傳不勤師不屑 謂文王自然成聖 如草木之滋長然者 其可曰知聖人乎 審如是也, 稷與文王是於人類之上別爲一類 非吾人之所當欣慕者也 上中下三品之說外若勻停 而塞人向善之門 啓人自暴之路 其傷天理而害人道也 至毒至憯 其禍有浮於洪水猛獸 斯不可以不辨"

력을 게을리하지 않아야 하는 것이다. 그러므로 성인이란 가만히 앉아서 되는 것이 아니다.

옛 성인들은 언제나 인륜관계의 행사를 통하여 자기의 심성을 닦았던 것이다.[400] 다시 말하면 실천을 통하여 자신을 연마했고 성정으로 자신의 수련을 쌓았던 것이다. 그러기에 성이란 결코 전지전능한 신이 아니다. 도의도심(徒意徒心)만으로는 결코 지성지도가 닦아지는 것이 아니다. 성이란 하학이상달하는 인간의 피나는 지성에 의하여 도달할 수 있는 인간의 지상목표에 지나지 않는다. 그러므로 성인도 우리와 똑같은 한 인간일진대 그에게도 또한 도심이 극인심(克人心)하는 극기의 노력이 있어야 되는 것이다.

다산도 성인과 금수와의 갈림길은 이기극기(以己克己)하는 지성된 노력 여하에 따라 달라지는 것이라고[401] 잘라 말하고 있다. 그러므로 이에 우리는 안연의 극기복례의 노력이 다름 아닌 성현의 길임을 알겠다. 본시 성인에게도 이목구비에서 오는 감성적 욕심이 없는 바 아니나 정리(正理)를 따르느냐 사의(私意)에 끌리느냐에 따라서 선악의 길이 분기되는 것이라고 다산은 주장하고 있는 것이다.[402] 성인도 또한 한 사람으로서의 칠정을 가졌기에 진정으로 울고 웃고 노여워하고 즐거워할 줄을 아는 것이다.[403] 자기 잘못을 후회할 줄을 모른다면 성인이라 할 수도 없거니와 만일 그러한 성인이 있다고 한다

---

400) 『大學公議』, II~1, 13쪽(4-27~28). "先聖之治心繕性 每在於行事 行事不外乎人倫 故實心事父則誠正以成孝 實心事長則誠正以成弟 實心字幼則誠正以成慈 誠正以齊家 誠正每附於人倫 徒意無可誠之理 徒心無可正之術 除行事去人倫而求心之止於至善 非先聖之本法也"

401) 『論語古今註』 卷6, II~12, 2쪽(5-451). "以己克己 是千聖百王單傳密付之妙旨要言 明乎此則可聖可賢 昧乎此則乃獸乃禽"

402) 『中庸講義』, II~4, 64쪽(3-364). "孟子所謂耳目口鼻四肢之欲 固上聖之所不能無者 然我之所以答是欲者能循正理則不害其爲善 專循私意則乃至於陷惡……"

403) 『論語古今註』 卷4, II~10, 14쪽(5-317). "聖人亦有七情 兵至不畏 有是理乎"

면 그는 우리와 동류일 수 없으니 우러러볼 나위도 없는 것이다.[404]

뿐만 아니라 "군자는 먹는 데 배부름을 구하지 않는다"라[405] 하였지만 어찌 배부를 줄을 모를까? 군자는 배부르기를 억지로 구하지 않을 따름이지 상인(喪人)의 곁에서만 아니라면 성인도 배부르게 먹어도 좋다는 것이다.[406] 물론 그도 우리들과 똑같은 인간이기 때문이다. 성인도 때로는 해학을 즐기기도 한다.[407] 성인의 길은 한 군데 구애함이 없이 오직 옳은 데를 따르므로 이를 시중이라 하는 것이다.[408] 이렇듯 시중지인이야말로 이미 성인이라 부를 수 있기 때문에[409] 공자를 일러 성지시자라 하였던 것이다.[410]

중은 곧 성이요[411] 시중의 지성은 성인의 지진지실(至眞至實)한 언행에서 이루어진다.[412] 그러므로 성이란 성인의 별명이라고 다산은 분명히 단언하고 있다.[413] 한 사람이 지극히 진실하면 그가 바로 성인일 수 있는 것이요, 성인은 그 사람됨이 지진지실(至眞至實)하므로 그의 언행에 조금도 허위와 가식이 없다. 그러므로 우리는 지성으로 수기치인하는 사람은 이를 성인이라 불러야 한다. 그러므로 성인의

---

404) 「每心齋記」, I~13, 37쪽(2-442). "周易晦過之書也 聖人之有憂患也 不怨天不尤人惟適之自悔 故文王拘於羑里 實始演易 孔子厄於陳蔡厥有十翼 而六十四卦多以悔吝立象 由是觀之 聖人其無悔者邪 若聖人而無悔 則聖人者非吾類也 何慕焉"

405) 『論語』, 「學而」.

406) 『論語古今註』 卷5, II~11, 7쪽(5-374). "子食於有喪者之側 未嘗飽也 明不在喪側聖人亦飽也"

407) 『論語古今註』 卷7, II~13, 13쪽(5-567). "聖人亦有時乎善謔"

408) 『孟子要義』 卷1, II~5, 48쪽(4-466). "聖人之道 不拘不滯 義之與比 故謂之時中"

409) 『論語古今註』 卷5, II~11, 19쪽(5-397). "旣得時中 則皆聖人也"

410) 『孟子』, 「萬章」. "聖之時者也"

411) 『中庸講義』, II~4, 6쪽(4-247). "中也者誠也"

412) 『中庸自箴』, II~3, 5쪽(4-183). "聖人所言皆至眞至實"

413) 같은 책, 21쪽(4-216). "誠者 聖人之別名"
　　　같은 책, 22쪽(4-217). "自誠而明者 聖人也"

가르침도 자기 몸을 닦으면서 백성을 다스림에 있다는 것이다.[414]

수기치인의 도는 그것이 바로 군자의 길인 동시에 성현의 길이기도 한 것이다. 다시 말하면 성현군자의 도는 또한 그것이 다름 아닌 중용지도인 동시에 지성지도가 아닐 수 없다. 그리하여 성중의 지성지도는 천인을 일관한[415] 화육만물의 대도가 되었으니 어찌하여 그러한가? 잠시 이 점을 살펴보기로 하겠다.

4. 생성화육의 도

성인의 도는 성중의 인간도인 동시에 생성화육의 도이기도 한 것이다. 삶을 가진 만물로 하여금 줄기찬 삶의 즐거움을 누리도록 지성을 다하는 것이 성인의 길이다. 다시 말하면 지성이란 바로 나를 이룩하고 만물을 이룩하는[416] 생성의 도인 것이요, 군자의 중화는 화육만물의 길임에[417] 틀림이 없다. 이로 미루어 볼 때 성인의 성중(誠中)은 그것이 바로 화육만물로 결과지어지는 것을[418] 알 수 있다. 그러므로 성인의 길은 발육만물의 인도인 동시에 화생만물의 천도로도 통한다는 것이다.

음양의 역도도 생생(生生)의 천도임은 물론이거니와[419] '계지자선야(繼之者善也)'[420]의 계지자(繼之者)는 용(庸)이요 선야(善也)는 중(中)

---

414) 『牧民心書』序, I~12, 42쪽(2-358)·『牧民心書』自序, V~16, 1쪽(16-3). "聖賢之敎 原有二途 司徒敎萬民 使各修身 大學敎國子 使各修身而治民 治民者 牧民也"

415) 『中庸』10장. "誠者天之道也 誠之者人之道也"

416) 같은 책, 15장. "誠者非自成己而已也 所以成物也"

417) 같은 책, 1장. "致中和 天地位焉 萬物育焉"

418) 같은 책, 27장. "大哉聖人之道 洋洋乎發育萬物 峻極于天"

419) 『周易』, 「繫辭 上」. "一陰一陽之謂道……生生之謂易"

420) 『周易』, 「繫辭 上」.

이므로 이는 바로 중용이요, '성지자성야(成之者性也)'[421]의 성지자는 성기성물(成己成物)이요 성야(性也)는 천명(天命)의 성명(性命)이니 이는 성기성물하는 인성의 지성을 의미하고 있다. '성성존존도의지문(成性存存道義之門)'에서의[422] 성성(成性)은 '성지자성야(成之者性也)'요 존존(存存)은 '계지자선야(繼之者善也)'를 요약한 자요 도의지문(道義之門)이란 그것이 바로 득중(得中)의 선(善)이 아닐 수 없다. 이렇듯 역도도 결국 성중지도(誠中之道)로 직결되어 있는 만큼 성인이 그의 덕을 높이고 업을 넓히는 것은[423] 오로지 또한 이에 연유함을 알 수 있다.

성인이 그의 덕을 높이는 것은 수기요 그의 업을 넓히는 것은 치인이 됨은 물론이다. 그러므로 역도도 또한 성인의 인도와 조금도 다름이 없으니 하늘과 사람이 다 함께 지성의 중도로서 일관되어 있음을 알 수 있다. 이 길은 만물이 자라되 서로 엇갈리지 않는 길이니[424] 이 길은 오직 지성의 길 하나일 따름임을 다산은 밝히고 있다.[425] 그러므로 성중지도(誠中之道)는 천인이 제회(際會)하여 만물이 생성화육하는 요체가 되는 것이니 사시가 앞뒤를 서로 밀어주고 일월이 서로 가름하는 사이에 천도가 열리고 예의삼백(禮儀三百), 위의 삼천(威儀三千)의 차례에서 인도가 막히지 않거니와 이것이 바로 성중의 정도인 동시에 만물이 생성화육하는 대도이기도 한 것이다.

---

421) 같은 책, 같은 곳.

422) 같은 책, 같은 곳.

423) 같은 책, 같은 곳. "易其至矣乎 夫易聖人所以崇德而廣業也"

424) 『中庸』. "萬物並育而不相害 道並行而不相悖"

425) 『中庸講義』, II~4, 59쪽(4-354). "只此一道千聖共由 只此一路四民共由 斯之謂不相悖也" 『中庸自箴』, II~3, 28쪽(4-230). "道一而已 萬民並行轂擊肩摩而共由此道 此所謂並行而不相悖也 今人欲二道並行 不亦難乎"

만유(萬有)는 죽음을 위하여 존재하는 것이 아니요 삶을 위하여 존재한다는 단순하고도 소박한 고대인의 철리를 성인은 고스란히 그대로 받아들이고 있는 것이다. 만유의 정이 이미 그러하므로 상천은 시화(時化)로써 이를 키우고 성인은 왕정으로써 이를 돕는 것이다. 이에 동식물 간에 모든 삶을 영위하는 만물로 하여금 각각 그들의 생육의 성을 극진히 하도록 함이 성인이 천지화육의 도를 돕는 길이요 그것이 바로 지선의 왕정임을 다산은 밝히고 있는 것이다.[426]

삶을 영위하는 만유가 저제금 울연히 무성하고 욱연히 살찌고 기름지게 함이 왕정의 목표가 아닐 수 없다. 그중에서도 사람은 효제의 도를 걸어야 하고 예악의 문화를 빛나게 해야 한다. 그리하여 스스로 짐승과 구별되는 사람이 되어야 하는 것이다. 만유(萬有)로 하여금 시양시쇄(時養時殺)하여 그들의 생육을 돕는 것이 왕정의 처음이라면 예악형정의 문화와 제도로서 천하의 이상 국가를 세우는 것이 왕정의 종장(終章)이 되는지도 모른다. 이제 성인이 예악으로서 왕천하의 근본으로 삼는 것은 어찌 그것만을 이야기한 것일까. 이는 예악이 생성화육의 도를 밑받침으로 하는 성인지도의 종국적 문제이기 때문일 따름인 것이다.[427]

이제 여기서 다시금 다산경학의 수사학 본연의 모습을 한 번 돌이

---

426) 같은 책, 7쪽(4-187). "致中和之能位育何也 致中和者至誠也 至誠者天道也 至誠之人與天合德 則上可治天 下可治地 南正重司天 北正黎司地 及堯之時義伯司天和伯司地 以正曆象以建圭臬 於是百度具擧庶績咸熙 山林川澤各有官守 草木鳥獸時養時殺 此所謂能盡人性 能盡物性也 原其所本 豈非愼獨之誠有以致此也乎"

427) 같은 책, 22쪽(4-217~218). "盡其性修己而至於善也 盡人性治人而至於至善也 盡物性上下草木鳥獸咸若也……盡其性者盡其所受於天之本分也 自修而至於至善 則我之本分盡矣 治人而至於至善 則人各盡其本分而其功在我矣 修山林川澤之政 使草木禽獸生育以時毋殀毋麛 校人養馬牧人養牲 農師殖五穀場師毓蔬圃圃 便動植含生之物 各盡其生育之性 則物各盡其本分而其功在我矣 山林川澤農圃畜牧之政廢 則萬物之生夭閼橫亂不能茂盛 而聖人者修而擧之 則萬物之生蔚然叢茂郁然肥澤 使天地改觀 其謂之贊天地之化育不亦宜乎 聖人盡性之工不過如此……"

켜보기로 하자. 앞서 우리는 수사학은 수기치인의 학임을 밝힌 바 있다. 앞으로도 수기치인의 테두리 안에서 여러 가지 문제를 다루게 되겠거니와 본장에서 다룬 윤리 이전의 몇 가지 문제를 요약하면 위로 천명에서 끝으로 예악에 이르기까지 어느 한 가지도 '나'와 '우리'로 표현해야 하는 인간이 문제되지 않음이 없다. '나'는 수기요 '우리'는 치인의 문제인 것이다.

'나'는 천명의 인성을 간직했고 '우리'는 효제의 교(教)와 예악의 정(政)으로 서로 얽혀 있는 것이다. 위로 천명을 받들고 아래로 천하에 교정(教政)을 펴는 사람이 지성군자다. 지성이라야 천명을 들을 수도 있거니와 지성이라야 교정(教政)으로서 제중(濟衆)할 수도 있을 것이다. 지성(至聖)은 지성(至誠)으로 상제를 받들기도 하려니와 또 한편 지성으로 만백성을 애육할 것이다. 그러한 성현군자의 도는 '나' 자신을 위한 길일뿐만 아니라 '우리'라는 윤리사회를 위한 길이기도 한 것이다.

모든 인간의 도(道)가 '나'의 수기에서 '우리'의 치인으로 확충될 때 만유의 화육이 이루어지는 것이다. '나'의 수기가 수기에 그친다면 이는 유아독존의 길일 따름이요 수기를 밑받침으로 하지 않는 치인은 덕정(德政)이 될 수 없다. 위정이덕(爲政以德)은 군자 수기의 덕이 치인의 교정(教政)으로 나타남을 의미하는 것으로서 생성화육의 대도도 이러한 군자의 덕에 의하지 않고서는 그 길이 트이지 않을 것이다. 결국 생성화육의 도는 성중의 지성지도인 동시에 수기치인의 수사학적 본연의 도인 만큼 장을 달리하여 좀 더 구체적으로 다루어 보고자 한다.

제2장 행인의 실천윤리 ― 수기지학[428]

공자가 수사수 기슭에서 "인간이란 무엇인가?" 하는 문제를 깊이 다룰 때 그는 문득 '인간이란 윤리적 관계를 떠나서 존재할 수 없다'고 생각하였다. 그는 아마도 윤리적 실존으로서의 인간을 생각한 듯하다. 그리하여 모든 문제를 오로지 인간 중심으로 생각할 때 또한 "인간은 모든 윤리적 관계에 있어서는 하나의 행동인이어야 한다"는 것이었다. 이는 윤리적 행동을 통하여 비로소 인간의 가치가 결정된다는 것을 의미한다. 이것이 다름 아닌 행인이요, 자세히 말하면 행인의 실천윤리라 함 직한 것이다.

공자가 인간의 행동원리로 내세운 중용만 하더라도 그것이 바로 지언행인(知言行仁)의 도임을 우리는 알고 있다. 지언행인을 곧 중(中)이라 한다고 하더라도 지언(知言)은 어디까지나 행인(行仁)의 전제일 따름이요 행인이야말로 공자 시중(時中)의 궁극적 목표가 아닐 수 없

---

428) 행인(行仁)이라고 하면 이는 수기치인을 통할한 말이지만 인도는 본시 수기에서 치인으로 확충되느니만큼 본장을 일러 수기지학(修己之學)이라 하고, 다음 장을 일러 치인지학(治人之學)이라 하였다. 그리하여 우리는 이로부터 전장에서 논술한 실천형이상학적 기반 위에 세워진 수기치인의 실천윤리학의 전모를 차례차례 살펴보게 될 것이다.

다. 다시 말하면 공자의 시중이란 곧 행인의 시중에 지나지 않는 것이다. 그러므로 중용지도도 급기야 따지고 보면 행인지도라 할 수 있고, 군자 지성지도(至誠之道)도 바로 인도의 실천을 의미하는 것이다. 따라서 행인이란 또한 지성의 영역에 이르는 가장 가까운 길이 아닐 수 없는 것이다.

공자의 후학인 자사나 맹자만 하더라도 그들은 인간을 성중(誠中)의 인간으로 간주하였고, 동시에 인간을 성명학적 존재로 인정하려고 하였다. 그리하여 윤리적 관계 이전의 홀로 된 인간을 문제 삼게 될 때 인간이란 지명(知命)의 인간이요 지언(知言)의 인간이어야 했다. 뿐만 아니라 인간이란 도심의 청명자(聽命者)이어야 하고 도의지성(道義之性)에 순응하는 자이어야 한다. 그러나 이러한 여러 가지의 인간성은 그가 한 '사람'이 되기 위한 본질적 바탕인 것이고, 그러한 인간의 본성은 결코 인간의 내성적 관조의 대상에 그칠 것이 아니라 발이중절(發而中節)할 수 있는 인정이어야 한다. 미발지중(未發之中)이 발하여 절(節)에 알맞음으로써 비로소 인간의 지선이 될 수 있는 것이다.

맹자의 사단지심만 하더라도 그것이 결코 잠재적 인성에 그쳐 있는 것이 아니라 밖으로 튕겨나 확이충지(擴而充之)할 때 비로소 인간의 선행이 되는 것으로 이해하여야 한다. 단적으로 말하자면 인간의 인간다운 행동의 실천을 통하여 비로소 거기에 지선이 있고 시중이 있고 지성도 있는 것이다. 여기에 행인의 실천윤리가 수사학적 수기치인의 밑받침이 되는 소이가 있고 동시에 다산이 그의 경학사상을 체계화함에 있어서 한유나 송유들의 옛 껍질을 깨고 곧장 사상공자(泗上孔子)의 강론에 귀를 기울이려고 한 까닭도 여기에 있다. 그러면 다산은 이를 어떻게 다루었나? 차례를 세워 더듬어 보기로 하겠다.

제1절 공자의 인

공자의 인의 사상은 『논어』의 전편을 통하여 아로새겨져 있기 때문에 공자의 티없는 참모습을 알자면 『논어』가 아니고서는 살필 길이 없다.[429] 그러므로 다산은 『논어』야말로 종신토록 읽어 마땅한 성서(聖書)라 한 것이다.[430] 『논어』 521장 중에서 인(仁)을 직접 이야기 한 곳이 518장이나 되고 '인(仁)'자만도 108회나 쓰여 있음을 보더라도 짐작할 수 있을 것이다. 그뿐 아니라 공자 스스로, 혹은 제자들의 입을 직접 빌려 인을 논하지 않은 구절이라 하더라도 모두가 군자 행인의 도를 설명한 것임에는 틀림이 없다.

그러나 그가 인을 논하고 인의 물음에 대답할 때마다 언제나 대증투약적(對症投藥的)이지 일률적이 아니다. 공자의 인이 알쏭달쏭하다는 까닭이 여기에 있지만, 그 반면에 생신하고도 약동적인 인의 특성이 또한 거기에 있는지도 모른다. 그럼에도 불구하고 인의 의의를 똑바로 인식한 사람이 드물기 때문에 다산은 인의 실천을 확실히 파악하지 못한 당시의 학문을 어설프게 여겼다.[431]

사실상 인이란 따지고 보면 어려운 글자가 아니건만 마치 인간의 인간과의 관계 밖에 따로 존재하는 어떠한 고답적 원리인 양 착각하고 있기 때문에 인이란 더욱더 어려운 것이 되고 만 것이다. 측은(惻隱) 박애(博愛)나 애인(愛人) 생물(生物)의 도가 인의 일면이 아닌 바

---

429) 「五學論」 3, I~11, 21쪽(2-244). "睿聖無暇者論語"

430) 「爲尹惠冠贈言」, I~18, 1쪽(3-103). "六經諸聖書皆可讀 唯論語可以終身讀"

431) 「與李汝弘書」, I~19, 36쪽(3-255). "……至於仁字 竝其平日之所識認 亦確然以爲在內之理 而孝於親 忠於君 篤於友 慈於民 凡人與人之相與者 別自爲德 不以爲仁 其平居想念 惟惻隱博愛等數句往來心上 沖融藹藹忱惚勞骨 若見有愛人生物之象 而實不知如何入頭可以居仁 如何下手可以行仁 千聖相傳之道實不外乎仁一字 而於此一字其體認之不淸楚若此 而復有道術而復有學問哉"

아니지만 인을 그처럼 관념적으로 혹은 어떠한 심리적 상태로 다루어서는 안 된다. 인이란 결국 인륜관계에 있어서의 인간 자신의 위치에서부터 이를 이해하도록 더듬어 보지 않으면 안 될 것이다.

1. 인륜적 실존[432]

인간존재는 독립된 존재인 동시에 그는 언제나 남과의 관계 안에 있는 존재다. 그러므로 인간존재는 남과의 관계 안에서 비로소 독립된 한 단위를 이루고 있다고 해야 한다. 인간으로서의 한 단위는 그것이 결코 고립적인 것이 아니다. 인간은 언제나 인륜적 존재이기 때문에 오히려 그의 주체적 활동이 더욱 뚜렷해야 하는 것인지도 모른다. 남과 함께 존재해야 하는 나 자신의 모습은 언제나 생동적일 수밖에 없는 까닭이 여기에 있다. 지언의 예지와 행인의 결단을 촉구하는 나 자신은 언제나 인륜적 존재로서의 자각을 요구하고 있기 때문이다. 이런 점에서 우리는 인간이란 인륜적 존재라는 것이요, 그러므로 이를 도덕적 의미로서는 윤리적 실존[433]이란 단어를 빌려다가 정의해 봄 직도 한 것이다.

이를 좀 더 자세히 살펴보자면 사람은 나면서부터 부모의 아들로 태어나 형제들의 틈바구니 속에 끼게 된다. 이러한 혈연적 인륜관계를 자각함으로써 비로소 금수 아닌 한 사람이 되는 것이다. 향리에서는 장유나 붕우의 한 사람이 되고 자라서는 부부의 한쪽이 되게

---

432) 실존이란 단어는 여러 가지 의미로 사용되지만 여기서는 인륜관계에 있어서의 인간의 주체적 실존성을 뚜렷이 하기 위하여 그저 인륜적 존재라고 하지 않고 인륜적 실존이라 하였다.

433) 이는 Kierkegaard의 윤리적 실존과는 구별되어야 한다. 키에르케고르의 윤리적 실존은 오히려 좌절로 인하여 종교적 실존으로 옮겨지지만, 여기서는 도리어 인도(仁道)의 확충을 위한 하나의 굳은 핵심이 되어 있는 것으로 보이는 자이다.

마련이다. 학교에 나가면 사제 간의 한 사람인데 군단에서는 장졸 간의 일원이 안 될 수 없다. 한 나라 안에서는 목민관계가 중요시되는데 조정에서는 군신관계가 문제될 수밖에 없다. 이렇듯 혈연적 인간관계는 차츰차츰 사회적 또는 국가적 인륜관계로 발전하는데 어쨌든 인간은 사람과 사람과의 관계 안에서 살고 있다는 사실이 사상 공자(泗上孔子)가 그리던 인간의 맨 처음 모습이었던 것이다.

그러한 의미에서 인간이란 인간끼리 서로 교제하는 사이에서 비로소 선악이 갈린다고 할 수밖에 없다. 이미 인간끼리의 얽힘을 인간교제라 한다면 '선어제(善於際)'일 때 비로소 효·제·우·자·충·신·목·인 등의 선덕이 이루어지고 그와 반대로 '불선어제(不善於際)'일 때 패(悖)·역(逆)·완(頑)·은(嚚)·간(奸)·특(慝)·원악(元惡)·대대(大懟) 따위의 부덕이 생기는 것이라고 다산은 똑똑히 설명하고 있다.[434] 이로 미루어 생각할 때 인간교제의 길을 위하여 학문이건 과학이건 예악이건 형정이건 실로 모든 문물제도가 마련된 것으로 보지 않을 수 없다. 이를 오로지 도덕적인 면에서 볼 때는 선어제(善於際)를 위하여 군자 시중지도가 마련된 것이니 인간은 나면서부터 선어제(善於際)해야 하는 윤리적 숙명을 지니고 나온 삶인지도 모른다.

이처럼 인간이 벗어날 수 없는 윤리적 연대관계로 말하면 그것이 혈연관계이거나 사회적 관계이거나를 막론하고 나와 너와의 관계는 '우리'라는 상호 평등적 연대 속에 있는 대대관계이기도 한 것이다.

---

434) 『論語古今註』 卷7, Ⅱ~13, 43쪽(5-628). "人生斯世自落地之初 以至盖棺之日 其所與處者人而已 其近者曰父子兄弟 其遠者曰朋友鄉人 其卑者曰臣僕幼孾 其尊者曰君師耆老 凡與我同圈顧而方趾 戴天而履地者 皆與我相須相資相交相接胥匡以生者也 我一人彼一人 兩人之間則生交際 善於際 則爲孝爲弟爲友爲慈爲忠爲信爲睦爲婣 不善於際 則爲悖爲逆爲頑爲嚚爲奸爲慝爲元惡爲大懟 吾道何爲者也 不過爲善於其際耳 於是作爲禮法 以道其善以遏其惡 一動一靜 一言一黙 一思一念 皆有刑式禁戒俾民趨辟 其文則詩書易春秋 旣千言萬語而經禮三百曲禮三千 枝枝葉葉段段片片浩浩漫漫不可究學 要其歸不過曰善於際也"

나와 너와의 대대관계는 역리에서의 태극처럼 태일지형의 '우리'를 형성하고 있기는 하지만, 나와 너는 음양의 양의처럼 그들 자체의 주체성이 뚜렷한 피아인 것이다.

'나'와 '너'는 서로 홀로 존재하면서 진실을 간직하고 있어야 한다. 그의 진실은 상호 인간교제에서 생동하는 진실이어야 한다. 진실한 인간은 진실로 내가 남에게 어떻게 하느냐 함에 따라 결정지어지는 것이다. 그가 하는 일이 참되고 진실하다 함은 아들로서 아비로서 형으로서 아우로서 벗으로서 스승으로서 제자로서 가지는 그의 모든 행위가 거짓 없고 부실하지 않음을 뜻하는 것이다. 그런 의미에서 한 사람에게 주어진 참된 인간으로서의 군자라는 칭호는 그가 실로 인간교제에 있어서의 진실한 인간임을 가리킨 것이 된다. 그는 실로 윤리적 면에서 진실한 존재자가 아닐 수 없는 것이다.

이처럼 진실한 윤리적 존재자로서의 군자를 일러 인륜적 존재니 또는 윤리적 실존이니 하는 술어로 표현하는 소이는 사실상 공자의 인을 밝히기 위한 전제로서의 인간의 모습을 똑바로 보기 위해서인 것이다. 다시 말하면 인이란 무엇인가 하는 문제를 다루기에 앞서 인간이란 어떠한 것을 이름이냐 하는 물음에 대답하기 위하여 우리는 인간이란 그저 짐승처럼 살고 있는 존재가 아니라, 인간이란 인을 실천하기 위한 윤리적 존재라 하지 않을 수 없다고 다산은 설명하고 있다.[435]

그러나 인간이란 성명을 자각한 윤리적 신독군자일 수 있기 때문에 그저 뜻 없이 나날을 보내는 퇴영적이요 퇴폐적인 일상적 존재가

---

435) 『論語古今註』卷6, Ⅱ~12, 5쪽(5-458). "吾人之一生行事 不外乎仁一字 何則 仁者人倫之愛也 天下之事有外乎人倫者乎 父子兄弟君臣朋友以至天下萬民皆倫類也 善於此者爲仁 不善於此者不仁."

아니라 진실한 인간관계를 통하여 부지런히 선을 행함으로써 지성(至誠)의 지성지도(至聖之道)를 지향하는 산 인간이어야 하는 것이다. 그 길은 인간 하나 하나가 홀로 걸어야 하는 길이 아닐 수 없다. 그 길이 비록 사람과 사람과의 사이의 길일망정 저 사람의 길이라기보다는 내가 걸어야 하는 길이요, 얼추 말하자면 나만이 걷게 되는 길인 것이다. 그러므로 이 길을 윤리적 실존자로서의 신독군자의 독행지도(獨行之道)라 부를 수밖에 없는 것이다.

그런데 "인이란 사람들이 편안히 쉴 수 있는 집이다"[436]라 한 의미에서 사람이란 인이라는 집의 울 밖을 벗어나서는 살 수 없는 숙명을 지니고 태어난 것이다. 급기야 인간은 인 안에서 자기완성을 도모하고 자기존재를 더욱 뚜렷이 자각하여야 한다. 그러므로 인간은 홀로 있으면서도 고독하지 않은 존재이기 때문에 "곧은 마음씨는 외롭지 않아. 반드시 이웃이 있게 마련이니"[437]라 했듯이 이웃과 더불어 살게 마련인 것이다. 그러나 나는 신의 앞에 서 있다느니보다는 한 사람의 앞에 서 있는 것이다. 그리하여 윤리적 실존자임을 자각함으로써 비로소 행인의 길은 트이게 될 것이다. 그렇지 않으면 영원히 구원을 받지 못할 인간의 낙오자가 되고 만다. 퇴폐된 일상생활 속에서 먹고 자는 금수들처럼 지새는 인간을 우리는 범부라 소인이라 하거니와, 행인의 길은 진실로 윤리적 실존으로서의 군자를 위하여 마련된 길임을 다음에 잠깐 살펴보기로 하겠다.

---

436) 『孟子』, 「離婁 上」. "仁者人之安宅也"

437) 『論語』, 「里仁」. "德不孤 必有隣"

2. 행인의 길[道]

인이란 두 사람을 의미하고[438] 인이란 두 사람이 서로 관여할 때의 그 어떠한 윤리적 행위를 의미한다고[439] 다산은 말하고 있다. 다시 말하면 두 사람 사이에서 그 어느 한 사람의 행동규범을 규정한 것이 인이다. 부자의 관계도 두 사람, 형제관계도 두 사람, 군신도 두 사람, 목민도 둘의 관계다. 부부·붕우 등 모두 두 사람의 관계에 있어서의 한 사람이 자기의 도리를 정성껏 닦는 그것이 다름 아닌 인임을 의미하는 것이다.[440]

그러므로 인이란 사람과 신과의 관계를 논하는 것도 아니니, 왜냐하면 사람과 신—천—상제와의 관계는 이미 윤리 이전의 문제로서

---

438) 「答李汝弘」, Ⅰ~19, 29쪽(3-242). "仁者二人也 古篆作人人之疊文 如篆文孫字爲子子之疊文也"

439) 『論語古今註』卷1, Ⅱ~7, 9쪽(5-20). "仁者二人相與也 事親孝爲仁父與子二人也 事兄悌爲仁兄與弟二人也 事君忠爲仁君與臣二人也 牧民慈爲仁牧與民二人也 以至夫婦朋友 凡二人之間盡其道者 皆仁也 然孝弟爲之根"

440) 그러므로 James R. Ware는 그의 *The Sayings of Confucius*(『논어신석』)에서 인을 "manhood-at-its-best" 또는 "man-at-his-best" 등으로 번역한 것은 종래 인을 humanheartedess 또는 benevolence 등으로 번역한 것에 비하여 훨씬 수사학적이라 함 직하다.
좀 더 알기 쉽게 풀이하자면 곧 아들이 아비에게 아들의 도리를 다하면 그것은 아들 노릇을 잘함과 동시에 사람으로서 사람 구실을 다한 것이 된다. 그러므로 그것은 아들의 인이니 이때의 인은 아들 노릇을 함이요 그 인을 구체적으로는 효라 한다. 또 아비가 아들을 양육하여 한 사람 몫을 하도록 키워 주었다면 그것은 아비로서 아비 노릇을 잘함과 동시에 사람으로서 사람 구실을 다한 것이 된다. 그러므로 그것은 아비의 인이니 이때의 인은 아비 노릇을 함이요 그 인을 구체적으로 慈라 하는 것이다. 군목이 인민을 적자처럼 보호하였다면 그도 또한 군목이 스스로 군목 구실을 다한 것이라 이를 군목의 인이라 하고 구체적으로는 아비 때처럼 자의 덕이라 함 직하다. 그러나 아들·아비·아우·목자는 막론하고 제구실을 제대로 못했다면 그것은 불인의 불명예를 달게 받아야 할 것이다. 무릇 이런 논법은 부자나 목민의 사이뿐만이 아니라 형제·부부·붕우·사제·장졸·노자(勞資), 크게는 민족·국가·인류 등의 테두리 안에 있어서의 모든 인간들의 대대관계에 있어서는 똑같이 통하고 또 발생되는 문제인 것이다.
그러므로 공자의 인을 우리말로 새긴다면 '사람 구실'을 다하고 '사람값'을 다하고 '사람다운 사람'이 되는 것을 의미하는 것이니 군자가 육례(六禮)를 배움도 그의 사람 구실을 다하기 위해서인 것이요, 아들이 효도하고 형제끼리 우애하고 아비나 군목이 자애롭고 신하가 충의로서 몸을 바치는 것은 모두 그의 사람값을 다하기 위함은 물론이다. 그러므로 '인'자의 새김을 그저 '어질' 仁하는 것보다는 차라리 '사람 구실' 仁, '사람값' 仁이라 함이 어떨까? 사람이란 남과 내가 서로 사랑을 줌으로써 사람다운 사람이 되게 마련인 까닭에 공자의 인이란 스스로 그 안에 있는 것이니 "사람 구실이라는 집에서 사는 게 아름다운 거야. 사람 구실이란 집을 골라잡을 줄 모르면 뉘라서 지혜롭다 하겠나……"라 하였거니와 우리는 잠시도 남에게 사랑을 주는 인의 집을 떠나서는 살 수 없는 한 인간이라는 사실을 알아야 할 것이다.

신독군자가 이를 홀로 다루는 신앙적 문제에 속하여 있기 때문이다. 그렇다고 해서 인이란 또한 사람과 금수—동물과의 관계를 논한 것은 더욱 아니니, 왜냐하면 사람과 금수와의 관계는 이미 인성을 문제 삼았을 때 이도 또한 신독군자가 이를 홀로 다루는 극기의 문제에 속하여 있기 때문이다. 그렇다고 해서 인간과 자연의 이법과의 관계를 논한 것도 아니니, 인(仁)은 인덕(人德)인지라 초인간적 천리가 아님은[441] 다시 말할 나위도 없다.

그렇다고 해서 인간은 신과 동물과의 중간적 존재냐 하면 그렇지도 않다. 인간은 위로는 상제를 우러러 받들고 아래로는 동물적인 욕심을 극복해야 하는 독자적 길을 걷고 있기 때문이다. 이 길이 바로 인간의 길이요 행인의 길이기도 한 것이다. 여기에 인간은 스스로 인륜적 실존으로서의 특이한 존재이유가 있는 것이다. 그러므로 인간은 신도 아니고 동물도 아니어야 한다. 신에게 치우쳐 접근함으로써 인간 본연의 자태를 망각해서도 안 되려니와 동물적 사욕에 빠짐으로 해서 인간 자성을 상실하여서도 안 될 것이다. 인간이란 결국 인륜적 실존이라는 본연의 위치에서 두 사람끼리의 행인의 사람이 되어야만 하는 것이다.

인간이란 나면서 죽을 때까지 사람과 사람과의 틈바구니 속에 끼어서 살게 마련인 것이요[442] 그것이 바로 인륜이니[443] 사람의 길이란 나면서 시작하여 죽은 후에야 끝이 나는 길인지라[444] 사람에게는

---

441) 『孟子要義』 卷2, Ⅱ~6, 30쪽(4-552). "仁非天理 乃是人德"
442) 「答李汝弘」, Ⅰ~19, 36쪽(3-256). "人生斯世自生至死 自落地至入地 其所行所爲 都不過人與人之相與耳"
443) 『大學公議』, Ⅱ~1, 13쪽(4-28). "人與人之相接 非卽人倫乎"
444) 『中庸自箴』, Ⅱ~3, 4쪽(4-181). "道者自此至彼之路也……斯道也生而起程死而後到 任重致遠非斯之謂歟"

사람만이 걸어야 하는 외길이 있을 따름인 것이다.[445] 결국 사람이 사람 구실을 해야 하는 행인의 길은 신(神)에의 길도 피해야 하는 것이기에 "사람 하나도 섬길 수 없으면서 어떻게 귀신을 섬길 수 있나?"[446]라고 공자는 부르짖은 것이다. 그러므로 맹자도 인의는 오로지 사람으로 말미암아 있음을 뚜렷이 한 것이다.[447] 중용서에서도 "인자인야(仁者人也)"[448]라 했듯이 행인의 길은 신도 말고 금수도 말고 오직 인간이 인간과 인간과의 사이를 걷는 길일 따름이라고 다산은 이를 분명히 하고 있다.

3. 인륜의 성덕

다산은 인이란 인륜관계에서 이루어진 사람의 덕이라 하였고[449] 또 공자의 도는 효제일 따름인데 이로써 덕을 이루면 그를 인이라 한다고 하였다.[450] 이는 공자의 행인지도(行仁之道)는 효제의 덕으로 말미암아 이루어진다는 것을 의미한다. 그러므로 공자의 인은 결국 효제의 실천에 의하여 이루어지는 사람의 덕이 아닐 수 없다. 다시 말하면 인이란 사변적인 어떠한 원리가 아니라 윤리적 실천을 통하여 얻어지는 성과이기 때문에 이를 인륜의 성덕이라 하는 것이다. 그러므로 윤리적 실천이 아니고서는 인이란 이름을 생각할 수조차

---

445) 『中庸講義』, II~4, 4쪽(4-244). "道者路也 路者人所由也 故孔子曰誰能出不由戶 何莫由斯道也 明人所由爲道 自生至死由此一路而已"

446) 『論語』, 「先進」. "未能事人 焉得事鬼"

447) 『孟子』, 「告子 上」. "仁人心也 義人路也 舍其路而弗由 放其心而不知求 哀哉"

448) 『中庸』, 20장.

449) "仁者 人倫之成德" 『論語古今註』 卷1, II~7, 43쪽(5-87) · 『論語古今註』 卷2, II~8, 31쪽(5-171) · 『論語古今註』 卷4, II~10, 10쪽(5-309) · 『論語古今註』 卷6, II~12, 36쪽(5-520) · 『論語古今註』 卷8, II~14, 22쪽(6-46).

450) 「爲盤山丁修七贈言」, I~17, 40쪽(3-81). "孔子之道孝弟而已 此成德斯謂之仁"

없다는 것이다.451)

효는 어버이를 섬기는 사람 구실이지만 어버이를 지성으로 섬긴 연후가 아니고서 어찌 효자란 말을 들을 수 있겠는가? 제도 그렇고 충도 그렇다. 자의 덕도 결국 목양민(牧養民)의 성과로서 얻어지는 덕이다. 이러한 모든 덕은 온통 사람 구실의 구체적 발로란 점에서 인이란 제덕(諸德)의 총괄적 이름이요452) 효제자 등의 제덕은 분일만 수(分一萬殊) 인(仁)의 구체적 덕목에 지나지 않는다.453)

---

451) 『論語古今註』 卷2, Ⅱ~8, 14쪽(5-137). "仁者 人與人之盡其道也 子事親然後有孝之名 少事長然後 有弟之名 臣事君然後有忠之名 牧養民然後有慈之名 去仁何以成名"

452) 「自撰墓誌銘(集中本)」, 1~16, 15쪽(2-657). "孝弟卽仁 仁者總名也"

453) 그런데 여기서 우리는 잠시 인의 시중적(時中的) 시대성을 살펴보자. 인륜의 성덕으로서 제덕(諸德)을 총괄하고 있는 인을 공자교에서는 효제로서 그의 근본으로 삼았다. 여기에 공자의 인의 시중적 시대성이 있으니 이는 공자의 존주사상과도 깊은 관련이 있음을 알아야 한다. 공자는 주나라의 전장제도를 그대로 되살리고자 했고 이 제도의 창설자인 주공은 이를 주례로써 저술하였는데 그의 근저를 흐르고 있는 사상의 한 줄기에 왕위부자상속의 봉건제후사상이 있음을 간과할 수 없다. 전왕조인 은나라는 사실상 말자형제상속의 혼용제도였던 것인데 그는 이를 장자상속으로 단일화한 데에 깊은 의의가 있는 것이다. 무왕 몰후 그의 아우 주공이 왕위에 오르지 않고 무왕의 아들 성왕의 섭정으로 앉은 때 이미 주공의 국가제도는 확립되었다. 그리하여 제후는 형제국으로 봉왕건후(封王建侯)하여 천자의 번병(藩屛)으로 삼았으니 그러므로 천자의 왕실은 부자의 효를, 번병의 제후들은 형제의 제를 인의 근본으로 삼지 않을 수 없었던 것이다. 공자가 꿈에서마저 사모하던 주공의 도를 孝弟의 정신 속에서 찾게 됨은 너무도 당연한 일이 아닐 수 없다. 이는 주나라의 전례를 다시 복구하기 위하여는 효제라는 대국가적 지도이념을 크게 앞장세우지 않을 수 없었던 까닭이다. 그러므로 주나라의 효제의 도는 봉건국가적 입장에서는 모두 충의 도로도 간주할 수 있다. 여기서 우리는 공자의 인이 붕괴과정에 놓여 있던 주말의 현실적 여건 하에서는 시대광교(時代匡敎)의 지도이념으로서 효제의 덕을 그의 근본으로 삼지 않을 수 없었던 까닭을 알 수 있다. 그러나 이천 수백 년이 지난 오늘에도 효제가 인의 근본이라 할 수 있을까? 공자가 세상을 떠난 후 겨우 백 년에 맹자는 인에 갈음하여 인의를 내세웠거늘 하물며 오늘에 와서는 보다 더 복잡한 인륜관계가 이루어지고 있음에 있어서랴. 주나라 봉건제도가 무너진 오늘에 있어서의 효제사상은 국가의 지도이념이라기보다는 차라리 혈연적 가족관계에 있어서의 동양적 미풍양속의 원천으로서 그의 의의를 간직하고 있으리라고 여겨질 따름이다. 그러므로 오늘에 와서까지 효제만이 인의 근본일 수는 없게 되었으나, 한편 공자의 인이 맹자의 인의로 옮겨질 때 혈연적 친친에서 비혈연적(非血緣的) 존현의 사상으로 발전하는 첫 단계에 있어서 효는 충의 근본이 되고 제는 의의 근본이 된다는 점에서는 인의 근본일 수도 있을는지 모른다. 이는 공자의 존주(尊周)사상에서 오는 것과 같은 정치적 효제(孝悌)의 개념과는 아주 다르다. 이는 오로지 인간의 정을 토대로 한 자로서 맹자의 심성론적 인의설(仁義說)이 된 것이다.

어쨌든 효제를 중심으로 한 공자의 인은 혈연적 가족을 중심으로 하여 마련되었던 것이 차츰차츰 '주충신'과 같은 사회적 인륜관계의 사상으로 확충되었다고 볼 수도 있을 것이다.

이렇듯 효제에 근원한 공자의 인은 시대적 여건에 따라 그의 내용을 달리하면서 발전할 수 있는 가능성을 내포하고 있는 것이다. 그러므로 인륜계에 있어서 이루어지는 덕으로서 공자의 인은 효제 사상을 시점으로 하여 오늘의 민주주의사상과도 어떠한 연락을 맺을 수 있는 것으로 여겨진다.

인이란 결국 제덕의 총명이기 때문에 효도 인이요 제도 인이요 충도 인이요 신도 인이기는 하지만, 이를 거꾸로 인이 효만이냐 하면 사실상 인은 효만이 아니기 때문에 인은 효이면서도 또 다른 것들인 제·충·신·자 등의 덕으로도 될 수 있는 것이다. 다시 말하면 인은 효제충신 등의 포괄적 유개념이라고나 할까? 그러므로 인이란 무엇이냐 하는 질문에 대하여 『논어』에서의 대답은 언제나 구체적인 하나하나의 사실에 대하여만 응답된 까닭을 알 수 있을 것이다.

공자는 까다로운 이론이나 추상적 논술을 싫어한 듯하다. 그는 '인이란 무엇이다' 라는 추상적 정의를 내리기를 좋아하지 않았다. 사실상 이론적 정의를 내리기도 어려운 문제에 속한다. 사람이 사람 구실한다는 그 사실 자체를 인이라 하는데 그 이상 더 자세한 설명이 필요 없다. 그러나 '어떠한 것을 일러 우리는 사람구실이라 하는가'라는 질문에 대하여는 그의 현실적 여건에 알맞은 시중의 구체적 사실이라야 생신(生新)한 인(仁)의 설명이 되는 것이다. 『논어』에 나타난 인의 대답이 언제나 각양각색으로 나타나는 사실은 오히려 인의 구체적 설명으로서 생신한 일면을 거기서 엿볼 수 있는 것이다. 공자가 즐겨 취한 대증투약적(對症投藥的) 시중의 응답이 도리어 인의 개념적 설명보다도 더욱 참신한 이유는 바로 거기에 있다고 하겠다. 이제 다산이 이해한 포괄적 인의 개념과 구체적 여러 가지 덕목

시대가 이미 가족적 연대관념에서 국가적 연대관념으로 발전했고, 민족국가적 연대관념에서 인류의 공영이 세계정부론적 입장에서 문제 삼아지는 시대로 진전하는 오늘의 현실에 만일 공자 자신이 부딪치게 되었다면 어떻게 할 것인가? 공자는 결코 효제만으로써 인의 근본으로 삼겠다고 고집하지 않을 것이다. 또한 현실적 여건이 그로 하여금 고집을 부릴 수도 없게 변천된 시대인 것이다. 만일 이 시대가 목민자(牧民慈)의 덕이 보다 더 중요한 시대라면 목민자가 인의 근본이라고 외칠 수도 있고, 민주주의의 실천이야말로 인의 기본이라고 부르짖을 수도 있는 것이다. 요컨대 공자 시중의 인은 인간이 스스로 인류적 실존의 위치를 벗어나지 못하는 한 만인의 행동 속에 어느 때나 어느 곳에서나 인륜지성덕(人倫之成德)이라는 이름으로 깃들어 있게 마련인 것이다.

과의 관계를 표시하면 다음의 표와 같다.

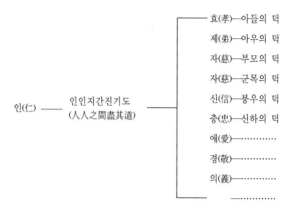

인(仁) ─── 인인지간진기도
　　　　　　(人人之間盡其道)
　　　　　　효(孝)─아들의 덕
　　　　　　제(弟)─아우의 덕
　　　　　　자(慈)─부모의 덕
　　　　　　자(慈)─군목의 덕
　　　　　　신(信)─붕우의 덕
　　　　　　충(忠)─신하의 덕
　　　　　　애(愛)──────
　　　　　　경(敬)──────
　　　　　　의(義)──────
　　　　　　　　──────

　이와 같은 미완성의 표를 얻게 되는 데에 오히려 인 사상의 산 생명이 잠재하여 있는지도 모른다. 인의 구체적 덕목은 효제충신애경의(孝悌忠信愛敬義) 등 무한급수나 다름없이 얼마든지 주워 셀 수 있다. 공자의 시중이란 사실상 시의를 존중하는 포괄적 행동규범인 것과 마찬가지로 공자의 인도 그것이 바로 시중의 인도인 점에서 포괄적인 윤리적 행동규범이기는 하지만 그의 행위의 구체적 내용은 사실상 무한에 속해 있다고 할 수밖에 없다. 무한이란 시간적─역사적인 흐름에 있어서나 공간적─지역적인 넓이에 있어서나 아무런 제약을 받지 않음을 의미한다. 그러나 인의 이러한 무제약적인 무한성은 그의 사상의 유구 광대한 성격을 말하는 것에 지나지 않고 오히려 인도로서의 인은 시간적인 또는 지역적인 산 현실적 여건에 의하여 비로소 구체화한다고 보아야 한다. 다시 말하면 현실 파악에 의하여 비로소 인의 시중적 시대성이 구체적으로 설명되기 때문이다.

4. 남에게 주는 사랑

인이란 아마도 남을 사랑하는[454] 것을 의미하는 듯하다. 그러므로 다산은 "사람과 사람끼리 서로 사랑함을 인이라 한다"[455]라고 정의하고 있다. 그러나 인간의 심덕(心德)과 인애(仁愛)와는 구별되는 것이다. 심덕은 곧 마음의 자세요, 인애는 남에게 향하는 나의 적극적인 사랑이다.[456] 남에게 향한 사랑은 자기의 할 바를 지성으로 다함을 의미하는 것이다. 곧 자기의 본분을 다하는 사랑을 인이라 하는 것이라고[457] 다산은 주장하였다.

그러므로 심덕만으로는 인이라 할 수 없고 자기의 할 바를 몸소 실천하는 것이라야 인이랄 수밖에 없다고[458] 다산은 주장하고 있는 것이다. 그러한 인이 남에 대한 사랑으로 나타날 때 그 사랑은 적극적이요 구체적인 사랑이 될 것이다. 동시에 향인지애(嚮人之愛)는 받아들이는 소극적 사랑이 아니라 내가 남에게 주는 열성적 사랑이 아닐 수 없다. 그러므로 인애는 애정에 만족하는 사랑에 그치는 것이 아니라 애정이 행동으로 표시되는 사랑에까지 이르지 않으면 안 될 것이다. 인애는 진실로 향정(嚮情)의 심덕이라고 하느니보다는 향정의 적극적 행동으로 나타나야만 한다는 이유가 여기에 있다. 그러므로 인애란 사랑의 동기라거나 심리적 현상이 아니라 그의 결과에서 얻어지는 것이라 하지 않을 수 없다. 그 결과가 남에게는 덕택으로

---

454) 『論語』, 「顔淵」. "樊遲問仁 子曰愛人"
　　　『孟子』, 「離婁 下」. "仁者愛人"

455) 『論語古今註』 卷3, Ⅱ~9, 4쪽(5-210). "仁者嚮人之愛也 子嚮父弟嚮兄臣嚮君牧嚮民 凡人與人之相嚮而藹然其愛者 謂之仁也"

456) 같은 책, 25쪽(5-251). "自此至彼曰道 心之正直曰德 仁者嚮人之愛也"

457) 같은 책, 39쪽(5-280). "仁者嚮人之愛也 處人倫盡其分謂之仁"

458) 『論語古今註』 卷10, Ⅱ~16, 2쪽(6-167). "仁者人人也 人與人盡其分 斯之謂仁 心德非仁也"

서 미치게 되어야만 비로소 인애를 한데 묶어서 인이라 부를 수 있을 것이다.[459]

천하의 인민들이 군목의 은덕을 입게 된 연후가 아니면 그것을 인이라 부를 수 없다. 어찌 인민에 대한 군목뿐이랴! 모든 사람들이 서로 끼리끼리 사랑을 주고받을 때 비로소 인의 열매를 맺게 되는 것이니 이는 인륜관계의 지극한 선이 아닐 수 없다.[460] 인이란 인륜의 지선일 뿐 아니라 천하의 지선이기도 한 것이다.

그러나 인은 먼 데 있는 것이 아니라 아주 가까운 데 있다.[461] 인간의 윤리적 사회는 단수적 관계에서 복잡적 관계로 발전하였고 또 발전하고 있다. 군신의 관계가 일대일의 관계라면 목민의 윤리는 일대다수의 관계인 것이다. 어쨌든 인간은 작게는 가족의 일인이지만 크게는 인류의 일원이 아닐 수 없다. 그런데 금수들은 오직 군생(群生)일지언정 윤리적 존재자로서의 자각과 본분을 지키는 사람의 의무를 이행한다고 볼 수는 없다. 오직 인간사회에서만이 서로 남을 위하는 사랑의 주고받음이 있다고 할 수밖에 없다.

그러므로 만일 천신이 존재하여 인간의 선악을 다스린다면 인륜관계를 떠나서는 그의 선·불선을 가려낼 길이 없다고 다산은 말하고 있다.[462] 성인이 하늘—신—을 섬기는 학도 인륜관계를 떠나서는 있을 수 없음은 물론이거니와 수신사천의 길도 인륜이라는 테두리

---

459) 『論語古今註』卷2, Ⅱ~8, 35쪽(5-179). "仁者至善之成名 必君臣父子之間盡其人倫之愛 或天下之民 被其德澤 然後方得爲仁."

460) 『論語古今註』卷3, Ⅱ~9, 30쪽(5-262). "仁者人倫之至善也 伯夷求父子之間盡其分 叔齊求兄弟之間 盡其分 是求仁也 卒成其志是得仁也 仁者天下之至善 仁賢於得國 又何怨"

461) 『論語古今註』卷2, Ⅱ~8, 26쪽(5-162). "仁者 人倫至善之名 然我欲仁 斯仁至矣 强恕而求 仁莫近 焉 仁豈高遠之行哉"

462) 『論語古今註』卷7, Ⅱ~13, 44쪽(5-629). "天之所以察人之善惡 亦惟是二人相與之際 監其淑慝 而又 予之以食色安逸之慾 使於二人之際 驗其爭讓考其勤惰 由是言之 古之聖人事天之學 不外乎人倫"

를 벗어날 수 없는 것이다.[463] 그렇다면 하나님을 섬긴다는 것도 따지고 보면 내가 남을 사랑하는 바로 그것이 아닐 수 없다.[464] 다시 말하면 내가 남을 사랑하는 그 행위 자체가 바로 하나님을 섬기는 인륜적 태도라는 것이다. 그러므로 내가 남에게 정성껏 사랑을 바치는 결과는 동시에 하늘마저 섬긴 결과가 된다고 할 수 있다. 그러나 이처럼 이루어지는 사랑의 미덕이 어찌 가만히 앉아서 될 법이나 한 일일까?

선악의 결과는 결코 사람 마음속에 못 박아 있듯 미리 예정되어 있는 것이 아니요 오직 인간의 노력 여하로 결정되는 자기 구지도 (求之者)인 것이다.[465] 그러므로 성덕의 미명도 내가 스스로 구하여 내 것을 만들고 또 남에게 주는 사랑에서 이루어지는 것이지 남이 내게 가져다주는 것이 아님은 물론이다. 인인(仁人)의 미덕은 천하를 감화하기에 이르게 되는 것이다.[466] 이렇듯 공자의 인은 가까이는 나의 인이요 멀리는 천하의 인이라, 이는 모두 내가 남에게 주는 사랑의 실천을 통하여 얻어지는 미덕이 아닐 수 없다. 그러므로 다산은 인자(仁字)의 뜻이야말로 공자학의 대강령으로서 여기서 그의 해석이 갈리면 비록 골육의 정이 같다고 하더라도 한 길을 걷는 사람이라고 할 수는 없다고까지 말하고 있다.[467]

---

463) 『中庸自箴』, Ⅱ~3, 2~3쪽(4-178~179). "天之所以察人善惡恒在人倫 故人之所以修身事天 亦以人倫致力"

464) 『신약·마태복음』 제22장 37절.

465) 『中庸自箴』, Ⅱ~3, 8쪽(4-189). "乃成德之美名 必用力推致而後乃爲吾有 豈可於不用力之前 先有中和之德釘著人心者乎"

466) 『論語古今註』 卷6, Ⅱ~12, 3쪽(5-454). "……我若自修(卽克己復禮) 人皆歸順(天下歸仁焉) 父子兄弟夫婦君臣以至天下萬民 無一人不歸於仁人之所感化 於是乎仁成矣"

467) 「答李汝弘」, Ⅰ~19, 37쪽(3-258). "至於仁字之義 此是聖道聖學大關係大綱領 治心養性之本 行己修身之根 毫髮差錯其究竟相距千里萬里 誠若畢竟征邁卒無歸一之日 則雖骨肉同骨肉藏如伉儷 論以道學門

다산은 공자의 인을 향인지애로서 그것이 바로 인간의 미덕이라 하였는데 이는 실로 성기성물의 지성을 통하여 얻어지는 실천윤리의 인도인 것이다. 고기가 물 밖으로 벗어날 수 없듯이 사람이라면 인애의 길을 벗어나서는 촌각도 살 수 없는 것이다. 여기에 다산경학사상의 실천윤리학적 의의가 있음을 본다. 그런데 주자는 인을 애지리(愛之理)요 심지덕(心之德)이라 하여[468] 형이상하적 원리인 양 간주하고 있는 것이다. 이는 다산의 인설과는 아주 상반된 입장으로서 인을 리(理)로 본다면 인자(仁字)의 진의는 알 길이 없다고 다산은 비판하고 있다.[469] 왜냐하면 주자의 '인자애지리(仁者愛之理)'는 다산의 향인지애와는 서로 그의 입장을 달리한 자임은 물론이요, 주자의 심지덕과 다산의 인륜지성덕과는 상반(相反) 불상용의 입장임은 다시 말할 것도 없다.

그렇다면 다산을 주자와 동도지인(同道之人)이라고 말하기는 어렵다. 더욱이 다산은 주자의 천지생물지심(天地生物之心)설을 따져가면서 말하기를[470] 천지생물지심으로 어떻게 어버이를 섬길 수 있으며 군왕을 섬길 수 있을까? 천지생물지심이 도심일까 인심일까? 이는 아마도 천심이라 할밖에 없는데 그러면 천심으로 사친 사군할 수 있는 것일까? 그리고 소위 "원자선지장야(元者善之長也)"의 구는 자연철학적인 역의 문언(文言)의 일구인데 이를 실천윤리의 행인지도(行

路 終是不同道之人……"

468) 『論語集註』,「學而」註 ·『孟子集註』「梁惠王 上」註. "仁者愛之理 心之德也" 『中庸章句』22장 註. "仁者 天地之生物心而人得以生者 所謂元者善之長也"

469) 『論語古今註』卷8, Ⅱ~14, 23쪽(6-48). "以仁爲理 則四書及詩書易禮 凡仁字皆難讀"

470) 『中庸講義』, Ⅱ~4, 36쪽(4-307). "仁者之義 經文自經自註 曰仁者人也親親爲大 明白眞切不可以他 說牽引也 古篆仁者人人疊文也 父與子二人也 兄與弟二人也 君與臣二人也 牧與民二人也 凡二人之間 盡其本分者 斯謂之仁 天地生物之心于我甚事 爲人子者孝於其親 曰我以天地生物之心孝於親 爲人臣 者忠於其君 曰我以天地生物之心忠於君 恐於事體有多少損傷"

仁之道)에 인용하였으니 그러면 춘하추동 사시행언(四時行焉)이 인간의 어묵행존(語默行存)의 실천에 무슨 관련이 있다는 말인가?

다산에 의하면 인은 천리로서의 애지리(愛之理)가 아니라 실천윤리로서의 향인지애요, 인성 안에 존재한 자로서의 심지덕(心之德)이 아니라 윤리적 실천에 의한 성과로서의 인륜지성덕인 것이다. 더욱이 인을 천지생물지심이라 한다면 인은 인도가 아니라 천도인 셈이다. 인간—당위의 도로서의 인을 일러 천지생물지심이라 한다면 이는 인이란 인생계를 떠난 객관적 어떤 존재가 되고 만다. 그러므로 여기서 우리는 주자와 다산이 인의 해석에 있어서도 그의 철학적 입장을 근본적으로 달리하고 있음을 알 수 있다.

『설문』에서도 이미 그러했기 때문에[471] 인을 인인(人人)의 인간도로 해석한 것은[472] 새삼스러울 것이 없는 것 같으나 다산이 수사의 고의를 밝힘에 있어서 "인(仁)이란 사람 인(人)자를 중첩하여 쓴 것"이라는 설을 취한 것은 주자학 전성시대에 있어서의 의의가 크다고 하지 않을 수 없다. 뿐만 아니라 인을 남에게 주는 적극적 사랑—향인지애—으로서 또는 인륜 지선(至善)의 성덕(成德)으로 규정한 점에 새로운 관심을 기울여야 할 것이다.

그런데 송유들의 주정설적 애리심덕설(愛理心德說)은 공자의 수사학에 선미(禪味)를 더하여 그의 적극적 행동주의의 진취적 기상을 꺾는 데 조력한 감이 없지 않으므로 본래적 고대유교가 마치 정존묵존(靜存黙存)의 불교처럼 그릇 인식된 것이다.[473] 그러나 실천윤리로서

---

471) 『說文』. "仁者 親也 從二與人"

472) 「答李汝弘」, I~19, 29쪽(3-242). "先聖訓仁字皆曰 仁者人也 中庸曰 仁者人也 孟子曰 仁者人也 表記曰 仁者人也 仁者人也者 謂仁之爲物生於人與人之間也 故仁者人也"

473) 「上弇園」, I~18, 41쪽(3-183). "……此所以龜山以下諸子以靜坐看未發前氣像爲聖學宗旨 而程門

의 공자의 인은 인간의 윤리적 행동강령을 규정지은 자인 만큼 인간
은 가정인이건 사회인이건 정치인이건 예술인이건 학자건 일꾼이건
간에 누구나 사람 구실을 다함으로써 인의 길을 걷는 행동인이 되어
야 하는 것이다. 사람 구실이란 무엇인가? 그것이 바로 남에게 주는
사랑인 것이다.

그러면 어떠한 방법으로 남을 사랑함으로써 인을 실천하며 자기
의 덕을 빛나게 할 수 있을까? 그것은 다름 아닌 충서일 것이다.[474]

제2절 충서지도

『논어』에 증자는 공자의 일관지도는 충서일 따름이라 하였고,[475]
자공더러는 서야말로 평생토록 지켜야 할 행동의 지표인 양 말하였
고,[476] 『대학』에서는 서의 도는 자기로부터 시작하여 남에게까지 미
쳐야 하는 것임을 밝혔고,[477] 『중용』[478]에서도 『맹자』[479]에서도 서
에 대하여 언급하고 있다.

이처럼 충서야말로 추노지학(鄒魯之學)의 핵심을 이루고 있으며 충
서가 아니고서는 인의 도를 실천할 길조차 없는 것이다. 인도(仁道)
는 곧 인도(人道)임은 더 말할 나위도 없거니와 이 길은 나 홀로 걷
는 길이 아니라 피아의 사이에 마련된 길이기 때문에 충서의 다리로

諸人晚來無一人得免涉禪之失者 恐未必不由於此也"

474) 『論語古今註』 卷3, Ⅱ~9, 14쪽(5-229). "仁者嚮人之愛也……恕而後成仁"
475) 『論語』, 「里仁」. "夫子之道 忠恕而已"
476) 『論語』, 「衛靈公」. "子貢問曰 有一言而可以終身行之者乎 子曰 其恕乎 己所不欲 勿施於人"
477) 『大學』, 傳4章 "君子有諸己而後求諸人 無諸己而後非諸人 所藏乎身不恕而能喩諸人者 未之有也"
478) 『中庸』, 13장. "忠恕違道不遠 施諸己而不願亦勿施於人"
479) 『孟子』, 「盡心 上」. "萬物皆備於我 强恕而行 求仁莫近焉"

연결되지 않으면 안 되는 길이다. "기소불욕(己所不欲) 물시어인(勿施於人)"에서의 기(己)와 인(人)이 곧 아(我)와 피(彼)인데 하고 싶지 않은 것을 베풀지 않은 것이 바로 충서의 다리임은 물론이다. 따라서 충서지도는 피아의 윤리적 관계를 어떠한 방법으로 맺게 하여 주느냐 하는 그의 구체적 방법인 것이다. 그러므로 다산은 인의 덕이 이루어짐도 서의 방법이 아니고서는 이룩될 수 없다고 한 것이다.[480] 이렇듯 충서사상은 인의 사상과 안팎이 되어 수사학 본연의 사상 체계를 이루고 있기 때문에 공자의 인 다음에 바로 이 충서의 도를 문제 삼지 않을 수 없다.

1. 일관지도로서의 도

다산은 서(恕)란 곧 인을 이룩하는 방법이요 인을 구할 때 사용하는 도구와 같은 것이라고 말한다.[481] 그러므로 인을 성취함에 있어서 없을 수 없는 자가 서(恕)인 것이다. 이렇듯 일관지도로서의 서에는 두 가지 면이 있으니 "내가 당하기 싫은 일은 남에게도 하지 말라"는[482] 것은 소극적인 서(恕)이지만,[483] 어려운 일에는 남의 앞장을 서고 이(利) 끝은 뒤로 미루는 행위는 적극성을 띤 서인 것이다.[484] 내가 하고픈 일을 남에게 먼저 미루어 주는 것이 적극적 서(恕)다.[485]

---

480) 『論語古今註』卷2, Ⅱ~8, 31쪽(5-171). "仁者人倫之成德 恕者所以成仁之方法"

481) 「與李汝弘」, I~19, 36쪽(3-255). "所謂恕字卽仁之方也 子貢問一言可以終身行之者 孔子答之以一恕字 則恕字之關於吾道爲何如也 子貢所謂一言者一字也 一字而以終身行之 則凡韻書所載一萬三千三百四十五字 若無以加乎恕字之上者矣 乃孟子之言曰强恕而行求仁莫近焉 由是觀之 恕之爲物不過所以爲求仁之用 如飯之爲物不過所以爲活人之用也 仁之爲物顧不巍巍然 又在恕字之上乎"

482) 『論語』, 「衛靈公」. "己所不欲 勿施於人"

483) 崔載喜, 『倫理學原論』(서울: 일신사, 1958), 104쪽에서 소극적 서(恕)를 문제 삼고 있다.

484) 『論語古今註』卷3, Ⅱ~9, 13쪽(5-228). "艱苦之事先於人 得利之事後於人 則恕也"

485) 같은 책, 22쪽(5-246). "己之所欲先施於人 恕也"

공자 스스로도 "대체로 사람 구실하는 사람은 자기가 서고 싶으면 남을 세우고……"[486] "사람 구실하는 사람은 어려운 일은 도맡고 이익은 남에게 돌리니……"[487]라 한 것은 모두 적극적 서를 구체적으로 이야기한 것이다. 그런데 왜 서를 일관지도라 하는가? 경례삼백 곡례삼천도 서자(恕字)로써 마치 일민(一緡)이 천백전(千百錢)을 꿰뚫듯 행해지는 것이요,[488] 사친·사군·목민·사중(使衆) 등 무릇 사람과 사람이 상접할 때도 일서자(一恕字)가 아니면 안 되고,[489] 오전 십윤지교(五典十倫之教)를 행함에 있어서도 서일자(恕一字)로 일관되어 있으며[490] 중용지도도 서가 아니고서는 어찌할 도리가 없고,[491] 만물이 분착(紛錯)하였으되 일서자(一恕字)로 이를 관지(貫之)하였으니[492] 이렇게 보면 공맹의 학은 온통 서의 일자로 일관되어 있음을 알 수 있다.

이렇듯 서는 인을 실천하는 유일의 방안인 점에서 인(仁)을 사람에 비하면 서(恕)는 전신을 일관한 핏줄인 양하다. 전신을 골고루 흐르는 심장혈이 없이 사람의 생명이 유지될 수 없듯이 서의 도―이를 대학에서는 혈구지도라고 한다―로서 인륜 만사에 처하지 않고서는 인이란 허울 좋은 꺼풀이 될 따름이다. 그러므로 유가의 천언만어(千

---

486) 『論語』, 「雍也」. "夫仁者 己欲立而立人 己欲達而達人 能近取譬 可謂仁之方也已"

487) 같은 책, 같은 곳. "仁者先難而後獲 可謂仁矣"

488) 『論語古今註』卷2, Ⅱ~8, 19쪽(5-148). "吾道不外乎人倫 凡所以處人倫者 若五敎九經以至經禮三百 曲禮三千 皆行之以一恕字 如以一緡貫千百之錢 此之謂一貫也"

489) 같은 책, 20쪽(5-149). "終身行之 則凡事親事君 處兄弟與朋友 牧民使衆 一應人與人之相接者 一以 是一恕字行之也 此非一貫而何"

490) 『論語古今註』卷7, Ⅱ~13, 43쪽(5-627). "一者恕也 五典十倫之敎 禮三百曲禮三千 其所以行之者 恕也 斯之謂一以貫之"

491) 『中庸自箴』, Ⅱ~3, 14쪽(4-202). "欲行中庸之道者 非恕不能 一恕字可以貫萬事萬物"

492) 『孟子要義』卷2, Ⅱ~6, 40쪽(4-571). "……孔子所謂一貫 謂萬物紛錯 我以一恕字貫之也 孔孟之學 其眞切卑近如此……"

言萬語)가 온통 일서자의 주각이라 할 수 있으니 선학에 가까운 정주학파들이 종일토록 엄연히 꿇고 앉아서 만수일리(萬殊—理)를 캐고 들어간들 부모와 처자가 곁에서 꾸짖고 향당의 무리들이 이러쿵저러쿵한다면 그 사람의 사람됨이 뜰앞 잣나무나 다름없을 것이니 무엇에 쓸 것인가고[493] 다산은 완곡하게 그들을 비판하고 있다.

사람의 사람됨은 실천—행—을 통하여 닦고 다듬어진 덕이라야 한다. 거기서 얻어진 인격이라야 한다. 엄연히 꿇어앉은 암하(巖下)의 도사보다도 백전을 겪은 한 노병의 일언이 우리의 심장을 찌른다. 서는 산 인간이 우리 인생계에서 살아가기 위한 윤리적 도구이기도 한 것이다. 노병의 병기처럼 인의 실천을 위하여 사용되는 유일의 도구인 것이다.

그런 의미에서 『중용』이나 『대학』도 결국 서자(恕字)의 연의(衍義)요, 『논어』나 『맹자』도 일서자의 주각이랄 수밖에 없다. 이는 마치 이론철학인 정주학에서 하나의 리자(理字)로써 이일만수의 일관지리(一貫之理)로 삼듯이 수사학적 실천윤리학에서는 서관만사(恕貫萬事)로 이에 갈음한다. 리란 만물이 존재하는 존재이유이기도 하려니와 또한 만물이 존재하게끔 마련해 주는 근원적 원리이기도 한 것이다. 그러나 이 서는 존재이유니 또는 존재자의 근원적 원리니 하는 그런 이론적 근거가 아니라 "남의 마음을 내 마음에 비추어 미루어 보고 헤아려 보는"[494] 혈구지도인 것이다. 실제적 행동의 방법이다. 그러

---

493) 『論語古今註』 卷7, II〜13, 44쪽(5-630). "四書者 吾道之指南也 而大學中庸 都是恕字之衍義 論語孟子其言强恕以求仁者 重見疊出不可殫指 則夫子之道一恕字而已 執此字以之接人仁不可勝用也 而今之儒者摸勞探索東塗西抹 每云萬殊一本復合一理 執天地萬事萬物都歸之於一理 曰此夫子之道 夫子之道無亦空曠渺茫矣乎 以一理貫萬物 於自己善惡毫無所涉 終日儼然危坐究得萬殊一理 不念父母妻子在傍訕己 鄕黨賓友歸而議己 其與庭前柏樹子相去未遠 此學道者所宜戒也"

494) 『孟子』, 「梁惠王 上」. "他人有心予忖度之"

---

216   다산경학사상 연구

므로 서 없이 인도는 한 발자국도 옮겨 디딜 수 없으리만큼 서는 행인의 단 하나의 열쇠인지도 모른다.

다산은 말하기를, 유가에는 본시 전도하는 법도가 따로 있는 것은 아니지만 일 서자만 가지면 논·맹·용·학을 일관한 그의 정신을 해득할 수 있기 때문에 공자의 도는 서의 일자에 있을 따름이라 하였다.[495] 그러므로 행인이란 곧 행서이성인(行恕而成仁)인 것이니[496] 일관지도로서의 서는 물론 천도가 아니라 인도임은 새삼스럽게 논할 필요도 없거니와 이 길은 천리로 통하는 길이 아니라 수기치인으로 통하는 인도다.

그런데 여기서 도란 무엇이냐 하는 문제를 한 번 따져보자면 중용서가 비록 천명에 근본하였다 하더라도 그 도는 인도인 것이요,[497] 도의 근본이 비록 하늘에서 연유하였다손 치더라도 인간의 실천궁행에 의하지 않고서는 인도는 넓혀질 수 없음은 자명하다.[498] "사람이 도를 넓히는 것이지 도가 사람을 넓히는 것이 아니라"[499]는 말도 있거니와 인도는 천도나 역도와는 완전히 구별되어야 하는 것이다.[500] 이렇듯 수사학적 도는 어느 모로나 인도를 벗어나지 않기 때문에 일관지도로서의 서의 도는 부자지간·군신지간·목민지간·형

---

495) 『論語古今註』卷2, Ⅱ~8, 20쪽(5-150). "儒家無傳道法也 然執一恕字以臨 論語中庸大學孟子 其千言萬語 無非一恕字之解 夫子之道 眞是一恕字而已"

496) 『論語古今註』卷10, Ⅱ~16, 40쪽(6-144). "一者恕也 行恕而成仁 固一貫也"

497) 『中庸講義』, Ⅱ~4, 60쪽(4-356). "中庸一書 雖本之天命 而其道則皆人道也"

498) 『論語古今註』卷8, Ⅱ~14, 18쪽(6-38). " 道之大本出於天 莫大者道 然引而廣之在乎人 非道引人以廣之 故聖人作則廣道於天下 聖人不作則道隨以亡 而不能引以廣之使人修道"

499) 『論語』,「衛靈公」. "人能弘道 非能弘人"

500) 『孟子要義』卷2, Ⅱ~6, 39쪽(4-569). "道者人所由也 自生至死曰道 自生至死曰道猶自楚至秦曰道 中庸曰道也者不可須臾離 如自楚至秦者其身在道不可須臾離也 道之遠人若此 而張子以氣化爲道 夫陰陽造化金木水火土之變動 非吾身之所得由 則豈吾道乎 若云一陰一陽之謂道本之易傳 則是言天道 不是人道 是言易道 不是天道 豈可以吾人率性之道 歸之於一陰一陽乎"

제지간·부부지간·붕우지간·사제지간·장졸지간·노자지간·국가지간·민족지간 등 이루 다 셀 수 없을 정도의 많은 인륜관계에서 비로소 문제가 된다.

그러므로 수기도 결국 서의 공부요 치인도 결국 서지도(恕之道)의 실현이라 할 수 있다. 조반(朝飯) 석죽(夕粥)일망정 부모처자와 더불어 동고동락할 때 거기에 서(恕)의 인도가 있는 것이요 포연탄우의 전쟁터에서도 장졸이 생사를 함께함으로써 서의 인도는 빛나는 것이다. 그러나 국가가 누란의 위기에 봉착했을 때에는 승병도 산사를 벗어난다 하지만, 하물며 국가의 중책을 지고 있는 자가 국외로 도피하고 권세를 부리는 자가 일락(逸樂)에 도취한다면 이는 어찌된 일일까? 이는 아마도 서의 인도가 땅에 떨어졌기 때문일 것이다. 이렇듯 인간행위의 전 과정을 하나로 꿰뚫고 있는 서의 도는 어떻게 활용되는 것일까?

2. 중심행서로서의 충서

행인이 인간 당위의 길이라면 충서는 그 길을 걷게 하는 방법인 점에서 수사학의 중요한 일각을 차지하고 있다. 일각을 이루었다고 하느니보다는 차라리 그의 중심과제가 되어 있다고 보는 것이 더 온당할는지 모른다. 오히려 충서사상(忠恕思想)의 올바른 이해 없이는 인의 사상 그 자체도 똑바로 이해하기가 어렵기 때문이다.

효·제·자니 충·신이니 하는 많은 인덕(人德)이 행인의 성과로서 이루어지는 것이 사실이지만 이들이 결코 저절로 되는 것이 아님은 물론이다. 거기에는 반드시 충서라는 진실된 인정이 작용하지 않고서는 안 되는 것이다. 윤리적 천명만 하더라도 이는 도심으로 하여금 인간 당위의 길을 인도하도록 하여 주지만, 서의 사상은 이러한 인간의 도심은 누구나가 다 똑같이 지니고 있다는 데에 근거를 두고 있다. 이는 마치 인간이 인간일 수 있는 것은 인간만이 지니고 있는 도의지성 때문이라 한다면 이는 사람마다 결코 다를 수 없는 것과 같이 도의지성에 근거를 둔 도심도 사람마다 동일한 것이 아닐 수 없다. 뿐만 아니라 인욕도 마찬가지다. 인간에게는 짐승과 더불어 함께 지니고 있는바 물욕의 근원인 금수지성도 동시에 지니고 있는 것이 사실이다. 이처럼 인간은 선악의 요소를 다 함께 지니고 있을망정 군자는 택선의 능력이 있기 때문에 악에 빠지지 않고, 소인은 오히려 사욕에 끌리기 때문에 선행의 덕을 쌓지 못하는 것이다.

이러한 인간에게 자유가 있다면 선행(善行)의 갈림길에서 양자택일해야 하는 자유다. 인간이 되느냐 금수가 되느냐 하는 자결권이 자기 자신에게 부여되어 있는 것이 인간 본연의 모습인지도 모른다. 이때에 충서지도(忠恕之道)는 양자택일의 구체적 방법을 우리들에게 지시하여 준다고 할 수 있다. 그것은 다름 아니라 내 마음으로 남의 마음을 헤아려 보는 일이다. 내 마음의 거울에 남의 마음을 한 번 비추어 보는 일이다. 그러면 결국 그의 마음과 내 마음이 다르지 않다는 사실을 발견하게 된다는 데에 충서사상은 뿌리를 박고 있다. 이러한 인간의 성정을 밑받침으로 하여 성장한 충서사상도 이를 이해함에 있어서 주자설과 다산설과는 서로 엇갈리게 되어 있다는 사실에 주목하지 않을 수 없다.

본시 '서(恕)'자의 뜻에 두 가지가 있으니 추서(推恕)의 서와 용서(容恕)의 서가 바로 그것이다. 다산은 전자의 뜻을 취하고 주자는 오히려 후자에 기울어졌다.[501] 서의 옛 뜻은 추서를 의미하는데 추서는 자수(自修)의 공부인지라 내 마음으로부터 미루어 남의 마음을 살핀 후 다시 내 마음으로 돌아오는 것을 의미한다. 내 마음에 비추어 남의 마음을 짐작한다. 내 마음과 남의 마음과를 한자리에 놓고 서로 견주어 보기도 한다. 서로 처지를 바꾸어 놓고 생각도 해 본다. 다시 말하면 내가 남의 처지가 되어 생각해 보기도 하는 것이다.

그러면 내가 남에게서 당하기 싫은 일은 남에게 하지 않는다. 내가 남에게서 받고 싶은 일이면 내가 먼저 그에게 베풀어 준다. 그렇게 함으로써 서로 이해도 생기고 사양의 덕도 베풀어지고 적극적 사랑도 우러나는 것이다. 만일 나와 남과의 뜻이 서로 엇나갈 때는 반드시 내가 그 사람의 입장이 되어가지고 생각해 보아야 한다. 내가 남의 귀여움을 받고 싶으면 내가 그에게 사랑을 베푼 바 있는가를 먼저 생각해 보라. 그렇지 않고서는 남에게 분수 밖의 기대를 가지는 것이 될 것이다. 그러므로 사랑이란 내가 먼저 주는 것이지만 먼저 받게 되는 것이 아님도 깨닫게 될 것이다.

추서는 다산의 향인지애에 있어서도 모든 것이 하기에 마련인 이유를 깨닫게 되는 지침이기도 한 것이다. 추서는 나 하기에 마련인 자수의 공부에서 비롯하는 것이므로 결국 추서는 모든 인의 덕을 성취시키는 근원적인 나의 힘이라고 할 수 있다. 부모를 봉양하고 형제끼리 우애하며 백성들을 양육하는 목민정신에 이르기까지 모두 이 추서로 말미암아 이루어지는 인간의 지선이 아닐 수 없다.

공자는 중용에서 부자·군신·곤제·붕우지간의 추서를 논하고

---

501) 『大學公議』, Ⅱ~1, 35쪽(4-71). "恕有二種 一是推恕 一是容恕 其在古經止有推恕本無容恕 朱子所言者容恕也, 中庸曰施諸己而不願 亦勿施於人 此推恕也, 子貢曰 我不欲人之加諸我也, 吾亦欲無加諸人 此推恕也, 此經曰 所惡於上毋以使下 所惡於下毋以事上 此推恕也, 孔子曰 所不欲勿施於人 此推恕也, 推恕者所以自修也, 故孟子曰 强恕而行求仁莫近焉 謂人與人之交際惟推恕爲要法也, 先聖言恕 皆是此義"

있거니와502) 그뿐 아니라 모든 인륜관계는 오직 추서로서만 그의 인도가 닦아진다. 목민지도만 하더라도 인민들이 국가의 애육을 얼마나 기대하는가는 내가 인민의 위치에 서서 생각해야 한다. 인민들은 결코 전제자의 노예가 아님은 내가 스스로 인민의 처지에 놓여야만 비로소 뼈저리게 느낄 수 있을 것이다. 인민들은 자유와 평등과 평화를 갈망하는 자임을 알진대 추서의 도를 아는 목민관은 이를 수탈 강압하지 못하리라. 이처럼 추서는 남을 사랑할 수 있는 힘의 원천이라 할 수 있는데 그러면 용서는 어떠한가?

추서는 내가 남을 위하여 노력하는 행위이지만 용서는 남의 허물을 관대히 처리해 주는 행위인지라 이도 또한 관용의 미덕이 아님이 아니지만, 내 스스로 남을 위하여 선행을 쌓는 자수의 덕과는 아주 다른 자임을 알아야 한다고503) 주자의 용서설을 다산은 비판한다. 곧 추서는 자수를 주로 삼고 자기의 선을 행하지만 용서는 치인을 주로 삼고 남의 악에 관대한 자를 이름이라는 것이다. 만일 추서로써 자기 행동의 지침을 삼지 않고 용서만을 일삼는다면, 욕탕에 든 벌거숭이를 서로 허물하지 못하고 도적끼리는 서로 담 뚫는 짓을 허물하지 못하는 것과 같이 피아의 허물을 용서하여 각자의 허물을 서로 감출 수도 있기 때문에 용서가 미덕이 아님이 아니로되 적극적인 순수한 덕의 원동력일 수는 없다고504) 말하는 것이다. 남의 허물을

---

502) 『中庸』, 13장. "君子之道四 丘未能一焉 所求乎子以事父未能也 所求乎臣以事君未能也 所求乎弟以事兄未能也 所求乎朋友先施之未能也"

503) 『大學公議』, Ⅱ~1, 35쪽(4-71). "所謂容恕者 楚辭曰恕己以量人 趙世家曰老臣自恕 後漢書劉寬傳曰 溫仁多恕 此容恕也 推恕容恕雖若相近 其差千里 推恕者主於自修 所以行己之善也 容恕者主於治人所以寬人之惡也 斯豈一樣之物乎"

504) 같은 책, 35쪽(4-72). "同浴者不可譏倮 同盜者不可譏穿 以我之心度他人之心 怡然相容莫相非議 即其弊將物我相安狃於爲惡而不相匡正 斯豈先聖之本意乎"

용서하는 관용도 좋지만 나 스스로 선을 쌓는 적극적 실천이 더욱 행인(行仁)을 위하여 요청되는 것이다.

실천윤리학적 입장에서 생각할 때 나 스스로의 진정에서 우러나오는 행선의 덕이라야 비로소 인격을 빛나게 함을 알 수 있을 것이다. 심판관이 죄인에게 관용의 덕을 베푼다면 그야 죄인이 그의 은혜에 감사할는지 모르나 목민관이 스스로 인민의 갈망에 응하는 선정을 폄으로써 천하를 구원하는 대덕에 비길 바 못 된다. 주린 자에게 양식을 주고 목마른 자에게 물을 주는 사랑은 용서가 아니라 추서인 것이다. 가뭄에 하늘이 비를 내린다면 이를 일러 우리는 하늘이 생명수를 내린다 하리라. 하늘의 덕이 스스로 만물을 소생하게 하였으니 이는 하늘의 뜻이 만물의 뜻과 하나가 되었기 때문이다. 가뭄에 시달리던 총생(叢生)들에게 무슨 허물이 있으랴. 이들에게는 어떠한 용서가 필요한 것이 아니라 그의 뜻을 짐작하여 바라는 바를 충족시켜 주어야 할 것이다. 이것이 다름 아닌 추서지도인 것이니 생성화육지도도 또한 이로 말미암아 열리게 되는 것이다.

그런데 증자는 공자의 일관지도를 충서라 하였고, 공자 자신은 자공의 질문을 받고 그저 서라 하였는데 이 문제에 대하여서도 다산과 주자는 그의 견해를 달리하고 있다. 다산은 충서는 곧 서니 둘이 아니라 하여 선유 주자설을 반박하였다.[505] 그리하여 주자의 충서이물설(忠恕二物說)[506]을 부정하고 충서즉물설(忠恕卽恕說)을 내세운 것이

---

505) 『論語古今註』卷3, Ⅱ~13, 44쪽(5-629~630). "忠恕卽恕 非有二也 先儒謂盡己之謂忠 推己之謂恕 今人知之 若先有一物在內爲忠 然後自此推轉發之爲恕 豈不大謬 審如是也 孔子二以貫之 豈一以貫之乎 恕爲之本而所以行之者忠也 忠恕非恕乎"

506) 『中庸章句』, 13장 註. "盡己之心爲忠 推己及人爲恕"
　　『論語集註』, 「里仁」 註. "盡己之謂忠 推己之謂恕"

니, 충의 주해를 여러 가지로 내리는 가운데[507] 서를 인도의 방술(方術)이라 한다면 충은 심중에 간직한 충정(衷情)의 지성이라고 할 수 있다. 그러므로 충서는 이물이 아니라 진실한 행서의 모습인지라 이를 중심행서라고 다산은 말한 것이다.[508]

그런데 이렇듯 서를 그저 서라 하지 않고 충서라 한 것은 인간의 충정을 중요시한 증자의 깊은 뜻이 거기에 있음을 짐작하게 한다. 증자·자사·맹자의 일파는 공자학을 내성적 자수의 학으로 이끌었다. 그러므로 극기자성을 중요시하는 안(顏)·증(曾)·사(思)·맹(孟)의 일파는 수기(修己)를 거치지 않는 치인(治人)이란 있을 수 없다고 하여 급기야 지성의 학을 발전시킨 것인데 서에 충의 수식을 빌어 충서(忠恕)를 강조한 증자의 학은 인간의 충정(衷情)을 중시한 점에서 인간의 진정(眞情)을 토대로 한 성(誠)의 학의 선구적 의의를 간직하고 있다고 하지 않을 수 없다. 그러므로 진심으로 추서를 실천하는 그것이 바로 중심행서로서의 충서라 해야 할 것이다.

맹자는 "힘써 충서의 도를 실천하면 인이란 코앞에 있는 것이다"[509]라고 하였는데, 충서의 길은 결코 넓고 아득한 신비 속에 묻혀 있는 길이 아니라 내가 호색하면 남도 호색하고 내가 호화(好貨)하면 남도 호화(好貨)하고 배고프고 목마르고 춥고 더운 것들도 모두 다 피아가 같은 심정이라고 다산은 말하고 있다.[510] 그러기에 내가

---

507) 『論語古今註』卷2, Ⅱ~8, 19쪽(5-148). "行恕以忠 故孔子單言恕 而曾子連言忠恕也 周禮疏云中心爲忠 如心爲恕 盖中心事人謂之忠 忖他心如我心謂之恕也"
『論語古今註』卷3, Ⅱ~9, 37쪽(5-275). "中心無隱 謂之忠"
같은 책, 같은 곳. "嚮人以誠曰忠"

508) 『中庸自箴』, Ⅱ~3, 15쪽(4-203). "恕者以一而貫萬者也 謂之忠恕者以中心行恕也 若必盡己之謂忠 推己之謂恕 則忠恕仍是二物 恐不可也 經云忠恕而所言君子之道四 仍是恕不復言忠 斯可知也"

509) 『孟子』, 「盡心 上」. "強恕而行 求仁莫近焉"

510) 『孟子要義』卷2, Ⅱ~6, 40쪽(4-571). "此章乃一貫忠恕之說 我好色 便知民亦好色 我好貨 便知民亦

좋아하는 일은 남도 좋아할 것인데 그러면 남을 억누르고 나 하고픈 대로 할 것인가? 그렇지 않으면 나의 하고픈 심정을 억누르고 남을 위하여 사양할 것인가의 윤리적 결단을 내려야 할 때 도심의 지시대로 청명(聽命)하는 군자는 충서지인일 수 있고, 그런 사람만이 사람다운 인인이라 할 수 있을 것이다. 그러므로 인인은 힘써 충서의 도를 실천하는 것이다.

서는 힘써 구하는 강서(强恕)이어야 한다. 극기도 굳센 강의의 결단이 없고서는 복례의 길이 열릴 수 없는 것과 마찬가지로 추서의 도도 굳센 의지를 뒷받침으로 하지 않고서는 행인의 길로 통할 수 없는 것이다.

유약[511]은 결코 곧은 덕을 나을 수 없다. 굳세고 곧은 마음씨로 남을 위하여 나를 버릴 수 있는 사람만이 강서이구인(强恕而求仁)하는 군자이므로 공자는 "단단하고 굳세고 소박하고 말더듬이라야 아마도 사람답지",[512] "말을 꾸며대며 얌전한 체하는 짓은 아마도 사람다운 사람은 하지 않을 거야……"라 하였는데[513] 강(剛)·의(毅)·목(木)·눌(訥)을 지성의 강덕이라 한다면 교언영색은 위선인 것이다. 따라서 행례(行禮)의 바탕이 되는 행서도 유약한 사양에서 오는 것이 아니라 자기희생의 정신이 밑받침이 되지 않고서는 이루어질 수 없

好貨 我好安逸 知民之亦好安逸 我惡賤侮 知民之亦惡賤侮 路欲先行門欲先入 階欲先登席欲先坐 冬欲先溫夏欲先凉 飢欲先食渴欲先飮 日用常行萬事萬物之情之慾皆備於我 不必問其情察其色而後知人之與我同也 於是所惡於上無以使下 所惡於下無以事上 所惡於前無以先後 所惡於後無以從前 所惡於左無以交於右 所惡於右無以交於左 其法例如是也 故所求乎子以事父 所求乎臣以事君 所求乎前後者 徐行後長 所求乎左右者坐不橫肱 此孔子所謂萬物紛錯我以一恕者貫之也 孔孟之學 其眞切卑近如此 而先儒於孔子一貫之說 孟子萬物之解 皆言之太廣釋之太闊 通天地萬物之理而無一不具於方寸之中 浩浩蕩蕩靡有涯岸 使後學茫然不知入頭著手之處 豈不恨哉"

511) 柔弱謙下는 老子의 德이다.

512) 『論語』, 「子路」. "剛毅木訥 近仁"

513) 『論語』, 「學而」·「陽貨」. "巧言令色 鮮矣仁"

다. 적극적 향인지애도 강서이구인(强恕而求仁)함으로써 비로소 인륜
지성덕으로 나타나게 됨은 물론이다. 그러므로 이제 서의 다음으로
는 덕이 문제 삼아질 차례에 이른 것이다.

제3절 덕론

　요즈음 '덕'자의 해석이 분명하지 못한 관계로 그저 순후 혼박(渾
朴)하여 청탁을 가리기 어려운 자를 일러 덕이 있는 양 그릇 생각하
지만 덕이란 그런 것이 아니다. 덕이란 인륜관계에 있어서 독실한 행
위를 가리킨 것이니, 효·제·자 등이 곧 그것이다. 그러므로 덕은
결코 흐리멍텅하거나 모호한 것이 아니라 인간의 또렷또렷한 행위에
서 얻어지는 어떠한 성과를 말하는 것이라고 다산은 말하고 있다.514)
　덕은 성실한 충정의 발로에 의하여 악을 버리고 선으로 향하는 선
행위를 말하는 것으로서 선(禪)에서처럼 진공묘유의 공적한 경지와
는 아무런 관계가 없음을 다산은 말하고 있다.515) 그러므로 덕이란
이름은 어떠한 행위의 성과로서만 얻어지는 것이라 하지 않을 수 없
는 것이다.
　그런데 옛 사람들은 덕을 득이라 하기도 하고516) 주자도 득어심
(得於心)이라 하였다.517) 다시 말하면 예악(禮樂)을 통하여 몸에 젖게

---

514) 『論語古今註』 卷1, Ⅱ-7, 22~23쪽(5-46~47). "……今人認德字元不淸楚 讀聖經遇德字茫然不知
　　　爲何物 第以淳厚渾朴不辨淸濁者爲有德 意欲以此簡氣象坐理天下 庶幾萬物自然歸化 而當局臨事不知
　　　從何處著手 豈不迂哉 此天下所以日腐爛而莫之新也 德者篤於人倫之名 孝弟慈是己……德非模糊漫
　　　漶之物也"

515) 『大學公議』, Ⅱ-1, 22쪽(4-45). "富潤屋德潤身者 誠於中而形於外也 然實心去惡實心爲善 以其去惡
　　　爲善之 故得有潤身之德 若馳心於空寂之也 則無緣有德 行事而后德之名立焉"

516) 『禮記』, 「樂記」. "禮樂皆得謂之有德 德者得也"
　　　같은 책, 「鄕飮酒義」. "德也者 得於身也 故曰古之學術道者將以得身也"

된 도덕적 습성이거나 그렇지 않으면 도덕적 행위를 통하여 얻어진 정신적 소득을 덕이라 한 듯하다. 이러한 덕은 후천적 소득으로서 행선의 습숙에 의하여 형성된 개인의 선량한 인격이라고 할 수도 있다. 이러한 후천적 소득으로서의 덕은 선행위(善行爲)의 습관에서 축적된 인간의 품성을 가리킨 것이 아닐 수 없다.

그러나 공자가 말한 천부의 덕[518]은 선천적 품성이라 인위적인 것이 아님은 물론이요, 의덕(懿德)[519]도 또한 하늘이 준 선천적 덕성으로서 후천적 습성에서 오는 덕과는 본질적으로 구별되는 자인 것이다. 선천적 덕성은 모든 선행위의 원인이 되는 동시에 행위 자체의 원동력이 된다고 할 수도 있다. 그러한 덕성은 성명론적 인성 바로 그것을 가리킨 것이어니와 인간의 덕행이란 바로 성명론적 인성의 행동화를 이름이라 하겠다. 그러므로 인간의 덕은 내재적 덕성이 행동으로 나타난 그 효·제·자 등의 덕행을 총칭한 것이니 덕이 만일 득이라 할진대 주자처럼 어찌 득어심(得於心)이라 할까? 다산의 입장에서는 차라리 득어인심(得於人倫)이라 함이 더 적절한 것이 되지 않을까 여겨진다.

1. 행오지직심(行吾之直心)

인과 덕은 서로 뗄 수 없는 사이라고 할 수 있다. 인과 덕은 둘이 아니요 같은 것의 다른 이름인 것같이 보이기도 한다.[520] 그러면 어

---

517) 『論語集註』, 「爲政」 註. "德之爲言得也 行道而有得於心"

518) 『論語』, 「述而」. "天生德於豫 桓魋其如予何"

519) 『詩經』, 「大雅」. "天生蒸民有物有則 民之秉彝好是懿德"

520) 『論語古今註』 卷1, Ⅱ~7, 9쪽(5-20). "凡二人之間盡其道 皆仁也"
　　　같은 책, 23쪽(5-47). "德者篤於人倫之名"

느 점이 같고 어느 점이 다를까? 인은 천리가 아니요 인덕이라[521] 하는 소이는 어디에 있을까? 인이나 덕은 모두 사람과 사람이 교제 하는 사이에서 이루어지는 것이니[522] 인을 인덕이라 한다면 덕을 숭 상하는 것이 인이라고 할 수 있다.[523] 그러므로 여기서 우리는 제덕 의 총괄적 이름이 인이라 한다면 인의 구체적 성과가 곧 효·제·충· 신 등의 덕이라고 말할 수 있다.[524] 말하자면 사람다운 사람인 인인 (仁人)은 효제충신 등의 제덕을 갖춘 군자인 것이다.

그러므로 인간의 윤리적 행위로서의 효·제를 놓고 생각해 볼 때 사람이란 입장에서는 이를 인이라 부르고, 행위의 입장에서는 이를 덕이라 이르는 것이다. 다시 말하면 덕이란 사람다운 행위의 성과를 이르는 말이라면 인이란 사람다운 성과를 거두게 된 그 사람의 값을 이야기하는 것이다 그러므로 덕은 인의 내용이요 인은 덕의 인간적 양상이라고나 할까. 어쨌든 덕 없는 인은 꺼풀일 것이요 덕이란 언제 나 인의 테두리 안에서 이루어지는 인간의 선행위라고 할 수 있다.

그러면 덕이란 과연 어떻게 이루어지는 것일까? 덕은 나의 곧은 마음을 실천하는 행위라고[525] 다산은 정의를 내리고 있다. 이는 실 행하지 않고서는 덕은 있을 수 없다는 것을 의미한다. 그러나 이는 물론 습성의 실행이 아니라 인간이─아니 내가─본래 지니고 있는

---

521) 『孟子要義』 卷2, Ⅱ~6, 30쪽(4-552). "仁非天理 乃是人德"

522) 『中庸講義』, Ⅱ~4, 36쪽(4-307). "經云仁者人也者 謂仁之謂德生於人與人之間 而仁之爲名 成於人 與人之際……"

523) 『論語古今註』 卷6, Ⅱ~12, 20쪽(5-487). "崇德 仁也"
    같은 책, 위의 곳(4-488). "崇德者 求仁"

524) 『論語古今註』 卷6, Ⅱ~12, 22쪽(5-492). "仁謂孝弟忠信"
    「原德」, Ⅰ~10, 2쪽(2-128). "孝弟之外 德之名無所立也"

525) 『中庸自箴』, Ⅱ~3, 25쪽(4-223). "德者行吾之直心也 不行無德也 孝弟忠信 仁義禮智 斯爲之德 未 及躬行 安有德乎"

직심을 그대로 실천에 옮기는 자이다. '곧은 마음'은 바로 인간의 선의지요 본성인 것이다. 그러므로 덕이란 인간의 본성과 행동과의 관련 하에서 이루어지므로 본성만으로 덕이 이루어지는 것은 아니다.526) 그러므로 덕이란 인간의 심성 속에 잠재한 이법이 아니라 인간의 행동 속에 빛나는 선과(善果)일 따름이다.

그런 의미에서 다산은 주자의 인자심지덕설(仁者心之德說)의 그릇됨을 비판하고 있다.527) 그의 마음씨가 제아무리 담연허명(湛然虛明)하여 맑다고 하더라도 그것을 일러 덕이라 할 수는 없다. 그렇다면 담연허명한 심체가 또한 덕의 바탕일 수도 없다.

왜냐하면 덕의 심성론적 바탕은 정직이기 때문이다. 곧고 바른 마음만이 덕의 바탕이 되는 것이다. 그러한 것이 바로 덕이라고도 하였거니와528) 어쨌든 덕은 효·제 등을 실천하여 인으로 천하를 이끌되 그의 바탕은 본심의 정직을 문제 삼고 있는 것이다.529)

공자도 "사람은 날 때부터 곧은 것이다"530) 하였는데 하늘이 그에게 준 덕도531) 바로 직의 덕임을 알 수 있다. 그러기에 향원을 덕의

---

526) 「原德」, I~10, 2쪽(2-127). "因命與道有性之名 因己與人有行之名 因性與行有德之名 徒性不能爲德也"

527) 『孟子要義』卷2, II~4, 28쪽(4-548). "……在心之理安得爲仁乎 唯德亦然 直心所行斯謂之德 故大學以孝弟慈爲明德 論語以讓國爲至德 實行旣著乃稱爲德 心體之湛然虛明者 安有德乎 心本無德 況於仁乎"

528) 『論語古今註』卷1, II~7, 19쪽(5-40). "德者 直心也(字義然) 身先孝弟率天下以仁者也"
『論語古今註』卷3, II~9, 24쪽(5-249). "德者 本心之正直"
같은 책, 25쪽(5-251). "心之正直曰德"

529) 덕은 그의 형성과정의 면에서 주사적(注賜的) 덕(Virtures in jusae)과 획득적(獲得的) 덕을 그의 형성과정의 면에서 주사적(注賜的) 덕(Virtures in jusae)과 획득적 덕(Virtures acquisitae)의 두 갈래로 나눌 수 있다면 다산의 이른바 수사학적(洙泗學的) 덕은 주사적(注賜的) 덕—직심(直心)이 획득적 덕으로 이루어진 자를 가리킨 것으로 이해하여야 할 것 같다. 덕(Virtures acquisitae)을 두 갈래로 나눌 수 있다면 다산이 이른바 수사학적 덕은 주사적 덕—직심이 획득적 덕으로 이루어진 자를 가리킨 것으로 이해하여야 할 것 같다.

530) 『論語』, 「雍也」. "人之生也直 罔之生也幸而免"

531) 『論語』, 「述而」. "天生德於予"

적이라 하여[532] 미워한 것이다. 왜냐하면 향원이란 위선자이기 때문이다. 그러므로 "사람다운 이만이 남을 좋아하기도 하려니와 남을 미워할 수도 있다"[533]고 한 것은 호・오가 분명한 곧은 인격자—덕인—를 공자는 좋아했기 때문이다. 곧고 바른 품격을 갖춘 사람만이 호선오악(好善惡惡)의 태도가 분명한 것이다. 그러한 품격은 인간이 지닌 본래적인 정직한 덕성이기는 하지만 그것이 바로 덕이랄 수는 없다. 왜냐하면 선덕은 시중의 결과로서 나타나는 것이요, 의・심・신은 아직 선악이 미정된 상태이기 때문에[534] 이를 덕이라고 할 수는 없다고 다산은 말하고 있다.

선악미정지물(善惡未定之物)을 덕이라 할 수 없다면 선악이정지후(善惡已定之後)의 덕은 어떠한 덕일까? 이는 스스로 선덕이요 미덕이요 명덕만을 의미하는 것이라 하지 않을 수 없다. 왜냐하면 곧은 마음으로 행함으로써 얻어지는 것인데 어찌 악덕이 있을 수 있겠는가? 악덕이란 말은 그것이 선덕이 아니라는 의미로만 쓰일 수 있는 이름이라면 모를까 그것이 선악과 상대적 의미에서 일종의 덕일 수는 없는 것이다. 덕은 이미 그 자체가 굳세고 곧은 의지를 갖추고 있는 자의 지성과 시중에 의해서만이 이루어지는 자이기 때문이다.

중용서(中庸書)에서도 '강하다 굳셈이여!'[535]라고 하였는데 굳센 것은 화살같이 곧은 것이다.[536] 결국 중용지도도 굳세고 곧은 덕으로 성취되는 것이다. 굳센 힘은 아마도 곧은 마음씨에서 우러나온다.

---

532) 『論語』, 「陽貨」. "鄕原 德之賊也"

533) 『論語』, 「里仁」. "惟仁者 能好人 能惡人"

534) 『大學公議』, II~1, 8쪽(4-18). "意心身者善惡未定之物 烏得徑謂之德乎 德猶不可烏得徑謂之明德乎"

535) 『中庸』, 10장. "君子和而不流强哉矯 中立而不倚强哉矯 國有道不變塞焉强哉矯 國無道至死不變强哉矯"

536) 『中庸自箴』, II~3, 12쪽(4-198). "揉曲爲矯 矯者矢直也"

이 직심은 도심의 다른 모습인지도 모른다. 어쩌면 도심의 본래적인 근본형태인 양 여겨지기도 하는 것이다.

이러한 점에서 볼 때 서(恕)와 덕(德)이 다 함께 도심에 근거를 두고 있음을 알 수 있다. 충서는 중심행서로서 하늘이 준 직심에 의거하여 추서로써 인을 실천하는 것이지만 덕도 또한 직심이 즐기는 바대로 따르는 자임이 분명하다.537) 이들은 모두 심성론적 토대 위에 세워진 행동주의에 근거를 두었기 때문에 인간의 후천적 습성에서 오는 재능이 아니라 본래적 양성(良性)을 따르는 데에서 오는 아름다운 선과가 다름 아닌 덕인 동시에 그러한 덕의 인간다운 보람을 인이라 일컬을 따름이다.

2. 인과 서와 덕과의 관계

여기서 우리는 인과 서와 덕의 삼자관계에서 하나의 인간상을 뚜렷이 볼 수 있다. 한 인간이 인간다운 인을 성취하기 위해서는 충서의 도로 이를 실천하여야 한다. 그러한 실천을 통하여서만이 인간의 인간다운 덕이 이루어지는 것이다. 그러한 윤리적 과정에 있어서 문제가 되는 것은 인간의 마음의 자세인 것이다.

대학서에서 이른바 성의·정심·수신의 관계에 있어서도 성의는 정심의 전제가 되는 것이요 수신이란 정심에 의한 정기(正己)를 의미하는 것이라면 정심은 바로 수신의 기본이 되지 않을 수 없다. 정심의 자세는 이미 인심도심내자송설(人心道心內自訟說)에서 논의된 바와 같이 도심이 인심을 극복함으로써, 다시 말하면 극기의 성과로서

---

537) 『論語古今註』 卷8, Ⅱ~14, 11쪽(6-24). "德者道心之所好也 色者人心之所好也"

이루어질 수 있는 자세인 것이다.

사람은 나면서부터 본시 곧은 자이기는 하지만 성의 정심의 자세를 갖추기 위해서는 신독의 공정(功程)을 쌓지 않고서는 안 되는 일이다.[538] 다시 말하면 인간만이 가진 이 직심을 잘 배양해야 한다. 그러므로 인간은 덕을 갖출 수 있는 가능적 존재로서 이를 몸소 닦음으로써 비로소 덕의 선과를 딸 수 있다는 것이다.

덕은 오로지 정심의 본성을 행동으로 옮기는 데에서만 이루어진다. 선행의 축적에서 이루어진다고 하느니보다는 차라리 하나하나의 행위가 덕의 선과를 맺게 되느냐 않느냐가 문제가 된다. 덕의 선과를 맺게 될 가능성은 이미 지니고 있다손 치더라도 이에 스스로 자수의 공이 따르지 않고서는 덕의 선과는 기대할 수가 없다. 그러므로 덕의 성과는 항시 유동적이다. 왜냐하면 고정된 품성으로서의 덕이 따로 있는 것이 아니라 덕은 오직 내가 지닌바 직심을 실천함으로써 그때그때 이루어지는 자이기 때문이다. 그러므로 덕은 평생을 두고도 조심스럽게 닦고만 있어야 하는 것이다. 오늘 이룩된 덕이 내일도 그렇게 되리라고는 아무도 보증할 수 없기 때문이다.

그러므로 덕은 언제나 나의 수기에 의하여 이루어지는 주체적 성과를 이름이라 한다면, 인은 피아 간의 접인(接人)에서 이루어지는 보편적 인간도의 총괄적 성과를 가리킨 것이다.[539] 따라서 덕은 내성적 성명의 자각에 의하여 종일토록 노력하는[540] 군자 자수(自修)의 공을 가리킨 자라 한다면, 인은 윤리적 실존으로서의 인간이 걸어야

---

538) 『大學公議』, II~1, 9쪽(4-19). "誠意正心 乃吾人之善功"

539) 『論語古今註』 卷3, II~9, 25쪽(5-251~252). "據於德所以自修也 依於仁所以接人也"

540) 『周易』, 乾卦. "終日乾乾夕惕若"

하는 인도의 보편적 칭호인 것이다.

따라서 덕과 인은 아주 다른 것이 아니라 자수의 덕은 곧장 인에 도달하는 것이요 인의 수도(修道)는 또한 덕의 성과로 나타나는 것이다. 여기서 우리는 덕은 나의 입장에서, 인은 우리의 입장에서 윤리적 인간행위를 문제 삼는 것이라 한다면 이에 충서의 도야말로 인과 덕을 연결지어주는 교량이라고나 할까. 인과 서와 덕이야말로 수사학적 실천윤리의 주축을 이루고 있다고 할 수 있을 것이요, 그중에서도 덕은 인간의 윤리적 행위의 구체적이요 종국적인 성과라고 해야 마땅하다. 그러면 그의 덕목은 어떻게 간추려야 할 것인가?

3. 효제자로서의 명덕

사람다운 인의 구체적 사실이 덕으로 나타난다. 그처럼 실천윤리의 성과로 나타나는 덕을 주자학에서는 심성이라 함과 동시에 대학장구에서는 철학적 해석을 내렸다. 그리하여 허령불매한 천리로 다루었다.[541] 이는 관념론적 성리철학의 당연한 귀결이기는 하지만 다산은 이에 대하여 그의 실천윤리학적 입장에서 그것과 다른 해답을 구하지 않을 수 없었던 것이다.

주자의 '명덕설'은 따지고 보면 아무래도 인간의 선천적 품성으로서 득어천(得於天)했거나 또는 득어심(得於心)한 자이지 득어인륜(得於人倫)한 자라고 하기는 어렵다. 심성론적 입장에서 만사에 응할 수 있는 위치에 놓인 주자의 심덕설을 다산은 분명히 마음만으로 되는 덕이란 있을 수 없으므로 만사에 응한 후가 아니면 덕이란 이름은

---

541) 『大學章句』, 經1章 註. "明德者人之所得乎天 而虛靈不昧以具衆理而應萬事者也"

얻어질 수 없다는 점을 밝히고 있는 것이다.542) 더욱이 덕은 선을 행하지 않고서 얻어질 수 없으므로 주자가 이른바 득어심(得於心)한 자는 덕이 아니라 다산의 말처럼 심(心)은 본래 덕이 없고 오로지 곧은 성(性)이 있을 뿐인 까닭에 직성(直性)일 따름이다. 이는 하늘로부터 받은 품성으로서 주자의 소위 허령불매(虛靈不昧)하여 온갖 이치를 갖춘 유심론적 심덕이 아니라 성기호설(性嗜好說)적 직심이다. 여기서 덕에 관한 주자의 선득설(先得說)과 다산의 후획설(後獲說)이 갈리게 되는 근본적 차이가 있는데, 다산이 만일 선득어심(先得於心)을 논했다면 이는 오직 진성(眞性)을 선득했다는 의미일 것이다. 그러므로 다산의 덕은 직성에 의한 성과로서 효·제·자 등의 윤리적 행위로 구체화되지 않을 수 없다.

대학서의 명덕을543) 효·제·자라 하였는데544) 그 까닭인즉, 명덕은 주례의 육덕에서 연유하였는데 중화지용(中和祗庸)의 사덕은 중용지교가 되고, 효우의 덕은 대학지교(大學之敎)가 된 것이다.545) 따라서 주자의 성정론적 이기설도 학문적인 면에서는 물론 치의(致意)할 가치가 있으나 실천교육의 제목일 수는 없으므로 대학에서의 교육적 제목으로서는 오직 효제자의 삼덕이 있을 따름인 것이다.546)

효·제·자의 삼덕은 요전(堯典)의 오교를 줄인 자이다.547) 부의

---

542) 『大學公議』, Ⅱ~1, 8쪽(4-17). "心本無德 惟有直性 能行吾之直心者 斯謂之德(德之爲字行直心) 行善而後德之名立焉 不行之前身豈有明德乎"

543) 高橋亨, 「丁茶山の大學經說」(『天理大學學報』 제18집), 14쪽에서 "명덕(明德)의 효제자(孝弟慈) 삼덕설(三德說)을 주장한 자 다산(茶山) 이외에 또 있음을 나는 모른다"고 하였다.

544) 『大學公議』, Ⅱ~1, 6쪽(4-14). "明德也 孝弟慈"

545) 같은 책, 6~7쪽(4-14~15). "周禮大司樂以六德敎國子 曰中和祗庸孝友 中和祗庸者中庸之敎也 孝友者大學之敎也 大學者大司樂敎靑子之學 而其目以孝友爲德 經云明德豈有他哉"

546) 같은 책, 7쪽(4-15). "虛靈不昧心統性情 曰理曰氣曰明曰昏 雖亦君子之所致意 而斷斷非古者太學敎人之題目 不寧惟是幷其所謂誠意正心 亦其所以爲孝弟慈而已"

(父義) 모자(母慈)를 합하여 자(慈)로, 형우(兄友) 제공(弟恭)을 합하여 제(悌)로, 자효(子孝)는 그대로 효(孝)라 하여 삼덕으로 간추린 자이다. 이는 명덕을 유심론적 심학으로 해명하지 않고 이를 실천윤리학적 행인의 학으로 해석한 데 새로운 의의가 있다고 하겠다. 그리하여 효·제·자의 혈연가족적(血緣家族的) 삼덕(三德)을 사회적 또는 정치적 면으로 확충한다면 효는 사군, 제는 사장, 자는 사중의 덕으로 되는 것이다.[548] 그러므로 효제자의 삼덕이야말로 천하를 교화하는 대덕이 아닐 수 없는 것이다.[549]

이에 성의(誠意) 정심(正心)도 효·제·자를 실천하기 위한 공부에 지나지 않는 것이니 불교의 치심지법과 유교에서의 그것과는 전적으로 다른 것으로서 효제자의 실천을 떠나서는 성의정심도 있을 수 없다고 다산이 말한 것도 이 까닭인 것이다.[550] 그런데 향벽관심(向壁觀心)으로 치심의 극치인 양 여기는 요즈음 학자들은 격물·치지·성의·정심도 결국 주례에서의 효우목인(孝友睦婣) 등의 덕을 실천하기 위한 묘리 방략인 줄은 모르고 있는 것이라고[551] 다산은 말하고

---

547) 같은 책, 같은 곳. "堯典曰愼徽五典 曰敬敷五敎 五典五敎者 父義母慈兄友弟恭子孝也……兄友弟恭合言之則弟也 父義母慈合言之則慈也 然則孝弟慈三字 乃五敎之總括 太學之敎胄子 胄子之觀萬民 其有外於此三者乎"

548) 같은 책, 7쪽(4-16). "乃心性昏明之說絶無影響 惟其上節曰孝者所以事君也 弟者所以事長也 慈者所以使衆也 其下節曰上老老而民興孝 上長長而民興弟 上恤孤而民不倍 兩節宗旨俱不出孝弟慈三字 是則明明德正義也"

549) 같은 책, 8쪽(4-18). "今欲明大學之要旨 必先將孝弟慈三字疏瀹表章 然後一篇之全體大用乃可昭也 經曰明明德於天下 則明明德歸趣必在乎平天下一節矣 興孝興弟之法 恤孤不倍之化 其果非明明德之眞面目乎"

550) 같은 책, 9쪽(4-19~20). "佛氏治心之法以治心爲事業 而吾家治心之法以事業爲治心 誠意正心 雖是學者之極工 每因事而誠之 因事而正之 未有向壁觀心自檢其虛靈之體 使湛然空明一塵不染 曰此誠意正心者 欲孝於其父者 察一溫必誠 察一淸必誠 其一甘旨必誠 濯一衣裳必誠 酒肉以養賓必誠 幾諫使無過必誠 斯之謂誠意也 欲弟於其長者 趨一召必誠 對一問必誠 服一勞役必誠 奉一几杖必誠 有酒食饌之必誠 受學業修之必誠 斯之謂誠意也 以之事君 以之交友 以之牧民 其所以誠其意者皆在行事 徒意不可以言誠 徒心不可以言正 故經曰 小人閒居爲不善 無所不至 其所云爲不善者行惡也 閒居行惡見人著善 則不誠意者也 閒居行善見人行善 則誠意者也 誠意之工顧不在於行事乎"

있다. 그러므로 대학의 강령은 명덕이요 그의 조목은 효제자일 따름이니[552] 이는 어찌 잠잠히 앉아서 홀로 명상에 잠김으로써 얻어지는 것일까? 인륜행사를 통한 격치성정의 공을 겪지 않고서는 결코 효제자의 명덕은 얻어질 수 없는 것이다. 그런데 이를 왜 명덕이라 하는가?

주자가 말한바 심체가 허명한 자를 명덕이라 하는 것이 아니라 덕행이 신명(神明)과 통한 자를 명덕이라 한다고 다산은 특이한 해석을 내리고 있다.[553] 이는 선학적(禪學的)인 송학에 대한 다산학의 뚜렷한 새 입장이 아닐 수 없다.

인간의 윤리적 덕행이 신명과 통하는 까닭은 군자의 덕행은 '천명을 본심에서 구하고'[554] '조심스런 마음으로 상제를 밝게 섬기는'[555] 신앙적 지성에 의하여 이룩되는 자이기 때문이다. 이에 인간의 덕행이 신명 곧 상제의 밝은 뜻과 통한다는 말은 군자의 지성이 아니고서는 이룩될 수 없다는 것을 의미한다. 군자의 지성은 천덕(天德)에 도달하기 때문에[556] 지성지도는 인덕과 천도를 일관하는 군자지도인 까닭이다.

이렇듯 성인이 상제를 섬기는 학으로서의 다산학은 실로 하늘을 섬기는 데 그치는 것이 아니라 사람을 섬기는 덕을 닦는 학과 직결

---

551) 같은 책, 위의 곳(4-20). "今人以治心爲誠意 直欲把虛靈不昧之體 捉住在腔子內 以及觀其眞實無妄之理 此須終身靜坐黙然內觀方有佳境 非坐禪而何……總之立敎設法之條目所列 可有孝弟不可有誠正 可有睦婣不可有格致 格致誠正者 所以孝友睦婣之妙理方略 非直以此爲敎法之題目也……若其太學條例 則綱曰明德 目曰孝弟慈而已……"

552) 朱子의 三綱領 八條目說을 否認하는 立場이다.

553) 『大學公議』, II~1, 10쪽(4-21). "詩云予懷明德 易曰自昭明德 周書曰明德惟馨(見左傳) 春秋傳曰選建明德以藩屛周 又曰分魯公以大路大旂以昭周公之明德(定四年)豈皆心體之謂乎 凡德行之通乎神明者謂之明德 如祭神之水謂之明水 格天之室謂之明堂 孝弟爲德通乎神明 故謂之明德 何必虛靈者爲明乎"

554) 『中庸自箴』, II~3, 4쪽(4-181).

555) 『中庸自箴』, II~3, 6쪽(4-186).

556) 『中庸』, 32장. "達天德者"

된 데에서 우리는 새로운 의의를 발견하게 된다. 그러나 하늘을 섬기는 데 치우치면 아마도 출세간적 종교가 되는지 모른다. 그 반면에 사람을 섬기는 데에만 급급하면 아마도 지나치게 세간적 윤리학에 떨어질는지 모른다. 그러나 다산은 수사학적 고대 유교를 사천을 통한 사인(事人)의 학으로 이해한 것이다. 그러므로 본래적인 공자교는 종교라 하기에는 너무도 지나치게 윤리학적이요, 윤리학이라 하기에는 너무도 지나치게 신앙적이라 하지 않을 수 없다.

그러므로 명덕만 하더라도 이를 효제자의 삼덕을 가리킨 자라 한다면 이는 그저 윤리적 선행의 덕을 의미하는 것에 지나지 않지만, 이를 덕행의 신명과 통하는 자라 한다면 이는 윤리 이전의 천명사상과도 깊은 연관이 있다는 사실을 이해하지 않으면 안 될 문제다. 따라서 명덕이라 하면 한편으로는 효제자의 윤리를 가리키고 또 한편으로는 신명과 통하는 덕성 그 자체를 가리키기도 한 것이다. 이를 단적으로 말하자면 명덕이란 신명과 통할 수 있는 인간의 윤리적 덕행을 가리킨 자라 하겠다.

이는 주자가 말한바 허령불매한 초인간적 원리로서의 명덕이 아니라 인간이 자기의 행위를 통하여 언제나 신명과 상통하는 그 성과로서 얻어지는 자에 지나지 않는다. 다시 말하면 자수의 덕행 속에 신명한 상제의 뜻을 읽을 수 있는 덕을 일러 우리는 명덕이라 할 수 있다. 이것이 다름 아닌 효제자의 지성에 의하여 비로소 성취될 수 있는 명덕인 것이다. 이에 효제자로서의 명덕은 그렇다 치고 많은 다른 덕들은 어떠한 것들일까?

4. 제덕의 개관

『주례(周禮)』 대사악(大司樂)의 육덕[557]을 크게 나누면『중용』의 구덕(용덕 포함)과『대학』의 명덕으로 나눌 수 있다. 고요의 구덕[558]은 사실상 중용의 덕으로서[559] 구덕은 중용의 연원인 것이다.[560] 요순 이래 뭇 성인들에 의해서 전해지던 중용의 학이[561] 주공을 거쳐 공자・자사에 이르렀던 것이다.[562] 이는 중용의 중화지용(中和祗庸)의 덕이 공자에 의하여 중용의 덕으로 요약되었다고 할 수 있다. 중용뿐 아니라『대학』의 명덕도 효우에서 이끌어온 효제자의 덕임은 상술한 바와 같거니와[563] 덕이 어찌 중용과 명덕에 그칠 것인가?

덕의 종목을 따지자면 아마도 만(萬)으로 셀 수 있을 만큼 많을는지 모른다.[564] 그러나 우리는 여기서 성일만덕(誠一萬德)을 논하느니보다는 오히려 중용서에서의 지인용 삼달덕과 맹자에서의 인의예지의 사덕을 문제 삼아 보는 것이 좋을 듯하다. 그런데 지인용(智仁勇)

---

557)

육덕(六德) ── 중화지용(中和祗庸)…중용지교야(中庸之教也)…구덕(九德)
　　　　　 ── 효우(孝友)…대학지교야(大學之教也)…명덕(明德)

558) 『書經』,「皐陶謨」. "皐陶曰亦行有九德……寬而栗 柔而立 愿而恭 亂而敬 擾而毅 直而溫 簡而廉 剛而塞 彊而義 彰厥有常吉哉"

559) 『中庸自箴』, Ⅱ~3, 8쪽(4-190). "皐陶陳九德之目 其一曰寬而栗 夫不偏於寬而濟之以栗則中也 二曰柔而立 夫不倚於柔而濟之以立則中也 其五曰擾而毅 夫不過於擾而濟之以毅則中也 其六曰直而溫 夫不過於直而滲之以溫則中也 … 皆不偏於此而兼之如彼之意……九德者中也 有常者庸也"

560) 『尙書古訓』卷2, Ⅱ~23, 33쪽(7-246). "九德卽中和之成德也 不偏不倚如此而又能有常 則中和祗庸之人也 中庸之大源也"

561) 같은 책, 34쪽(7-248). "皐陶中庸之學 傳至周公其作立政之戒曰……"

562) 같은 책, 같은 곳. "中庸之學傳至孔子 乃溯其本而述之 曰堯曰咨爾舜允執其中 曰舜亦以命禹 中庸之學傳至子思 乃作中庸之書 源遠矣哉"

563) 같은 책, 25쪽(7-229). "周禮大司樂以六德敎國子 曰中和祗庸孝友 六德者中庸大學之書所祖述也 中和祗庸之義演之爲中庸(戒愼恐懼祗也須臾不離庸也) 孝友慈順之義演之爲大學 其源本在是也……道之大源起於堯舜 歷夏與殷流于周禮 終于孔門 爲中庸大學二書而止"

564) 『中庸自箴』, Ⅱ~3, 20쪽(4-213). "誠一字爲萬德之根"

삼달덕을 따지고 보면 그것이 바로 시중의 정덕(正德)이다. 왜냐하면 지언 행인이 곧 성중(誠中)임은 이미 위에서 논증한 바 있고, 직(直)이 곧 정(正)이요 또 '강재교(强哉矯)'의 강덕임도 이미 논술한 바 있다. 그렇다면 강덕이란 바로 강용(强勇)의 덕이 아닌가? 그러므로 지인용 삼달덕이 다름 아닌 시중의 정덕이라는 것이다.

그런데 『주례』의 육덕이란 중화지용효우(中和祗庸孝友)이거니와 이는 「요전」(堯典)의 부의·모자·형우·제공·자효의 오교사상과 함께 공자의 효제의 인과 지행의 시중사상에 영향을 미치었고, 이 사상이 다시 정리될 때 중용서에서는 지인용 삼달덕을 문제 삼고 대학서에서는 효제자 삼명덕(三明德)을 문제 삼았다고 할 수 있다. 이는 「요전」의 오교와 『주례』의 육덕이 공자학파의 손에서 지인용과 효제자의 육덕을 형성하였고, 지인용 삼달덕은 다시금 성중의 덕으로 비약하여 천인합일의 경지에까지 개척하였다고 볼 수도 있다. 그러므로 공자 스스로 태백의 지덕(至德)을 칭송한 것은[565] 곧 그의 시중의 달덕을 말하는 것이요, 호덕(好德)을[566] 권장한 것은 효제의 명덕을 달관했기 때문일 것이다. 달덕은 달천덕(達天德)하는 지극한 성중의 덕이요, 호덕은 호선오악(好善惡惡)하여 지어지선(止於至善)함으로써 신명(神明)으로 통하는 수기의 명덕이기 때문이다.

그런데 맹자의 인·의·예·지의 사덕은 정주학에서 보는 바와 같이 인성이 아니라 인덕인 점에서 달관 및 명덕과는 다른 것인바 새로운 덕으로서 우리는 이에 관심을 기울이지 않을 수 없다.[567] 맹

---

565) 『論語』, 「太白」. "泰伯其可謂至德也已"

566) 『論語』, 「子罕」. "吾未見好德如好色者也"

567) 『中庸自箴』, Ⅱ~4, 38쪽(4-311). "仁義禮智之名成於行事之後 此是人德不是人性 若其可仁可義可禮 可智之理具於人性 故孟子以惻隱等四心爲四德之端 然四心摠發於一箇靈明之體 靈明之體汎應萬物 計

자의 사덕은 그의 사단지심의 성과임은 물론이거니와 이는 공자의 덕론에 비하여 좀 더 심성론적 면으로 깊이 파고 들어간 데에 그의 특이한 일면이 있다. 그러한 의미에서 공자의 덕론은 맹자에게서 더 뚜렷한 심리학적 근거를 갖추게 되었다고 할 수 있다.

제4절 맹자의 오륜

다산 경학사상의 수사학적 한 터전을 이루어 놓은 맹자는 공자가 죽은 후 180년 만에 태어났지만 그 사이에 시대는 춘추에서 전국으로 바뀌었다.

백 유년(百有年) 여의 그리 멀지 않은 간격이지만 주나라의 정치제도 및 사회조직의 붕괴와 때를 같이하여 사상적인 면에서도 적지 않은 진전과 변혁을 가져오게 된 것도 숨길 수 없는 사실이다.

그러한 시대적 배경 밑에서 맹자는 공자사상의 정통을 이어받았다. 정통을 이어받았을 뿐만 아니라 맹자는 그의 시대적 사조 속에서 공자의 사상을 다시금 재현시켰다고 할 수 있다. 시대사조는 물결처럼 흐르면서 그의 선악이나 죄과의 표준마저 다른 양하기 때문에 그 유동성을 인정한[568] 맹자가 어찌 공자를 사숙하면서 그의 복사에 그치었겠는가? 그의 본질을 바꾸지 않는 한도 내에서 흠뻑 시대적 특색을 뚜렷이 간직한 점을 우리는 발견하게 된다.

공자의 인이 맹자에게서는 성선론이 되고, 공자의 예악 중심의 덕치주의는 맹자에게서는 정책중심의 왕도정치로 강조된 듯이 보인다.

其所發 豈必四而已哉 孟子特擧其四者而已 或信或勇亦皆成名於行事之後 而原其所發亦發於此心而已"
568) 『孟子』, 「告子 下」. "五霸者 三王之罪人也 今之諸侯 五霸之罪人也 今之大夫 今之諸侯之罪人也"

이런 정도의 변화는 "증자·자사가 처지를 바꾸면 다 그러했으리라"[569]는 말과 같이 증자·자사뿐만 아니라 공자와 맹자도 서로 입장을 달리하면 서로 그렇게 되었을 법도 한 것이다. 이는 모두가 시대사조의 현실적 여건에 충실한 시중의 태도인 것이다.

그러므로 맹자의 사단론도 따지고 보면 공자의 인과 덕을 그저 심성론적 입장에서 더욱 깊이 파고 들어간 자라 할 수 있다. 공자학이 이미 수기치인의 테두리 안에서 이룩된 자라 할 수 있다면 맹자는 이 면을 어떻게 발전시켰을까? 수기의 면에서는 공자의 인간학적 자각이 친친(親親)에서 존현(尊賢)으로 진전함에 따라 이를 더욱더 내성적인 방향으로 이끌었고, 치인의 면에서는 공자의 정명론적(正名論的) 덕화주의(德化主義)가 이재(理財)와 교육을 겸전해야 하는 현인정치로 발전하기에 이른 것이다. 이렇듯 다산 목민사상의 선구가 된 맹자의 현인왕도론(賢人王道論)은 급기야 공자 수기치인의 구체적 내용이라고 보아야 할 것이다. 왜냐하면 현인의 수기 없이 왕도의 치인이란 생각할 수도 없는 노릇이기 때문이다. 그런 의미에서 맹자학을 온통 성선론적 현인정치학[570]이라 규정짓기도 하거니와 그중 몇 가지 문제를 추려서 수사학적 실천윤리의 입장에서 이를 살펴보기로 하겠다.

---

569) 『孟子』, 「離婁 下」. "曾子子思易地則皆然"

570) 성선론(性善論)은 수기(修己)의 근거가 되고, 현인정치(賢人政治)는 치인(治人)의 이상이 되기 때문이다.

1. 사단론

맹자는 주로 인의를 설하였는데[571] 이는 공자의 인에서 연유하였음은 물론이거니와 그의 인의는 또다시 인의예지의 사덕으로 좀 더 구체화하였다. 공자의 인은 효제를 주로 하는[572] 친친사상(親親思想)에 근거를 두고 있지만, 맹자의 인의는 친친(親親)과 존현(尊賢)의 두 사상으로 분화된 데 근거하고 있다.[573] 이는 시대적인 면에서 춘추시대에는 아직도 오패의 존주사상(尊周思想)이 사라지지 않았기 때문에 혈연적이요 봉건적인 효제 중심의 친친사상이 그때의 시대사조의 핵심을 이루고 있었지만 칠국쟁패(七國爭霸)의 전국시대로 들어와서는 이미 제후들의 존주사상은 깨어지고 새로운 존현사상(尊賢思想)이 머리를 들기에 이르렀기 때문에 존현사상이 친친사상과 병립하지 않을 수 없었던 사실을 우리는 짐작할 수 있다. 동시에 맹자는 당시 직하(稷下) 제자(諸子)들의 자극과 영향을 받아서 그의 학은 부득이일망정[574] 공자학보다는 논리적이었고, 그의 학의 논리적 전개는 수기의 인성론적 면에서도 심리학적으로 깊이 파고 들어갔지만 치인의 경국제세의 면에서도 구체적인 정책면에서 많은 문제를 제기하여 주었던 것이다.

이에 맹자의 사단론[575]은 그의 인의사상의 심성론적 전개의 결과로서 이루어진 자인데 여기서 문제가 되는 것은 단자(端字)의 뜻이다. 주자의 단서설(端緒說)에[576] 대하여 다산은 단시설(端始說)을[577]

---

571) 「答李汝弘」, I~19, 31쪽(3-245). "孟子之學 專欲行仁義以養其浩氣……"

572) 『論語』, 「學而」. "孝弟也者 其爲仁之本與"

573) 『中庸』, 20장. "仁者人也 親親爲大 義者宜也 尊賢爲大"

574) 『孟子』, 「滕文公 下」. "予豈好辯哉 予不得已也"

575) 『孟子』 「公孫丑 上」 및 「告子 上」 참조.

주장하고 만물의 본말을 양단이라 하지만 그의 시기자(始起者)를 단이라 하므로 단은 꼬리가 아니라 머리라 하였다.[578) 맹자 자신도 단을 시라 하고 있는[579) 것이니 조기(趙岐)의 단수설(端首說)의 주(註)도 이에 근거하고 있는 것이다. 그러므로 단을 서(緖)라 하느냐 시(始)라 하느냐에 따라서 사단설의 사상적 전개가 아주 다르게 전개됨을 알아야 할 것이다.

다산은 '단'자의 해석을 중요시하여 많은 예문을 들어 주자의 단서설의 그릇됨을 논란(論難)하고 있다.[580) '서(緖)'자의 뜻은 실 끝인점에서 그의 끝이 안에서 밖으로 풀려나오기는 하지만 이는 안팎이다를 바 없음을 의미한다. 그 반면에 '시(始)'자의 뜻은 작은 씨가 점점 커짐을 의미하며 어느 목적을 위한 첫 출발을 의미한다.[581) 그러므로 서는 앞뒤가 동일한 자의 단을 의미하고 시는 전후가 동일할수가 없는 것이다. 인과론적 면에서는 시는 인(因)이 되고 근본이 됨을 의미한다. 그런 의미에서 인이니 의니 예니 지니 하는 것들도 행사를 통하여 이루어진 어떤 성과를 그렇게 부를 수 있는 것이기 때문에 사단지심의 실천 없이는 인의예지의 성과는 있을 수 없다는 인과론이 나오게 되는 것이다.[582)

576) 『孟子集註』, 「公孫丑 上」 註. "端緖也, 因其情之發 而性之本然可得而見 猶有物在中而緖見於外也"

577) 『中庸自箴』, II~3, 14쪽(4-202). "端者始也, 造端者作始也, 春秋傳曰履端乎始序則不愆 杜註云步歷之始以爲端首 端者始也"

578) 『孟子要義』卷2, II~5, 23쪽(4-415). "總之端也者始也 物之本末謂之兩端 然猶必以始起者爲端 故中庸曰君子之道造端乎夫婦 及其至也察乎天地 端之爲始不旣明乎……物之頭尾實爲兩端 皆可名端然其在書傳以頭爲端者更多……凡以頭爲端者不可勝數 烏得云尾爲端乎"

579) 같은 책, 23쪽(4-416). "孟子親自註之 曰若火之始燃泉之始達 兩簡始字磊磊落落 端之爲始亦旣明矣"

580) 「答李汝弘」, I~19, 40쪽(3-263). "文山曰詩賦表策之文成於外而詩賦表策之理具於內 跋曰 此論甚確 若依孟子例爲文則當 曰風詠之心詩之端也, 鋪敍之心賦之端也, 比對之心表之端也, 謀畫之心策之端也 有儒者註之則當曰端本也乎 抑曰端緖也乎 詩賦表策明是筆之於書納于試庭者 訓之爲緖恐不可也"

581) 『孟子』, 「公孫丑 上」. "火之始燃 泉之始達"

이렇듯 인의예지를 열매에 비하면 열매를 맺도록 하는 그 무엇이 있는데, 인간에게도 인의예지의 열매를 맺게 하기 위하여 인간만이 가진바 어떠한 감정이 있다는 것이다. 이를 맹자는 한 마디로 '남에게 차마 하지 못하는 마음'[583]이라 하였는데 이러한 마음씨를 갖지 않았다면 사람이라 부를 수도 없다고 하였다. 맹자의 사단론도 이 점에 근거하고 있으므로 불쌍히 여기는 마음이 없다면 우리는 그를 인인이라 부를 수도 없으려니와 부끄러워하는 마음이 없어도 그는 의인이라 부를 수 없는 것이다. 그러므로 불쌍히 여기는 마음이나 부끄러워하는 마음이 행동에 선행하는 심리적 조건이 된다. 이는 마치 추서가 덕행에 선행하는 조건이 되는 것과 같다.

그러므로 측은지심은 인의 단시가 되는 자로서 인간이 선천적으로 품수한 이 측은지심이 없이는 인의 행동은 기대할 수 없다는 것이 맹자의 실천윤리에 대한 심리학적 근거다. 수오지심에 대한 의, 사양·공경지심에 대한 예, 시비지심에 대한 지가 모두 그러한 관계에 있는 것이니, 이러한 사단지심이 뿌리라면 인의예지의 사덕은 그 열매에 지나지 않는다. 뿌리 없는 나무의 열매를 기대할 수 있을까? 그러므로 맹자가 인간의 선천적 품성은 인의예지가 근어심(根於心)[584]했다고 하는 것은 이를 두고 이른 말이라고 다산은 설명하고 있다.

'근어심'이라 한 것은 인의예지의 뿌리를 사단지심 속에 뻗고 있

---

582) 『孟子要義』卷1, Ⅱ~5, 22쪽(4-413). "仁義禮智之名成於行事之後 故愛人而後謂之仁 愛人之先仁之名未立也 善我而後謂之義 善我之先義之名未立也 賓主拜揖而後禮之名立焉 事物辨明而後智之名立焉 豈有仁義禮智四顆 磊磊落落如桃仁杏仁伏於人心之中者乎"

583) 『孟子』,「公孫丑 上」. "不忍人之心"

584) 『孟子』,「盡心 上」. "君子所性 仁義禮智根於心"

음을 의미한다. 그러므로 근어심(根於心)한 자의 열매가 인의예지의
사덕이요 근어심한 바탕으로서의 심이 곧 사단지심이다. 따라서 사
단지심은 사덕이 뿌리박고 있는 곳인 만큼 사단의 뿌리는 사덕을 키
우는 단시가 되는 것이다. 그러므로 사덕은 사단의 성과일 따름이니
열매가 어찌 뿌리 없이 자랄 수 있을까? 열매가 뿌리 속에 들어 있
는 것이 아니지만 뿌리 없는 열매는 기대할 수 없듯이, 사단과 사덕
은 동일한 자일 수는 없지만 한 나무의 뿌리에서 자란 나무의 열매
라는 점만 이해하면 될 것이라고[585] 다산은 설명하고 있는 것이다.

측은・수오・사양・시비의 사단지심이 안에서 발하면 인・의・예・
지의 사덕은 밖에서 이루어지는 것인데, 인의예지의 열매가 이미 인
복중(人腹中)에 결실되어 있는 것처럼 생각하는 것은 잘못이라고 다
산은 또 말하고 있다.[586] 그런데 정주학파와 같은 요즈음 학자들은
도리어 이를 거꾸로 생각하여 인의예지의 덩치가 사람의 배 안에 있
으므로 사단지심이 그로부터 나온다고 생각하는 것이다. 이는 실로
본말을 전도한 말로서 사덕내재설(四德內在說)은 유심론적 선가의 설
로서 주공 공자의 기상과는 아주 다른 것이라고[587] 다산은 강조하고
있다. 그리하여 정주학파들은 사단을 또한 천리로 간주하여 이를 내

---

585) 「答李汝弘」, I~19, 31쪽(3-245). "仁義禮智根於心七簡字 正是趙邠卿之大援確證 伏惟老兄秉心至公
於此一句庶幾豁悟 何以未然也 根者草木之本也 其枝葉華實猶儵蕃蘆廡在土壤之外而其根在內 故曰枝
葉華實根於土也 仁義禮智之根於心 猶枝葉華實之根於土 故孟子借根字以喩之 若云仁義禮智爲在內之
根 則此根之所發育竟是何物……"

586) 『論語古今註』 卷1, Ⅱ~7, 9쪽(5-20). "孟子曰 仁義禮智根於心 仁義禮智譬則花實 惟其根本在心也
惻隱羞惡之心發於內而仁義成於外 辭讓是非之心發於內而禮智成於外 今之儒者認之爲仁義禮智四顆
在人腹中如五臟 然而四端皆從此出則誤矣"

587) 「答李汝弘」, I~19, 30~31쪽(3-244~245). "孟子論惻隱之心者將擴充此心 以之仁覆天下 今反取仁
義禮智四顆 納而藏之於最深之處 曰性曰心曰體曰用 所謂仁義禮智之體之用之本之末之頭之尾之 都不
出於腔子之內肚皮之中 而和之曰極本窮源 恐其弊終歸於有體無用 今山林養德之人多犯此病 故畢竟
氣象與周公孔子顔淵季路微有不同 豈其有他故也"

재지리(在內之理)라 하였으니,[588] 이는 행사 후에야 비로소 이루어지
는 다산의 사단론과는 서로 엇나가는 말이 아닐 수 없다.[589] 이는
이미 다산의 덕론에서도 덕이란 행사 뒤에 비로소 이루어진다는 것
인 점에서 인의예지의 사덕도 그러한 범주 밖에 있는 덕일 수 없음
은 물론이다. 왜냐하면 인의예지의 단시가 심성 속에서 발하는 것이
지만 인의예지의 덕은 성사 후에 비로소 이루어지기 때문이다. 그러
므로 인의(仁義)의 덕이 어찌 심체 속에 미리 잠재할 수 있을 것인가
라고 다산은 묻고 있다.[590] 본래 천리로서의 인의(仁義)는 존재할 수
가 없고, 오직 애친·경장의 실천을 통해서 비로소 인의의 덕은 이
루어지기 때문이다. 그러므로 인간의 심성을 어찌 사단지심만으로
국한할 수 있을 것인가? 우리 인간의 심성은 사단지심뿐만이 아니라
만사에 응할 수 있는 가능성을 지니고 있을 따름인 것이다.[591] 따라
서 사단지심은 그중의 일부에 지나지 않기 때문에 선을 행하여 만덕
을 갖출 수 있는 가능적 존재일 따름이라고[592] 다산은 단정을 내리
고 있는 것이다.

그런데 정주학파들처럼 만일 단을 서라 한다면 이미 이루어진 자

---

588) 같은 책, 35쪽(3-254). "今人說四端時 暫以爲在內之理"

589) 『孟子要義』 卷2, Ⅱ~6, 23쪽(4-537). "仁義禮智 竟成於行事之後 若以爲在心之理 則又非本旨"

590) 「答李汝弘」, Ⅰ~19, 33쪽(3-249). "仁義之德皆成於行事之後 仁義之端皆發於此心之性 孟子所辯豈
在於此 豈得以義不外襲而遂云四德先伏於心體之裏面乎 愛弟爲仁敬長爲義 則本理不足以爲仁義也"

591) 같은 책, 31~32쪽(3-246~247). "竊謂心體虛靈妙應萬物不可名言 惟其性樂善耻惡而已 自其觸物感
動者而言之 則其可以爲樂善耻惡之證者 可三可四可五可六可七可八 孟子特於其中拈出四條 曰某心某
心以爲樂善耻惡之驗 其實心四心之外尙有多心可以指數 有人於此繼而言之 曰賭舞之心樂之端也 黽
勉之心勇之端也 酬報之心信之端也 其義未嘗不通 可見樂與勇信亦根於人心 不可曰人性之內無此三者
之本也 故孟子言仁義禮智兼言禮之實樂之實 朱子以知仁勇三達德爲天下同得之理 而信於四德本實爲
五 今必曰心體裏面唯有仁義禮智四顆 磊磊落落伏於奧根 可四而不可三 可四而不可五 非通儒之慧識
也……朱子論心體曰虛靈不昧其衆理而應萬事 此所謂妙應也 若如來敎則論心體者當曰 仁義禮智具四
理而應四事而已 不木強乎"

592) 같은 책, 38쪽(3-259). "仁義禮智之名成於外 而可仁可義可禮可智之理其於內"

의 서를 이끌어낼 따름이므로 인의예지가 이미 마음속에 존재자로 서 존재하고 있는 것이 되지만, 다산처럼 단을 시라 한다면 겨우 앞 으로의 성덕을 예상할 따름이다. 그러므로 정주학파의 단서론은 행 위보다도 심적 상태를 더욱 중시한 선학의 영향을 면하지 못한 잘못 에서 온 것임을 알 수 있다.[593] 다산의 단시론(端始論)은 주자의 단서 론(端緖論)에서 이른바 측은·수오·사양·시비 등의 사심이 인의예 지라고 하는 내재지리(在內之理)에서 발단한 것이라고 보지 않고 측 은·수오·사양·시비 등의 성정이 동하여 행사에서 발한 그 성과 가 인의예지 등의 덕으로 나타나는 것이라고 다산은 주장하고 있다. 그러므로 정주학파들의 학적 입장을 선학적(禪學的) 유심론(唯心論)이 라 한다면 다산의 입장은 물론 수사학적(洙泗學的) 실천윤리학(實踐倫 理學)이라 하지 않으면 안 된다. 이에 우리는 다산이 밝힌 바와 같이 사단지심에서 이루어지는 맹자의 인의예지 사덕도 공자의 인의 덕 과 결코 다르지 않음을 알겠다. 우리의 실천궁행에 의하여 이루어지 는 덕이라는 그 입장이 다를 바 없다는 것이다. 그리하여 공자의 인 은 맹자의 인의로 발전하고, 그의 인의는 또다시 인의예지로 구체화 하는 사이에 또 하나의 사상적 틀이 만들어졌으니 그것이 다름 아닌 맹자의 오륜사상인 것이다.

2. 오륜사상의 형성

다산 목민사상의 선하를 이루고 있는 맹자의 오륜사상은 공자의

---

593) 「上弇園」, I~18, 41쪽(3-183). "孟子惻隱羞惡辭讓是非 是動於內而未及於行爲 只爲仁義禮智之端緖 而已 仁義禮智是見於行事 已爲仁爲義爲禮爲智者也 而乃以仁義禮智認爲在內之理 反以惻隱羞惡辭讓 是非爲發於仁義禮智者 此皆看心性太重 與孔子以四勿答顏淵問仁之義不同矣 此所以龜山以下諸子以 靜坐看未發前氣象 爲聖學宗旨 而程門諸人晚來無一人得免涉禪之失者……"

효제충신 사상에서 유래하였는데

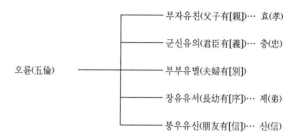

```
                    ┌──────── 부자유친(父子有[親])… 효(孝)
                    │
                    ├──────── 군신유의(君臣有[義])… 충(忠)
                    │
오륜(五倫) ──────────┼──────── 부부유별(夫婦有[別])
                    │
                    ├──────── 장유유서(長幼有[序])… 제(弟)
                    │
                    └──────── 붕우유신(朋友有[信])… 신(信)
```

이를 좀 더 자세히 살펴보자면 오륜의 친·의·별·서·신은 인간 대 인간의 평등한 상호관계를 보여준 자라 한다면, 효·제·충·신은 인간 대 인간의 관계에 있어서 어느 한 사람의 윤리적 의무를 규정한 덕을 제시하여 준 자라 하겠다.

이제 효제충신의 사상을 살펴볼 때 효제가 공자의 인의 근본이 됨은 누누이 이야기한 바와 같거니와, 증자의 일삼성(日三省)에서 이미 충신을 논하였고,[594] 그 외에도 효제와 곁들여서 충신을 역설하고 있다.[595] 이에 효제충신을 분석하면 효제는 혈연적 덕목이요 충신은 비혈연적인 사회적 덕목에 속한다. 그러나 공자는 비혈연적인 것에 앞서 가족적 덕을 더욱 존중시하였기 때문에 유약(有若)은 공자의 정신을 받들어 효제로 하여금 위인의 근본[596]이라 한 것이다. 그러나 효를 존중함에 있어서는 유자에게 일보도 사양하지 않는 증자가 도

---

594) 『論語』, 「學而」. "爲人謀而不忠乎 與朋友交而不信乎"

595) 같은 책, 「子罕」. "主忠信 毋友不如己者"
　　　같은 책, 「述而」. "子以四敎 文行忠信"

596) 같은 책, 「學而」.

리어 충신의 덕을 일신하기 위하여 반성을 게을리하지 않은 것을 보더라도 공자 및 그의 제자들이 효제와 더불어 충신사상을 깊이 체득한 것으로 이해하지 않을 수 없다.

그러므로 공자는 옛날부터 전래되어 오는 오교사상을 효제사상으로 간추림과 동시에 거기에 충신사상을 덧붙인 것으로 보아야 한다. 그러나 이 효제충신의 사상은 신을 빼놓고는 모두 가부장적이요 존왕적(尊王的)인 색채가 없지 않다. 국가적으로는 존왕(尊王)이요 가족적으로 존친(尊親)이기에 공자는 오교 중에서도 하향적인 부의모자(父義母慈)의 덕은 적극적으로 강조하지 않은 것 같다. 이는 공자의 군자학은 이미 춘추시대의 봉건적 존주사상을 기반으로 한 신자(臣子)로서의 군자학이었기 때문이지만, 맹자의 전국시대로 말하면 인민들과 함께 즐기며597) 인민을 가장 존중한598) 민본주의적 평등사상이 나온 것은 맹자가 이미 공자의 존주사상에서 탈피하였기 때문이다.599)

부자유친의 친(親)은 부의·모자·자효를 한 묶음으로 한 것이요, 장유유서의 서도 형우제공의 다른 표현인 것이다. 군신유의의 의(義)도 위인충(爲人忠)의 사상이 맹자에 의하여 군의신충에서의 신충보다도 군의를 더욱 중요시한 점에서 맹자다운 데가 있음이 엿보인다. 이런 점에서 맹자의 오륜사상은 공자의 효제충신(孝悌忠信) 사상에 비하여 보다 더 평등적이라 하는 것이다. 맹자의 오륜사상은 중용서 오달도(五達道)600)의 곤제(昆弟)가 장유로 바뀐 데에 좀 더 향당적(鄕

597) 『孟子』, 「梁惠王 上」. "與民偕樂"
598) 같은 책, 「盡心 下」. "民爲貴 社稷次之 君爲輕"
599) 『孟子要義』 卷1, Ⅱ~5, 28쪽(4-426). "後儒皆謂孔子尊周 孟子不尊周……"
600) 『中庸』, 20장. "君臣也 父子也 夫婦也 昆弟也 朋友之交也"

黨的) 색채가 있다고 할 수 있거니와, 어쨌든 오륜사상의 친·의·별·서·신(親·義·別·序·信)은 결코 차별적인 윤리규범이 아니라는 데에서 상향적 효제사상과는 좀 다른 면을 엿볼 수 있다. 이는 오히려 공자의 정명론601)에서 더 큰 영향을 받은 사상인 듯이 보인다.

이제 공자사상과 맹자사상을 견주어 볼 때 공자의 인이 하나의 인간완성을 목표로 하는 윤리사상이라 한다면 맹자의 오륜은 거기서 진일보하여 인간사회의 이상적 발전을 목표로 하는 윤리사상이라 할 수 있다. 그러므로 효제충신의 인을 군자학적이라 한다면 친의별서신의 오륜은 사회학적이라 할 수도 있다. 그런 의미에서 맹자학에서는 그의 사단론을 향내적(向內的) 인간학이라 한다면 오륜론은 향외적(向外的) 인간학이라 함 직도 하다. 그리하여 공자의 인에서 출발한 수기의 군자학이 맹자에 이르러 사회적 치인의 인간학으로 끝을 맺기에 이르렀으니 맹자야말로 수사학적 인간학의 완성자라 하지 않을 수 없다.

맹자는 공자처럼 주관적 입장에서 군자로서의 인간의 윤리성을 문제 삼았을 뿐만 아니라 이를 더욱 확대하여 객관적 사회질서를 더욱 크게 문제 삼은 것이 다름 아닌 맹자의 오륜사상인 것이다. 그러므로 맹자는 군자보다도 현자를 더욱 문제 삼았고 군군신신(君君臣臣)의 명분보다도 곧장 여민동락의 왕도를 역설하였던 것이다. 다산이 공자의 인에서 목민자(牧民慈)의 인덕을 이끌어낸 후 이를 맹자의 왕도론과 결부시킨 사상적 근거가 바로 여기에 있음을 짐작할 수 있는 것이다.

---

601) 『論語』, 「顔淵」. "君君 臣臣 父父 子子"

공자의 인도(仁道)는 효제를 근본으로 삼는 것과 같이 맹자의 오륜도 사실 인도(人道)인데[602] 오륜의 윤(倫)은 서차(序次)를 밝힌 것으로서[603] 부자·형제·군신·붕우의 윤리에서 비롯하여 천하 만민이 모두가 윤류(倫類)라 함은[604] 오륜뿐만 아니라 모든 인간관계는 육(六)·칠(七)·팔(八)·구륜(九倫) 등 인류사회의 발달과 더불어 불어날 따름임은 물론이다. 그런 중에서도 다산은 공자의 효제충신과 맹자의 친의별서신의 범주 밖에 목민의 윤리를 특히 역설하고 있다.[605] 이는 이미 공맹의 윤리에서 일보전진하고 있음을 엿볼 수 있다. 다산의 목민윤리는 이미 효제의 도도 아니요 오륜에도 빠진 윤리인 것이다. 맹자가 말한 군자와 야인과의 관계[606]가 마치 목민관계처럼 보이기도 하지만 목민자가 오륜의 하나로서 중요한 부면을 차지하지는 못했다. 대학서에서 논한 자(慈)의 사상[607]은 아직도 봉건적 군부일체의 사상에서 탈피한 자라 볼 수는 없다. 다못 맹자 오륜의 오(五)라는 숫자가 당시 추연(鄒衍)의 오행설에 의한 영향이라고 보느냐 안 보느냐의 문제는 잠시 논외로 치더라도 그 다섯 중에 들어 있는 부자유친·군신유의만 가지고는 목민자(牧民慈)의 새로운 치인의 도(道)에의 비약은 기대할 수 없는 것이다.

---

602) 『小學珠串』, I~25, 14쪽(3-744). "五倫者人紀之達道也"

603) 『論語古今註』 卷10, II~16, 10쪽(6-184). "倫者序也次也"

604) 『論語古今註』 卷6, II~12, 5쪽(5-458). "父子兄弟君臣朋友以至天下萬民 皆倫類也"

605) 『論語古今註』 卷1, II~7, 10쪽(5-21). "仁是總名 事君牧民恤孤哀鰥無所不包"
　　　『論語古今註』 卷2, II~8, 14쪽(5-137). "牧養民 然後有慈之名"
　　　『論語古今註』 卷3, I~9, 22쪽(5-246). "君牧 仁於民"
　　　『論語古今註』 卷6, I~12, 21쪽(5-489). "牧民 愛民 皆仁也"
　　　『論語古今註』 卷7, II~13, 7쪽(5-555). "忠於君 慈於衆 謂之仁"
　　　『論語古今註』 卷8, II~14, 20쪽(6-42). "仁者 牧民之愛也"

606) 『孟子』, 「滕文公 上」. "無君子莫治野人 無野人莫養君子"

607) 『大學』. "慈者所以使衆 爲人父止於慈"

이에 다산은 공자의 인과 맹자의 오륜과 대학의 명덕을 한데 묶어서 군자 時中의 윤리로서 목민자의 덕을 천명하기에 이르렀다고 보아야 하겠다. 그러므로 효제충신을 중심으로 한 공자의 인은 맹자의 오륜사상에 의하여 사회적 인간학으로 발전하였다고 한다면, 다산의 목민사상은 공맹학의 궁극적 핵심을 치인지도로서의 목민자에 두도록 한 데에 새로운 의의가 있다고 할 수 있는데, 그러면 목자로서의 현인은 어떠한 인간상의 인물이어야 하는가? 맹자사상에 의하여 이를 살펴보기로 하자.

3. 현인정치론

사상(泗上) 공자는 이미 군자로서의 한 인간상을 마련하였거니와[608] 맹자는 이를 현인이란 이름으로 부르기를 더욱 좋아한 듯하다. 공자의 인은 다산도 지적한 바와 같이 효제충신의 인간도요 맹자는 이를 친친의 인과 존현의 의로 나누어 놓았음은 새삼스럽게 논할 필요도 없다. 그러므로 맹자에 있어서의 인은 공자가 다룬바 전인적 인이 아니라 이는 존현의 의와 구별되는 좁은 의미의 인이 되었다고 볼 수 있다. 그 까닭은 맹자 스스로 존주적(尊周的)인 공자의 봉건사상에서 뛰어나온 그의 새로운 시대적 존현사상 때문임은 쉽사리 이해할 수 있다.

맹자의 존현사상은 보는 각도에 따라서는 오히려 공자의 인의 사상의 당연한 발전이라 할 수 있는데, 왜냐하면 공자가 마련한 전인적 인간으로서의 군자는 수기의 신독군자일 뿐만 아니라 치인의 현

---

608) 졸고, 「정다산의 수사학적 인간상의 문제」, 『김두헌박사화갑기념논문집』(서울: 아문각, 1964).

자로서 박시제중(博施濟衆)하는[609] 군목이 되기도 해야 하기 때문이다. 시대사조의 면에서 본다고 하더라도 공자는 주왕조의 복구를 꿈꾸는 보수적 사상을 가지고 있었지만 맹자는 그보다도 새로운 현자의 출현을 기대한 사실을 우리는 그대로 간과할 수 없는 것이다. 맹자의 시대는 현자의 출현을 열렬히 기망(冀望)하는 혁신적 풍조가 넘치던 시대요, 또한 그렇게 함으로써 난전의 재화 속에서 중생을 구원하는 일이 존주의 보수적 명분론보다도 더욱 중요한 일이 아닐 수 없었던 것임을 우리는 알아야 한다. 따라서 맹자의 현인은 수신제가의 군자라기보다는 차라리 치국평천하의 대임을 맡은 군자일 수밖에 없는 것이다.

그런데 맹자의 현인은 치평(治平)의 군자이기 때문에 인민의 부모로서[610] 백성들과 즐거움을 같이하는 왕자이기도 한 것이다.[611] 왕자란 따로 있는 것이 아니라 왕자다운 현인이 바로 왕자가 된다는 것이다. 왕자는 결코 천하에 군림하는 황제를 의미하는 것이 아니라 인의의 왕도로 천하를 교화시키는 자를 가리킨 것에 지나지 않는다. 힘으로써가 아니라 덕으로써 행인(行仁) 위정(爲政)하는 자만이[612] 왕일 수 있을 따름이다. 그러므로 맹자의 왕은 왕도를 펴는 현인이 아닐 수 없고, 그러한 현인은 또한 인의지인(仁義之人)이 아닐 수 없는 것이다.

맹자의 치인은 현자의 치인이 되기 때문에 그의 정치는 현인정치

---

609) 『論語』, 「雍也」. "博施於民而能濟衆"

610) 『孟子』, 「梁惠王 上」. "爲民父母"

611) 같은 책, 「梁惠王 下」. "今王與百姓同樂 則王矣"

612) 『孟子』, 「公孫丑 上」. "以力假仁者霸……以德行仁者王"
   『論語』, 「爲政」. "爲政以德"

라 부르지 않을 수 없다. 따라서 맹자의 현인은 소극적인 은일군자(隱逸君子)이기도[613] 하지만 적극적인 소현군자(昭顯君子)이어야[614] 하는 것이다. 왜냐하면 소현군자로서의 현인이 다루는 정치야말로 왕도정치요 그것이 바로 현인정치인 것이기 때문이다.

현인정치는 곧 다산이 이른바 수사학적 수기치인의 극치라 할 수 있다. 그러므로 공자의 군자지도도 맹자의 현인정치에 의하여 비로소 실현되는 자이다. 맹자의 현인정치는 어쨌든 그의 민본주의적 군목의 도를 인정이라는 이름으로 부르짖는 자로서 다산으로 하여금 목민자의 새로운 윤리를 부르짖게 한 터전을 이룩하게 한 점에서 우리의 관심을 끌게 한다. 목민자의 윤리는 물론 대학의 명덕에서 이미 효제자의 덕으로 나타나 있기는 하지만 여기서 우리는 수기치인의 정점으로서 현인정치가 문제되고 현인정치의 핵심으로서 새로운 목민자의 정치윤리가 강조되는 데에 새삼스런 의의를 찾아보고자 하는 것이다.

수기치인의 인도가 목민자의 현인정치를 낳게 한 일련의 사상적 발전은 공자의 군자학이 급기야 목민의 대도에서 결실되었음을 의미한다. 그러므로 다산의 목민사상은 현인정치사상의 근대화과정에서 이끌어낸 결과라고 할 수 있다. 맹자의 현인이 다름 아닌 다산이 이르는 군목(君牧)이요, 다산이 이르는 목민자(牧民慈)가 효제에 가름한 공자의 인의 근본으로 교체된 데에 새로운 현대적 의의가 있는 것이다.

유약(有若)의 말과 같이 효제가 위인의 근본이기는 하지만,[615] 효

---

613) 같은 책, 「雍也」. "賢哉回也 一簞食 一瓢飮 在陋巷 人不堪其憂 回也不改其樂 賢哉回也"
614) 『孟子』, 「盡心 下」. "賢者以其昭昭 使人昭昭"

제자가 위인(爲仁)의 근본이 된다면 자(慈)의 도(道)는 효제라는 상향적 덕에 대하여 하향적 덕으로서의 의의는 크다고 하지 않을 수 없다. 이는 공자의 인이 효제만을 다루지 않고 자(慈)의 현인지도까지 확충함으로써 공자의 인(仁)은 현인의 인(仁)이 되어 버린 것이다.

그리하여 공자의 인은 위부위형(爲父爲兄)의 인이 아니라 위민의 인이 되었다. 현인은 언제나 자신이 군왕의 위치에 있지 않고 인민의 위치에 서 있기 때문에 도리어 그는 왕일 수 있는 것이다. 인민의 위치를 떠난 왕은 그가 비록 왕의 허위(虛位)를 보존하고 있을망정 그는 한 사람의 필부(匹夫)에 지나지 않는다.616) 맹자의 혁명론은 이에서 유래하였거니와 그러므로 맹자의 왕자는 필부로서의 왕자가 아니라 현자로서의 왕이요 다산이 이르는 목자로서의 왕자임은 물론이다. 그는 또한 공자의 인을 체득하여 수기치인의 대도를 걷는 자이어야 함은 물론이거니와 그의 인도는 다시금 확충되어 목민지도에 이르게 될 것이니 다음에 장을 달리하여 이를 좀 더 깊이 살펴보기로 하자.

---

615) 『論語』, 「學而」.

616) 『孟子』, 「梁惠王 下」. "殘賊之人謂之一夫 聞誅一夫紂矣 未聞弑君也"

제3장 인도의 확충―치인지학

다산경학사상의 모체가 되는 수사학으로서의 공자교를 한 마디로 말하라 한다면 그야 '인(仁)'의 한 자를 벗어나지 않음은 물론이다. 그러나 인은 위로 천명(天命)을 문제 삼고 아래로는 현인(賢人)을 문제 삼는다. 천명―인―현인(성인)이 바로 수사학적 공자학의 윤곽이거니와 인도(仁道)는 현자의 치인을 통하여 천하의 인이 되는 것이다. 어쨌든 공자교는 맹자의 현인론에 이르러 왕천하의 학이 되었다고 할 수 있다.

맹자의 현인은 행인의 군자요 지성의 성인이기도 하거니와 그는 그러한 추상적 인물에 그치는 것이 아니라 인도를 확충하여 왕천하의 대도를 실천하는 치자이기도 하는 것이다. 공자는 효우(孝友)의 군자로서 정치에 도움이 되게 하는[617] 소극적 정치태도를 취하였지만, 맹자의 현인은 인민들을 물불 같은 환란 중에서 구해내는[618] 적극적 정치태도를 요구한 것이다. 이처럼 공자의 인도는 맹자의 현인

---

617) 『論語』, 「爲政」. "孝乎惟孝 友于兄弟 施於有政 是亦爲政 奚其爲爲政"
618) 『孟子』, 「滕文公 下」. "救民於水火之中 取其殘而已矣"

에 의하여 왕정의 대도로 확충되었으니 왕천하의 대도가 어찌 제왕의 독점일 수 있을까? 왕천하의 왕은 이미 맹자에 의하여 인민들의 것이 되었다. 인민의 왕은 인민의 뜻에 의하여 현인으로 바꿔져야 한다는 것이 맹자의 혁명사상임은 물론이다.

맹자의 왕은 목자처럼 교화로서 천하를 다스리는 왕이다. 이렇듯 현인의 교정(敎政)이 바로 왕화(王化)의 근본이 되는 것이라 하겠거니와 이 왕은 인민의 왕이란 점에서는 또한 인민의 목자에 지나지 않는 것이다. 목자로서의 왕은 기름진 초원의 복지(福地)를 고르듯[619] 예악형정의 인정을 베풀어 인민들의 삶을 북돋아주는 자이다.

그런데 인정이란 아마도 고루 잘 살도록 마련해주는 것인지도 모른다.[620] 급기야 인도의 확충은 목자의 인정에 의하여 성취되는 것이어야 할 것이다. 왜냐하면 군목의 인정이 곧 현인의 왕정인데 실로 왕정은 인민들의 휴척(休戚)과 국가의 흥망을 좌우하는 열쇠이기도 하기 때문이다.[621] 그러므로 공자의 행인은 수기군자의 행인에 그치는 것이 아니라 현자(賢者) 치인(治人)의 행정으로 말미암아 여민행인(與民行仁)이 되어야 한다. 여기에 공자의 인이 맹자의 현인을 거쳐 다산의 목민사상으로 확충되어진 과정을 더듬어보면서 수사학 본연의 모습을 살펴보려는 본장의 목적이 있다. 그렇게 함으로써 다산 경학사상의 새로운 면모도 다소나마 밝혀지지 않을까 여겨지지 때문이다.

---

619) 『孟子』, 「滕文公 下」. "今有受人之牛羊而爲之牧之者 則必爲之求牧與芻矣"

620) 「還餉議」, I~9, 28쪽(2-58). "常平者 仁政也"

621) 「原政」, I~10, 1~2쪽(2-126~127). "政也者正也 均吾民也 何使之並地之利而富厚 何使之阻地之澤 而貧薄爲之計 地與民而均分爲以正之謂之政……均吾民也何使之欺凌頑惡而安其四體 何使之恭勤忠 善而福不加及 爲之刑以懲 爲之賞以奬 別罪功以正之謂之政……此之謂王政廢而百姓困 百姓困而國 貧 國貧而賦歛煩 賦歛煩而人心離 人心離而天命去 故所急在政也"

제1절 예악론

행인의 도가 왕천하의 도로 넓혀지는 첫 단계로 말하면 공자의 예악이 그의 근본이 되지 않을 수 없다. 공자의 예악론은 본시 그의 덕치주의적 인정의 기본이 됨은 물론이거니와 이의 근원은 물론 공자의 존주사상(尊周思想)에서 찾아보도록 해야 한다. 예란 군왕의 전장법도(典章法度)[622]로서 공자의 존주[623]사상은 주례에 대한 추모의 정에서 나온 것이요, 이는 바로 주공이 마련한 주나라의 전장제도에 대한 공자의 신념이 그의 존주사상으로 나타난 것임은 두말할 나위도 없다. 이 점에 대하여 다산은 한유들의 문질설(文質說)을 반박하면서 공자가 주례를 존중한 이유는 이 예야말로 백세토록 행하더라도 폐단이 없는 완전무결한 것으로 여겼기 때문임을 밝힌 바 있다.[624]

그런데 예(禮)는 악(樂)과도 떼어서 생각할 수가 없다. 예악은 서로 긴밀한 관계에 있는 것으로서[625] 공자는 천자의 손에서 예악이 마련되는 이상세계[626]를 꿈꾸었다. 그리하여 예악의 근본은 본시 인에 있다는 점에서[627] 인이라는 뿌리에서 피어난 꽃이 다름 아닌 예악이

---

622) 『論語古今註』 卷1, Ⅱ~7, 35쪽(5-72). "禮者一王之典章法度"

623) 『論語』, 「八佾」. "郁郁乎文哉 吾從周"
　　　『中庸』, 28장. "吾學周禮 今用之 吾從周"

624) 『論語古今註』 卷1, Ⅱ~7, 36쪽(5-73~74). "漢儒謂周道文勝當矯之以質 於是毁禮廢樂 一遵秦轍 使堯舜三王之治不復於斯世 皆文質之說有以誤之也 孔子曰周監於二代郁郁乎文哉吾從周 孔子不以文爲病確言從周何 漢儒獨以是病之也 周人之禮甚酌二代損益修潤傳之 百世行之無弊 故孔子論王道則曰吾從周 論來世則曰其或繼周者雖百世可知 若代周而興者又須損益變故而後可以爲國 則一世之事尙難前知 況於百世乎……孔子屢言從周 爲其行之百世而無弊也 何乃欲無故而紛更之乎 此二千年來斯文之巨蠹也"

625) 『中庸』, 19장. "立於禮 成於樂"
　　　『論語』, 「泰伯」. "行其禮 奏其樂"

626) 『論語』, 「季氏」. "天下有道 禮樂征伐自天子出 天下無道 禮樂征伐自諸侯出"

627) 『論語』, 「八佾」. "人而不仁 如禮何 人而不仁 如樂何"

라 할 수 있는 것이다.628) 그러므로 공자의 인은 바로 예악에 의하여 비로소 문채를 갖추게 되는 셈이다. 따라서 주례에 의한 주문화는 바로 공자가 말한바 문질이 빈빈(彬彬)한 이상향이 아닐 수 없다. 그리하여 공자는 주례의 문란을 항시 꾸짖고 있는 것이다.629)

공자의 덕치주의란 따지고 보면 예악의 문치와 조금도 다를 바 없다. 극기복례630)의 예는 인륜성덕의 극치인 것이요, 이는 인의를 본질로 삼는631) 인정의 넓은 터전이 아닐 수 없는 것이다.

1. 예악의 본질

공자의 덕치주의는 예교의 근본이 되어 있지만, 엄밀히 따지면 덕과 예는 구별되는 자이기도632) 한 듯하다. 극기복례의 예는 넓은 의미에서 아마도 덕과 예가 아직 미분화된 예라고 함 직하지만, 만일 덕과 예를 상대적인 면에서 본다면 덕이란 인간의 본질적 자각에 의하여 이루어지는 윤리적 행위의 성과를 일컬은 것이라 한다면, 예란 사회적 또는 국가적 규범을 마련하는 모든 외식적(外飾的) 법도를 가리킨 것이다. 이러한 예의 근본은 물론 인간의 본질적 덕에 두기는 하였지만 인정의 터전으로서 내세워지는 예는 아마도 예악형정이라는 단어로 쓰여야 하는 모든 국가적 제도를 총칭한 것으로 이해하지 않을 수 없다.

628) 『論語古今註』卷1, II~7, 43쪽(5-87). "仁者忠孝之成名 禮自履此而生 樂自樂此而生 仁爲之質而禮樂爲之文也"
같은 책, 같은 곳. "仁爲之本而禮樂由之以生"

629) 『論語』, 「八佾」. "三家者以雍徹 子曰 相維辟公 天子穆穆 奚取於三家之堂"

630) 『論語』, 「顔淵」. "克己復禮爲仁"

631) 『論語』, 「衛靈公」. "君子義以爲質 禮以行之"

632) 『論語』, 「爲政」. "道之以德 齊之以禮"

주례만 하더라도 이는 주공이 마련한 주나라의 제도론에 지나지 않는다고 할는지 모르나 그 안에는 주공의 위대한 이상이 잠겨 있으므로 해서 5~6세기 뒤에 난 공자도 이를 존중하기에 이른 것이 아닐까? 그러므로 예란 아마도 주공의 이상인 덕치를 기본이념으로 삼는 국가의 제도를 의미하는 것으로 보아야 할 것이다. 그러나 이는 예에 대한 광의의 해석이요 이를 예악형정(禮樂刑政)으로[633] 나누게 될 때는 오히려 정(政)을 법제로 해석하고 예(禮)는 아마도 방람(防濫)의 도덕적 규범으로 간주해야 할 것이다.[634]

도덕적 규범은 종교적 또는 사회적 의식으로 표현되는 자로서 아마도 의례에서 다루고 있는 오례[五禮: 가(嘉)·군(軍)·빈(賓)·흉(凶)·길(吉)]나 주례에서 다룬 육의[六儀: 제사(祭祀)·빈객(賓客)·조정(朝廷)·상사(喪祀)·군려(軍旅)·거마지용(車馬之容)] 따위가 이에 속하지 않을까? 이는 예를 한 의용(儀容)으로서 인간 자신의 품위를 높이는 태도로 본 것이다. 그리하여 높은 수준의 문화도 결국 이 예를 통하여 이루어지는 것으로 볼 수밖에 없다. 현대적인 것도 그러하거니와 고전적인 종교적 또는 사회적 의식에서 많은 문화적 향취를 느끼게 하는 것은 다름 아니라 그러한 의식을 통하여 인간의 덕성을 순화하고 종교적 신앙을 돈독하게 하고 사회적 질서를 바로잡게 되기 때문이다. 공자가 예악을 중요시하여 인정의 바탕으로 삼은 까닭도 따지고 보면 이러한 점에 있지 않을까 한다.

그러므로 다산은 예·악·형·정·위의가 온통 효·제·충·신의

---

633) 『論語』, 「爲政」. "道之以政 齊之以刑 民免而無恥 道之以德 齊之以禮 有恥且格"

634) 『論語古今註』 卷1, Ⅱ~7, 22쪽(5-46). "道導也 古之聖王導民爲善以爲民師 所謂堯舜率天下以仁也 政者法制所以正民也……齊上平也 刑以罰惡禮以防濫 如物有雜出而翦以齊之也"

행실을 절문(節文)·열락(悅樂)·보성(輔成)·유지(維持)함에 있음을 논함과 동시에 예를 단순히 궤(跪)의 한 글자로 여기는 시대풍조의 잘못을 지적하고 있다.[635] 실로 예악형정은 효제충신의 덕행을 북돋음으로서 이상국가의 문화를 이룩하고자 함에 그의 깊은 의의가 있는 것이다. 예란 결코 궤삼백(跪三百)의 형식에 있는 것이 아님은 물론이다. 예(禮)는 악(樂)과 더불어 인정의 기반이 되어 있음에도 불구하고 예악이 퇴폐된 원인은 어디에 있었던가? 이를 따지고 보면 과거지학(科擧之學)을 숭상한 데에 있다고 다산은 말하고 있다.[636] 이에 우리는 다산이 말하는 예악형정의 학이야말로 과거지학에 가름해야 하는 다산실학의 중심이 아닐 수 없다. 당시 과거만을 숭상하는 풍조가 예악을 도외시하고 형정을 잡된 일로 여겼으니 어찌 목민의 실적을 올릴 수 있었겠는가라고 다산은 한탄한 것이다.

좀 더 풀어서 말하자면 다산경학의 중심이 육경사서에 있고,[637] 육경사서의 기본정신이 그의 말과 같이 수기에 있다손 치더라도 이는 치인으로 확충하여 천하국가를 다루는 목민사상으로 연결되지 않으면 안 된다. 따라서 다산의 경학사상을 한 마디로 압축한다면 목민의 윤리학인 것이다. 그러므로 수사학적 목민윤리학에 있어서 목민관의 직책은 오로지 예악형정으로서 비로소 인정의 실적을 거

---

635) 「五學論」1, I~11, 19쪽(2-240). "禮者所以節文乎孝弟忠信之行者也 則勿知焉曰名物度數於道末也 曰籩豆之事則有可存 樂者所以悅樂乎孝弟忠信之行者也 則勿知焉曰詠歌蹈舞於今外也 曰樂云樂云鐘鼓云乎 刑政者所以輔成乎孝弟忠信之行者也 則勿知焉曰刑名功利之學聖門之所棄也 威儀者所以維持乎孝弟忠信之行者也 祭祀賓客朝廷軍旅燕居喪紀其容名殊布在容經不可相用 則勿知焉騶之以一字之禮曰跪 三百三千其終以一跪字騶之乎"

636) 「五學論」4, I~11, 22쪽(2-246). "一陷乎科擧之學 卽禮樂爲外物 刑政爲雜事 授之以牧民之職 則蒙蒙然唯吏指是承 入而爲財賦獄訟之官 則尸居素食而唯故例是問 出而操甲兵捍禦之權 則曰軍旅未之學也 推武人以居前列 天下將安用矣"

637) 「自撰墓誌銘集中本」, I~16, 18쪽(2-663). "六經四書以之修己 一表二書以之爲天下國家 所以備本末也"

두게 됨에도 불구하고 과거지학은 사장문조(詞章文藻)에 치중하여 경국제세의 실학을 멀리하기에 이르렀던 것이다. 이에 다산은 일표이서를 저술하여 육경사서에서 이끌어낸 수사학적 목민정신을 우리의 현실에 적응하도록 마련한 것이니 이는 다산경학의 당연한 귀결이라고 하지 않을 수 없다.

그러므로 육경사서(六經四書)야말로 원리편이라 한다면 예악형정(禮樂刑政)을 다룬 일표이서는 이의 응용편이라 하지 않을 수 없다. 그리하여 왕천하를 위한 목민군자학(牧民君子學)으로서의 수사학은 결국 현실적인 목민의 치정에 깊은 관심을 기울이지 않을 수 없고 따라서 목민의 치정은 또한 예악형정의 덕치(德治)—문치주의(文治主義)를 그의 기본이념으로 삼지 않을 수 없는 것이다. 요컨대 목민의 예악형정은 수사학의 실용이 아닐 수 없다는 점에서 다산의 일표이서야말로 육경사서와 더불어 수사학의 안팎을 이루고 있다고 할 수 있는 것이다.[638]

2. 일표이서와 예악형정

다산의 일표이서는 대개 정법서[639]로 일컬어지기도 하나 그 연원은 수사학적 예악형정론에서 찾지 않을 수 없다. 공맹학이 한당송명 시대를 거치는 사이에 훈고·성리 등의 학파를 낳기에 이르렀지만, 다산학은 곧장 일표이서로서 수사의 진원에 직결하고만 것이다. 그러므로 그의 일표이서가 비록 실용적인 정치서라 하더라도 그의 밑

---

638)
　　　　　　　　　／ 수기(修己) — 육경사서(六經四書)
수사학　　　＜　　　　　　　　　　　　　　　　　　　　＞ 목민(牧民)의 예악형정(禮樂刑政)
(洙泗學)　　　＼ 치인(治人) — 일표이서(一表二書)

639) 鄭寅普, 『薝園國學散藁』, 「다산선생의 생애와 업적」(77쪽)에서 다산을 정법가(政法家)라 하였다.

받침이 되어 있는 수사학적 이념을 이해하지 않고서는 그의 참뜻을 더듬기는 어려울 것이다. 왜냐하면 다산의 일표이서는 한송(漢宋)시대의 오대(五大) 부장(蔀障)을 걷어치우고 육경사서의 참 정신을 우리의 현실적 토대 위에 되살려 놓았기 때문이다. 일표이서에 나타난 목민지도는 실로 성현의 뜻을 이어받은 군자학의 반절이라고 다산은 말하고 있다.[640] 목자는 결국 인민을 다스리며 양육하여 주는 책임자다. 인민들은 여월 대로 여위고 곤궁할 대로 곤궁한 당시의 현실은 마치 맹자시대와도 비슷한 데에서[641] 맹자가 현인정치를 목이 마르도록 외치듯 다산도 목민지도를 부르짖은 것이다. 그가 목민심서를 저술한 이유는 그가 비록 몸소 실행할 수 있는 책임 있는 지위를 얻지 못했기 때문이라고 할망정[642] 그의 목민지도야말로 공맹의 유의(遺義)를 이어받은 것으로 보아야 한다.

다산이 이른바 목자는 옛날의 제후(諸侯)요 근세의 수령(守令)이다. 목자로서의 수령의 직책은 광범위한 바 있거니와[643] 이는 바로 맹자가 말한 왕자나 현군의 사명이기도 한 것이다. 왕자도 결국 모든 인민의 생활[644]과 교양[645]을 걱정하는 양민관(養民官)에 지나지 않는

---

640) 『牧民心書』序, I~12, 42쪽(2-358)・『牧民心書』自序, V~16, 1쪽(16-3). "昔舜紹堯 咨十有二牧 俾之牧民 文王立政 乃立司牧 以爲牧夫 孟子平陸以芻牧喩牧民 養民之謂牧者 聖賢之遺義也 聖賢之教 原有二途 司徒教萬民使各修身 大學教國子使各修身而治民 治民者牧民也 然則君子之學修身爲半 其半牧民也 聖遠言堙其道寢晦 今之司牧者 唯征利是急 而不知所以牧之 於是下民嬴困乃^乃瘝相顚 連以實溝壑 而爲牧者 方且鮮衣美食以自肥 豈不悲哉"

641) 『孟子』, 「梁惠王 上」・「滕文公 下」. "民有飢色 野有餓莩"

642) 『牧民心書』序, I~12, 43쪽(2-360)・『牧民心書』自序, V~16, 2쪽(16-5). "其謂之心書者何 有牧民之心而不可以行於躬也 是以名之"

643) 「玉堂進考課條例箚子」, I~9, 55쪽(2-112). "守令者古之諸侯也 養老慈幼恤窮撫獨救災賑乏敦孝弟崇婣睦 一應司徒之職無往而非其責也 謹管籥平斗斛愼權量通鞱糴之利察關市之征 無往而非守令之職也 作爲農器織器與水利以厚民 修山林川澤之政以植嘉木美材 養禽獸六畜以輔本業以裕國用 無往而非守令之職也"

644) 『孟子』, 「梁惠王 上」. "老者衣帛食肉"
같은 책, 같은 곳. "五畝之宅 樹之以桑"

다. 그러므로 수령의 직책은 곧 왕자의 그것과 다름이 없고, 왕자의 현우(賢愚)가 민생의 휴척(休戚)을 좌우하듯 수령의 장부(臧否)에 바로 국가의 안위가 걸려 있는 것이다.646) 이는 마치 맹자의 득민론(得民論)647)을 방불케 하는 자로서 맹자는 언제나 한 사람 왕자의 마음을 바르게 하기에 힘을 쏟듯, 다산도 목민심서를 저술하여 목민관들의 정신적 자세를 바르게 가누도록 부임에서 해관(解官)에 이르기까지 무릇 12편의 조례를 당시의 현실적 토대 위에서 논술한 것이다. 그러므로 목민심서는 맹자의 현인정치론과 직결된 왕도론이라 하지 않을 수 없다. 이는 목민지정(牧民之政)을 바로 왕정이라 할 수 있기 때문이다.

그런데 『흠흠신서(欽欽新書)』는 목민의 중요한 부분인 인명에 관한 면만을 떼어서 저술한 자로서,648) 이는 목자가 생사여탈의 천권(天權)을 대신하여 인명의 옥사를 다루는 일이기 때문에 이를 형율서(刑律書)로서 따로 꾸민 것이다.649) 그러므로 이는 넓은 의미로는 목민심서의 별책이라고 봄 직도 하거니와 이를 군이 구별한다면 목민심서는 목자의 이도(吏道)를 다루는 문치의 서요, 『흠흠신서』는 목자의 행률(行律)을 다루는 무단(武斷)의 서라고 할 수 있다.

같은 책, 「梁惠王 下」. "鰥……寡……獨……孤……文王發政施仁 必先斯四者"

645) 같은 책, 「梁惠王 上」. "申之以孝弟之義"

646) 「玉堂進考課條例箚子」, I~9, 54쪽(2-110). "國家安危係乎人心之向背 人心之向背係乎生民之休戚 生民之休戚係乎守令之臧否"

647) 『孟子』, 「離婁 上」. "桀紂之失天下也失其民也 失其民也失其心也……得其民有道 得其心 斯得民矣"

648) 『欽欽新書』서, I~12, 43쪽(2-360)・V~30, 1쪽(18-3). "余旣輯牧民之說 至於人命則曰是宜有專門之治 遂別纂爲是書"

649) 같은 책, 같은 곳. "惟天生人而又死之 人命繫乎天 迺司牧又以其間安其善良而生之 執有辜者而死之 是顯見天權耳 人代操天權罔知兢畏 不剖豪析芒迺漫迺昏, 或生而致死之 亦死而致生之 尙恬焉安焉 厥或瀆貨媚婦人聽號叫慘痛之聲而莫之知恤 斯深孽哉……"

그런데 『경세유표』는 따로 『방례초본』이라고도 하거니와 이는 오로지 주공의 주례에서 그의 본을 얻은 다산의 경국제세론(經國濟世論)이라 할 수 있다. 다산의 국가경륜이 오로지 여기에 뭉쳐 있는 만큼 이는 목민심서와 아울러 왕정론의 쌍벽을 이루고 있다고 함 직하다. 경세유표는 주례를 모방한 국가제도론에 그치는 것이 아니라 목민의 울이 되고 틀이 되는 현실적 이상이 거기에 스며 있다. 그러므로 이는 다산의 이상국가론과도 관계가 깊은 저술이 아닐 수 없다. 그러기에 『목민심서』를 일러 그의 왕도론이라 한다면 『경세유표』는 그의 국가론이라 함 직한 것이다. 그런데 국가는 예치를 왕정의 기본으로 삼는다고 볼 때 다산은 이를 법치와 대조하여 어떻게 이해하였는가?

법이란 예가 시든 후에 생긴 이름인 것이다.[650] 옛날 성왕들은 예로 나라를 세우고 예로 백성을 지도하였으니 이때의 예는 아마도 종교적이요 윤리적인 규범들을 정치적 또는 사회적 의식과 제도로 합리화시킨 것을 가리킨 자라 볼 수도 있다. 이를 외식적(外飾的)인 면에서 볼 때는 하나의 형식이요 틀의 짜임새에 지나지 않는다. 그러나 그의 밑받침을 더듬어보면 도덕적 교화가 맥맥(脈脈)히 흐르고 있는 것이 다름 아닌 예인 것이다. 그러므로 예는 천리·인정에 엇나감이 없이 정치적 및 사회적 질서를 저절로 유지하려는 교화주의가 그의 기본이념이 되지 않을 수 없다. 그러나 법은 위엄으로서 천하를 다스리는 일벌백계의 형률인 것이다. 예로써 다스리면 심열(心悅)[651]

---

650) 『邦禮草本』序, I~12, 39쪽(2-351~352)·『經世遺表』引, V~1, 1쪽(14-3). "玆所論者法也 法而名之曰禮何也 先王以禮而爲國 以禮而道民 至禮之衰而法之名起焉 法非所以爲國非所以道民也 揆諸天理而合 錯諸人情而協者謂之禮 威之以所恐 迫之以所悲 使斯民兢兢然莫之敢干者謂之法 先王以禮而爲法 後王以法而爲法 斯其所不同也 周公營周居于洛邑制法六篇 名之曰禮 豈其非禮 而周公謂之禮哉"

성복(誠服)하지만 법으로써 다스리면 전전긍긍 복종할 따름이다. 공자가 예악으로서 나라를 다스리는 기본이념을 삼은 것은 물론 그의 덕화주의의 당연한 결론이라 하겠지만 후세의 법가들이 예의 형식과 형률적인 면만을 본받아 가지고 국가경륜의 기본지침인 양 여기게 되었기 때문에 예악의 교화주의는 그 사이에서 후퇴하게 된 것이 아닌가 여겨진다. 그런데 주공은 주나라의 기초를 세울 때 모든 국법을 일러 온통 예라 한 것은 거기에는 다분히 도덕적인 요소가 함축되어 있음은 다시 말할 필요도 없다.

이러한 주공의 예를 오로지 그의 이념적 면만을 가지고 공자는 존주사상의 터전을 마련하였고, 맹자는 공자의 예악론을 인의예지의 윤리적 실천규범으로 발전시킴과 동시에 왕도론을 내세워 목민의 대도를 밝혔다고 할 수 있다. 그러므로 맹자의 인간학적 사단론과 제왕학적 왕도론은 그의 연원을 따지고 보면 공자의 도덕적 예악형정론에서 유래한 것으로 보아야 한다. 그리하여 주공에서 공자로, 공자에서 맹자에까지로 이르는 사이에 굳어진 수사학적 예악형정론이 다산에 의하여 비로소 그의 일표이서로 결실하게 된 것이다.[652]

뒤집어 말하면 다산의 경국제세학도 수기치인의 대도 안에서 이루어진 것임은 물론이지만 그의 기본이념도 공맹학을 떠나서는 이해할 길이 없는 것이다. 왜냐하면 맹자와 다산과의 관계만 하더라도 맹자는 공자보다도 더 경세적인 사람이었다는 점에서 다산의 경세목민적(經世牧民的) 실학과 곧장 직결되게 됨을 알 수 있다. 그러나

---

651) 『孟子』,「公孫丑 上」.
652)

주공(周公)의 예(禮)→공자예악 (孔子禮樂)→맹자(孟子)	←	사단(四端), 수기(修己) 다산(茶山) 왕도(王道), 치인(治人)	←	목민심서(牧民心書) 흠흠신서(欽欽新書) 경세유표(經世遺表)

맹자학이 공자학의 정통이라는 사실에 입각한다면 다산학이 또한 공자학으로부터 연유함도 다시 되새길 필요가 없을 것이다. 그러므로 다산의 일표이서야말로 공맹학적 예악형정론(禮樂刑政論)의 실용학(實用學)이라 하는 소이가 여기에 있다고 하겠다. 따라서 어느 의미로는 다산의 육경사서학(六經四書學)은 일표이서(一表二書)의 기초학(基礎學)이라 해야 할 것이다. 왜냐하면 육경사서가 바로 일표이서에 스며 있는 예악형정의 근본적 이념의 원천이 되어 있기 때문이다. 그리하여 우리는 공자의 예악론은 물론이거니와 맹자의 왕도론을 거침으로써 비로소 다산의 경세목민사상을 이해하도록 하지 않을 수 없는 것이다.

3. 예악중화론

다산은 악(樂)도 예(禮)에 못지 않게 국가의 흥망과 사회질서의 유지에 중요한 일익을 이루고 있음을 강조하고 있다.[653] 예악이란 모두 우리 인정의 바탕 위에서 이루어진 자이다. 그래서 맹자는 공자의 예를 인의예지의 사단론 속에다가 한데 묶어놓았는지 모른다. 이는 곧 예의 심성론적 일면을 보여주는 것이거니와 악도 마찬가지다. 공자도 악을 몹시 즐겼기 때문에 고기맛조차도 잊을 정도였던[654] 것이니 이런 점으로 미루어 보더라도 악의 극치경은 또한 성정론적(性情論的) 터전 위에서 이루어짐은 새삼스럽게 논할 필요가 없을

---

653) 『尙書古訓』卷2, Ⅱ~23, 25쪽(7-230). "歌樂以敎人者 所以養其中和之德也"
    「樂論」1, I~11, 8~9쪽(2-218~219). "聖人之道非樂不行 帝王之治非樂不成 天地萬物之情非樂不諧 樂之爲德若是 其廣博崇深 而三代之後獨樂全亡 不亦悲哉"
    「樂論」2, I~11, 9쪽(2-219). "樂亡而刑罰重 樂亡而兵革頻 樂亡而怨懟興 樂亡而欺詐盛"
654) 『論語』, 「述而」. "聞韶三月不知肉味"

것이다.

그러므로 인정의 협화(協和)야말로 악의 지극한 효과가 아닐 수 없다. 마음으로 기뻐하며 진실로 복종하는 덕화와 단주(丹朱)가 덕으로 사양하는 예도 모름지기 인정의 협화에서 이루어지는 것이라 한다면655) 그런 의미에서 예악은 한결같이 인정의 기초가 되지 않을 수 없다. 예악이란 결코 형식적 의식의 절차를 의미하는 것은 아니다. 인심을 고무하고 순화하여 태평의 이상 국가를 마련하려는 토대가 되는 것이다. 이는 인민의 본래적인 순정에 호소하는 자이다.

그러므로 왕자의 악은 여민동락하는 악656)이어야 한다. 저절로 인민들의 즐거움을 돋우어 주는 악이어야 한다.657) 만민의 심금이 하나로 울리게 되는 즐거운 협화음이어야 한다. 만민(萬民) 모두 노래하는 악은 곧 이러한 악일 것이다. 그러므로 맹자는 공자의 예에서 한 걸음 더 나아가 왕자의 악을 더욱 중요시한 까닭이 여기에 있지 않은가 여겨진다.

그리하여 다산은 왕자의 양기(養氣)는 바로 예악에 의하여 이루어진다고 말하고 있다. 예악이야말로 왕정의 바탕일 뿐만 아니라 생민(生民)의 요긴한 기틀이기도 한 것임을 알 수 있다. 그런 의미에서 예악은 왕정의 도구라고도 말할 수 있다. 뿐만 아니라 민생의 수요(壽夭)와 화복이 또한 거기서 이루어진다고 다산은 강조하고 있는 것이다.658)

---

655) 「樂論」 1, I~11, 8쪽(2-218). "昔有虞氏之命夔也. 曰命汝典樂敎胄子 典樂典樂而已 其敎人奈何 嗟乎人不能自然而善 必敎而善何則 七情交於中而不得其和也 或歙歙然有所悁而淫焉 或怫怫然有所激而懷焉 或戚戚焉 或慄慄焉 或吡吡焉 或盼盼焉 其心無時而得和矣 心不和則百體從而乖 而動作周旋皆失其度 故聖人爲之琴瑟鐘鼓磬管之音 使朝夕灌乎耳而灌乎心 得以動盪其血脈 而鼓發其和平愷悌之志 故韶之旣成庶尹允諧 虞賓德讓其敎有如是者矣 敎人之必以樂不其宜乎"

656) 『孟子』, 「梁惠王 下」. "與民同樂"

657) 같은 책, 같은 곳. "今王鼓樂於此 百姓聞王鐘鼓之聲 管籥之音 擧欣欣然有喜色而相告曰 吾王庶幾無疾病與 何以能鼓樂也"

예와 악은 서로서로 한 번 조였다가 한 번 늦추어주는 도로서 어느 하나만 빠져도 안 된다. 예를 조여 매는 단속이라 한다면 악은 아마도 긴장을 풀어주는 길일 것이다. 그런 점에서 예는 중절(中節)로써 인간을 단속해야 하는 것이라 한다면 악은 치화로써 막힌 궁기를 터주어야 하는 것이다. 여기서도 우리는 예와 악의 관계에서 음양대대(陰陽對待)의 상을 볼 수 있거니와 예와 악이 바로 치중화(致中和)의 정치적·사회적·윤리적 모든 방법이란 점에서도 왕정의 기본이 되는 것이다. 그러므로 예악은 중화의 도로서 천지의 음양과 인사의 과불급을 정제(整齊)하는 왕자의 도구라 하지 않을 수 없다.

제2절 왕정론

다산의 목민사상은 주공·공자의 예악을 강령으로 삼고 맹자의 왕정을 정책화하여 요순의 이상 국가를 현대화하려 함에 있는 것이다. 이 점에서 다산의 국가경륜이 그의 목민사상을 중심으로 하여 체계화되었고 또한 그의 목민사상을 중심으로 하여 육경사서의 경학과 일표이서의 정법학(政法學)이 하나로 뭉쳐지게 되는 것이다.

여기서 우리는 공자의 예악론에서 곧장 목민론으로 들어가지 않고 맹자의 왕정론을 거쳐야 하는 이유를 알게 되었다. 맹자의 왕정론은 사실상 공자의 예악론이 정책적으로 구체화된 자이지만, 이는

---

658) 「陶山私淑錄」, I~22, 9쪽(3-447). "有末諸先生以來或於道家書取其一二者 以其淸心寡欲發精舒氣 或有補於涵養本源之工也. 然古者先王之養民也. 其養氣之法不出於禮樂二字 禮者所以拘束筋骸禁其縱 逸而生疾也. 樂者所以動盪血脉疏其壅遏而致病也. 一弛一張. 或操或從 並行而不悖 兼進而不偏使理能 馭氣而氣能養理 故古之人皆壽考康寧 休養生息風淳俗和 入於熙皞之域而不自覺也. 後世禮樂旣壞情慾 自縱 或逸樂而招災 或愁苦而傷和 夭札相續氣像凄慘 則於是乎鄒陽吸民之術 熊經鳥申之方 馳騖於其 間 淫邪幽怪之說陷溺其良心 金石煩燥之劑戕賊其天和 無補於壽命之原 而徒使人迷惑而不知反 哀哉"

마치 현인론과 국가론을 한데 묶어놓은 종합론이기도 한 것이다. 그러기에 다산은 이를 밑받침으로 하여 다시 목민의 목자론과 방례(邦禮)의 국가론을 전개하여 맹자의 뒤를 계승하였다고 볼 수 있다. 그런 점에서 맹자의 왕정론은 예악론의 구체화된 자임과 동시에 다산의 목민론의 선구라고 봄 직도 한 것이다.

맹자의 왕정론에서는 추상적인 인간으로서의 군자를 요구하는 것이 아니라 실용의 인으로서의 현자의 출현을 강력히 대망(待望)하고 있다. 맹자는 민생을 걱정해 주는 현인을 가장 소중히 다루고 있는 것이다. 나 자신의 문제보다도 천하의 근심을 내 근심으로 여기는 왕자를 찾았던 것이다. 그러므로 맹자의 왕정은 아마도 그의 거현(擧賢)과 항산(恒産)의 두 면에서 관찰하여야 하지 않을까 한다.

맹자는 현자의 출현을 앉아서 기다린 것이 아니라 거현의 방법으로 현자를 찾아내야 하는 것이었다. 그리고 현인을 얻음으로 해서 민중의 교화와 민생의 항산을 그로 하여금 다루게 하려고 한 것이다. 그러므로 맹자의 왕정은 공자처럼 교정의 덕화주의에 머물러 있는 것이 아니라 좀 더 적극적 행정력을 현인에게 요구한 것이다. 현인의 임무는 물론 민본주의적 입장에서[659] 민생들의 민산(民産)을 높이고 돈후한 민속을 조성하려 함에 있다고 할진대 이러한 맹자의 이상이 어떻게 다산의 목민사상과 연쇄관계를 맺고 있는가? 잠시 몇 가지 문제를 추려보기로 하자.

---

659) 『孟子』, 「盡心 下」. "民爲貴……君爲輕"

1. 존현론

모름지기 용인(用人)과 이재(理財)는 치국의 양대 기간정책인데[660] 현인의 추천은 수령, 곧 목민관의 직책이라고 다산은 설명하고 있다.[661] 요순 이래 삼왕(三王)의 법이 태학에서 국자(國子)를 교육하여 세습 경상(卿相)의 덕을 갖추게 하고 사도는 만민을 교육하여 현자로 하여금 흥기의 길을 열도록 한 것은 모두가 나라의 흥망이 현량을 얻느냐 못 얻느냐에 좌우되기 때문이다.[662] 그의 방법이야 어떻든 거현의 문제야말로 다산의 말과 같이 이재(理財)와 더불어 왕정의 대강령이 아닐 수 없는 것이다.

실로 옛날 요순 삼왕(三王)의 법은 거현에 앞서 교육을 중요시한 점에 특히 우리는 유의하지 않을 수 없다. 동시에 그들의 교육은 귀족과 평민과의 사이에 확연한 구분을 세워놓았지만[663] 그로 인하여 현능(賢能)을 평민들 속에서 구하려는 한 길을 터놓은 것이다. 그러나 귀족이건 평민출신이건 오로지 현능을 양육하려는 그의 근본적 의도에는 다름이 없음은 물론이요 현량의 교육을 통하여 거현의 길이 트이는 것만은 의심할 여지가 없다. 이는 왕정은 교육을 토대로 하여 이루어진다는 것을 단적으로 보여주는 것이라 할 수 있다.

---

660) 『大學公議』 II~1, 41~42쪽(4-84~85). "爲國者其大政有二 一曰用人 二曰理財"

661) 『牧民心書』卷4, V~19, 23쪽(16-308). "擧賢者守令之職 雖古今殊制 而擧賢不可忘也"

662) 같은 책, 같은 곳. "堯舜三王之法 太學敎國子以爲世卿 司徒敎萬民以資賓興 得人用人由此二途 自漢以降二法俱壞 唯使郡守縣令察擧賢能登之朝籍 而漢代得人之盛亞於三代 隋唐以降詞科取人世道日卑 而猶令郡縣歲擧才學謂之鄕貢 則擧賢者守令之本務也"

663) 『大學公議』, II~1, 3쪽(4-7~8). "古者敎人之法 雖有敎無類 而王公大夫之子是重是先 其在堯典典樂所敎只是冑子 冑子者太子也 惟天子之子嫡庶皆敎 而三公諸侯以下惟其嫡子之承世者乃入太學 見於王制見於書大傳 則周禮所謂大司樂之敎國子 師氏之敎國子 保氏之養國子凡稱國子皆堯典之冑子 非匹庶衆家衆子弟所得興也……奧"賤族古法原屬之司徒 不關於太學 確分二等不相混雜 故其在堯典契爲司徒以敎百姓 夔典樂以敎冑子 其在周禮大司徒以鄕三物敎萬民 大司樂以三敎敎國子(三敎者樂德樂語樂舞也) 皆確分二等而其敎法之公私大小絶然不同"

이러한 고대 교육정신의 전통을 이어받아 공자는 평민교육에 의하여 사군자(士君子)를 길러냈고[664] 맹자도 영재의 교육을 자기의 즐거움으로 삼았다.[665] 그리하여 왕공제후들의 자제들을 중심으로 하는 치자계급의 교육에서 차츰 한문(寒門) 천족(賤族)의 자질들을 교육하는 서민교육으로 교육의 폭이 넓어짐에 따라 소위 존주사상이 친친사상(親親思想)에서 분리되기에 이르렀고, 이러한 분해 작용에 의하여 현자의 출현이 더욱 활발해지는 현상을 보인 것이 맹자시대를 전후로 한 전국시대의 일반적인 경향이었던 것이다. 그러면 왕공제후의 세습적 친친제도와는 달리 존현사상에 의한 현인의 천거는 어떠한 기준에 의하여 실시되어야 하는가? 이러한 문제에 대한 응답이 바로 맹자의 국인추천론(國人推薦論)[666]이라 함 직하거니와 이것이 아마도 거현(擧賢)의 방법론으로 효시가 아닐까 한다.

맹자의 현인추천은 애오라지 국민의 의사에 의하여 결정짓게 마련이다. 다시 말하면 국민의 의사에 의하여 현(賢)·불현(不賢)이 결정되는 만큼 이 점에 있어서는 원칙적으로 현대적 민주주의와도 서로 통할 수 있는 여지가 없지 않다. 그러한 점에서 맹자는 어떠한 구체적 방안은 제시하지 않았다손 치더라도 현인은 적어도 민중의 신망을 지고 나올 수 있는 현현군자(賢賢君子)이어야 한다고 생각하였다.

그럼에도 불구하고 백성과 천명의 뜻을 받은 왕자가 자칫하여 그의 뜻을 어긴다면 어떻게 되나? 그 때는 왕자도 한 필부로 전락하고 마는 것이다.[667] 그리하여 민중의 신망을 잃고 정치적 천명이 그에

---

664) 『論語』, 「衛靈公」. "有敎無類"

665) 『孟子』, 「盡心 上」. "得天下英才而敎育之"

666) 『孟子』, 「梁惠王 下」.

게서 옮겨진다면 응당 새로운 현자를 따로 구하지 않으면 안 될 것이다. 왕자로서의 현인이 어찌 고정불변일 수 있을 것인가? 그의 가변성을 인정하는 데에 맹자의 혁명사상이 깃들어 있는 것이니 왕자의 지위는 오로지 민중의 의사에 의하여 결정되기 때문이다. 다시 말하면 왕위는 한 특수인의 독점물이 아니라 오직 현인만이 앉을 수 있는 가변적 가위(假位)에 지나지 않는다는 데에 맹자의 민본주의적 역위사상(易位思想)이 스며 있는 것이다. 그런 점에 맹자의 혁명사상은 바로 그의 민본주의적 거현사상의 당연한 귀결이라고 보아야 할 것이다. 그러기에 그는 당시의 친친적(親親的) 봉건사상을 존현적(尊賢的) 역위사상으로까지 발전시켰는데 여기에 맹자의 혁신적 일면이 있다고 하겠다.

이처럼 현인을 존중하고 현인에 의한 정치를 바라는 근본사상은 후세에 이르러 소위 과거라는 새로운 제도에 의하여 구체적 현실을 보게 되었고, 현대에 이르러서는 소위 민주주의적 원칙에 의하여 여러 가지 특색 있는 방법을 채택하고 있으나 그의 근본적인 사상적 밑받침은 바로 현인추천론에 불과하다. 그러면 소위 과거제도란 어떻게 운영되어 왔을까? 다산의 이에 대한 비판을 잠깐 들어보기로 하겠다.

2. 과거제도의 비판

맹자학에서 보여준 바와 같은 현인추천론(賢人推薦論)의 정신에 입각하여 후세에 이르러 과거제도의 창설을 보게 되었지만 다산은 과

---

667) 『孟子』, 「梁惠王 下」. "賊仁者謂之賊 賊義者謂之殘 殘賊之人謂之一夫"

거제도를 비록 수·당 이래 하나의 움직일 수 없는 금석지전(金石之典)처럼 여겨 왔으나 이는 국가의 예교에 대하여 조금도 보탬이 없었다는 사실을 상기하면서 이에 대하여 회의적 반성을 시도한[668] 끝에 새로운 방안으로서 우리나라 선조 때 이래 과거를 거치지 않는 풍조가 있었음을 논하고 인물 본위의 선택을 위하여 오히려 천거와 고적(考績)이 과거에 갈음할 수 있는 방법이 아닐까 말하고 있다.[669]

다산도 또한 그가 사숙한 성호(星湖)처럼 과거제도에 대하여는 비판적이어서 과거란 광대놀음이나 다름없는 짓이라고까지 비꼬았고[670] 과거지학(科擧之學)의 독해는 홍수·맹수의 것보다도 더할 정도라고 하면서[671] 당시 과거의 폐단은 구할 길조차 없고 고법(古法)의 정신은 이미 부스러졌다고 말하였다.[672] 그 까닭은 천거의 방법을 거치지 않고 오로지 무원칙한 자유응시 때문인 것이다. 이러한 자유응시의 길을 막기 위하여 그는 주시(州試)·현시(縣試)·도시(道試) 등의 향시(鄕試)를 거쳐야 할 것으로 생각하고 있다.

수령은 시골에 묻혀 있는 현사(賢士)들을 조정에 추천할 책임이 있다[673]는 것을 다산은 주장하고 있다. 이는 실로 민중의 신망을 지고

---

668) 「人才策」, I~8, 40쪽(1-682). "夫科擧之制 昉於隋煬 盛於唐宋 而極於大明 世主固以是爲周氏賓德 行漢家策賢良之遺意 而行此之制堅如金石 後之論者猶恐其制之不立 而法之不密也 然以臣觀之 自隋唐以來 人才日喪 禮敎日崩 天下日入於壞亂而莫之救者 非異道也 諦觀其制 實始於漢靈鴻都之事 後王不省 遂以是爲經國之大猷 欲軼周漢而並駕 嗚呼其亦不思而已"

669) 같은 책, 같은 곳. "山林遺逸之無礙於銓曹臺閣 防於宣廟以後 而一出世路嗤罵隨之 故率皆遜避不安 終無實效 今宜令科甲之外別用登崇之路 蔭官之以廉幹著名者 稱塋辛列參聞顧謨 鄕擧道薦之士 各其本道大邑別置訓導丞佐等官員 如國初遺制隨窠補代以佐守令 考其仕績入授京官 則才略不屈而遺逸稱振矣"

670) 「五學論」 4, I~11, 22쪽(2-245). "主斯世而帥天下以倡優演戲之技者 科擧之學也"

671) 「爲盤山丁修七贈言」, I~17, 39쪽(3-80). "科擧之學異端之最酷者也 楊墨已古佛老大迂 至於科擧之學靜思其毒 雖洪猛不足爲喩也"

672) 「辭正言兼陳科弊疏」, I~9, 37쪽(2-76). "科擧之弊日滋月盛 奸竇莫防倖竊多門架漏牽補 袪一弊而生一弊 今至不可救藥矣……學者薦其才能資其拔擢之謂也 今我之法人自赴試 有誰薦之耶 故曰有科而無擧也"

있는 현사에 대한 존경의 길이요 동시에 국정을 바로잡는 길이기도 한 것이다. 그러나 다산도 지적한 바와 같이 이는 택현(擇賢)의 기준이 추상적이기 때문에 붕당적 추천에 빠질 우려도 없지 않다. 그러나 어떠한 구체적 방법에 의하건 간에 과거를 거치지 않고도 조정에 설 수 있는 길이 막혀서는 안 된다. 왜냐하면 세태가 어지러울수록 현사가 도리어 은일(隱逸)의 길로 숨어 버리기 때문이다. 숨은 현사들의 출사의 길이 만일 붕당적(朋黨的) 고질로 인하여 막혀 버린다면 이는 국위(國危) 민췌(民瘁)의 불행이 아닐 수 없다. 요컨대 다산은 과거보다도 추천에 의한 입현(立賢)의 길을 모색하였고 그리하여 그는 입현의 책임을 수령, 곧 목민관에게 요구한 것이다.

그러나 과거의 길을 아주 막아 버리는 것은 아니다. 먼저 과거의 과목을 분석하여 수종(數種)이 있음을 열거한 후[674] 우리나라의 실정으로는 과거의 과목도 나누어지지 않았고 게다가 천거의 법도 없을 뿐만 아니라 고적법(考績法)도 이미 철폐된 지 오래라고 말하고[675] 있다. 이는 거현의 길이 이미 문란해진 것을 의미하므로 그 폐단은 그 극에 달했다고 하더라도 과언이 아니다. 그러나 현실적인 면에서 이를 살펴볼 때 과거를 거치지 않고서는 사진(仕進)의 길이 막히고

---

673) 『牧民心書』卷3, V~19, 24쪽(16-310). "國朝原倣古法 每至式年令郡縣薦賢 中世以降黨議漸痼 非其黨者郡縣所薦不復選用 故此法遂爲文具 然藏賢之罪歸於不祥 寧適不用何得不薦 今郡縣薦狀例以無乎應之不亦謬乎 遐鄕冷族不沾仕宦 一經薦報子孫稱述 有其人豈曰無乎哉 人不責備一鄕之善十室之忠理所必有薦擧不可已也"

674) 『牧民心書』卷4, V~19, 25쪽(16-311). "科者科目也 漢代有賢良方正之科 有直言極諫之科 有孝弟力田之科 有茂才異等之科 武帝定四科之目 一曰德行高妙志節淸白 二曰學通行修經中博士 三曰明習法令足以決疑 四曰剛毅多略材任縣令 有才堪將帥之科 有文中御史之科 有醫卜之科 有天文算數之科 隋唐以來有詩賦科 有明經科 有玄辭博學科 郡縣之長薦而擧之 則被擧者應擧而起 此之謂科擧也"

675) 같은 책, 위의 곳(16-310~311). "吾東科擧本無科目之分 亦無薦擧之法 冒名科擧而其實非科擧也 吾東有冒名者二 奏績而後考績法也 吾東不奏而考之 擧賢而後應擧法也 吾東不擧而應之 此二者天下之笑囮也 今科弊無紀已到極盡地頭 物極必變公議漸起 意者郡縣薦擧之法 終必東漸矣 爲牧者宜知此意"

마는 것이다.

그러므로 과거를 치르기 위하여 정신을 소모하고 시간을 헛되게 소비함이 이만저만하지 않지만, 국법이 그러하므로 이에 따르는 수밖에 없고,[676] 공맹의 도는 본시 사군택민(事君澤民)의 도인 까닭에 그러기 위해서는 과거를 치르는 한 길이 있을 따름이므로 정암·퇴계 같은 분들도 과거를 치르지 않을 수 없었던 것이라고 보고 있다.[677] 그러므로 다산은 타협적 태도를 보임으로써 오히려 과거를 권장한 듯한 느낌도 있으나 이는 부득이[678] 국법에 순응하면서 현실에 처하는 태도에 지나지 않고 이를 국가적 견지에서 관찰할 때에는 오히려 무익한 제도라고 생각하고 있는 것이다.

이에 일본의 문학이 우리나라보다 뛰어난 까닭은 많은 서적을 중국에서 곧장 가져왔을 뿐 아니라 그들은 과거의 누를 입지 않았기 때문이라고 다산은 지적하였다.[679] 그나마 위에서도 본 바와 같이 우리나라의 과거 과목은 오로지 문사(文辭)에만 치중하였기 때문에 과거에서 취하지 않는 경의는 입 밖에 내보려고 하지도 않고[680] 경의에 대하여는 까마득하게 된 원인은 과장에서 주례나 춘추를 과제로 사용하지 않기 때문인 것이다.[681] 그러므로 다산은 거현의 한 방

---

676) 「爲李仁榮贈言」, I~17, 46쪽(3-93). "吾東科擧之法始於雙冀 備於春亭 凡習此藝者銷磨精神抛擲光陰 使人鹵莽蔑裂以沒其齒 誠異端之最而世道之鉅憂也 然國法未變有順而已"

677) 「爲茶山諸生贈言」, I~18, 3쪽(3-108). "魯之叟鄒之翁 當危亂之世猶復轍環四方汲汲欲仕 誠以立身揚名孝道之極致 而鳥獸不可與同群也 今世仕進路唯有科擧一蹊 故靜菴退溪諸先生皆以科目拔身 誠知不由是卒無以事君也"

678) 「答二兒」, I~21, 2쪽(3-357). "文猶餘事不學無禮 去食猶幾何 廢族往往多奇才 此無他不爲科擧所累而然切勿以不赴科自沮 勉心經傳無使讀書種子隨絕 懇乞懇乞"

679) 「示二兒」, I~21, 10쪽(3-373). "日本近者名儒輩出 如物部雙柏號徂徠稱爲海東夫子 其徒甚多 往在信使之行 得篠本廉文三度而來 文皆精銳 大抵日本因百濟得見書籍 始甚蒙昧 一自直通江浙之後 中國佳書無不購去 且無科擧之累 今其文學遠超吾邦 愧甚耳"

680) 『大學公議』, II~1, 8쪽(4-17). "先儒早知孝弟是明德 但科擧不用是義 故俗儒不言耳"

법으로서의 과거제도의 전반적 개혁을 모색함과 동시에 과거제도로 인한 예교정신의 해이를 걱정했던 것이다.

당시의 제도로 말하면 권문의 간흉(奸譎)들이 얼마든지 스며들 수 있는 탁류가 흐르고 있었기 때문에 과장의 정화를 역설[682]하고 과거에 의한 서북민(西北民)들의 통색(通塞)에까지도 언급하고 있다.[683] 이는 다산의 원대한 국가경륜의 일환으로서 국초 이래 사환(仕宦)의 길이 막혔던 서북인들에 대한 포섭방안이기도 하려니와 거기에는 또한 만민평등과 기회균등사상이 밑받침되어 있음도 엿볼 수 있다. 다산이 특히 입현무방(立賢無方)의 경륜을 앞세운 것은 이 까닭이다.[684] 그러므로 다산의 입현정신은 그것이 과거에 의하건 또는 과거에 의하지 않건 만민평등의 위치에서 국가에 봉사할 수 있는 길이 열려야 한다는 것이다. 그리하여 그는 예교정신에 입각한 과거제도의 근본적 개혁을 주장한 것이다.

3. 이재론

입현과 이재는 왕정의 두 기둥과 같거니와 현인의 덕화도 재화의 균점이 아니고서는 그의 성과를 거두기 어려운 것이 현실세계인 것이

681) 『尙書古訓』 卷3, Ⅱ~24, 8쪽(7-300). "周禮春秋不用於科場 故蒙昧至此耳"

682) 「成均館直講時論照訖講疏」, Ⅰ~9, 41쪽(2-83). "伏惟我殿下御極之初 卽申嚴科場士無犯奸之謀 科絶倖竊之蹊 朝野肅然咸謂積習可變"

683) 「通塞議」, Ⅰ~9, 32쪽(2-65~66). "抑有一法可以行之者 每十年一次設茂才異能之科 西北兩都中人庶類以至凡民之賤 凡有經明行修文學政事之拔類超群者 令廟堂館閣臺省之臣各薦所聞 又令方伯居留之臣各薦所知 大約薦百人聚之京師 試其經學 試其詩賦 試其論策 詢之以往古興敗之跡 訪之以當世經濟之務 取十人賜之以科目 凡登是科者下自臺省館閣 上至政府銓曹無所拘礙 與所謂閥閱豪家等之使其子孫係永作淸明之族 則其于國俗無所改易 而振淹滯疏幽鬱無出此右者也 如是則昔之悲歌慷慨飮酒而自放者 皆將修身飾行留意於文學政事錢穀甲兵之間矣 於是乎人才蔚興而一國之精采頓變矣"

684) 「人才策」, Ⅰ~8, 41쪽(1-683). "至如閭巷卑微之倫 西北沈屈之士 亦宜別講便宜之策 各啓振發之路 使朝廷之內立賢無方 則我殿下建極之治庶可以徯志也"

다. 일국의 군왕일지라도 백성들과 함께 부차족(富且足)하여야만[685] 그
도 또한 귀차족(貴且足)하게 되기 마련이다. 그러므로 맹자도 일반 백성
들의 교화는 항산을 밑받침으로 하지 않으면 안 된다고 하였다.[686]

공맹의 예교정신이 하나의 문화를 이룩하기 위해서는 국부민유(國
富民裕)의 재용이 필요한 것이다. 다시 말하면 백성들의 살림이 넉넉
해야 비로소 예악이 제대로 예악다워지고 효제도 제대로 효제다운
구실을 다하게 되는 것이다. 이는 살림을 줄이는 절장(節葬) 비악(非
樂)의 도[687]가 아니라 예악이 융성한 이상 국가는 백성들로 하여금
항산(恒産)의 유족(裕足)에 의한 소비를 요구하게 되는 것이다.

그런 의미에서 목자는 민산(民産)의 관리자인 것이다. 현자로서의
목자는 밤낮으로 백성들의 살림을 걱정하는 자이다. 위로는 부모를
모시고 아래로는 처자를 거느리기에 걱정이 없는 삶을 마련해 주어
야 하는 것이다. 그러므로 목자의 공적을 살핌에 있어서 다산은 수
령의 직책을 육강이십사목(六綱二十四目)으로 세분하였는데 농(農)과
화(貨)를 교(敎)·형(刑)·병(兵)·공(工)의 위에 놓은 것을 볼 수 있
다.[688] 목자의 공적은 백성들의 부를 어떻게 늘리느냐에 있으므로
당시에 있어서의 민산의 기초가 오로지 영농에 있었던 까닭에 왕정
의 기초도 또한 농산에 두지 않을 수 없었던 것이다. 다시 말하면 중
농적(重農的) 민산의 증진에 의하여 왕정은 베풀어지는 것이다. 그러

---

685) 『論語』, 「顔淵」. "百姓足君孰與不足 百姓不足君孰與足"

686) 『孟子』 「梁惠王 上」·「滕文公 上」. "無恒産而有恒心者 惟士爲能 若民則無恒産因無恒心"

687) 목자(墨子)의 설(說).

688) 「考績議」, I~9, 32쪽(2-66~67). "守令之職無所不責 難以悉擧而其大綱有六 六綱之中其目亦各有四
何謂六綱 一曰農 二曰貨 三曰敎 四曰刑 五曰兵 六曰工. 何謂四目 農之目一曰耕織 二曰畜牧 三曰種
植 四曰堤堰 貨之目一曰賦稅 二曰還餉 三曰市糴 四曰賑血 敎之目一曰孝弟 二曰禮俗 三曰文學 四
曰婚取 刑之目一曰刑罰 二曰詞頌 三曰覈 四曰武斷 兵之目一曰敎鍊 二曰兵器 三曰城濠 四曰盜賊
工之木目一曰採 二曰工匠 三曰館廨 四曰道路……"

므로 목자의 농정은 곧 민산의 열쇠가 되는 것이다.

그러므로 왕정은 산림·천택·농포·축목의 정(政)을 중요시하고 있다.[689] 이는 본시 옛날의 왕정이 농정을 중심으로 한 민산의 관리에 중점을 두었기 때문이요 권농은 바로 민목의 으뜸가는 책임이기 때문이다.[690] 고적의(考績議)에서도 농(農)의 조목은 경직(耕織)·축목(畜牧)·종식(種植)·제간(堤墾)이요, 화(貨)의 조목은 부세(賦稅)·환향(還餉)·시적(市糴)·진휼(賑恤)이니 이는 모두 농경에 그 근본을 둔 자인 만큼 백성들의 항산은 언제나 농사의 풍양(豊穰)과 부세의 박렴(薄斂)에 의존하지 않을 수 없는 것이다. 그러므로 현목(賢牧)의 이재는 바로 공상(工商)보다도 전정(田政)에 치중하지 않을 수 없는 것이다.

그리하여 맹자 때만 하더라도 옛날 정전법을 중심으로 하여 농정이 실시되었고, 국가제도 다시 말하면 주례의 육향(六鄕) 삼물(三物)만 하더라도 정전론적 뒷받침에서 구성되었던 것이요, 기자의 홍범구주도 또한 정전론에서 우러나온 자에 지나지 않았다는 사실에 우리는 주목하지 않을 수 없다. 맹자도 인정은 정전의 경계(經界)를 똑바로 함으로부터 시작된다고 하였다.[691] 정전의 경계를 고르게 함은 곧 민산을 고르게 함을 의미한다. 민산이 고르면 그것이 바로 복지국가인 것이요 그러고서 예의를 닦고 효제의 도를 몸소 실천한다면 그 때 인간은 비로소 사람답게 사는 자신을 발견하게 될 것이다. 그

---

689) 『中庸自箴』, II~3, 22쪽(4-218). "修山林川澤之政 使草木禽獸生育以時毋殀毋殰 校人養馬牧人養牲 農師殖五穀場師毓園圃 使動植含生之物 各盡其生育之性 則物各盡其本分而其功在我矣 山林川澤農圃 畜牧之政廢 則萬物之生夭閼橫亂不能茂盛 而聖人者修而擧之 則萬物之生蔚然叢茂郁然肥澤 使天地改 觀 其謂之贊天地之化育 不亦宜乎"

690) 『牧民心書』 卷7, V~22, 2쪽(16-566). "古之賢牧勤於勸農以爲聲績 勸農者民牧之首務也" 같은 책, 1쪽(16-563). "農者民之利也 民所自力 莫愚者民 先王勸焉"

691) 『孟子』, 「滕文公 上」. "夫仁政必自經界始 經界不正 井地不均 穀祿不平"

런 의미에서 잠시 다음에 정전의 의의를 밝힘과 동시에 거기에 따르는 목민정신의 일단을 살펴보기로 하겠다.

4. 여전론

고대 중국에 있어서의 민산의 기초는 농지에 있었고 농지는 또한 정전제에 의하여 정리되었다. 농지의 정리는 애초에 물난리를 막기 위하여 개를 치고 도랑을 파는 사업에서 비롯하여 정전의 구획을 마련하기에 이르렀으니[692] 세법과 정전과의 관계만 하더라도 맹자가 말하는 구일조법(九一助法)이나 십일철법(什一徹法)이 모두 정전론을 토대로 한 점에서 동일한 자요,[693] 우리나라에도 평양을 위시로 하여 경주·남원 등지에 그의 유적이 있다.[694] 이처럼 고대 정전제도는 여기저기에 그의 유지를 남기고 있는데 주자는 이를 은제(殷制)라 하였지만 정전제는 아득한 옛날부터 내려오던 것을 은주시대에 다시 이를 시의에 알맞도록 다듬었을 따름이라고 다산은 주장하고 있다.[695] 하우시대(夏禹時代)의 홍범구주가 이미 정전의 이념에 의하여 이루

---

692) 『尙書古訓』 卷3, Ⅱ~24, 17쪽(7-317). "禹貢絶世之文章也……洚水懷襄之災 唯河患耳 江淮諸水 豈有一時都溢之理 緣禹所治者皆河患治河之餘 禹與益稷遂掌濬濬濬川之役 逐正天下田界 其衍沃者 皆畫地爲井 其畸羨者亦皆辨方正位 子午相直南東其畝 周禮所謂體國經野者此之謂也 凡言經田經界經畧之等皆設經緯線辨子午畫之爲方田也"

693) 『西巖講學記』, Ⅰ~21, 30~31쪽(3-414~415). "井地之可考者惟孟子書 而孟子歷敍三代田制 其助徹之義 夏殷善不善之政 一一備陳 終則曰請野九一 國中什一使自賦 此非孟子懸空剏造 必古制然也……九一者九分井而取其一也 什一者十分畝而取其一也 雖然公田之內又有廬舍占據其間 故雖曰九一 實亦十分畝而取一 不然孟子何以有其實什一之訓耶 九 什 一 多寡相懸何得以同之 平壤之田皆在都城內 王官左右則亦用什一自賦之法……生於千百代之下得見殷制 豈不奇幸"

694) 「文獻備考刊誤」, Ⅰ~23, 13쪽(3-575). "箕子都平壤區劃井田案 慶州有井田遺址(慶州是辰韓本秦民之東來者故猶有古華制) 南原有劉仁軌井田遺址(仁軌當時專制東方故欲試此法)此宜補入"

695) 『孟子要義』 卷1, Ⅱ~5, 38쪽(4-445). "朱子謂井田之制始於商人 恐不然也 墳衍原隰之地 谿磵溝渠之水 天荒以來原未嘗經緯割劃 而殷人始畫爲井 其可得乎 故以覆山顚水汨之世 乃能爲如畫地爲井 非堯舜與稷之所爲乎 然且黃帝神農之時已有經畫之制 故說卦之例坤爲布帛 布帛者經緯也 說卦之作必在上古(義詳余易箋) 則中國開物之聖 原有井地之制 特其制度之詳密 規模之齊整 必在堯禹之際耳 殷人周人不過於成法之中 量其時宜稍加變通而已"

어진 것이요, 면조(面朝) 후시(後市)의 왕궁과 육향제도가 하·은·주를 통하여 동일한 규모로 되어 있음을 보더라도 알 수 있다.696) 이는 고대 정전법이 겨우 영농제도에 그치는 것이 아니라 영국(營國)의 기초를 이루고 있는 만큼 홍범구주에 의한 국가경영의 오의(奧義)는 실로 지묘한 바가 있다.697) 주례도 또한 다산이 이르는 정전영국론

---

696) 같은 책, 위의 곳(4-445~446). "箕子之言曰天乃錫禹洪範九疇 洪範九疇者禹之物也 洪範之形皇極居中八疇環外一似井田之形 (見余洪範圖)疇者田疇也 旣受九疇之錫而其畫地爲田不用九疇之法 必無是理 夏制之有公田明矣 又夏后營國之法明亦九區 故啓之誓師先召六鄕之卿 旣有六鄕則明亦王宮居中面朝後市 與周法同也 營國旣然則治田亦然 故禹自奏其功 曰予決九川距四海 濬畎澮 距川畎澮者田田之物 非井田而有畎澮 所謂無勢之食不託 井田非夏制乎"

697) 『尙書古訓』卷4, Ⅱ~25, 28~29쪽(7-425~427). "疇者田區也 余謂夏禹之法唯九是用 井田國都皆作九區 而仍用方形 不用圓法 則此洪範九疇亦必列爲九區 形如井田如是 然後其相應相關之妙 始有可觀 疇也者田區也 今試爲圖如左

一五行	水潤下 火炎上 木曲直 金從革 土稼穡	四五紀	歲 月 日 星辰 歷數	七稽疑	雨 霽 蒙 驛 克 貞 悔
二五事	貌 恭肅 言 從乂 視 明晢 聽 聰謀 思 睿聖	五皇極		八庶徵	雨 肅狂 暘 乂僭 燠 晢舒 寒 謀急 風 聖蒙
三八政	食 貨 祀 司空 司徒 司寇 賓 師	六三德	正直 作福 剛克 作威 柔克 玉食	九福極	壽 凶短折 富 疾 康寧 憂 修好德 貧 考終命 惡 考終命 弱

皇極在內建中建極 於是上律天時下馭人衆 此所以戴五紀而履三德也(剛柔克作威福皆馭衆之法) 恭己端本以召和氣 此人主密切之功驗也 左五事者恭己而端本也 在庶徵者和氣致祥乖氣致災也 此所以左右應而事徵相通也此四者於人君最密最切故上下左右陳以正列其餘四疇抑可爲次故陳之隅角也 原夫天生材物謂之五行 受而修之謂之八政 故五行戴之在上所以尊天賜也 八政履之在下所以叙人用也 此一與三相應之妙也(皆財用) 吉凶未著仰詢天明謂之稽疑 禍福已判的驗人事謂之福極 在天者戴之在上 在人者履之在下 故此又七與九相應之妙也 此之謂天道 此之謂大法 疇者田區也 後儒所作洪範九疇之圖 似圓似方三枝六極不一其規 而履一戴九左三右七 皆配洛書之數 終日玩究無義理……"

---

280 다산경학사상 연구

(井田營國論)에서 우러나온 주공의 경륜임은 다시 말할 나위도 없다.

주례에 육향의 제도가 있는데[698] 주공의 제례(制禮)는 오로지 이 육향지치(六鄕之治)에 의존하고 있다는 것을 다산은 밝히고 있다.[699] 면조(面朝 後市) 좌우육향(左右六鄕)이란 바로 홍범구주에서 나온 정전경국(井田經國)의 한 틀에 지나지 않는 것이다.[700] 정전제도에 의하여 나라를 경영할 때는 국도(國都)뿐만 아니라 현비(縣鄙)에 이르기까지 동일한 구조를 가져야 했고, 천하를 통치하는 대법이 오로지 홍범구주의 정전제도를 벗어나지 않고 있는 것은[701] 고대 중국의 모든 정치사상이 중농주의적 테두리 안에서 성숙되었음을 의미하는 것이다. 그리하여 전정(田政)이 곧 왕정의 핵심이 되지 않을 수 없는 까닭이 여기에 있다고 하는 것이다.

그러므로 고대의 정전제도를 그대로 오늘에 옮겨올 수 있느냐 없느냐는 별문제로 치더라도, 전정은 왕정의 근간으로서 우리나라 실학의 선구자인 유반계의 경국론도 전정을 그 근본으로 삼는 연유를[702] 짐작하고 남음이 있다.[703] 그리하여 다산도 이 점에 대하여는 각별한 관심을 기울인 바 있으니 농토의 주인은 왕과 전부(佃夫)일

---

698) 「答申在中書」, I~20, 9쪽(3-287). "大抵周禮之制 六鄕在王城之中 六遂在城之外"

699) 같은 책, 위의 곳(3-288). "周公制禮其敎萬民絑萬民 登賢黜惡 平賦斂均征役 治軍旅正禮器 凡大規模大節目都在六鄕之政 故鄕飮歲終則攷六鄕之治以詔廢置 三年大比則攷敎察辭稽器展事以詔誅賞 卽古聖王治天下之大經大法 莫要於六鄕之官"

700) 같은 책, 11쪽(3-291). "先儒謂大國三軍止有三鄕 然以愚所見中爲公宮 面朝後市而左右六鄕以成九區則上自天子之國公侯伯子 以至邦都縣鄙凡以都邑爲名者其制皆同 故夏官量人建國法 故夏官量人掌建國之法分國爲九州營國 城郭營后宮量市朝道巷門渠造都邑亦如之"

701) 『尙書古訓』 卷4, II~25, 26쪽(7-422). "禹能嗣輿逢得天下 建皇極而領九疇 是天乃錫禹洪範九疇也"

702) 『孟子要義』 卷1, II~5, 49쪽(4-468). "滕文公行井田法 則曰聞君行仁政 孟子一生經濟在於經界 大抵井田之法在王政 如規矩之於方員 六律之於宮商 田政先正然後禮樂兵刑萬緖千頭俱有條理 柳磻溪經國之書必從田政始 可謂知本之學也 井田今不可行 惟均田之法在上者斷而行之 斯可爲也"

703) 천관우, 「반계유형원연구」, 『역사학보』 제2집·제3집.

뿐이라 하였다.704) 여기에 왕이란 국가관리권을 의미하고 전부란 경
자유전의 원칙을 의미하는 것으로서 이 이외의 중간수탈을 인정하
지 않는 것을 의미한다. 다시 말하면 왕자의 소유권은 구일조법(九一
助法)에 의하여 국가의 소득으로 나타날 것이요, 전부의 소유권은 사
전(私田)의 경작소득을 의미하는 것이다. 그러므로 여기에서 중간수
탈의 기회는 얻을 수 없을 것이다.

그러면 이러한 농지소유 및 관리에 관한 큰 원칙 밑에서 다산은
어떠한 전정을 생각하였을까? 다산은 스스로 역사적 정전고제(井田古
制)는 비현실적이므로 이를 그대로 받아들일 수는 없다고 생각하였
다. 그리하여 그는 따로 여전법(閭田法)을 마련하고 정전제뿐만 아니
라 균전제(均田制)·한전제(閒田制)705)도 모조리 반대하였다.706) 그 이
유는 이들은 모두 경자유전(耕者有田)의 원칙에 어긋나기 때문이라고
말하고 있다. 그러나 경자유전의 원칙을 시행하기 위해서는 여전법을
써야만 그의 뜻을 달성할 수 있다고 그는 생각하였던 것이다.707)

다산의 여전법은 30세대 정도를 한 묶음으로 한 집단농장제라고
할 수 있다.708) 다시 말하면 지리적 형세에 의하여 일정한 농토의

---

704) 「擬嚴禁湖南諸邑佃夫輸租之俗箚子」, Ⅰ~9, 60쪽(2-121). "田有二主 其一王者也 其二佃夫也 詩云
普天之下莫非王土 王者其主也 詩云雨我公田遂及我私 佃夫其主也 二者之外又誰敢主者哉"

705) 한우근, 『이조후기의 사회와 사상』, 「성호이익의 토지제도론」, 238쪽 참조.

706) 「田論」2, Ⅰ~11, 4쪽(2-209). "將爲井田乎 曰否 井田不可行也……將爲均田乎 曰否 均田不可行
也……將爲限田乎 曰否 限田不可行也 然人皆知井田之不可復 而獨均田限田明理識務者亦肯言之 吾
竊惑焉……使農者得田 不爲農者不得之 則斯可矣 均田限田者將使農者得田 使不爲農者亦得之……"

707) 「田論」3, Ⅰ~11, 4쪽(2-210). "今欲使農者得田 不爲農者不得之 則行閭田之法而吾志可遂也"

708) 같은 책, 같은 곳. "何謂閭田 因山谿川原之勢而盡之爲界 界之所函名之曰閭(周制二十五家爲一閭 今
借其名約於三十家有出入亦不必一定其率) 閭三爲里(風俗通五十家爲一里 今借其名不必五十家) 里五
爲坊坊里之名漢有九子坊今國俗亦有之) 坊五爲邑(周制四井爲邑 今以郡縣治所爲邑) 閭置閭長 凡
一閭之田令一閭之人咸治厥事 無此疆爾界唯閭長之命是聽 每役一日閭長注於冊簿 秋旣成 凡五穀之物
悉輸閭長之堂(閭中之都堂也) 分其糧先輸之公家之稅 次輸之閭長之祿 以其餘配之於日役之簿 假令得
穀爲千斛(以十斗爲一斛)而注役爲二萬日 則每一日分糧五升 有一夫焉其夫婦子媳注役共八百日 則其
分糧爲四十斛 有一夫焉其注役十日 則其分糧四斗已矣 用力多者得糧高 用力寡者得糧廉 其有不盡力

구역을 설정한 후 30세대 내외가 일려(一閭)가 되어 이들의 공동출력에 의하여 이를 경작한다. 그리하여 수확의 분배는 출력의 일수(日數) 비례에 의하여 결정한다는 것이 여전법의 골자다. 그러므로 여전법에 의하면 토지소유권은 인정하지 않고 오직 경작권과 이동의 자유만을 인정한다. 그러면 농경지와 인구와의 비례가 상대적으로 불균형일 때는 농민들의 자유로운 이동에 의하여 저절로 조절된다고 다산은 설명하고 있다.[709] 그러므로 같은 균전현상(均田現象)이라 하더라도 성호(星湖)의 균전은 영업전(永業田)의 사유에 의하여 제한 조절하는 결과로서 이루어진다고 한다면, 다산의 균전은 토지의 국가관리 하에 있어서 경작을 위한 이동의 자유로 인하여 자동적으로 조절되는 결과로서 얻어지는 것이다.

여전제에서는 농토만을 국가의—여장(閭長)이 이를 대신한다—관리하에 두고 경작의 자유는 인정하되 경작을 강요하지도 않는다. 그러므로 우리는 이를 이동경작의 자유를 인정하는 집단농장제라 부를 수밖에 없다. 그리하여 농민은 언제나 일할 수 있는 공동농장을 가지고 있는 동시에 일하지 않는 자에게는 가을 추수의 분배가 허용되지 않는다. 이 제도 하에서는 노력은 강요하지 않지만 굶주리지 않으려면 일하지 않을 수 없게 마련인 것이다. 왜냐하면 여기서는 오직 자기 노력의 대가만을 받게 되기 때문이다.

여전세법의 면에서 볼 때 농민의 부강을 위해서는 구일조법(九一

<hr />

以賭其高者乎 人莫不盡其力而地無不盡其利 地利興則民産富 民産富則風俗惇而孝悌立 此制田之上術也"
709) 「田論」 4, I~11, 5쪽(2-211). "有閭焉三十家共一閭 閭長曰某甲耕彼某乙芸 彼職事旣分有負耒耜挈妻子而至者 曰願受一廛將奈何 曰受之而已……有閭焉二十家共一閭 閭長曰某甲畬彼某乙糞 彼職事旣分有負耒耜挈妻子而去者 曰適彼樂土將奈何 亦聽之而已矣……故上不出令而民之宅里均 上不出令而民之田地均 上不出令而民之富貧均 熙熙然來穰穰然往 不出八九年 國中之田均矣"

助法)이나 십일철법(什一徹法) 이외의 세를 인정해서는 안 된다고 보고 있는데[710] 이는 옛날 정전제의 세제정신을 그대로 활용한 것으로 볼 수 있다. 그리고 소위 놀고먹는 유민의 방지를 위하여도 여전제에서는 세심한 주의를 기울였는데[711] 선비나 학자라고 해서 놀고먹을 수는 없다고 규정하고 있다. 반드시 그의 재능에 따르는 노력의 대가로서 식량의 배당을 받아야 하는 것이다. 여전법이 중간지주나 겸병의 수탈을 방지하고 밭갈이하는 자만이 수확을 확보할 수 있도록 한 이유는 거기에 유식민의 철저한 제거를 목표로 하는 데에도 의의가 있다고 하겠다. 그러므로 맹자가 이른바 사농(士農) 협조에 의한 상호부조의 정신[712]에 입각하여 유민을 방지하고 사군자(士君子)의 근로를 요구한 것이다. 이는 사농의 구별이 따로 있는 것이 아니라 재야(在野)의 선비는 괭이를 들고 육체적 근로에 종사하거나 그렇지 않으면 글을 가르침으로써 정신적 활동에 힘쓰거나 해야 하는 것이다.

단적으로 말하면 다산의 여전제는 옛날 정전제에 있어서의 공동경작의 정신을 확대하여 정전제의 팔가구(八家口)를 삼십가구(三十家口)의 단위로 일려(一閭)를 마련하되 거기에는 정전에서처럼 공사전의 구별을 두지 않는 공동경작제도라 할 수 있고, 또 거기에 이동의

---

710) 「田論」 6, I~11, 6쪽(2-213). "田以什一而稅法也 薄稅而不什一貊之道也 重稅而不什一桀之道也 今田得穀百斗者公家之稅不過五斗 是二十而取一也 私家之稅五十斗則是什五也 公家之爲大貊 私家之爲大桀 而國貧不支民匱不給 此遵何法哉 罷兼幷之家而行什一之稅 則國興民俱富矣 然什一之稅不可易言也"

711) 「田論」 5, I~11, 5쪽(2-212). "……夫土也何人 士何爲 游手游足呑人之土 食人力哉 夫其有土之游也 故地利不盡闢也 知游之不可以得穀也 則亦將轉而緣南畝矣 士轉而緣南畝而地利闢 士轉而緣南畝而風俗厚 士轉而緣南畝而國民息矣 曰有必不得轉而緣南畝者將奈何 曰有轉而爲工商者矣 有朝出耕夜歸讀古人書者矣 有敎授富民子弟以求活者矣 有講究實理辨土宜興水利制器以省力敎之樹藝畜牧以佐農者矣 若是者其功豈扼腕力作者所能比哉 一日之役注十日 十日之役注百日 以分其糧焉可也 士何爲無分哉"

712) 『孟子』, 「滕文公 上」. "無君子莫治野人 無野人莫養君子"

자유를 허용함과 동시에 경자유전의 원칙을 철저히 시행함으로써 중간수탈을 방지함을 목적으로 하는 토지제도라 할 수 있다. 그리하여 다산은 사군자는 지식으로, 농부는 노력으로 이룰 수 있는 상호조화는 물론이거니와 병농일치를 여전제를 통하여 구상한 바 있으니 이는 다음 절에서 다시금 설명할 기회를 가져보고자 한다.

제3절 목민지도

공자의 인은 목민의 윤리에 의하여 천하의 도로 확충되었다. 공자의 인은 애초에 친친의 효제로써 그의 근본을 삼았거니와, 이는 다시금 맹자에 의하여 존현의 왕도로 확충됨에 따라 급기야 목민자(牧民慈)가 천하의 덕으로 중요한 위치를 차지하게끔 된 것이다. 다산은 이미 대학의 명덕(明德)은 효제자의 삼덕임을 밝힌 바 있거니와 그 慈의 덕이야말로 우리의 관심사가 아닐 수 없다.

효제의 덕과 아울러 자의 덕이 인륜관계의 선덕(善德)으로 문제 삼아질 때 효제의 덕을 상향의 덕이라 한다면 자의 덕은 하향의 덕이라 함 직하다. 공자가 하향적인 자의 덕보다도 상향적인 효제의 덕을 더욱 강조한 까닭을 따져 본다면 공자는 스스로 보수적 존주사상에 대한 굳은 신념을 가졌기 때문임이 엿보이거니와 그 후 자덕(慈德)이 강조된 것은 시대가 변천함에 따라서 존주사상에 갈음하여 왕도사상이 중요한 문제가 되기에 이르렀기 때문이다. 이는 왕도는 사실상 봉건적 친친(親親)의 울을 벗어난 목민지도라는 점에서 인도의 궁극적 확충이 아닐 수 없으며 향인지애(嚮人之愛)로서의 인이 향민지애(嚮民之愛)로서의 인도로 그의 새로운 세계를 개척한 자라 하지 않을 수 없는 것이다.

이는 가족적인 수신·제가의 인도가 치국·평천하의 인도로 그의 폭을 넓혔음을 의미한다. 이에 우리는 치평(治平)의 인도를 그저 왕도라고도 하거니와, 여기서의 왕이란 인민 위에 선 군림자로서의 왕이 아니라 인민을 아껴주는 백성의 부모로서의 목자에 지나지 않는 점에서 왕도란 급기야 목민지도(牧民之道)라 부를 수밖에 없다.

결국 왕도를 휼민지도(恤民之道)라 한다면 목민지도는 곧 애민지도(愛民之道)라 할 수 있다. 왕자의 휼민이건 목자의 애민이건 다를 바 없는 인도의 다른 표현에 지나지 않지만 왕자를 그저 목자라고 일컫는 까닭을 따져 본다면 거기서는 왕도에서 한 걸음 앞선 새로운 민본주의적 색채를 엿볼 수 있다. 그러므로 목민의 사상이 이미 맹자에게서 싹텄다 하더라도 다산은 맹자처럼 이를 왕도라 하지 않고 이를 목민지도라 부른 데에 새로운 시대적 의의가 있는 것이다. 그리하여 다산은 그의 목민지도를 강조함으로써 공자의 이념을 우리의 현실적 여건에 적응하도록 모색한 것이다.

1. 목민의 윤리

다산이 강조한 목민윤리의 연원은 공자의 인에서부터 더듬게 된다. 이미 위에서 논한 바와 같이 수사학적 인의 윤리를 친친의 윤리라 한다면, 맹자의 오륜은 친친(親親)의 인(仁)과 존현(尊賢)의 의(義)로 나누어진 자요 대학에서는 또다시 친친의 효, 존현의 제, 목민의 자로 나누어졌으니 맹자는 공자에서 발전한 자요 대학은 또한 맹자에서의 발전이 아닐 수 없다. 이에 효제자의 명덕사상은 이미 그의 선구적 사상으로서 부의(父義)·모자(母慈)·형우(兄友)·제공(弟恭)·

자효(子孝)의 오교를 들 수 있는데 명덕에서 이를 효제자(孝悌慈)의 삼덕으로 요약하였고, 더욱이 맹자의 영향을 받아 부의모자(父義母慈)의 가족윤리가 목민자(牧民慈)의 정치적 왕도로 발전한 점에 주의하여야 한다. 여기서 다산은 특히 명덕의 본의를 천명하면서 목민자의 덕을 효제의 덕과 병립시켜 놓은 점에 우리는 주목하지 않을 수 없는 것이다. 이제 이를 표시하면 다음과 같다.

군자지도(君子之道) → 친친(親親)—효(孝)
↓
존현(尊賢)—제(弟)
↓
목민(牧民)—자(慈)→ 왕천하지도(王天下之道)

여기서 우리는 수사학의 군자지도는 공자의 친친사상이 맹자의 존현사상을 거쳐 다산의 목민사상으로 발전하여 왕천하지도로 결실하게 됨을 알 수 있다. 그러므로 다산의 경학사상은 급기야 그의 목민의 윤리 속에서 최종의 열매를 맺게 되는 것이 아닌가 여겨지는 것이다.

그런데 목자는 인민을 위하여 존재하는 것이지 인민이 목자를 위하여 사는 것이 아니라고[713] 다산은 주장한다. 이는 위민사상의 당연한 이야기이기는 하지만 인민들이 속미(粟米) 마사(麻絲)를 바쳐 그들의 목자를 섬기고 수레와 말, 종을 내어 그들의 목자를 송영(送迎)하며 인민들은 그들의 피와 뼈가 닳도록 그들의 목자를 살찌게 해야 하는 시절에 있어서의 다산의 위민사상은 그만큼 새로운 의의가 있

---

713) 「原牧」, I~10, 4쪽(2-132). "牧爲民有乎 民爲牧生乎 民出粟米麻絲以事其牧 民出輿馬騶從以送迎其牧 民竭其膏血津髓以肥其牧 民爲牧生乎 曰否否 牧爲民有也 邃古之初民而已 豈有牧哉"

었던 것이다. 여기서 우리는 다산의 민본주의사상은 이미 맹자의 그 것과 다름이 없음을 짐작하게 하지만 다산은 이를 밑받침으로 하여 좀 더 구체적인 면에서 그의 목민사상을 전개한 것이다. 위에서 이미 태초에 오직 인민만이 있었지 목자는 존재하지 않았다고 하였거니와 그러면 목자는 어떠한 경로를 밟아 생겨나게 되었을까?

상고시대에는 이정(里正)·당정(黨正)·주장(州長)·국군(國君)·방백(方伯)·황왕(皇王)의 순위를 따라 목민의 목자가 나타나게 되었으나,[714] 후세에 이르러서는 이러한 부락합의제의 방법이 무너지고 독선적 전제주의가 대두하게 된 것이라고[715] 다산은 분석하고 있다. 후세의 전제주의는 급기야 임금은 높이고 백성은 낮추며 아랫사람 것을 긁어다가 윗사람에게 붙여주는 사조를 낳게 하여 상고시대의 민본주의적 경향을 뒤엎고 말았다. 그리하여 마치 인민은 한 사람 황제를 위하여 존재하는 양 여기게 되었기 때문에 다산은 목자는 인민을 위하여 있는 것이지 인민이 목자를 위하여 사는 것이 아님을 다짐한 것이다.

그러므로 다산은 맹자의 방벌론(放伐論)[716]을 그의 민본주의적 추천론(推薦論)에 의하여 이를 합리화하였다.[717] 그의 세부적 방법론에

---

714) 같은 책, 4~5쪽(2-132~133). "民于然聚居 有一夫與隣鬨莫之決 有曳焉善爲公言就而正之 四鄰咸服推而共尊之 名曰里正 於是數里之民 以其里鬨莫之決 有曳焉俊而多識就而正之 數里咸服而共尊之 名曰黨正 數家之民以其黨鬨莫之決 有曳焉賢而有德就而正之 數黨咸服名之曰州長 於是數州之長推一人以爲長 名之曰國君 數國之君推一人以爲長 名之曰方伯 四方之伯推一人以爲宗 名之曰皇王 皇王之本 起於里正 牧爲民有也"

715) 같은 책, 5쪽(2-133). "後世一人自立爲皇帝 封其子若弟及其侍御僕從之人以爲諸侯 諸侯簡其私人以爲州長 州長薦其私人以爲黨正里正 於是皇帝循己欲而制之法以授諸侯 諸侯循己欲而制之法以授州長 州長授之黨正 黨正授之里正 故其法皆尊王而卑民 刻下而附上 壹似乎民爲牧生也"

716) 『孟子』, 「梁惠王 下」. "湯放桀 武王伐紂"

717) 「湯論」, I~11, 24쪽(2-249). "湯放桀可乎 臣伐君而可乎 曰古之道也……五家爲鄰推長於五者爲鄰長 五鄰爲里推長於五者爲里長 五里爲縣推長於五者爲縣長 諸縣長之所共推者爲諸侯 諸侯之所共推者爲天子 天子者衆推之而成 亦衆不推之而不成 故五家不協五家議之改鄰長 五鄰不協二十五家議之改里長 九

있어서는 물론 현대적인 것과는 다르지만, 그의 근저에 흐르고 있는 이념은 현대적 민주주의 이념과 다를 바 없는 것이다.

통치자로서의 천자는 결코 하늘에서 떨어졌거나 땅에서 솟은 신인(神人)이 아니라 인민의 추대에 의하여 목자로서의 임무를 도맡은 자에 지나지 않는 것이다. 그러므로 그가 인민의 뜻에 어긋났을 때는 이를 갈아세우는 것이 당연한 것이다. 이를 갈아세움에 있어서 무력을 사용하지 않을 수 없을 때 이는 방벌(放伐)의 유혈혁명이 되는 것이요, 인민의 뜻에 순응하여 순순히 물러섰을 때는 이를 선양(禪讓)의 정권교체라 부를 수 있다. 그러므로 전자는 곧 탕무(湯武)의 방벌이요, 후자는 곧 요순의 선양인 것이다.

이렇듯 중국 고대유교는 요순의 선양과 탕무의 방벌을 민본주의적 이념에 의하여 이상화하였다. 이에 의하여 다산은 고대사회의 발생론적 단계를 그의 민본주의적 이념으로 설명하였으나 목민은 현실적 방법에 의한 목민이어야 하는 것이다.[718] 목민의 이념은 비록 요순 탕무의 아득한 옛날의 사실에서 끌어왔다손 치더라도 이의 실현은 현실파악에 의하여 구체화되어야 하는 것이다. 목민사상은 실로 유교사상의 오랜 전통 속에서 이루어졌지만 그의 실현은 날로 새로운[719] 터전 위에서 이룩되어야 하는 것이다. 목민에 있어서 율기(律己)·봉공(奉公)·애민(愛民)을 삼기(三紀)라 하는데, 율기·애민은 곧 수기치인이요 육전을 진황(賑荒)으로 끝맺었음은 휼민지도를 밝힌 것이니 애민과 휼민의 정신은 모두 인민을 본위로 삼는 목민자

侯八伯不協九侯八伯議之改天子 九侯八伯之改天子 猶五家之改鄰長 二十五家之改里長 誰肯曰臣伐君哉"
718) 「自撰墓誌銘(集中本)」, I~16, 18쪽(2-663). "牧民者何也 因今之法而牧吾民也 律己奉公愛民爲三紀
吏戶禮兵刑工爲六典 終之以振荒……搜羅古今剔發奸僞以授民牧 庶幾一民有被其澤者 鏞之心也"
719) 『大學』, 전2장. "湯之盤銘曰 苟日新 日日新 又日新"

(牧民慈)의 기본이 아닐 수 없다.

목자가 오로지 민생을 위한 목자에 지나지 않은 까닭은 모든 주권이 민생에게 있지 목자에게 있지 않기 때문임은 물론이다. 그러나 당시의 군목들이 민생을 보되 초개(草芥)처럼 여겼음을 볼 때[720] 그 얼마나 민권을 도외시하였는가를 알 수 있다. 그러기에 다산은 환상(還上)의 권이 인민에게 있는 엄연한 사실을 밝힘으로써 당시의 군목들에게 경종을 울린 것이다. 어찌 민권을 존중하는 군목이라면 백성들의 집을 뒤지고 등을 치는 횡포를 일삼을 수 있겠는가?

실로 목민의 윤리는 인간의 심간(心肝)과 사체(四體)와의 관계와 같은 것이라고[721] 다산은 설명하고 있다. 다시 말하면 일신동체인 것이다. 목자의 심혈이 쉬지 않고 민생들의 근락(筋絡) 속에서 흐르고 있어야 한다. 백성들이 근심 걱정과 불안 속에 잠기게 된다면 그 책임은 목자 스스로에게 있을 따름이다. 민심이 소란하고 국정이 위태로운 원인도 백성들에게 있는 것이 아니라 조정의 심장부가 병들어 있기 때문이니 심장부에 병이 들면 말초신경이 마비되는 것처럼 목자의 근불근(勤不勤)·검불검(儉不儉)이 곧장 생민의 휴척(休戚)과 직결되어 있다는 점에서 목민의 윤리적 관계는 실로 부자군신의 관계에 지지 않는 중요한 인간관계라 하지 않을 수 없다.

목민의 목자는 위민부모로서의 목자이기 때문에 한 사람의 부모가 아니라 만민의 부모인 것이다. 그러므로 목민윤리는 부자군신의 윤리처럼 일대일의 관계가 아니라 일대만의 관계라는 점에서 실로

---

720) 「還餉議」, I~9, 28쪽(2-58). "還上之權在民 民不受之則括其戶 民不納之則笞其背 不己勞乎"

721) 「與金公厚」, I~19, 15쪽(3-214). "朝廷者生民之心肝 生民者朝廷之四體也 筋絡連湊血脈流通 不能一息容有隔絶 今百姓憂畏而無所安慰 一路騷擾而不圖鎭撫 唯傾軋飜覆是急 不知大廈一傾燕雀亦無所啁啾也"

목자의 직책은 무거운 것이다. 그러기에 목민윤리는 가정의 윤리가 아니라 천하의 윤리라 해야 할 것이요, 다산이 또한 인도의 확충을 목민윤리에까지 끌어올린 이유를 이해할 수 있을 것이다. 따라서 우리는 다산의 경국제세학도 결국 목민윤리학에 지나지 않는다고 볼 수 있는데 목민윤리란 어떠한 내용을 갖추고 있을까?

2. 민지부모

수사학적 목민윤리를 한 마디로 말한다면 가족적 윤리의 정치적 확충이라고 할 수 있다. 다시 말하면 경국제세의 경륜은 반드시 인민의 부모로서 목민자의 윤리를 토대로 하여야 하는 데에 본래적인 유교정신이 깃들어 있는 것이다. 그러므로 목자는 언제나 인민들을 갓난애처럼 보호해야 하고, 인민들은 목자를 그들의 부모처럼 존경하게 하여야 한다. 이는 중국 고대에 있어서 이미 있었던 민족신앙의 정신[722]을 그대로 옮겨 받은 사상적 경향이기도 하지만, 이는 또한 자하(子夏)나 순자류의 외식적(外飾的) 예법론자들과는 달리 본질적인 인간의 정에 호소하는 증자(曾子)나 맹자류의 정통파로서의 본래적 유교의 근본정신이기도 한 것이다.

맹자는 묵자를 아비를 모르는 도라 하고 양주를 임금을 모르는 도라 하였지만, 사실상 유교는 아비와 임금이 윤리 위에 세워진 교학이라 해야 할는지 모른다. 거기에는 친친의 가족적 정을 정치적 목민자로서 다시 살려야 한다는 데에 유교적 국가경륜의 이상이 깃들어 있다는 것이다. 그러므로 목민자의 애민은 바로 갓난애를 돌보듯

---

722) 『詩經』, 「旻天」. "悠悠旻天曰父母且"

이 하는 애인(愛人)이 아닐 수 없다. 따라서 대학서는 본시 치평(治平)의 학인지라 민지부모(民之父母)란 본래적 유교이념을 가족적인 면에서 단적으로 표현한 구절이라 보아야 할 것이다.[723]

효제자의 덕은 가족적 덕일 뿐만 아니라 국가경륜의 기초가 되는 동시에, 자의 덕이야말로 목민의 덕이 되는 것이니[724] 나라를 다스리는 목민지도는 실로 어려운 고빗길이므로 지성의 자덕(慈德)으로 갓난애를 다루듯 해야 하는 것이라고[725] 다산은 설명하고 있다. 신부가 적자를 기르는 자도(慈道)야말로 인정의 기미를 건드린 지성의 덕으로서 목민자의 지성은 바로 신부(新婦) 양자(養子)의 그것처럼 애자(愛子)의 정으로 이루어져야 한다는 것이다. 실로 유가의 정치적 이념은 단순하고도 소박한 인정을 토대로 하여 가족윤리를 천하의 윤리로 확충함에 있다는 소이가 여기에 있다.

그러한 의미에서 어쨌든 목자는 백성들의 삶을 북돋우고 그들의 괴로움을 돌보아주는 자에 지나지 않는 것이니 목민지도는 맹자처럼 가난하고 곤궁한 환과고독(鰥寡孤獨)의 무리들을 긍휼히 여겨주는 길이요,[726] 인민들이 서로 상친하도록 해주는 길이기도 한 것이다.[727] 목자는 인민의 부모로서 10인의 아들을 가진 부모도 그의 논밭을 골고루 나누어 주어야 할 것인데, 하늘이 인민을 내실 적에는

---

723) 『大學章句』, 전9장. "君子不出家而成敎於國 孝者所以事君也 弟者所以事長也 慈者所以使衆也 康誥曰 如保赤子"
　　같은 책, 전10장(『詩經』, 「南山有臺」). "詩云樂只君子民之父母"

724) 『大學公議』, II~1, 34쪽(4-69). "孝弟慈大學之敎也 身治孝弟慈以御于家邦 不必別求他德 惟此孝弟慈推而用之耳 其中慈德所以牧民者 故繼引康誥爲國之所重在牧民也"

725) 같은 책, 33쪽(4-68). "如保赤子至誠也 治國牧民其事至難 惟誠則得之如新婦善養子"

726) 「戶籍議」, I~9, 24쪽(2-49). "窮者四窮也 貧而且窮 牧民者所宜恤也"

727) 『中庸策』, I~8, 31쪽(1-663). "民之所以脅匡以生 不相殘害者 以其君牧者理之耳"

군목으로 하여금 민산을 관리하여 그들이 골고루 잘살도록 길을 트게 해준 것이다. 그러므로 군목이야말로 백성들이 삶을 맡은 부모처럼 애써야 함에도 불구하고 백성들의 피땀을 빠는 군목이 있다면 우리는 그를 무엇이라 불러야 하는가?[728]

그러한 군목은 남의 물건을 훔치는 좀도적에 비하여 오히려 큰 도적이라 불러야 마땅하지 않을까? 맹자는 그런 군왕을 일러 필부라 하였지만 다산은 그런 목자를 대도(大盜)라 하였으니,[729] 관료인 벼슬아치의 착취야말로 실로 대도 이상의 행위가 아닐 수 없다. 옛날에는 종자(從者) 수천인을 거느리고 천하를 횡행한 도척(盜蹠) 같은 큰 도적이 있었지만, 만일 다산이 그린 바와 같은 소위 감사의 행패는 저 도척의 그것보다 결코 뒤지지 않을 것이라고 한다. 그런 수령을 맞는 민생들은 마치 도척의 떼를 맞는 백성들의 처지와 조금도 다를 것이 없는 것이다.

그러한 수령은 인민의 부모가 아니라 공인된 대도에 지나지 않는다. 그러므로 수령이란 따지고 보면 민생들의 부모가 되느냐 그렇지 않으면 백성들의 도척 같은 원수가 되느냐의 두 갈래가 있을 따름이다. 그러나 정치적 천명은 한 군데 머물러 있지 않는다. 천명은 민생의 부모가 되는 군목에게 길이 머무는 것이요, 대도 같은 군목에게

---

728) 『田論』1, I～11, 3쪽(2-207～209). "有人焉其田十頃其子十人 其一人得三頃 二人得二頃 三人得一頃 其四人不得焉 嗷號宛轉莩於塗以死 則其人將善爲人父母者乎 天生斯民先爲之置田地 令生而就哺焉 旣又爲之立君立牧 令該民父母得均制其産而並活之 而爲君牧者拱手孰視其諸子之相攻奪幷呑而莫之禁也 使强壯者益獲而弱者受撻批顚于地以死 則其爲君牧者將善爲人君牧者乎"

729) 「監司論」, I～12, 11쪽(2-296～297). "有大盜於此 樹大旗擁大蓋 擊大鼓吹大角 乘雙馬之轎 戴玉鷺之帽 其從者府二人史二人胥如府史之數而加其二焉 徒數十人輿皁隸僮若卒僕之屬數十百人 諸縣郵深候延接之吏 若徒數十百人馬騎者數百匹 其載者數百 婦人妖服靚裝者數十人 稗粺負菫蘭矢前驅者二人 其殿者三人　驛官從者一人……三人……四五人……四人……數百人……八人道傍觀否啐欽羨者數千百人 所至發火石駁以驚衆 進供具如太牢者什之 厥有一飮一食或失其醬達其溫者杖……若是者庸詎非大盜也與哉……大盜也已 君子曰大盜不去民盡劉"

서는 윤리적 숙명에 의하여 다른 데로 옮겨가 버리는 것이다.

수령의 직책은 군왕에게도 비김 직한 것으로서 실로 민생의 고락과 국가의 성쇠가 그에게 달렸으니 어찌 무겁지 않을까?730) 그러므로 목민의 직책은 결코 안일한 것이 아니니 수령된 자는 늘 부지런하게 일하는 사람이어야 한다.731) 그래야만 백성들은 그의 은혜를 입게 될 것이거늘 멍청하고 무능한 수령이 그저 무사주의로 그렁저렁 세월을 보낸다면 모든 일이 해이하여 뭇 좀스런 일들이 파고들 것이니 그의 해독을 입은 자는 오직 백성들과 아동뿐인 것이다. 그러므로 수령된 목자는 천공(天功)을 대신하여 백성들의 뒤를 보살펴야 하는 것이요, 강보에 싼 적자를 기르듯 백성들을 양육해야 하는 것이다. 그렇게 될 때 비로소 백성들은 그들의 수령된 목자를 하늘처럼 경외하고 부모처럼 따르게 될 것이다.

3. 중농정책

족식족병주의(足食足兵主義)는 유가의 전통적 정책으로서732) 족식주의는 사농일여(士農一如)의 정책이 되고, 족병주의는 병농합일(兵農合一)의 정책으로 구체화하였다.

맹자에 나타난 정전제로 말하더라도 사실상 하나의 중농정책으로서 이는 비록 아득한 옛날의 제도라 하더라도 공자의 족식정책의 구체적 방안이라고 함 직한 것이다. 따라서 다산도 그의 목민정책의

---

730) 「考績議」, I~9, 32쪽(2-66). "臣竊以守令者國之所與分民而治之者也 而其職侔擬人主百度無所不具 故曰君牧其爲職不已重乎 生民之苦樂以之國家之衰盛 以之正宜詳考密察策勵勸懲 而顧考績之法疏略 已甚……"

731) 「玉堂進考課條例箚子」, I~9, 56쪽(2-114). "君逸臣勞天地之常經 恭己正南非守令之德也 後世此義 不明儱侗無能之人 務持大體因循故常 名之曰不擾而治 百度解弛衆蠹交穿 民受其毒膏血漸竭而……"

732) 『論語』, 「顏淵」. "足食足兵民信之矣"

중점을 농정에 두어 유민을 없앰으로써 국민개병(國民皆勞)의 제도를 확립함과 동시에 농민의 수탈을 방지하는 방안을 여러모로 강구하였던 것이다.

모든 생산수단이 현대화하기 이전에 있어서는 오로지 농경만이 민산의 중요한 부문이 아닐 수 없었다. 그러므로 제사도 농산물에 의존하였고 벼슬아치들의 봉록도 곡물로서 충당하는 등 농(農)으로 하여금 천하의 근본을 삼기에 이르른 것이다. 다산이 이른바 인민의 부모로서의 애민지도도 바로 피탈농민(被奪農民)들에 대한 휼민의 길이라고 할 수밖에 없다. 그의 여전제에 있어서도 이미 나타난 바와 같이 농민들의 자발적 근로를 요구함과 동시에 무엇보다도 먼저 사류들의 관료적 특권을 억제하고 또 그들의 유식(游食)을 방지함으로써 그의 중농정책의 첫걸음으로 삼았던 것임을 알 수 있다.

우리나라 사대부들은 땅에 떨어지자 생원이 되고 강보에 싸인 채 경상이 되는 등의 특권을 가지고 애잔한 생령들에게 해독을 뿌리던 부류들이 많았기 때문에, 이들 유식지민을 억제하기 위하여 경술과 문예에 뛰어난 자가 아니면 모두 귀농케 해야 한다고 다산은 주장하고 있다.[733] 이는 사농의 계급이 따로 있는 것이 아니라 오히려 사농이 일여(一如)임을 보여주는 자이다.

고대에 있어서도 천신공조자(薦紳公朝者)로서 대개가 농경의 경력을 갖지 않은 자가 드물 정도이었다.[734] 사인계급이란 조정에 나가

---

733) 「農策」, I~9, 15쪽(2-32). "我國之所謂士大夫落地生員 褒袶卿相 裒冠博帶尋行數墨 良役不侵身布 不徵 凌軼武斷毒痛生靈 此皆遊食之民而病農之類也 今宜稍稍裁抑定其界限 或詩經術或試文藝 不能 中矩者並行充發 其勢不得不轉綠南畝矣 臣所謂禁游食以紓人力者此也"

734) 같은 책, 10쪽(2-21). "臣竊嘗以爲士農分爲二岐 而天下之農日趨於弊也 古者薦紳公朝者未嘗不蹈跡田 間 堯之百揆歷山之農也 虞之后稷有邰之農也 商之保衡起畎畝之賤者也 周之冢宰知稼穡之艱者也……"

게 되면 벼슬 살고 재야시(在野時)에 밭갈이해야 하는 것이다. 그러므로 재야의 사대부는 원포(園圃)를 가꿈으로써 생계를 유지하는 방법으로 삼아야 하는 것이라고[735] 다산은 말하고 있다. 목축·양어·과수·약초 등의 부업도 한 사람의 생업에만 관계되는 것이 아니라 농정의 중요한 일면을 이루고 있는 것이다. 이에 선비는 경전연구에 정진하는 한편 근검한 노력으로 원포(園圃)도 가꿀 줄 알아야 한다.[736] 이는 아마도 재야의 선비는 주경야독(晝耕夜讀)으로써 그의 본분을 삼아야 할는지 모른다.

이제 이렇듯 선비의 길은 사농이 다를 바 없으므로 본시 선비란 글 읽는 농부인지도 모른다. 학자로서의 벼슬아치라고 해서 결코 하늘이 준 어떤 특권을 가진 자가 아니다. 그러므로 국록을 받아 일을 하게 될 때를 제외하고는 땅을 가꾸는 근검한 농민이 되어야 한다. 농민이란 어찌 우맹(愚氓)의 대명사로서만 쓰일 것인가? 순임금은 역산(歷山)의 농부이었고, 후직(后稷)은 태(邰)땅의 농부였으며, 은나라 이윤도 밭고랑에서 놀던 재상이 아니었던가? 이렇듯 농경국가의 전통을 지닌 우리의 현실을 토대로 하여 다산은 사농일여의 확고한 국가적 중요정책을 수립한 것이니, 그의 목자도 다름 아닌 사농겸전(士農兼全)의 한 사람이 되지 않을 수 없는 것이다. 다시 말하면 목민의 중요정책은 농민을 중심으로 한 만민평등의 이상국가론인 동시에, 모든 인민들에게 평등한 근로를 요구함으로써 사농일여의 이상을 실현하려는 방책이라 할 수 있다.

---

735) 「爲尹輪卿贈言」, I~18, 2쪽(3-106). "治生之術莫如園圃畜牧 及鑿爲陂池渟沼以養魚鮪 門前一等肥田區爲十餘畦 須極方正平均挃次 種四時蔬菜以供家食 屋後閒地多植珍果奇味……又治壞種諸藥艸如薺苨茈萡蕨山薯蕷之屬 隨宜區種而……"

736) 「示學淵家誡」, I~18, 14쪽(3-130). "克恭克愿硏精經典 克勤克儉盡力園圃"

뿐만 아니라 농경을 중심으로 하는 병농합일제로 하여금 국세의
증강을 꾀하는 중심으로 삼아야 한다고 다산은 주장하고 있다.[737]
그는 그의 여전제와 병제를 일원화하여 병농일치제를 실시함이 가
장 이상적이라고 생각하고 있다.[738] 그리하여 다산의 중농정책은 멀
리 그의 연원이 공자의 족식족병주의(足食足兵主義)에 있다고 하더라
도 이는 당시의 현실을 토대로 한 국가의 기본시책이 아닐 수 없다.
그러므로 그의 목민윤리의 민(民)은 오로지 농경민으로서의 민이요,
그의 목(牧)은 농산관리자로서의 목인 것이다. 국가의 시책이 어찌
농책(農策)에 그치리오마는 농민정책이야말로 국가시책의 기본이 되
지 않을 수 없는 까닭은 전통적 농업국가로서의 현실적 기반 때문임
은 물론이다. 위로 요순의 지치도 목민의 중농책에[739] 그의 중심이
있었던 것이요, 우왕의 치산치수(治山治水)와 후직의 파시백곡(播時百
穀)이라고 한 고대 상징적 성왕의 치적도 급기야 목민의 중농책의
테두리를 벗어나지 못했던 것이다.

그러한 의미에서 다산은 군자학으로서 출발한 수사학적 고대유교
가 급기야 도달하게 된 새로운 경지를 어떻게 파악하였는가? 다산은
그의 이념적 근거를 고대유교에 두었다손 치더라도 그의 상념은 결
코 거기에 머물러 있지 않고 어디까지나 우리의 현실적 토대 위에서
고대 이상 국가를 재현시켜 보려고 했을 따름이다. 그의 목민윤리를

---

737) 「地理策」, I~8, 10쪽(1-622). "兵農合一以衛王宮 則國勢增重而兵力益强矣"

738) 「田論」 7, I~11, 6~7쪽(2-214~215). "古者寓兵於農 今行閭田之法 則其於制兵也尤善矣 國制兵有
二用 一以編伍以待疆場之變 一以收布以養京城之兵 二者不可廢也 編伍之卒常無統領 將卒不相習不
相爲用 奚其爲兵哉 今閭置閭長令爲哨官 里置里長令爲把摠 坊置坊長令爲千摠……邑置縣令得節制
則制而兵在其中矣……行閭田之法而申之以孝弟之義 律之以序序之敎 使民親其親長其長 則戶布自
行矣"

739) 『書經』, 「堯典」. "咨十有二牧曰食哉惟時"

중심으로 한 국가론이야말로 그의 경학사상의 총결산이 아닐 수 없으며 그의 실학사상도 마침내 이 점에서 결실을 맺게 되는 것으로 여겨진다. 따라서 우리는 그의 목민의 이상국가론으로서 본장의 매듭을 맺지 않을 수 없다.

제4절 이상국가론

이제 다산의 경학사상을 그의 이상국가론으로써 끝맺으려 함에 있어서 좀 다른 각도에서 공맹학의 성격을 살펴본다면, 공맹학 그 자체도 당시에 있어서는 또한 가장 새로운 사상이었다는 사실에 주목하지 않을 수 없다. 오늘에 있어서는 공자를 그저 존주적(尊周的) 보수주의자라 할는지 모르나 당시에 있어서는 점차로 시들어 가는 요순의 이상과 주공의 경륜을 다시금 되찾으려 한 데에는 오히려 공자다운 새로운 일면이 있었던 것이요, 군자로서의 진실한 인간을 길러냄으로써 미래의 역사마저 창조하려고 한 공자의 노력은 노상 수구적 정체 속에 빠져 있는 하찮은 보수주의와는 달리 보아야 하는 일면이 없지 않은 것이다. 그러므로 공자는 복고적(復古的) 이상주의(理想主義)라 부를 수 있을망정 회고적(懷古的) 무위주의자(無爲主義者)일 수는 없다. 그야말로 공자는 요순의 이상 국가를 자나 깨나 잊지 못했고 주공의 경륜을 다시금 실현하기 위해서는 앉을 자리가 따뜻해질 겨를조차 없었던 것이다.

공자가 요·순·주공의 목민정신을 자신이 처한 현실의 개혁을 위하여 되살리려 하였다면, 그 뒤를 이은 맹자는 맹자대로 또한 공자에게서 이어받은 새로운 시대정신을 그의 시대에 알맞도록 다듬어 놓았을 따름인 것이다. 전자를 공자의 시중이라 한다면 후자는 맹자의 시중에 지나지 않는다. 그러나 두 사이를 일관한 한 줄기 흐름이 있다면 그것은 바로 천하를 바로잡기 위한 대경륜(大經綸)이요, 그들이 목표하는 바는 혁신된 이상국가가 아닐 수 없었던 것이다.

공자학과 맹자학이 서로 겉으로의 빛깔은 다를망정 그의 씨는 하나인 것이다. 그의 빛깔이 다소 다른 까닭은 공맹학이 서로 시중의 의의를 달리함과 같은 의미에서 다를 따름이다. 다시 말하면 오직 그들이 처한바 시대적 현실의 여건이 다르기 때문에 오는 차이일 따름이다. 그러나 복고적이면서도 가장 혁신적인 그들의 현실개조의 정신은 조금도 다를 바 없다. 여기에 공맹학과 다산학과는 시대적 간극을 초월하여 서로 직결될 수 있는 소인(素因)이 있는 동시에 우리의 자아반성의 한 재료로 삼을 수 있는 소지가 있는 것이다.

그러므로 이를 단적으로 말한다면 요순의 이상은 곧 문왕·주공의 이상이 되고, 문왕·주공의 이상은 바로 공맹의 이상이 되었듯이 다산의 이상도 결국 그의 연원은 요·순과 주공·공자에게서 찾지 않을 수 없다. 그리하여 다산의 이상을 또한 현대에 이르는 한 징검다리로 삼아야 하는 데에 다산 경학사상의 산 의의가 있지 않을까 여겨진다. 그러므로 그를 이해하기 위하여 다시금 위로 거슬러 올라가 보기로 하자.

1. 요순의 이상화

공자는 스스로 자신은 이미 옛것을 믿고 좋아하는 복고주의자임을 밝힌 바 있는데[740] 그가 술이부작(述而不作)한 옛것은 무엇을 의미하는 것일까? 조술한 것은 요순의 덕이요, 그가 빛낸 것은 문·무·

주공의 도[741]인 것이다. 위에서도 이미 요순의 도에 대하여는 군데 군데 서술한 바 있거니와 이제 이를 종합하여 논해보자면 대강 이러하다.

첫째, 요순은 역사적 면에서는 그의 실재 여부를 따져 보아야 하겠지만, 사상사적 면에서는 특히 그의 존재를 중요시하지 않을 수 없다. 이제 유가에서는 도가의 황제나 묵가의 우왕처럼 요순을 떠받들어 그들의 상징적 성군으로 삼았으니 당뇨(唐堯)·우순(虞舜)의 시절을 이상국가의 다시없는 성세(聖世)로 삼고 있다. 그러므로 요순의 덕이야말로 하늘의 그것과도 일치하는 자로서[742] 공자 스스로 하늘과도 동등한 위치에 두고 신앙하던 성인이 바로 요순이었던 것이다.[743] 그리하여 요순은 공자의 앞에서는 하나의 지고선의 표상이 아닐 수 없다. 다시 말하면 이상적 최고인격의 소유자일 수밖에 없다. 그러므로 공자학의 수기치인도 요순의 도를 조술(祖述)한 것[744]에 지나지 않으며 그가 기르던 사인군자도 결국 요순의 도를 몸소 배우며 실천에 옮기는 인물임은 다시 더 말할 나위도 없다.

둘째, 공자학의 정통을 이어받은 맹자는 요순을 어떻게 보았는가? 공자가 지극한 성인으로 내세운 요순은 그가 비록 하늘과의 동격자(同格者)라 하더라도 그는 결국 우리들과 똑같은 사람이라고 생각하였다. 맹자는 순은 밭갈이하다가 출세하였다[745]고 하였는데 이는 순

---

740) 『論語』, 「述而」. "述而不作 信而好古 竊比於我老彭"

741) 『中庸』, 30장. "仲尼祖述堯舜憲章文武"

742) 『論語』, 「堯曰」. "堯曰 咨 爾舜 天之歷數在爾躬 允執其中 四海困窮 天祿永終"

743) 『論語』, 「泰伯」. "大哉堯之爲君也 巍巍乎 唯天爲大 唯堯則之 蕩蕩乎民無能名焉"

744) 『論語』, 「憲問」. "修己以安百姓 堯舜其猶病諸"

745) 『孟子』, 「告子 下」. "舜發於畎畝之中"
　　　『孟子』, 「公孫丑 上」. "大舜……自耕稼陶漁以至爲帝……"

은 농민의 아들로서 두루 질그릇도 굽고 고기잡이도 하던 평민 출신임을 의미한다. 그러므로 요순도 일반인과 똑같고[746] 성인도 우리와 동류인 것이다.[747] 이는 공자의 요순이 맹자에 의하여 우리들과 똑같은 한 인간이 되었음을 뜻한다. 이는 동시에 누구나 다 요순 같은 인간이 될 수 있음을 의미하기도 하는 것이다.[748] 곧 다산의 목자도 요순의 말을 외우고 요순의 하는 일을 행하면 요순의 이상을 실행할 수 있는 성자가 될 수 있음을 가르친 것이다. 그러므로 다산은 현세의 목자에게서 요순의 언행을 요구하였다. 그러면 그가 바로 현세의 요순에 지나지 않을 것이니, 왜냐하면 요순은 하늘에서 떨어진 자가 아니라 우리들과 같은 평민들 속에서 만들어지는 자이기 때문이다.

셋째, 요순은 아마도 인간적인 면에서는 지성지인(至誠之人)이요 정치적인 면에서는 선양의 미덕을 갖춘 민본주의자라 함 직하다. 천하 사람들로 하여금 분연히 일어나 부지런히 일하게 하며 한 시(時)인들 쉴 사이조차 없던 분이 요순일진대 그의 덕은 건행(健行)이 천덕(天德)과 동일함을 알 수 있다고 다산은 말하고 있다.[749] 건행의 천덕이 바로 지성의 덕이 아니겠는가? 요즈음 사람들은 노장파(老莊派)의 도가들처럼[750] 혹은 불가에서의 좌선처럼 팔짱을 끼고 눈을 감은 채 가만히 앉아서 천하가 저절로 태평하기를 바라는 자가 순(舜)일 줄 알지만 그것은 허무한 꿈이 아닐 수 없다고 다산은 비판하

---

746) 『孟子』, 「離婁 下」. "堯舜與人同耳"

747) 『孟子』, 「告子 上」. "聖人與我同類者"

748) 『孟子』, 「告子 下」. "……人皆可以爲堯舜有諸 曰然……子服堯之服 誦堯之言 行堯之行 是堯而已矣"

749) 『邦禮草本』 序, Ⅰ~12, 39쪽(2-352)·『經世遺表』引, Ⅴ~1, 1쪽(14-4). "奮發興作使天下之人騷騷擾擾勞勞役役 曾不能謀 一息之安者堯舜是已……易曰天行健 明明堯舜與天同健 曾不能有須臾之息"

750) 『論語古今註』 卷1, Ⅱ~7, 20쪽(5-41). "淸淨無爲卽漢儒黃老之學 晋代淸虛之談 亂天下壞萬物 異端邪術之尤甚者也"

고 있다.[751] 실로 요순의 지성은 천하의 근심은 내가 먼저 근심하고 천하의 즐거움은 백성들에게 돌리는 그러한 인간적인 정성인 것이다. 가까이는 효제의 인으로서 멀리는 위민부모(爲民父母)로서 몸을 바치는 지성의 인이 바로 옛날의 요순이요 다산이 지적한 오늘의 목자이어야 하는 것이다.

그러므로 오늘의 목자는 요순의 선양을 배워야 한다. 요순의 선양은 오직 현인만을 가려서 쓴 데에[752] 그의 근본정신이 깃들어 있다. 이는 이미 위에서도 왕정의 근본은 거현(擧賢) 이재(理財)에 있다고 하였거니와, 요순의 선양이야말로 거현의 선하를 이룬 자라 하지 않을 수 없는 것이다. 공자는 현현역색(賢賢易色)[753]하였고 맹자는 현자만이 천하를 다스리게 하여야 한다고 하였지만 실로 정치적 선양의 길이 트이지 않고서는 현자의 득위(得位)는 불가능한 것이다. 이는 어찌 왕자의 일에 한한 일이랴! 오직 수기이안백성(修己以安百姓)[754] 하려는 지성이 아니고서는 거현의 실은 거둘 수 없다. 요는 그 길을 트기 위하여 순에게 왕위를 넘겨준 것이다. 그러므로 거현의 선양이란 결코 손쉬운 일이 아니다. 보다 더 잘난 현인들을 위하여 그들의 앞길을 터주는 일이란 바꾸어 말하자면 나를 버리는 일이기도 한 것이다. 공자도 태백(泰伯)이 그의 조카인 문왕에게 천하를 선양한 일이란 지극한 것이라 하였다.[755] 실로 태백과 같은 선양의 덕이 아니고서는 문왕과 같이 잘난 현자의 길은 열리지 않을 것이다. 그러므

---

751) 「上仲氏」, I~20, 14쪽(3-298). "今人謂舜方且垂衣拱手瞑目儼坐如泥塑人 而天下自然太和 非大夢乎"
752) 「上仲氏」, 1~20, 17쪽(3-304). "堯之擧舜 只是擇賢"
753) 『論語』, 「學而」.
754) 『論語』, 「憲問」.
755) 『論語』, 「泰伯」. "泰伯其可謂至德也已矣 三以天下讓 民無得而稱焉"

로 공자는 문왕에 앞서 태백의 덕을 극구 칭찬한 것이다. 여기에 목
자의 지성이 있고 동시에 거현의 정신적 지표가 있는 것이니, 이는 바
로 순 같은 현자를 얻지 못함을 걱정하는[756] 지극한 지성인 것이다.

넷째, 우리는 요순만큼 지공무사(至公無私)하고 근면한 분은 없다
고 할 수 있다. 이는 곧 지성에 따르는 당연한 덕이라 함 직하지만
따지고 보면 지성은 지공무사한 마음의 바탕과 부지런한 행동의 뒷
받침이 없이는 이루어질 수 없는 것이다. 순은 나를 버리고 남의 선
을 따랐으니[757]이는 곧 무사함으로써 지공의 대도를 걷는 현성(賢聖)
의 겸허한 태도[758]라 하지 않을 수 없다. 실로 요순은 호선오악(好善
惡惡)하는 천성 그대로 따르는 자이니[759] 순과 도척의 차이도 거기
에 있고,[760] 순의 무리들도 또한 부지런히 선을 행하는 데에서 이루
어지는 것이다.[761] 지성은 곧 언행이 한결같이 거짓 없는 지선이기
에 순에게서 우리는 그러한 참된 인간의 모습을 보게 된 것이다.

다섯째, 우리는 요순은 위로 하늘의 길을 따르며 아래로는 백성을
다스리는 목자라 할 수밖에 없다. 요순은 성자로서의 천성을 타고
났다 하더라도 그는 언제나 하늘 앞에서는 한 겸허한 인간이었다.
오직 하늘의 가르침에 따르며 하늘이 지시하는 사명에 충실할 따름
이었다. 요순은 박시제중(博施濟衆)[762]을 하늘이 준 자기의 사명으로
자각하였다. 이는 곧 구세주로서의 사명이요 목민의 목자로서의 사

---

756) 『孟子』, 「滕文公 上」. "堯以不得舜己憂"
757) 『孟子』, 「公孫丑 上」. "大舜有大焉 善與人間 舍己從人 樂取於人以爲善"
758) 『中庸』, 6장. "舜好問而好察邇言 隱惡而揚善 執其兩端用其中於民"
759) 『孟子』, 「盡心 上」. "堯舜性之也"
760) 같은 책, 같은 곳. "欲知舜與蹠之分 無他 利與善之間也"
761) 같은 책, 같은 곳. "鷄鳴而起 孶孶爲善者 舜之徒也"
762) 『論語』, 「雍也」. "博施於民而能濟衆"

명이 아닐 수 없다. 그러므로 요순의 앞에는 언제나 구원을 받아야 하는 민생들이 있다. 그가 비록 제왕이 된다 하더라도 그의 제위는 그 자신을 위한 제위가 아니라 만백성을 위한 제위임은 물론이다. 그 위(位)는 만민을 위한 유용의 제위일 따름이다. 그리하여 그는 천공(天工)을 대신하여 천하를 다스릴 따름이다.

이러한 점들에 의하여 요순을 생각한다면 그들은 공맹의 손에 의하여 이상화되었다고 할 수밖에 없다. 본래적인 고대 유교는 요순을 이상화함으로써 그들의 정신적 귀의처를 얻게 된 셈이다. 그러므로 요순의 세계는 인간이 희구하는 이상세계가 아닐 수 없다. 요순은 신이 아니다. 그러나 신처럼 떠받들어야 하는 존재자다. 동시에 인간이 도달해야 하고 또 도달할 수 있는 지고선의 목표이기도 한 것이다.

이제 우리는 한 사람 지고선의 신앙적 대상으로서만 요순을 떠받들 것이 아니라, 한 사람 인의의 실천자로서763) 요순의 인격을 숭앙하여야 할 것이다. 요순은 인간윤리의 실천자이므로 공자는 그의 인의 상징을 요순에게서 얻었고 맹자도 공자의 말을 빌려 순은 지극한 효자764)라 하였다. 이는 다산의 말대로 공자학이 수기치인으로 요약된다고 할진대 요순이야말로 수기치인의 구현자임을 의미하는 것이다. 공자 스스로도 요순이라는 상징적 존재자를 설정하지 않고서는 그의 인의 완전한 구현자를 찾을 길이 없는 것이다. 그러므로 공자는 요순을 이상화하여 그의 학적 근거로 삼은 것이니 그처럼 이상화된 요순을 맹자는 이를 현자라 불렀고 다산은 이를 목자라 불렀다.

---

763) 『孟子』,「離婁 下」. "舜明於庶物 察於人倫 由仁義行"

764) 『孟子』,「告子 下」. "舜其至孝矣 五十而慕"

그러나 요순은 어디까지나 정신적 상징으로서의 존재 의의가 뚜렷할 따름이요, 그의 구체적 실현은 그의 시중지의(時中之義)에 의하여 그 구현 내용을 달리할 수 있음은 물론이다. 요순의 도는 우·탕·문·무왕을 거쳐 주공(周公)에 의하여 주례(周禮)로써 제도화하였으니 이에 주례가 지닌바 의의를 살펴봄으로써 수사학적 이상국가의 일단을 더듬어보기로 하자.

2. 주례의 존숭

공자에 있어서의 요순이 그가 그리는 이상적 인간형이라 한다면, 주공은 그가 그리는 문화의 창조자이다. 멀리는 요순으로서 그의 정신적 지표로 삼았고, 가까이는 주공으로서 모든 법도의 스승으로 삼았던 것이다. 그러나 따지고 보면 주공은 요순의 도를 기반으로 하여 주문화(周文化)를 창건한 자이니 요순 주공의 도가 다를 바 없다. 이에 공자는 스스로 요순을 떠받들고 주공을 사숙함으로써 자기완성을 꾀하였던 것이다. 그러면 왜 공자는 주공을 꿈결에도 잊지 못할 정도로 존숭하였던가?

이제 대개 주공의 공적을 말하라 한다면 그야 주나라의 왕업을 반석 위에 올려놓은 데 있다고 해야 할 것이다. 그의 반석이란 다름 아닌 주례임은 물론이다. 예란 본시 한 나라의 전장법도(典章法度)를 총칭한 것으로서 주례란 곧 주나라의 모든 국가적 및 사회적 제도며 또는 문화적 의례를 가리킨 자라 하겠거니와, 공자는 주례의 바탕을 이미 요순의 뒤를 이은 하은왕조(夏殷王朝)의 그것에 두고 있으나,[765)]

---

765) 『論語』, 「爲政」. "殷因於夏禮所損益可知也 周因於殷禮所損益可知也 其或繼周者雖百世可知"

주례야말로 이제는 백세토록 변함 없을 완전무결한 자임을 강조하고 있는 것이다.[766]

이러한 주례를 공자는 주나라의 문화적 유산으로 간주하였다. 공자에게 있어서의 주(周)문화는 이미 하・은・주 삼대를 거쳐 실로 찬란한 그것이었다.[767] 이는 영세토록 길이 인류문화의 귀감이 되어야 하는 것으로 공자는 믿었다. 그리하여 쇠퇴하여가는 주문화를 다시 재건해야 하는 것이 자기의 사명인 양 공자는 자각하였던 것이다. 이것이 바로 공자의 보수적 존주사상인 것이다.

그런데 주나라의 예는 이미 주공이 마련한 것임은 움직일 수 없는 사실이라 하더라도, 『예기』・『의례』와 더불어 삼례의 하나인『주례』는 누구의 저술일까 함이 문제가 되기는 하지만, 우리는 여기서 현존 저술의 저자 그 자체보다도 그 저술 속에 잠재한 주공의 이념이 문제가 되는 것이다. 그런 의미에서 볼 때 주례는 주공의 국가경륜임에는 틀림이 없다. 다시 말하면 이는 비록 가까이는 은문화의 손익에 의하여 완성을 본 자라 하더라도 거기에는 주공다운 국가이념이 밑받침이 되어 있음은 다시 더 말할 나위도 없다. 그것은 곧 요순의 도를 제도화하였고, 공자는 이를 가져다가 이상국가의 본보기로 삼은 것이다.

그러므로 주공・공자가 간 지 이미 오랜 오늘에 있어서도 주례는 실로 국가경륜의 전적으로서 문제 삼지 않을 수 없다. 그러기에 다

---

766) 『論語古今註』卷1, Ⅱ~7, 36쪽(5-74). "周人之禮碁酌二代損益修潤 傳之百世行之無弊 故孔子論王道則曰吾從周 論來世別曰其或繼周者雖百世可知 若代周而興者 又須損益變攻而後可以爲國 則一世之事尙難前知 況於百世乎"
    같은 책, 37쪽(5-75). "周禮之美者 雖百代興 必無損益 故孔子自信其百世可知 若損益變改 如震霞之起滅 則明日之事 猶不可知 況於百世乎"

767) 『論語』,「八佾」. "周監於二代 郁郁乎文哉 吾從周"

산은 주역을 다루면서도 주례를 문제 삼았고,[768] 『춘추고징(春秋考徵)』을 저술할 때도 주례를 문제 삼았던 것이다.[769] 뿐만 아니라 상서의 요전과 주례를 통하여 국가의 전장제도—예—를 밝힌 연후라야 태학의 길도 그것이 어떤 것인가를 알게 될 것이라고[770] 하였다. 이는 곧 『주례』는 『상서』와 더불어 태학지도(太學之道)의 기반이 됨을 의미하는 것이다.

공자의 도는 효제로써 수기하며 예악으로써 치인하는 도인데 목민지도도 급기야 주례로써 치인의 규모를 본뜨지 않을 수 없다. 왜냐하면 목민의 목자는 요순처럼 인민을 애육하여야 함은 물론이지만 주공처럼 천하의 경륜에 밝은 자가 되지 않으면 안 되기 때문이다. 또한 요순은 물론이거니와 주공처럼 지성으로서 천하를 경륜하며 천하의 대본을 바로 세우는 자이어야 하는 것이다.[771]

그러므로 다산은 『주례』의 전주(全註)는 남기지 못했음을 못내 안타깝게 생각하였을망정[772] 주례에 대하여는 많은 신지견(新知見)을 밝히고 있다.[773] 주례에 대한 신지견의 일예로서는 정전 및 여전론에서도 논한 바와 같이 육향지제(六鄕之制)를 밝힌 데 큰 의의가 있다. 이는 곧 왕성(王城)의 제도인 동시에 홍범구주(洪範九疇)의 정전제에서 유래한 국가제도임은 물론이다. 어쨌든 이러한 정치제도론으로

---

768) 「答仲氏」, Ⅰ∼20, 16쪽(3-301). "周易者周人禮法之所在 儒者不可以不明 其微言妙義在所發揮也"

769) 「春秋考徵」序, Ⅰ∼12, 37∼38쪽(2-348∼350). "周室東遷而文武之道布在列國 猶有存者二百四十年之間 其吉凶諸禮之著于策書者 猶是周禮之餘 如鼎彝古器羹文隱見洵可貴也……欲知周禮之勞罷者舍是書何以哉……考徵也者明其在乎禮 不在乎春秋也"

770) 『大學公議』, Ⅱ∼1, 6쪽(4-13). "王制非古法 必取堯典周禮蔽其制度 然後太學之道乃知爲何道也"

771) 『中庸』, 32장. "唯天下至誠 爲能經綸天下之大經 立天下之大本"

772) 「答仲氏」, Ⅰ∼20, 15쪽(3-300). "我若無病久生 則欲全注周禮 而朝露之命不知何時歸化 不敢生意 然心以爲三代之治苟欲復之 非此書無可著手……"

773) 「自撰墓誌銘(集中本)」, Ⅰ∼16, 19쪽(2-666). "鏞習於周禮多建新義 其論六鄕之政曰……"

서의 주례가 비록 고대 봉건체제를 벗지 못했다손 치더라도 우리는 그의 표면만을 보지 말고 그 이면에 흐르고 있는 참뜻을 살펴보아야 할 것이다.

중국 고대 정치사상 가운데 가장 이채를 띠운 것은 요순의 선양과 탕무의 방벌론(放伐論)이라 할 수 있다. 전자는 평화적 정권이양이라 한다면 후자는 무력에 의한 정권교체라 할 수 있다. 그런데 공자는 요순의 평화적 선양을 그의 덕치주의의 이론적 근거로 삼았고, 맹자는 탕무의 무력적 방벌을 그의 혁명사상으로써 합리화하였던 것이다. 이는 위에서도 이미 논급한 바와 같이 공자와 맹자가 한결같이 인본주의적 정치이념을 간직한 자라 하더라도 그들이 처한 시대적 환경의 차이는 이렇듯 거리가 있음을 엿볼 수 있다.

다산은 탕무(湯武)의 덕도 요순에 뒤지지 않음을 밝힌 것으로 보아[774] 탕무의 무단도 아래로부터 솟아오른 민의의 행사로 간주한 것이다. 이렇듯 선양이건 방벌이건 오로지 그의 정치적 의의는 민본주의라는 입장에서 비로소 하나로 통할 수 있는 것으로 보인다. 그런 의미에서 요순의 도는 곧장 탕무의 도로 직결할 수 있는 것이라 하였다.

그러면 주공의 도는 이에 근거하여 어떠한 의의를 가지고 있는 것일까? 주공은 그의 아비인 문왕이 지닌바 요순 같은 덕양(德讓)을 그의 조카인 성왕에게 베풀고, 그의 형인 무왕이 지닌바 탕무 같은 대용(大勇)으로써 관채지란(管蔡之亂)을 평정한 후 새로운 주문화를 이루는데 대공을 세웠으니 이로써 공자는 그의 덕을 못내 사모하기에 이르렀던 것이다. 그리하여 공자는 말끝마다 요순과 주공을 앞세웠

---

774) 「湯論」, I~11, 24쪽(2-249). "湯放桀可乎 臣伐君而可乎 曰古之道也…武王湯黃帝之等 王之明帝之 聖者也 不知其然輒欲貶湯武以卑於堯舜 豈所謂達古今之變者哉"

던 것이니 공자의 도를 그저 요순주공지도라 함도 결코 우연한 일이
아닌 것이다.

그런데 다산은 요·순·주공·공자를 하나로 묶어서 논하기를 좋
아하였지 탕무나 맹자를 거기에 끼어서 논하지는 않은 듯이 보인
다.775) 그러므로 다산학은 요·순·주공·공자의 사성(四聖)에 직결
하여야 함을 요구한 듯하다. 이는 다산학은 오로지 요순의 덕화와
주공의 경륜과 공자의 윤리를 밑받침으로 하여 하나의 새로운 이상
세계를 마련하려고 한 것임을 알 수 있다.776)

그러나 다산학은 마치 주공이 오순의 덕화를 그의 경륜 속에서 살
리고, 공자가 요순·주공의 도를 그의 수기치인의 윤리적 군자학 안
에서 되살리듯 우리의 현실적 여건 하에서 이를 목민지도로서 되새
겨 보려고 한 것이 아닐까? 그러므로 그는 목민윤리의 기치를 들고
새로운 이상국가의 창건을 위하여 육경사서(六經四書)를 주해하고 일
표이서(一表二書)를 저술하는 데 심혈을 경주하였지만 그는 언제나
우리의 현실파악을 간과하지 않았던 것이다.

다산의 경륜은 비록 아득한 옛것을 토대로 하였다고 하더라도 그
것의 뿌리는 깊이 우리들의 현실 속에서 가꾸어지지 않으면 안 될
것이다. 우리의 현실을 낱낱이 파헤침으로써 비로소 다산의 경륜도
우리의 것이 될 것임은 물론이다. 그리하여 스스로를 각성하게 되어
야만 우리의 새로운 역사는 창조되는 것이 아닐까? 그러면 이상과

---

775) 「五學論」 1, Ⅰ~11, 20쪽(2-241). "携手同歸於堯舜周孔之門"
776)
　　　　　　　　　　　　┌ 요순(堯舜)의 덕화(德化)
　다산(茶山)의 이상세계 ─┼ 주공(周公)의 경륜(經綸)
　　　　　　　　　　　　└ 공자(孔子)의 윤리(倫理)

현실을 조화하는 문제에 있어서 다산은 어떠한 태도로 임했을까? 다음에 잠시 살펴보기로 하자.

3. 현실비판과 자아각성

현실적 토대 위에 세워진 이상이 아니면 그것은 공상으로 사라질 것이요 이상이 없는 현실세계는 속된 타락이 기다리고 있을 따름이다. 그러므로 이상과 현실은 음양대대의 관계에서처럼 서로 하나의 태일지형(太一之形)의 조화를 이루지 않으면 안 된다. 요순의 덕화주의나 주공의 국가경륜이 공맹의 이상이 되어 있다고 하더라도 공맹은 저제금 그들의 시중지의(時中之義)에 의한 현실파악에 결코 등한하지 않았다. 오히려 그들은 그들이 처한 현실세계의 순화(醇化)와 개혁을 위하여 요·순·주공을 이상화하고 떠받들었을 따름이다. 그리하여 그들은 현실에 가장 충실한 이상주의자로서의 관록을 지니기에 이르렀다고 할 수 있다.

그런 의미에서 요순―주공―공자의 학은 실용주의적 국가경륜의 학으로서 틀이 잡혔기 때문에 수기(修己)의 면에서는 비록 극기의 군자학이 되었지만 치인(治人)의 면에서는 왕도의 정치학으로 발전해야만 했던 것이다. 이를 일러 우리는 윤리적(倫理的) 또는 정치적(政治的) 목민주의(牧民主義)라 부름 직하거니와 이러한 목민주의는 결국 삶의 현실세계를 보다 더 중요한 과제로 삼지 않을 수 없게 마련인 점에서 수사학적(洙泗學的) 목민주의는 이용후생의 실학과 직결되지 않을 수 없는 것이다.

그럼에도 불구하고 수사학적 요·순·주·공의 실학은 한·당·송·명의 긴 세월을 거쳐 오면서 겉으로는 실사구시나 격물치지를 표방하지 않은 바 아니지만, 실상 따지고 보면 노불(老佛)의 우주론적 또는 유심론적 도학에 젖게 되었음을 부인하기 어려울 것이다. 그러므로 요·순·주·공의 실학은 노불의 도학과는 분연히 결별을 고하고 다시금 그의 본연의 자세를 가누지 않으면 안 된다. 이러한 중간시기를 다산은 꿈속에 잠긴 긴 밤의 시절이라 하였거니와 이는 곧 암흑시대를 의미한다. 왜냐하면 이 시기에 있어서는 죽림칠현의 요순에 갈음하고, 염락(濂洛)의 학문토론이 주공의 경륜을 무색하게 만들었기 때문이다. 그리하여 현실도피와 입산수도의 풍이 차츰차츰 인생의 삶을 어둠 속으로 이끌어 넣고 말았으니 어찌 다시금 새벽녘 샛별을 찾지 않을 수 있을까?[777] 이에 급기야 자아각성의 새로운 삶의 철학이 다시 요·순·주·공의 실학을 문제 삼지 않을 수 없게 된 것이다. 자아각성의 새로운 삶의 철학이란 바로 다산 경학사상을 단적으로 가리킨 것임은 물론이다. 다산학은 이 점에 있어서 이미 한·당·송·명의 학파는 서로 옷깃을 나누지 않을 수 없는 입장이 된 것이다. 그러므로 이제 인생론적 생의 철학으로서의 다산경학은 요순의 도덕적 예양(禮讓)과 주공의 정치적 경륜은 물론이거니와 공맹의 인간학적 윤리를 통하여 얻어지는 새로운 이상세계를 모색하기에 이르렀다고 할 수 있다. 이처럼 요·순·주공·공자와 직결되는 새로운 세계는 참된 나를 찾고 나아가 현실을 바로잡는 세계일 것이다.

공자는 실로 참된 나를 찾기 위하여 놀라운 노력을 기울인 사람이다. 그리스의 철인이 자기의 무지를 자각하듯 공자는 자기의 무능을 자각한[778] 참된 인간이었다. 이는 자기 무능의 자각이야말로 사람이

---

777) 그의 중형(仲兄) 약전(若銓)은 다산역을 칭송한 말에서 "大抵君之於易 可謂長夜曙星"[「玆山易柬」, 『易學緖言』 卷4, Ⅱ~48, 28쪽(10-478)]라고 하였다.

사람다워지는 첫걸음임을 말하는 것이요, 인간이 인간다운 길을 찾고 배우는 제일과(第一課)임을 뜻하는 것이다.

인간은 실로 무엇보다도 먼저 나를 알아야 한다. 참된 나의 길을 깨달아야 하는 것이다. 이를 일러 자아각성이라고 할까? 인도의 철인도 각자로서의 불(佛)을 인간의 지상목표로 삼았거니와 공자의 자각은 좀 더 구체적이다. 공자는 자기의 무지보다도 무능을 자각한 점이 오히려 행동주의적 자각이라고나 할까? 무지의 자각은 그것이 이미 지(知)일 수밖에 없으나 그것이 바로 실천의 능(能)일 수는 없다. 각자(覺者)의 각(覺)도 그것이 바로 견성의 지일 수는 있을는지 모르나 제도중생(濟度衆生)의 능은 아닐 것이다. 그러므로 나의 자각은 나의 현실적 자각이어야 한다. 다시 말하면 실천궁행의 능·불능의 자각이라야 한다. 요순의 덕행은 바로 그의 예양(禮讓)에 깃들어 있었던 것이요, 주공의 경륜은 바로 그의 육향지정(六鄕之政)에 빛났던 것이다. 그러므로 공자의 자각은 바로 박시어민(博施於民)하는 현실적 행동의 자각이 아닐 수 없다. 어찌 향벽관심(向壁觀心)의 자각일 수 있겠는가?

그러므로 공자는 배우길 싫어하지 않고 가르치기를 게을리하지 않는[779] 사람이요, 옛것을 더듬고 새것도 알려고[780] 노력하던 사람이다. 실로 공자는 배우는 족족 내 것을 만드는[781] 충실한 학도이었다. 그는 옛것을 좋아한 사람이지만 새로운 것을 따르는 데에도 주

---

778) 『論語』, 「衛靈公」. "君子病無能焉 不病人之不己知也"
　　같은 책, 「憲問」. "不患人不己知 患其不能也"
779) 같은 책, 「述而」. "默而識之 學而不厭 誨人不倦"
780) 같은 책, 「爲政」. "溫故而知新"
781) 같은 책, 「學而」. "學而時習之"

저하지 않았다.[782] 단적으로 말하면 공자는 자아를 발견했음과 동시에 현실에 충실한 사람인 것이다. 그러므로 이에 우리는 자아각성과 현실비판의 정신이야말로 그의 연원은 저 멀리 공자에게로 올라가야 함을 알아야 한다.

이러한 자아각성과 현실비판의 정신은 거센 물결처럼 다산경학 속에서 용솟음치며 넘쳐흐르고 있음을 발견하게 될 것이다. 다산 경학사상이 그의 정신적 양식을 바로 공자 그 사람에게서 얻어 왔다손 치더라도 그는 결코 그의 형식적 조강(糟糠)을 씹지 않고 오직 그의 정신과 태도만을 받아들였던 것이니 그것이 다름 아닌 현실비판에서 오는 시중적(時中的) 태도요, 자신의 문제에 충실해야 하는 자아각성의 정신 바로 그것이었던 것이다.

다산은 먼 데 것에 힘을 쓰고 가까운 것을 조홀(粗忽)히 함은 예나 지금이나 다를 바 없는 병통인데 그 점에 있어서는 우리나라가 더욱 심한 바 있다고 말하고 있다.[783] 이는 실로 가까운 나를 잊고 먼 곳의 남을 따르는 어리석음을 지적한 말로서 자기몰각의 태도라 하지 않을 수 없다. 다시 말하면 주체적인 자아를 버리고 객체적인 타아를 좇는 어리석음을 지적한 말이다. 그러므로 다산은 공자가 스스로 인간으로서의 자아를 발견하듯, 그와 마찬가지로 나의 주체성을 보다 더 중요시한 것은 당연 이상의 당연한 일인 것이다. 그러한 다산의 정신은 자기가 처한 현실을 관찰함에 있어서 실로 냉철한 비판을 내리지 않을 수 없었을 것임은 이해하고도 남음이 있다. 그런 의미

---

782) 같은 책, 「子罕」. "麻冕禮也 今也純 儉 吾從衆"

783) 「地理策」, I~8, 1~2쪽(1-604~605). "務遠忽近古今之通患 惟我東爲甚 雖聲明文物摹擬於中華 而圖書紀載宜明乎本國 與其探命搜神於方域之外 欲窮其不可窮之理 曷若察邇觀實於方域之內 以明其不可不明之事哉"

에서 자아각성과 현실비판은 딴 어휘이면서도 사실상 동일한 정신적 자세의 안팎에 지나지 않는다.

그러므로 다산의 육경사서와 일표이서는 실로 고금을 통한 한 줄기 정신에 의하여 이루어진 자인 것이다. 사실상 육경사서에서는 요·순·주·공의 정신이 옛 모습 그대로 깃들어 있다손 치더라도 일표이서야말로 다산의 손에 의하여 옛 술을 새 부대에 담아 놓은 자라하지 않을 수 없다. 이는 요순·주·공의 정신이 일표이서 속에서다시 소생하였음을 의미하는 점에서 거기서는 실로 공자의 정신이바로 우리의 주체성 속에서 약여(躍如)하고 있음을 보게 되는 것이다.

그런 의미에서 볼 때 주공의 주례가 바로 그의 국가개조론이라 할수 있다면, 다산의 일표이서 또한 다산의 이상국가론이라 해야 마땅할는지 모른다. 그러면서도 그 안에서는 쉴 사이 없이 요·순·주공·공자의 숨결이 약동하고 있으며 그럼으로 해서 우리의 현실은 하나의 이상을 목표로 하여 새로운 길을 얻게 되어 있다. 그것은 바로 나를 깨닫고 우리의 현실을 비판하면서 날로 새롭게 개조해 나가는 길인 것이다.

4. 날로 새로워야 하는 길

이제 우리는 다산의 국가경륜을 살펴봄에 있어서 그의 개혁정신이 얼마나 줄기찬 것이었으며, 또 그 정신의 연원은 어디로부터 온것인가를 캐볼 단계에 이른 것 같다. 다산은 영종이 균역법을 마련할 때 좌우에 있는 수구파들의 저지를 물리치고 단행한 사실을 기록하여 이를 칭송하였으니[784] 영종의 개혁정신은 바로 다산의 그것이기도 함을 알 수 있다. 낡은 것의 개혁이 없는 곳에 발전이 없음은 너무도 뻔한 사실이다.

사실상 본래적 유교정신은 결코 단순한 복고주의는 아니다. 요순은 황량한 자연을 정리하여 농경의 정지(井地)를 마련한 개척자였었고, 주공은 예법을 정비하여 경국대전을 창설한 신문화의 창조였다고 한다면, 공맹은 인간의 윤리를 강조함으로써 교정의 대도를 계도한 자라 할 수 있다. 이들의 정신은 실로 발랄하고도 적극적인 개혁과 정열적 창조의욕으로 채워져 있음을 본다. 공자만 하더라도 당시의 은둔주의자들의 소극적 무위주의를 몹시 못마땅하게 생각하고[785] 인간의 갈 길을 명시하여 주었던 것이요, 맹자의 호변(好辯)도 현실을 도피하지 않으려는 부득이한 그의 현실 참여인 것이다. 그의 정열은 급기야 혁명정신에까지 이르게 되었던 것이다.

실로 요순과 주공과 공맹을 일관한 하나의 정신이 있다면 그것은 바로 날로 새롭기를 바라는 개혁정신이라 하지 않을 수 없다. 그들이 다룬 자연과 국가와 인간은 비록 그들이 지닌바 대상으로서의 형태는 다를망정 한시인들 그대로 버려둘 수 없는 자들이다. 유전변화(流轉變化) 속에서도 낡은 것은 깎아버리고 새로운 싹이 움트게 해야만 한다. 정체는 죽음을 의미하고 개혁만이 그들의 산 생명을 길러줄 따름인 것이다. 그러므로 그들이 신앙하던 천명도 오직 새로운 곳에 깃들이고 지선의 목표를 바라보면서 움직이고 있는 것이다. 주나라는 비록 오랜 전통을 가진 옛 나라이지만 그가 지닌 정치적 천명은 오직 새로울 따름이다.[786] 한 나라의 생명은 오랜 전통에 있는 것이

---

784) 『經世遺表』序, I~12, 41쪽(2-355). "英宗之立均役也有沮之者 英宗曰國雖亡此法不可以不改 於乎此大聖人之大言 時君世主所不能黽勉出口者也 故改法修官春秋貴之 其必以王安石以比之者 庸夫之俗言 非明王之所宜恤也"

785) 『論語』, 「微子」. "鳥獸不可與同群 吾非斯人之徒與而誰與 天下有道丘不與易也"

아니라 오직 날로 새로운 지선의 개혁정신 속에 깃들어 있음을 알아야 한다. 이는 주나라가 지닌바 오랜 덕화의 전통을 가지고도 거기에 만일 날로 새로운 정신이 깃들지 않는다면 천명은 선뜻 다른 곳으로 옮기고 말 것이 아닌가? 은감(殷鑑)은 이를 두고 이른 말이다.[787]

이러한 점에 의하여 다산의 개혁정신의 바탕이 되어 있는 본래적 유교정신은 그의 정치적 천명의 가동성(可動性)에 있음은 이미 논한 바 있거니와, 걸주가 천하를 잃고 탕무가 천하를 얻은 것은 결코 우연한 일이 아니다. 그들에게는 반드시 그처럼 정치적 천명이 옮겨져야만 하는 이유가 있어서였음은 물론이다. 거기에는 민본주의적 천명설에 의하여 민심의 귀추가 바로 천명의 방향을 결정짓는 초점이 됨을 알아야 할 것이다.[788]

이렇듯 본래적 유교정신은 민심이라는 바탕 위에 세워진 가동적(可動的) 천명사상(天命思想)이다. 이러한 천명의 가동성을 목민의 목자는 조심하고 두려워해야 한다. 인민들이란 오직 가르치고 길러주는 대상일 따름이지 결코 억누르고 빼앗는 대상일 수는 없다. 그러므로 맹자는 선교(善敎)와 선정(善政)만이 민심을 얻는 길이라 하였는데[789] 이는 바로 교정일정(敎政一致)의 길로서 목자의 대도인 것이다.

그러므로 우리는 여기서 그들이 지닌바 개혁정신은 다름 아닌 교정의 개혁정신이 아닐 수 없다. 국가제도를 시의에 맞도록 개혁하고 사회풍조를 올바르게 혁신하고 나아가 인간마저 개조해야 하는 것

---

786) 『詩經』, 「大雅」, '文王'·『대학』, 전2장. "周雖舊邦 其命維新"
787) 『詩經』, 「大雅」, '湯'. "殷鑑不遠在夏后之世"
　　『詩經』, 「大雅」, '文王'·『大學』 전10장. "殷之未喪師 克配上帝 儀監于殷 峻命不易"
788) 『孟子』, 「離婁」上. "桀紂之失天下也失其民也 失其民者失其心也 得天下有道 得其民斯得天下矣 得其民有道 得其心斯得民矣 得其心有道 所欲與之聚之 所惡勿施爾也"
789) 『孟子』, 「盡心」上. "善政民畏之 善敎民愛之 善政得民財 善敎得民心"

은 인민을 가르치며 길러주는 목자의 당연한 임무가 아닐 수 없다. 참다운 목자를 얻느냐 못 얻느냐에 따라 인민의 휴척이 좌우됨은 너무나 당연한 이야기이므로 다산이 부르짖는 목민정신도 급기야 따지고 보면 민본주의적 개혁정신일 수밖에 없다. 모든 부면에 있어서 정체는 곧 사멸을 의미하기 때문에 탕왕의 일신론(日新論)[790]도 이를 두고 이름인 것이다.

이에 우리는 요순에서 주공·공자를 거쳐 다산에 이르기까지 줄줄이 흐르고 있는 수기치인의 길은 오직 일신의 개혁정신으로 일관해 있음을 알아야 한다. 수기도 따지고 보면 극기를 통하여 자신을 새롭게 하는 노력이요, 치인도 또한 만민의 삶을 새롭게 하여 주는 노력이다. 그러므로 수기치인이란 곧 나를 새롭게 함으로써 우리를 새롭게 하는 길인지도 모른다.

이에 우리는 수사학적 수기치인의 세계는 날로 새로워야 하는 길을 닦음으로써 이루어지는 이상세계임을 알아야 하겠다. 그러나 우리의 현실은 언제나 정체된 둠벙 물처럼 흐리게 마련인 것이다. 공자가 간 지 이미 이천 수백 년 동안 다산이 이른바 부장(蔀障)의 암흑시대는 실로 수기치인의 효성(曉星)이 흐려진 시대이다. 진정으로 요·순·주·공의 정신은 문장 속에 묻히고 술수의 번롱(飜弄)을 받았던 것이다. 그러므로 다산은 그가 찾던 이상세계는 오로지 요·순·주·공의 정신에 의하여 현실을 개신함으로써 이루어진다고 확신하였던 것이다. 이는 두말할 것도 없이 요·순·주·공의 현실적 재현이 아닐 수 없다. 따라서 수사학적 수기치인의 도는 결코 이론적 문제에

---

790) 『大學』, 전2장. "苟日新 日日新 又日新"

그치는 것이 아니라 곧장 우리의 삶을 보다 더 새롭게 마련해야 하는 직접적 개혁정신의 바탕을 이루고 있는 것이다. 이제 우리는 공자의 수기치인의 군자학과 직결된 다산의 목민지도는 실로 인간개조를 통한 천하의 개혁의 길임을 알아야 하겠다. 그러므로 공자의 인도(仁道)는 효제의 실천을 통하여 인도(人道)의 첫 출발을 마련하였다고 한다면, 다산의 목민지도는 공자의 인도를 확충한 끝맺음이 되는 것이다. 다시 말하면 효제는 수기의 첫 출발이요 목민은 치인의 끝맺음이기 때문이다. 이는 또한 가족적인 효제의 도가 국가적인 목민의 도로 끝맺음을 의미하기도 한다.

그리하여 공자의 인도는 위로는 윤리 이전의 천명을 문제 삼고 아래로는 실천궁행의 목민윤리에 이르러 결실하게 되었다. 이제 한 사람 인간으로서의 목자는 천명에 순응하여 스스로 자수(自修)의 공을 쌓고 나아가 민생을 돌봄으로써 하나의 새로운 이상세계를 이룩해야 하는 것이다. 그러한 인간이 바로 군자요 현자요 성인이요 지성지인이니 수사학적 목민지도(牧民之道)는 다름 아닌 지성(至誠)의 인간도(人間道)인 것이다.

결론

제1절 다산경학사상의 짜임새

주자학적 세계에서 공자학적 세계에로의 전환을 시도한 다산의 경학사상은 경학사상(經學史上) 획기적인 일선을 그어주었다고 할 수 있다. 이는 공자를 시점으로 하여 조성된 유교가 한·당·송·명의 긴 시대를 거쳐 내려오는 동안에 때로는 도교사상에 젖고 때로는 선교의 영향을 받아 많은 변질을 가져온 것은 숨길 수 없는 사실이다. 그러므로 공자 이후 1600년이라는 시간적 간극을 두고 이루어진 주자학은 그것이 비록 주자학다운 특색의 일면을 갖추고 있기는 하지만 수사학적 고대유교와는 완전히 구별되는 색다른 것이 되고 말았다. 그러기에 주자학을 일러 고대유교와의 구별을 보이기 위하여 신유교라 부르게 되었으나, 그렇게 부르게 된 결과는 존신공자(尊信孔子)에서 존신주자(尊信朱子)에로의 그릇된 편견을 자아내기에 이르렀다. 우리나라 조선조유학이 사문난적(斯文亂賊)의 칼날을 세워 존신

주자를 강요한 것은 문화사적 슬픈 사실이 아닐 수 없거니와 이러한 학적(學的) 질식 상태에서 새로운 각성이 요구되는 것은 너무나 당연한 일이었던 것이다.

이미 정주 육왕에 대한 반성에서 청조 한학파가 굴기(掘起)하였거니와, 우리나라에 있어서도 우상화된 주자학에 대하여 새로운 비판이 없을 수 없었으니 다산에 앞서 백호 윤휴의 경전주해가 있고, 성호 이익의 제경질서(諸經疾書)가 있었음은 그의 일례라 하겠다. 그러나 우리는 여기서 다산의 경서학을 줄줄이 훑어 내려갈 때 다산경학은 청조 한학파들처럼 결코 고훈에 사로잡히지도 않았음은 물론이거니와 그는 본래적 유교정신을 파고 들어감에 있어서 새로운 경지를 개척한 점에 주목하지 않을 수 없다. 다산이 개척한 새로운 점이란 두말할 것도 없이 수사학적 공자학의 참모습을 그대로 발굴해 낸 그 점임은 물론이다. 요컨대 공자의 후학으로 자부하는 모든 유생들이 한결같이 그러기를 바라지 않은 바 아니지만, 문제는 다산만큼 이 사업을 충실히 이행했느냐 못했느냐에 따라서 그들의 학문적 성격은 결정된다고 보아야 한다. 그런 의미에서 다산 경학사상의 짜임새를 잠깐 살펴보기로 한다.

첫째, 다산은 주자학을 조심스럽게 비판하면서 거기서 탈출하려고 하였다. 주자는 자구(字句)의 주소는 선유들의 그것을 따랐다손 치더라도 그의 철학적 의리에 있어서는 고거(古據)에 초연한 바가 없지 않았다고 다산은 말하고 있다.791) 이는 의리의 학으로서의 주자학을 올바르게 간파한 자이기는 하지만 오히려 그 때문에 수사학적

---

791) 「十三經策」, I~8, 16쪽(1-634). "朱子之爲詩書集傳及論孟集注 其於義理之條路道學之脈絡 固不無 以意超據與註疏出入者 而其字義詁訓章句箋釋未嘗不純用注疏……"

입장에서는 그대로 받아들일 수 없었다고도 보아야 한다. 그러므로 다산은 정주(程朱)를 불신했다느니보다도 그의 성리설을 믿지 않았다고 해야 할 것이다.[792)]

다산이 정주철학의 근거가 되는 성리설에 대결하는 성기호설(性嗜好說)을 내세우고 대학의 명덕설(明德說)을 효제자(孝悌慈)의 윤리설로 바꿔친 것만으로도 주자학과 다산학과의 판가름은 이미 결정난 것으로 보아야 한다. 그러나 그는 역리사의(易理四義)만 하더라도 그것이 이미 긴긴밤의 새벽별처럼[793)] 다산의 창견임은 숨길 수 없는 사실임에도 불구하고 주자학과의 관계에 있어서는 언제나 신중한 태도로 임했던 것이다. 그러므로 겉으로는 때에 따라서는 마치 주자학의 계승자인 양 보이는 점도 없지 않으나[794)] 사실상 다산경학은 주자학적 세계에서의 선태(蟬蛻)를 그의 첫 과업으로 삼지 않을 수 없었다. 왜냐하면 주자학적 기반(羈絆)에서 벗어나지 않고서는 자유롭게 학문의 대해를 항해할 수 없었기 때문이다.

고증학자로서 또는 근세 수사학파의 창조자로서 만족할 수 없었음은 너무도 당연한 이야기다. 그는 근세 수사학파의 일인으로서 그가 당시의 세정에 대하여는 지나칠 정도로 민감하였기 때문에 인간 다산은 그의 수사학적 위치를 굳게 지키면서도 또한 주자의 주자다운 공적을 높이 선양하는 데 인색하지 않았을 따름이다. 그러므로 우리는 다산의 미충(微衷)을 헤아림에 있어서 대국적 판단을 그르쳐서는 안 된다. 따라서 우리는 무엇보다도 먼저 다산 경학사상의 전

---

792) 「答李羅州寅燮書」, Ⅰ~19, 4쪽(3-191). "鏞何敢不信程朱耶 但於心性理氣之說昧昧然 未嘗意留……"

793) 「玆山易柬」, 『易學緒言』 卷4, Ⅱ~48, 28쪽(10-478).

794) 『周易四箋』 卷1, Ⅱ~37, 1쪽(9-3~4). "……推移者朱子之義也……說卦者朱子之義也……互體者朱子之義也……爻變者朱子之義也"

개는 성호의 제경질서학(諸經疾書學)을 기점으로 하여 정주학적 세계에로 들어가기는 하였으나, 그는 거기서 탈출하여 새로운 학문의 세계를 모색하였다는 점을 앎으로써 그를 이해하는 첫걸음으로 삼아야 할 것이다.

둘째, 주자학적 세계에서 벗어나온 다산은 그의 앞에 전개된 학문의 세계는 바다처럼 넓고 별빛처럼 빛나고 있음을 보았다. 때로는 고금을 가리지 않고 곳으로는 동서를 나눌 필요가 없었으니 넓지 않은가? 거기서 공자는 태양처럼 뚜렷하고 선유(先儒) 군상(群像)들은 별빛처럼 빛났던 것이다. 그러므로 다산은 그들에게로의 접근을 그의 둘째 과업으로 삼았던 것이다.[795]

이제 한위(漢魏) 이래 명청(明淸)에 이르기까지의 유설을 더듬게 된 다산은 정주와 더불어 육왕이 있음을 그대로 간과했을 리 없다. 주자가 선지후행을 논할 때 왕양명은 지행합일을 설하였다. 이때에 다산은 그의 지언 행인의 실천윤리학적 입장에서 보다 더 왕씨(王氏)의 지행합설에 접근하고 있는 듯이 보인다. 뿐만 아니라 주자는 격물치지에 의한 궁리진성(窮理盡性)을 설하고, 왕양명은 성의(誠意)의 사상연마(事上練磨)를 말하였는데, 다산이 그의 『대학』 및 『중용』의 경설에 있어서 이를 오로지 성중(誠中)의 학으로 다룬 점은 아무래도 양명에 좀 더 가까운 입장이라 하지 않으면 안 된다. 더구나 다산의 대학경설은 주자의 착간설(錯簡說)에 반대하여 왕자의 설을 좇았고, 주자장구의 친(親)·신(新)·명(命)의 오자설(誤字說)에 대하여도 또한

---

795) 「自撰墓誌銘(集中本)」, Ⅰ~16, 12쪽(2-652). "鏞旣謫海上念幼年志學 二十年沈淪世路 不復知先王大
道 今得暇矣 逐欣然自慶 取六經四書 沈曆究索 凡漢魏以來下逮明淸 其儒說之有補經典者 廣蒐博考
以定訛謬 著其取舍用備一家之言……"

왕자(王子)의 설에 따르는 등 보다 더 양명학에 가까운 듯 보인다. 또한편 정주학(程朱學)은 도문학(道問學)에, 육왕학(陸王學)은 존덕성(尊德性)에 치중하였다고도 하거니와 다산은 물론 어느 한쪽에 치우치기를 싫어하였다손 치더라도 그가 그의 실천윤리학적 입장에서 왕자의 존덕성에 깊은 관심을 기울인 것은 그의 학문 구조를 살피는데 있어서 중요한 사실이 아닐 수 없다. 더욱이 우리나라에 있어서의 양명학은 퇴계의 「전습록변」 이후 이를 돌보는 자 적이 드문 시절에 그처럼 주자와 왕자를 가장 공정하게 다루었다는 점에서 우리는 다산의 다산다운 모습을 발견하게 되는 것이다. 그러나 다산을 일러 주자후학이라 이를 수 없음과 마찬가지로 왕자의 후계자일 수는 없다. 왜냐하면 주자가 화엄의 영향을 받았다면, 왕자는 또한 선교(禪敎)의 말류(末流)에 젖지 않았다고 부인하기 어려운 만큼, 다산은 또한 왕자에게 접근함에 있어서도 엄연한 한계가 있음을 알아야 한다.

다산은 왕자의 치량지설을 비판하면서 양명의 현(賢)으로도 이러한 폐단에 이르렀음을 애석하게 여겼다.[796] 다산학적 입장에서 볼 때 왕자의 치량지설은 다산의 인심도심내자송설(人心道心內自訟說)만큼 생동적이지 못하다. 양지(良知)란 아마도 본래적인 도심인지 모른다. 그러나 인간은 도심의 계명과 아울러 인심의 유혹을 겪게 되기 때문에 극기의 노력을 쌓지 않고서는 사람다운 길을 걷기 어려운 것

796) 「致良知辨」, Ⅰ~12, 18쪽(2-309~310). "王陽明以致良知三字爲法門宗旨 遂以大學之致知爲致 孟子所云不學而知之良知 重言複言而不知止 謂自家一生得力只此三字 察其語深信不疑 欣然自得 百世以俟聖人不惑 嗚呼此陽明之所以爲賢者而陽明之學之所以爲異端也 凡立一句語爲宗旨者 其學皆異端也 爲己君子之學也 聖人嘗言之矣 楊氏立爲己二字爲宗旨 則其敝爲拔一毛不爲而成異端矣 尊德性君子之學也 聖人嘗言之矣 陸氏立尊德性三者爲宗旨 則其敝爲弄精神頓悟而成異端矣 良知之學何以異是 獨恨夫以陽明之高文達識 曾不知致與良之不得相屬 而刱千古所無之說以示天下萬世之人而不疑 何蔽之至是也……"

이다. 그러므로 치량지(致良知)는 순선(純善)의 경지에 이른 사람만이 할 수 있는 노릇이라 할진대[797] 일반 사람들이야 도심(道心)으로 인심(人心)을 극복하는 꾸준한 수양을 쌓지 않고서는 사람다운 사람이 될 수 없다는 것이다. 이 점에서 이미 다산은 양명의 경지에서 한 걸음 뛰어나 수사학적 세계에로 곧장 들어갔다고 할 수 있다.

셋째, 정주·육왕의 장단을 취사하여 자기의 학문적 폭을 넓힌 다산은 이제 한대의 문을 두들겨 보았다. 진시황의 분서 이후 사승(師承)이 끊어졌던 경학을 부흥시킨 공적은 무시할 수 없으나 노장의 도교에 의하여 경지를 그르친 허물은 면하지 못할 것이다.[798] 게다가 재이설적(災異說的) 음양오행설이 성행하여 학문의 정도를 어지럽힌 바 되었으니, 송유들의 애선(愛禪)은 차치하고라도 한유들의 성상(星象) 참위학(讖緯學)은 사학의 큰 병이 아닐 수 없다고[799] 다산은 말하고 있다. 그러므로 다산은 한대의 학에서는 오직 주자의 신주와 함께 한대의 고주를 참고할 뿐 결코 그의 시대적 편견에 사로잡히지 않았다.

그가 『논어』를 주해함에 있어서 고금주(古今註)를 널리 비교 검토할 때 이미 신구주(新舊註)의 잘잘못을 간추림과 동시에 많은 신지견(新知見)을 발명한 바 있거니와, 논어뿐만 아니라 『상서고훈』·『역학서언』·『상례사전』·『춘추고징』 등의 저술에서도 똑같은 경향을 보여주고 있다. 이는 다산의 경전해석은 한대의 고주나 송대 이후의 신주에 사로잡히지 않은 새롭고도 자유스런 태도를 보여주는 것이

---

797) 같은 책, 18쪽(2-310). "陽明資質本善 故以之爲善者多 他人資質不淸 故以之爲惡者衆"

798) 「五學論」 2, Ⅰ~11, 20쪽(2-241). "詁訓之學所以發明之字義 以達乎道敎之旨者也"

799) 「答仲氏」, Ⅰ~20, 15쪽(3-300). "如先儒愛禪者以佛法解大學 又如鄭玄好星象以星象解周易 此是偏而不周之病也"

라 할 수 있다. 그러므로 다산은 한유(漢儒)의 주소학(註疏學)만은 신주보다도 중요시하였으나800) 한학의 대부(大蔀)를 걷어치우는 데 애썼던 것이다.801) 이로 인하여 다산은 송명과 한당을 가린 불노(佛老)의 검은 구름을 뚫고 2000년 이래 처음으로 수사(洙泗)의 태양을 마주 바라보게 되었다고 할 수 있으니 이것이 다름 아닌 선진(先秦)의 수사학적 공자학의 세계인 것이다.

그러므로 다산의 경학은 주자학에서 출발하여 급기야 수사학적 세계에 도달한 것이니, 그 사이에 육왕학에 접근하기도 하고, 한대 주소학으로 주초(柱礎)를 놓았다손 치더라도 그의 경학은 노불이나 술수의 부장(蔀障)을 걷어치움으로써 새로운 경학사상을 구성하기에 이르렀다고 할 수 있다. 그러나 그는 공자도 술이부작(述而不作)했듯이 새로운 사상을 조작한 것이 아니라 조술공자(祖述孔子)로서 자임하였다고 할 수 있다. 그러므로 다산의 경학사상은 공자학 바로 그것을 서술했을 따름이다. 이는 마치 공자가 스스로 조술요순(祖述堯舜)한 것과 같은 그러한 겸허한 태도로서 공자를 조술한 것이다. 그러나 이를 시대적 면에서 살펴본다면 주자학적 세계에서 공자학적 세계에로의 전환을 의미하는 것이 되기 때문에 수기치인의 학으로서의 다산학의 수사학적 특성은 경학사상(經學史上) 실로 획기적 의의를 간직한 자라 하지 않을 수 없다.

---

800) 「十三經策」, Ⅰ~8, 16(1-634). "夫謂漢儒之勝於魏晉 而魏晉之勝於隋唐者 非以古人之皆賢而今人皆不肖也 其于遠近親疎之分有不能相敵而其相距以夐矣 然則十三經之原義者舍註疏何以哉"

801) 『論語古今註』卷3, Ⅱ~9, 11쪽(5-223). "……漢儒讖緯雜說 孔子之所不言 孟子之所不道 二千年來 儒者蒙此大蔀 不知解脫……"

제2절 본래적 유학의 개관

전 절에서 논술한 다산경학사상의 짜임새를 그의 외곽적 틀이라 한다면, 이제 우리는 그의 실질적 내용을 개관해 볼 필요가 있다. 전자는 이미 서론에서 논급한 문제를 간추린 것이지만, 여기서는 본론에서 다룬 문제들을 다시 집약하여 이를 고찰해 보려고 한다.

수기치인의 실천윤리를 기간으로 한 다산의 경학사상은 공자의 인을 중심으로 하여 위로는 상제의 천명을 문제 삼았고, 아래로는 목민의 이상 국가를 문제 삼았다. 그러므로 다산경학은 단순한 윤리학적 틀 속에 머무른 것이 아니라 상제설적(上帝說的) 천명사상은 종교와 철학을 낳고, 목민윤리의 국가론에서는 정치학과 경제학의 일익을 담당하였다고 할 수 있다.[802]

본래적 유학의 철학적 근거가 되는 천 및 천명사상은 우주론적 형이상학과 인성론적 인간학의 두 갈래 길로 나누어지게 된다. 전자를 일러 송명학적 입장이라 한다면, 후자는 수사학적 입장이라 할 수 있다. 사실상 송명의 우주론적 형이상학도 인성을 토대로 하여 성립된 자가 아님이 아니지만 그들은 이미 인성의 철학적 근거를 천리에 두었기 때문에 이들은 무신론적 합리주의 철학으로 흘렀지만, 수사학적 인성론은 천명과 인간과의 관계를 마련함에 있어서 종교적 신앙의 세계를 설정하지 않을 수 없게 되었다. 여기서 무엇보다도 상

---

802)

다산경학사상(茶山經學思想) ┬── 천명사상(天命思想) ── 종교(宗敎) · 철학(哲學)
　　　　　　　　　　　　　├── 공자(孔子)의 인(仁) ── 실천윤리학(實踐倫理學)
　　　　　　　　　　　　　└── 목민윤리(牧民倫理) ── 정치경제학(政治經濟學)

제와 더불어 있는 인간의 주체성이 중요한 문제로 취급되는 것이다.

그러므로 다산은 인성문제를 다룸에 있어서 정주학에서처럼 우주론적 천리를 문제 삼지 않고 그의 성기호설을 내세워 인간의 주체성을 뚜렷하게 앞세웠다. 그의 성기호설은 인간성의 생김새 그대로를 말하는 것이라고 그는 주장하고 있다. 그러나 이러한 기호설은 자칫하면 금수성의 근거도 되지 않을 수 없기 때문에 이에 다산은 천명기재도심설(天命寄在道心說)을 마련하여 인간만이 간직한 도심의 철학적 근거를 천명에서 구하였다. 그러나 인간은 천명의 도심만 간직한 지선의 존재는 아니다. 그러므로 인심도심의 상쟁(相爭)을 극복함으로써 비로소 천명을 받드는 군자일 수 있는 것이다. 따라서 인심도심내자송설(人心道心內自訟說)은 인간다운 극기요 순수천명(順受天命)의 겸허한 노력이라 하지 않을 수 없다. 이처럼 다산의 성론은 그의 철학적 근거를 천명에 두었다손 치더라도 이는 인간의 주체적 입장에서 천명을 받아들인 데 그의 특성이 있다고 하겠다.

따라서 다산의 인성론은 주자의 성론과는 완전히 대척적(對蹠的)인 것이다. 그리하여 그는 성리학을 비판하면서 천인(天人)의 도를 문제 삼았는데 그것이 다름 아닌 시중의 인도와 정중의 천도다. 시중(時中)의 인도는 지행의 중화론(中和論)이요, 정중(正中)의 천도는 음양의 태일지상(太一之象)이거니와 이는 다시금 성중(誠中)의 성인지도에서 하나로 귀일되어 본래적 유교의 정수를 이루게 된 것이다. 다시 말하면 성중원리는 정주학적(程朱學的) 성리설에 갈음하는 다산 경학사상의 형이상학적 근거가 되는 자이다.

이러한 철학적 바탕 위에 세워진 행인의 실천윤리는 인간 당위의 길을 제시하여 주고 있다. 공자는 인간을 오로지 인륜적 실존으로 규정하였고, 그럼으로 해서 인간의 덕은 남에게 주는 사랑에서 이루어진다는 사실을 발견한 것이다. 실로 인간이란 자성적 신독(愼獨)의 위치에서 하늘의 뜻을 살피는 신앙을 가져야 하며 몸소 참된 인간의 도를 실천하는 군자이어야 하는 것이다. 나 자신의 행동은 비록 나 자신의 주체적 결단에 의하여 이루어진다손 치더라도 천명의 앞에 서는 언제나 경건한 자신의 자세를 가눌 줄 알아야 한다. 이는 이미 공자 자신이 천의 앞에서 취한 태도 바로 그것인 것이다.

공자의 인은 천의 앞에서 겸허한 한 인간이 걷는 참된 길이기는 하지만, 이는 또한 충서(忠恕)의 도로서가 아니면 소기의 목적을 성취할 수 없는 것이다. 충서의 도는 실로 문을 여는 열쇠요 인의 길을 걷는 안내자인 것이다. 충서란 곧 중심행서(中心行恕)를 이름이니 그것은 바로 인간의 덕으로 나타난다. 덕이란 나의 충심을 그대로 바치는 데에서 이루어지는 것이지만 이들의 결과는 효·제·자 등의 형태로 나타난다.

그런데 맹자의 오륜사상은 보다 더 한 걸음 앞선 윤리사상이기 때문에 공자의 행인(行仁)의 윤리는 맹자에 의하여 친친(親親)에서 존현(尊賢)으로 분화됨에 따라 새로운 치인(治人)의 학으로 확충되었다고 보아야 한다. 다시 말하면 공자의 행인의 학이 맹자의 현인정치론을 정점으로 하여 인도를 더욱 넓은 세계로 이끌어냈다고 볼 수 있다. 이는 수기의 군자학이 치인의 목민지도로 넓히는 소지가 되었음을 의미하는 것이다.

이에 공자의 인도는 효제충신의 윤리학적 세계에서 예악형정의 제왕학적 세계에로 길을 넓혔다. 거기서는 왕정의 목민사상이 그의 중추를 이루고 있음은 물론이다. 그리하여 급기야 도달하는 곳이 세간적(世間的) 이상국가가 아닐 수 없다. 인간이란 진실로 스스로의 삶을 위하여 집을 마련하고 나라를 꾸미고 천하를 문제 삼는 것이다. 그러므로 참다운 인간의 길을 내세운 공자의 인은 결코 출세간적일 수는 없다. 오로지 우리의 현실적 문제로서 다루어질 때 비로소 핍진한 우리의 길이 될 수밖에 없는 것이다.

이에 수사학적 유학은 순천의 종교에서 비롯하여 목민의 정치학에서 끝난다. 그리하여 그 사이에 낀 인의 윤리학은 수신사천(修身事天)의 학으로서 성립되었고[803] 나아가 목민윤리의 왕정을 폄으로써 하늘을 섬기는 지극한 도리로 삼은 것이다. 그러므로 수사학적 유학은 또한 윤리학적 종교이기도 하려니와 윤리학적 정치학이기도 한 것이다. 이는 실로 다산 경학사상이 지닌바 수사학적 유학의 본질이라 하지 않을 수 없다.

이는 대개 중국 고대 제정일치시대의 유산이라고 봄 직도 하지만, 이러한 당시의 시대사조는 공자에 의하여 보다 더 인간적인 면으로 발전하게 되었다. 즉 제정일치의 정신은 공자에 의한 인간교육으로 말미암아 교정의 면모를 갖추기에 이르렀다. 그러므로 인간은 하늘을 섬기되 맹목적 추종이 아니라 인간적 각성에 의한 순수천명(順受天命)의 신앙을 가지기에 이르렀고, 남을 다스리되 그저 씨족적(氏族的) 효제의 유대(紐帶)로뿐만 아니라 예악의 문화정치를 통하여 통일된 천하를 이룩하고자 한 것이다.

이러한 수사학적(洙泗學的) 세계를 발굴해 낸 다산의 경학사상은 공자를 그의 종조로 삼았음은 물론이거니와 동시에 공자의 정신에

---

803) 『中庸自箴』, Ⅱ~3, 2~3쪽(4-178~179). "天之所以察人善惡恒在人倫 故人之所以修身事天亦以人倫致力"

위배되는 것이라면 그 어떠한 사상의 권위도 이를 받아들이지 않았다. 그러나 또 한편 공자의 근본정신과 서로 통할 수 있는 사상이나 지식이라면 이를 받아들이기에 결코 인색하지 않았던 것이 바로 다산경학의 또 하나의 특성이라고 지적하지 않을 수 없다. 그러므로 다산의 경학사상은 철학적인 면에서는 관념론적 합리주의를 따르지 않고 인성론적 성중원리(誠中原理)를 기본으로 삼았고, 종교적인 면에서는 무신론적(無神論的) 천리설(天理說)을 따르지 않고 일신론적(一神論的) 상제설(上帝說)을 취하였던 것이다. 뿐만 아니라 공자의 인은 목민윤리에 의하여 새로운 의의를 띠기에 이른 것이다. 이러한 점에서 다산의 목민사상은 공자의 인의 윤리의 현대적 모습이라 할 수 있으며, 그러므로 수사학적 행인의 실천윤리는 목민윤리에 의하여 이용후생의 경국제세학(經國濟世學)으로 발전하는 큰길을 열어준 것이다.

이러한 의미에서 공자학과 직결된 다산의 경학사상은 실로 광범위한 학문적 세계를 바탕으로 삼고 있음을 알 수 있다. 그가 다룬 바 본래적 유교만 하더라도 이는 비록 사상공자(泗上孔子)에게서 연원하였지만 그것이 지닌바 정신적 유산이 현대적인 우리의 생활 속에서 살아 있지 않는다면 불씨 없는 잿더미처럼 무의미한 것이 되고 말 것이다. 그러나 다산의 경학사상은 오히려 시들어 가는 본래적 유교 속에 새로운 불씨를 넣어 주었다고 할 수 있다. 이를 단적으로 말한다면 본래적 유교정신의 현대적 재현을 의미하는 것이 된다. 그러므로 다산의 경학사상을 중심으로 하여 다루어진 철학·종교·윤리·정치·경제 그리고 자연과학적 지식에 이르기까지 따지고 보면 모두 본래적 유학의 주각(注脚)이 아닐 수 없다. 그러므로 해서 다산의 경학사상은 비로소 한대의 주소학이나 당송의 노불학적(老佛學的) 질곡 속에서 벗어나 자유로운 입장에서 풍부하고도 청신한 내용을 갖추기에 이르렀다고 할 수 있는 동시에 본래적 유교정신이 우리의 현대 생활 속에서 다시금 소생할 소지를 마련해 주었다고 보아야 할 것이다.

제3절 여론 ─ 앞으로의 문제

흔히 다산을 일러 실학의 집대성자라 하는 데에는 이유가 없지 않다. 그러나 이는 그의 일면을 말하는 것에 지나지 않고 다산학의 전면적인 성격을 규정짓는 데에는 어딘지 서운한 구석이 없지 않다. 왜냐하면 다산학은 그가 성호(星湖)를 사숙하고 청조의 고증학적 실사구시학(實事求是學)을 받아들인 점에서 볼 때 그는 실학파의 한 사람으로서의 구실을 다하였다고 보아야 하지만, 만일 그를 좀 더 다른 각도에서 말하라 한다면 다산은 오히려 근세 수사학파의 창시자라는 명예를 그에게 돌리는 것이 좀 더 구체적이요 실제적인 것이 될 것이다. 물론 이러한 색다른 이름을 그에게 붙이는 데에는 여러 가지 이론(異論)도 있을 수 있는 일이요 또 좀 더 신중을 기해야 할는지 모르나, 어쨌든 다산학은 그가 처한 실학적 세계에서도 유달리 수기치인의 수사학을 중심으로 하여 그의 학문적 광야를 개척한 점만은 시인하지 않을 수 없을 것이다. 요컨대 지난날에 있어서의 실학이 혹은 그의 중점을 이용후생의 실용에 두기도 하고, 혹은 고증학적 실증에 두기도 하고, 혹은 경국제세의 실사에 두기도 하는 등모두 어느 의미에 있어서는 수사학적 일면과의 연관성을 부인할 수 없다고 하더라도, 요는 다산만큼 이를 종합적으로 다루어 그 안에서 흐르고 있는 한 줄기 본래적 유교정신을 체계화한 선유가 있었던가가 문제인 것이다. 이 점에 있어서는 다산은 아마도 누구에게도 양보하지 않을 것이다. 뿐만 아니라 실학의 집대성자로서 또는 근세 수사학파의 창시자로서의 둘 중에서 하나를 택하라 한다면 그는 서슴지 않고 후자를 택하리라고 여겨진다.

이미 실학이라고 불리는 너무도 지나치게 실용적인 범주 안에서 벗어난 다산은 수사학적 넓은 세계를 발견하였으니 그것이 바로 천명에서 이상 국가에까지 이르는 수기치인의 세계인 것이다. 다산의 발견은 아마도 뉴턴의 능금이나 콜럼버스의 대륙처럼 알고 보면 손쉬운 것이 될는지 모르나, 칸트가 자기의 철학적인 입장을 코페르니쿠스적 전회라는 술어로 표현하였다면, 다산의 수사학적 세계의 발견도 또한 그에 못지않은 획기적 의의를 가지고 있다고 보아야 할 것이다. 왜냐하면 다산이 우주론적 정주학에서 인생론적 수사학(洙泗學)에로의 전환을 시도한 그 업적은 칸트가 그의 인식론을 마련함에 있어서 종래의 객관적 존재론에서 주관적 오성론에로의 전환을 시도한 업적에 조금도 뒤떨어지지 않는다고 믿어지기 때문이다.

이에 코페르니쿠스적 전회의 계기를 마련한 다산의 경학사상은 결코 유교주의라는 한 마디로 간단히 정리할 수 없음은 너무도 당연한 이야기다. 유교의 개념에 대하여는 이미 서론에서도 논술한 바 있거니와, 그러한 의미에서 만일 다산의 경학사상을 유교라는 이름 아래 규정짓는다면 아마도 본래적 유교주의 또는 수사학적 유교주의라고 부를 수밖에 없다. 왜냐하면 그렇게 부름으로 해서 비로소 본래적인 수사학적 유교정신에 위배되는 다른 유학과 스스로 구별되기 때문이다. 그러므로 다산의 경학사상은 그저 유교주의라는 막연한 표현으로 부를 수 없는 동시에 또한 주자학적 유교주의니 하는 따위의 유교주의도 아님을 알 수 있을 것이다. 오직 다산의 경학사상은 수사학적(洙泗學的) 유교주의(儒敎主義)의 이름 아래 우리들의 앞에 많은 문제를 제시하여 주고 있는 것이다.

그러면 우리는 다산 경학사상의 앞으로의 문제를 어떻게 전망하여야 할 것인가? 첫째 수사학적 유교주의는 수기치인(修己治人)의 공자학(孔子學)을 핵심으로 하여 요순의 인격을 이상화함으로써 인간개조를 꾀하고 주공의 예악을 제도화하여 국가개혁의 바탕으로 삼았으니, 이처럼 다산이 이어받은 수사학적 유교정신은 실로 새로운 시대정신의 모체가 되기에 넉넉한 것이다. 유전과 변화 속에서 항상 새롭기를 바라는 것은 어느 때 어느 곳에서나 요청되는 문제일 것이다. 그런 의미에서 주체적 인간개조와 외곽적 국가개혁을 문제 삼을 때에는 언제나 합목적적인 정신적 기반이 필요한 것은 두말한 것도 없다. 따라서 수사학적 유교정신은 이러한 시대적 요청에 부응할 수 있는 정신적 양식을 갖추고 있다는 점에서 우리의 관심을 끌게 된다. 그러므로 수사학적 유교정신은 결코 선태(蟬蛻)된 옛 껍질이 아니라 샘물처럼 솟고 있는 날로 새로운 원천인 것이다. 이는 아마도 정체된 잔재를 씻어줌으로써 새 움을 돋게 해주는 원동력인지도 모른다. 왜냐하면 수기의 인간개조와 치인의 국가개혁은 실로 수사학적 유교정신에 의하여 날로 새로운 힘을 얻게 되기 때문이다.

둘째, 이러한 수사학적 유교정신의 문제를 좀 더 구체적으로 살펴본다면 그의 수기의 인간개조에 있어서는 언제나 한 인간이 문제가 된다. 이는 이미 공자의 인에서 다루어진 군자학의 문제이기는 하지만, 이의 현대적 의의는 실로 인간의 주체적 자율성, 곧 자유의 문제와 인간의 윤리적 평등성에 있다고 할 수 있다. 뿐만 아니라 하나의 인간이 인간으로서 실존함에 있어서는 그가 오직 인간 대 인간의 윤리적 실존에 머물러 있는 것이 아니라, 인간과 천명, 곧 인격적 상제와의 대결에 있어서는 실로 고차적인 종교적 신앙마저 문제 삼지 않을 수 없다. 다시 말하면 윤리적 인간의 종교적 신앙이라는 과제는 실로 현대의 종교가 문제 삼는 바로 그것인지도 모른다. 인간이 한 인간으로서의 주체적 존립이 요청된다고 하더라도 인간은 스스로 인간의 유한성을 자각함으로써 비로소 상제의 무한성에 귀의할 수 있는 것이 아닐까? 그러기에 신독군자(愼獨君子)인 성인은 언제나 상제와 더불어 살고 있는 것이다. 그러므로 수기의 인간학은 실로 천제에 대한 기독교적 신앙과, 인간 자성에 대한 불교적 혜각(慧覺)과, 인간의 윤리적 행동에 있어서의 실존철학적 선택의 자유를 문제 삼지 않을 수 없다. 여기에 실로 수사학적 인간학의 새로운 숙제가 깃들어 있는 것이다.

셋째로 남겨진 문제는 인간은 비록 독자적 입장에서 스스로 종교적 신앙과 철학적 신념을 간직해야 한다손 치더라도 또 다른 면에서는 스스로의 삶을 스스로 영위해야만 하는 것이다. 이는 매우 평범한 이야기일는지 모르나 실로 인간의 삶은 결코 퇴폐적 일상성의 반복일 수는 없다. 스스로의 자각을 통하여 날로 새로워야 하는 자기 삶을 창조해야만 하는 것이다. 그러한 의미에서 인간은 스스로의 갈 길을 스스로 개척할 때 비로소 인간의 길은 트이게 되는 것이 아닐까? 인간의 길은 비록 언제나 신의 계시나 성인의 교도에 의하여 인도되는 것이기는 하지만 인간 스스로의 각성과 노력이 아니고서는 이 길은 닦아질 수 없다. 이는 곧 인간의 인도는 인간만이 걷는 스스로의 길임을 의미한다. 다시 말하면 인도란 곧 한 인간의 앞에 트여진 한 줄기 외길임을 의미하는 것이다.

인간이란 모름지기 윤리적 관계와 사회적 환경과 국가적 조직 속에서 스스로의 인도를 걸어야만 하는 것이다. 이러한 인간다운 삶은 실로 우리들에게 많은 문제의 해결을 요구하고 있는 것이다. 공자의 효제충신(孝悌忠信)의 윤리적 규범과 예악의 국가적 전장제도(典章制度)는 이미 그의 인문주의적 인도를 밝힌 자라 하겠거니와, 우리는 이러한 고전적 인도정신의 현대적 재현을 어떻게 요리해야 할 것인가? 우리들의 입에서 항상 뇌고 있는 인도주의란 실로 여러 가지 의미로 쓰이기는 하지만 그것이 바로 인간의 존엄성을 되찾고 인류애의 넘치는 사랑을 바탕으로 한 인간의 갈 길이라는 점에서 생각할 때 우리는 수사학적 유교정신 속에서도 이러한 인도주의적 숨결을 느낄 수 있는 것이다. 이러한 점을 다산은 그의 경학사상을 해명함에 있어서 인도주의라는 이름 아래 밝히지는 않았지만 다산의 목민정신은 오로지 그의 고전적 인도주의의 현대적 재현이라는 면에서 살펴볼 수는 없는 것일까? 여기에는 실로 르네상스적 의의를 간직하고 있는 만큼 이에 대한 앞으로의 문제는 우리들의 흥미를 돋우는 바 적지 않은 것이다.

다산의 목민정신은 실로 목자의 사랑과 민생의 존엄을 토대로 하여 이루어진 자이기 때문에, 이는 어느 의미에 있어서는 인도주의적 시대정신이라 할 수 있다. 그러나 이는 결코 서구적인 그 어떤 사상을 바탕으로 하였다기보다는 차라리 수사학적 유교정신을 원천으로 한 복고적(復古的) 인문주의를 밑받침으로 하였다는 점에서 고전적 공맹(孔孟)의 정신이 현대 속에서 다시 소생할 기회를 얻었다고 보아야 한다. 그런 의미에서 다산의 목민정신(牧民精神)은 수사학의 현대화에 있어서 새로운 거점이 되어 있음을 말하지 않을 수 없다. 그러므로 치인의 국가 사회의 개혁정신은 인문적(人文的) 인도주의(人道主義)를 기반으로 하고 있음은 물론이거니와 나아가 정치적 왕정(王政)을 토대로 하는 민산(民産)의 경제적 발전과 인민의 교육적 향상을 그의 궁극적 목표로 삼고 있음은 물론이다. 따라서 또한 우리의 이러한 모든 분야에 걸쳐서도 수사학의 새로운 의의를 찾아내는 데 많은 문제를 남겨놓고 있는 것이다.

이에 본론에서 문제 삼은 다산의 경학사상을 단적으로 말하자면 겨우 몇 가지 문제를 그의 원리적인 면에서 하나의 본보기로 제기하였을 따름이다. 이를테면 다산학적 세계에 있어서의 하나의 열쇠라고나 할까? 진정 다산 경학사상의 전모는 앞으로의 문제를 풀이함에 있어서 더욱더 뚜렷이 밝혀지리라고 여겨진다. 왜냐하면 본론에 있어는 겨우 다산경학사상의 시점을 열어 놓았을 따름이요, 앞으로의 문제를 풀이함에 있어서의 세계가 더욱 넓은 분야에서 우리들의 개척을 기다리고 있기 때문이다. 그러므로 본 편은 아마도 다산경학사상 연구의 입장에서는 그 서설에 지나지 않기 때문에 진실로 그의 당오(堂奧)는 앞으로의 연찬(硏鑽) 구색(究索)에 더욱 기대하지 않으면 안 될 줄로 여겨진다.

발문

    이 책을 발행하게 된 것은 <이을호 전서> 초간본이 품절되어 찾는 독자들이 많았고, 전서의 증보와 보완이 있었으면 좋겠다는 여망에 따른 것입니다. 전서가 발행된 이후에도 특히 번역본에 대한 일반 독자의 수요가 많아서 『간양록』을 출간하였으며, 『한글 사서』(한글 중용·대학, 한글 맹자, 한글 논어)는 비영리 출판사 '올재 클래식스'가 고전 읽기 운동의 교재로 보급하였고, 인터넷에서도 공개하고 있습니다. 『한글 논어』는 교수신문에서 '최고의 고전번역'으로 선정되기도 하였습니다.

    그간 선친의 학문에 대한 관심의 고조와 함께 생전의 행적을 기리는 몇 가지 사업들이 있었습니다. 서세(逝世) 이듬해에 '건국포장'이 추서되었습니다. 선친께서는 생전에 자신의 항일활동을 굳이 내세우려 하지 않으셨기 때문에, 일제강점기에 임시정부를 지원하고 영광만세운동과 관련하여 옥고를 치렀던 일들을 사후에 추증한 것입니다.

향리 영광군에서도 현창사업이 있었습니다. 생애와 업적을 기리는 사적비(事績碑)가 영광읍 우산공원에 세워졌습니다. 그러나 금석(金石)의 기록 또한 바라지 않으신 것을 알기에 영광군에서 주관한 사적비의 건립 역시 조심스러웠습니다.

서세 5주년 때는 '선각자 현암 이을호 선생의 내면세계'를 주제로 한 학술심포지엄이 영광문화원 주최로 영광군에서 열렸습니다. 그의 학문이 "한국의 사상과 역사를 새롭게 연구하고, 우리 문화의 미래적 방향을 제시한 것"이었음이 알려지자, '한국문화원연합회 전남지회'에서는 『현암 이을호』라는 책을 간행하여 여러 곳에 보급하기도 하였습니다. 이후 영광군에서는 전국 도로명주소 전환 사업 시 고택(故宅) 앞 길을 '현암길'로 명명하였습니다.

학계에서는 전남대학교가 '이을호 기념 강의실'을 옛 문리대 건물에 개설하여 그곳에 저서를 전시하고, 동양학을 주제로 하는 강의와 학술모임을 하고 있습니다. 선친의 학문 활동은 일제시대 중앙일간지와 『동양의학』 논문지 등에 기고한 논설들이 그 효시라 할 수 있지만, 그 이후 학문의 천착은 일생 동안 몸담으셨던 전남대학교에서 이루어졌음을 기린 것입니다. 지금은 생전에 많은 정성을 기울이셨던 '호남의 문화와 사상'에 대한 연구도 뿌리를 내리게 되어 '호남학'을 정립하려는 노력들이 활발하게 이루어지고 있습니다. 또한 한국공자학회에서 논문집 『현암 이을호 연구』를 간행하였고, 최근 출간한 윤사순 교수의 『한국유학사』에서 그 학문적 특징을 '한국문화의 새로운 방향을 제시한 업적'으로 평가하였습니다.

이제 하나의 소망이 있다면, 그 학문이 하나의 논리와 체계를 갖춘 '현암학'으로 발전하는 것입니다. 이 출간이 '책을 통하여 그 학문과 삶이 남기'를 소망하셨던 선친의 뜻에 다소나마 보답이 되었으면 합니다. 덧붙여서 이 전집이 간행되기까지 원문의 번역과 교열에 힘써 준 편집위원 제위와 이 책을 출간하여준 한국학술정보(주)에도 사의를 드립니다.

2014년 첫봄

장자 원태 삼가 씀

편집 후기

　2000년에 간행된 <이을호 전서>는 선생의 학문과 사상을 체계적으로 이해하도록 편찬하였었다. 따라서 다산의 경학을 출발로, 그 외연으로서 다산학 그리고 실학과 한국 사상을 차례로 하고, 실학적 관점으로 서술된 한국 철학과 국역 『다산사서(茶山四書)』, 『다산학제요』 등을 실었던 것은, 다산학을 중심으로 형성된 한국적 사유의 특징을 이해하도록 한 것이었으며, 그 밖의 『사상의학』과 『생명론』은, 선생이 한때 몸담았던 의학에 관계된 저술이었다.

　지금은 초간본이 간행된 지 14년의 세월이 흘러, 젊은 세대들은 원전을 이해하지 못하는 사람들이 늘어나고, 그 논문의 서술방식 또한 많이 바뀌어 가고 있다.

　이러한 상황의 변화에 따라 새로운 전집의 간행이 이루어졌으면 하는 의견들이 많아 이번에 <현암 이을호 전서>를 복간하게 된 것이다.

　이 책의 편차는 대체적으로 선생의 학문적 흐름을 쉽게 이해할 수 있다는 점에서 이미 간행되었던 <이을호 전서>의 큰 틀은 그대로 유지하면서도 각 책을 따로 독립시켜 각자의 특색이 드러나도록 하였다. 특히 관심을 기울인 것은 원문의 번역과 문장의 교열을 통하여 그 내용을 쉽게 이해할 수 있도록 한 것이다.

그 과정에서 가장 중점을 둔 것은 원문의 국역이었다. 저자는 문장의 서술과정에서 그 논증의 근거를 모두 원문으로 인용하였다. 그러나 이번에 인용문은 모두 국역하고 원문은 각주로 처리하였다. 또한 그 글의 출처와 인명들도 모두 검색하여 부기함으로써 독자들의 이해를 돕도록 한 것이다.

또한 이전의 책은 그 주제에 따라 분책(分冊)하였기 때문에 같은 주제에 해당하는 내용은 모두 한 책으로 엮었으나 이번 새로 간행된 전집은 다채로운 사상들이 모두 그 특색을 나타내도록 분리한 것이다. 이는 사상적 이해뿐 아니라 독자들의 이용에 편의를 제공하고자 하는 뜻도 있다.

또 한 가지는 서세 후에 발견된 여러 글들을 보완하고 추모의 글도 함께 실어서 그 학문세계뿐 아니라 선생에 대한 이해의 폭을 더욱 넓히는 데 참고가 되도록 하였다.

이제 이와 같이 번역·증보·교열된 <현암 이을호 전서>는 선생의 학문이 한국사상연구의 현대적 기반과 앞으로 새롭게 전개될 한국 문화의 미래적 방향을 제시하는 새로운 이정표로서 손색이 없기를 간절히 기대한다.

갑오년(甲午年) 맹춘(孟春)

증보·교열 <현암 이을호 전서> 복간위원회

안진오 오종일 최대우 백은기 류근성 장복동 이향준 조우진
김경훈 박해장 서영이 최영희 정상엽 노평규 이형성 배옥영

『현암 이을호 전서』 27책 개요

1. 『다산경학사상 연구』

처음으로 다산 정약용의 철학을 체계적으로 연구한 저서이다. 공자 사상의 연원을 밝히고 유학의 근본정신이 어디에서 발원하였는가 하는 것을 구명한 내용으로서, 유학의 본령에 접근할 수 있는 지침서이다(신국판 346쪽).

2. 『다산역학 연구 Ⅰ』

3. 『다산역학 연구 Ⅱ』

다산의 역학을 체계적으로 연구한 책으로서 다산이 밝힌 역학의 성립과 발전적 특징을 시대적으로 제시하고 다산이 인용한 모든 내용을 국역하였다(신국판 上, 下 632쪽).

4. 『다산의 생애와 사상』

다산 사상을 그 학문적 특징에 따라서 현대적 감각에 맞도록 정치, 경제, 사회, 문화 등 각 방면의 사상으로 재해석한 책이다(신국판 260쪽).

5. 『다산학 입문』

다산의 시대 배경과 저술의 특징을 밝히고, 다산의 『사서오경(四書五經)』에 대한 해석이 그 이전의 학문, 특히 정주학(程朱學)과 어떻게 다른가 하는 것을 주제별로 서술하여 일표이서(一表: 經世遺表 / 二書: 牧民心書, 欽欽新書)의 정신으로 결실되기까지의 과정을 서술한 책이다(신국판 259쪽).

6. 『다산학 각론』

다산학의 구조와 경학적 특징, 그리고 그 철학 사상이 현대정신과 어떤 연관성이 있는가에 대해 상세하게 논한 저서이다(신국판 691쪽).

7. 『다산학 강의』

다산학의 세계를 목민론, 경학론, 인간론, 정경학(政經學), 『목민심서』 등으로 분류하여 다채롭게 조명하여 설명한 책이다(신국판 274쪽).

8. 『다산학 제요』

『대학(大學)』, 『중용(中庸)』, 『논어(論語)』, 『맹자(孟子)』의 사서(四書)는 물론 『주역』, 『시경』, 『악경』 등 모든 경서에 대한 다산의 이해를 그 특징에 따라 주제별로 해석하고 그에 대한 특징을 서술한 방대한 책이다(신국판 660쪽).

9. 『목민심서』

다산의 『목민심서』를 현대정신에 맞도록 해석하고, 그 가르침을 현대인들이 어떻게 수용하여야 할 것인가 하는 것을 재구성한 책이다(신국판 340쪽).

10. 『한국실학사상 연구』

조선조 실학의 특징을, 실학의 개념, 실학사상에 나타난 경학(經學)에 대한 이해, 조선조 실학사상의 발전에 따른 그 인물과 사상 등의 차례로 서술한 것이다.(신국판 392쪽)

11. 『한사상 총론』

단군 사상에 나타난 '한' 사상을 연구한 것이다. 단군사상으로부터 '한' 사상의 내용과 발전과정을 서술하고, 근대 민족종교의 특성에 나타난 '한'의 정신까지, 민족 사상을 근원적으로 밝힌 책이다(신국판 546쪽).

12. 『한국철학사 총설』

중국의 사상이 아닌 한국의 정신적 특징을 중심으로, 한국철학의 형성과 발전과정을 서술한 것이다. 이 책은 한국의 정신, 특히 조선조 실학사상에 나타난 자주정신을 중심으로 서술한 것으로서 이는 중국의 의식이 아닌 우리의 철학 사상의 특징을 밝혔다(신국판 611쪽).

13. 『개신유학 각론』

조선조 실학자들의 사상적 특징, 즉 윤휴, 박세당, 정약용, 김정희

등의 사상을 서술하고 실학자들의 저서에 대한 해제 등을 모은 책이다(신국판 517쪽).

14. 『한글 중용・대학』

『중용』과 『대학』을 다산의 해석에 따라 국역한 것이며, 그 번역 또한 한글의 해석만으로서 깊은 내용까지 알 수 있도록 완역한 책이다(신국판 148쪽).

15. 『한글 논어』

다산이 주석한 『논어고금주』의 내용을 중심으로 『논어』를 한글화한 책이며 해방 후 가장 잘된 번역서로 선정된바 있다(신국판 264쪽).

16. 『한글 맹자』

『맹자』를 다산의 『맹자요의』에 나타난 주석으로서 한글화하여 번역한 책이다(신국판 357쪽).

17. 『논어고금주 연구』

『여유당전서』에 있는 『논어고금주』의 전체 내용을 모두 국역하고, 그 사상적 특징을 보충 설명한 것이다. 각 원문에 나오는 내용과 용어들을 한(漢)나라로부터 모든 옛 주석에 따라 소개하고 다산 자신의 견해를 모두 국역하여, 『논어』에 대한 사상적 본질을 쉽게 알 수 있도록 정리한 책이다(신국판 665쪽).

18. 『사상의학 원론』

동무(東武) 이제마(李濟馬, 1838~1900)가 쓴 『동의수세보원』의 원문과 번역, 그리고 그 사상에 대한 본의를 밝힌 것으로서 『동의수세보원』의 번역과 그 내용을 원론적으로 서술한 책이다(신국판 548쪽).

19. 『의학론』

저자가 경성약학전문학교를 졸업한 후 당시의 질병과 그 처방에 대한 자신의 견해를 밝힌 의학에 대한 서술이다(신국판 261쪽).

20. 『생명론』

저자가 만년에 우주에 대한 사색을 통하여 모든 생명의 근원이 하나의 유기체적 관계로서 형성되고 소멸된다는 사상을 밝힌 수상록이다(신국판 207쪽).

21. 『한국문화의 인식』

한국의 전통문화에 나타난 특징들을 각 주제에 따라서 선정하고 그것들이 지니는 의미를 서술하였으며 또한, 우리 문화를 서술한 문헌들에 대한 해제를 곁들인 책이다(신국판 435쪽).

22. 『한국전통문화와 호남』

호남에 나타난 여러 가지 특징들을 지리 풍속 의식과 저술들을 주제별로 논한 것이다(신국판 415쪽).

23. 『국역 간양록』

정유재란 때 왜군에게 포로로 잡혀갔다가 그들의 스승이 되어 일본의 근대 문화를 열게 한 강항(姜沆)의 저서 『간양록』을 번역한 것이다(신국판 217쪽).

24. 『다산학 소론과 비평』

다산의 사상을 논한 내용으로서, 논문이 아닌 조그마한 주제들로서 서술한 내용과 그 밖의 평론들을 모은 책이다(신국판 341쪽).

25. 『현암 수상록』

저자가 일생 동안 여러 일간지 및 잡지에 발표한 수상문을 가려 모은 것이다(신국판 427쪽).

26. 『인간 이을호』

저자에 대한 인품과 그 학문을 다른 사람들이 소개하여 여러 책에 실린 글들을 모은 책이다(신국판 354쪽).

27. 『현암 이을호 연구』

현암 이을호 탄생 100주년을 기념하는 논문집으로서 그 학문과 사상을 종합적으로 연구하고 그 업적이 앞으로 한국사상을 연구하는 기반을 닦았다는 것을 밝힌 책이다(신국판 579쪽).

현암 이을호 전서 1
다산경학사상 연구

초판인쇄   2015년 6월 19일
초판발행   2015년 6월 19일

지은이   이을호
펴낸이   채종준
펴낸곳   한국학술정보㈜
주소   경기도 파주시 회동길 230(문발동)
전화   031) 908-3181(대표)
팩스   031) 908-3189
홈페이지   http://ebook.kstudy.com
전자우편   출판사업부 publish@kstudy.com
등록   제일산-115호(2000. 6. 19)

ISBN   978-89-268-6867-6 94150
         978-89-268-6865-2 94150(전27권)